U0785837

柯桥区

慈善志

绍兴市柯桥区地方志编纂委员会 编

方志出版社

图书在版编目（CIP）数据

柯桥区慈善志 / 绍兴市柯桥区地方志编纂委员会编 .
—北京 ： 方志出版社， 2022.12
ISBN 978-7-5144-5472-7

Ⅰ . ①柯… Ⅱ . ①绍… Ⅲ . ①慈善事业－概况－柯桥区 Ⅳ . ① D632.1

中国版本图书馆 CIP 数据核字 (2022) 第 240300 号

责任编辑：王娜
责任校对：刘玉霞
责任印制：梅中英
出 版 者：方志出版社
地　　址：北京市朝阳区潘家园东里 9 号（国家方志馆 4 层）
邮　　编：100021
网　　址：http：//www.zgfzcb.cn
发　　行：方志出版社图书营销中心（010-67110500）
印　　刷：绍兴市越生彩印有限公司
开　　本：787 毫米 ×1092 毫米　　1/16
印　　张：28
字　　数：430 千字
版　　次：2022 年 12 月第 1 版
印　　次：2022 年 12 月第 1 次印刷
定　　价：318.00 元

·版权所有　翻印必究·
（如有印装质量问题，请与我社图书营销中心联系）

绍兴市柯桥区地方志编纂委员会

顾　问　陈　豪　朱晓董　吴海洋

主　任　袁　建

副主任　陈利华　陈　勤

成　员　张晓峰　沈关祥　柯洪炜　王其龙　周欢芬　鲁立新
徐兴建　吴坚祥　尹伟樑　马建刚　严　炜　徐　迅
俞小炜　沈　勇　陈　方　谭　科　金伟梁　黄伟祥
张志华　鲁建潮　赵忠根　裘剑平　沈琴梅　徐　锐
傅　超　李　江　娄东寅　金国龙　胡斌钦　陶　森
喻光耀

办公室主任　吴坚祥

《柯桥区慈善志》编纂委员会

主　任　马芳妹

副主任　吴汉华

委　员　喻光耀　杨海燕　张　岚　刘　婷

《柯桥区慈善志》编辑室

主　编　喻光耀

副主编　杨海燕　刘　婷

编　辑　徐国军　胡　丹　王洪菊　沈伊娴　傅炳荣　祝元泰
魏佳炎　祝文敏　魏依洋

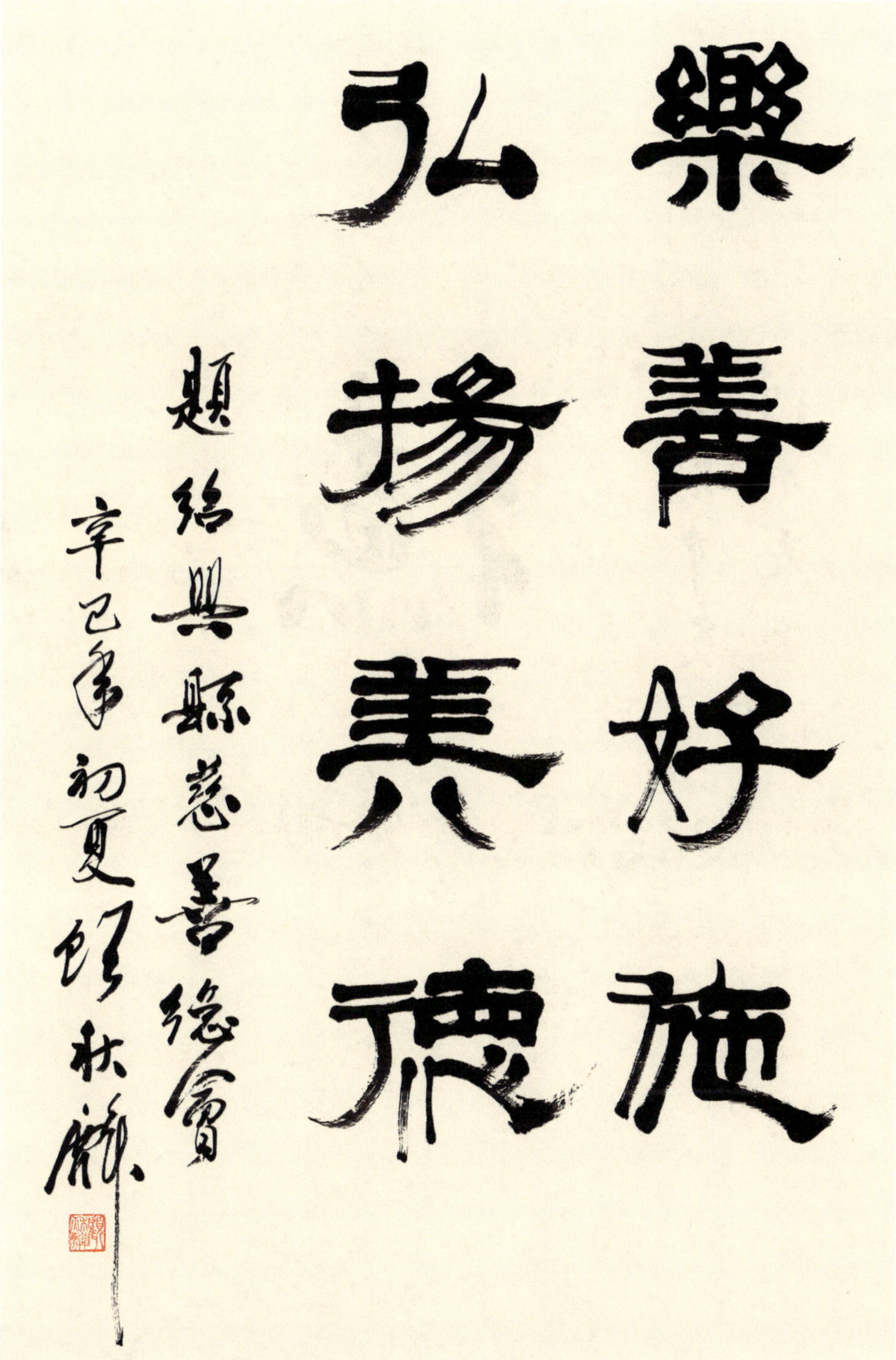

2001 年 5 月，绍兴县委书记顾秋麟为绍兴县慈善总会题词

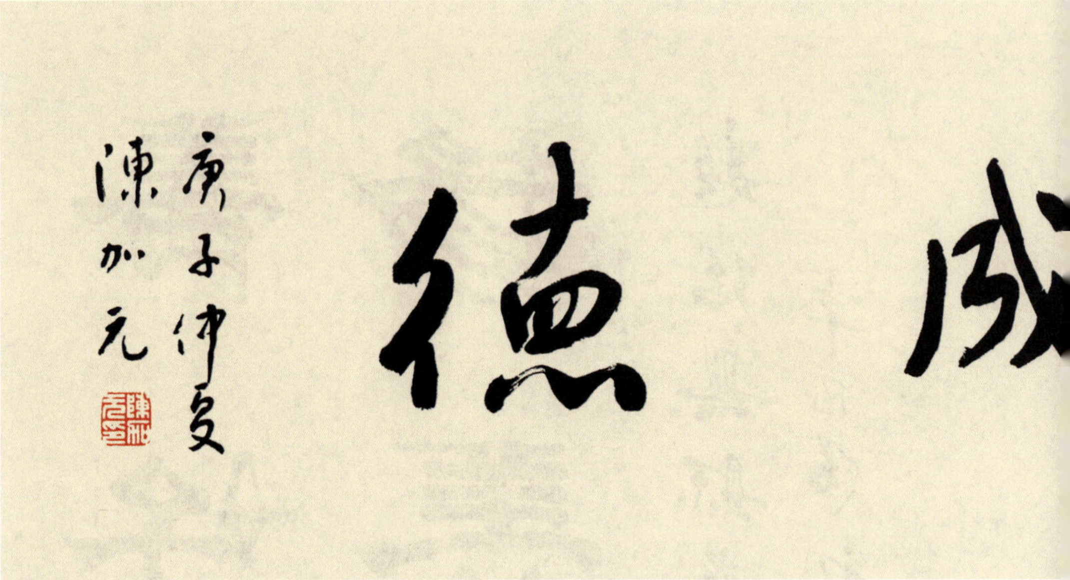

2020年8月，浙江省政府原副省长、党组副书记，十一届省政协副主席、党组副书记，省慈善联合总会会长陈加元为柯桥区慈善总会题词

積善

序

慈善是中华民族的传统美德。有史以来，慈善一直与社会进步相伴，也一直与人类和谐相伴。

柯桥区（原绍兴县）慈善思想与活动源远流长、绵延相承。四千余年前，就有大禹救灾移民、调剂食物之传说。春秋时期，又有越王勾践施“开仓谷、贷贫乏”之仁政，大夫范蠡行“三聚三散”之善举。范蠡被誉为我国慈善鼻祖。两千余年以降，柯桥的慈善事业官民共举，历朝各代的守土官长皆承其绪，各式官办慈善机构先后涌现，至宋代发展到极致。自宋以后，善者辈出，代不乏人。迨中华人民共和国成立，柯桥人对慈善文化传统的传承历久常新，慈行善举无时不行，无处不在，相沿成习，蔚成风尚，在节令、生产、公益、救助、信仰等活动中每有体现。进入21世纪以后，诸多柯桥爱心人士、爱心企业自觉关心慈善、信任慈善、参与慈善，努力为政府分忧，为民众解难，为社会稳定和谐贡献力量，全区形成支持慈善事业光荣、参与慈善事业高尚的良好氛围。

柯桥区（原绍兴县）慈善总会自成立以来，在历任会长的领导下，在推进慈善捐赠、慈善救助、赈灾救助、慈善服务、慈善文化等方面，做了大量卓有成效的工作。1996—2020年，累计募集善款62830.62万元，各项救助累计总支出53626.45万元，总受助235万余人次。宝业集团及其董事长庞宝根、柯桥区慈善总会、金昌集团、时任瑞丰银行董事长俞俊海先后荣获前五届“浙江慈善奖”。2019年，柯桥区慈善发展指数位列全省区（县、市）级第 4 位，申洲集团、天圣集团、永利集团董事长周永利、柯桥区慈善总会"康乐·大病关爱救助项目"荣获第六届"浙江省慈善奖"。2020 年，柯桥区慈善总会会同区民政局承办三省一市慈善盛会——第七届"西湖论善"，并作典型经验交流；柯桥区慈善基地获评"浙江省示范性慈善基地"；柯桥区慈善总会荣膺"浙江省品牌社会组织"称号，参与疫情防控基层治理的做法入选全省"战疫典型"优秀案例，柯桥分会、华舍街道蜀阜村分别被评为全省第一批"示范慈善分会"和"示范慈善工作站"。这些成绩的取得，归功于各级党委、政府的高度重视、鼎力支持，归功于社会各界的广泛参与、无私奉献，也归功于区慈善总会全体同仁的共同努力、依法行善。

所谓盛世修史修志，中华人民共和国成立以来，全国各地地方史志的纂修工作方兴未艾，成果众多，然而像《柯桥区慈善志》这样的专门慈善志书成果，尚属凤毛麟角，且无论在当世还是后世，都发挥着积极的社会功用，有着很高的利用价值。《柯桥区慈善志》对柯桥区慈善机构、慈善人物、慈善事件等如实、完整、全面载录，叙述其始末因由、发展演变等情形，向世人提供了一份存世、资政、教化、交流的翔实资料，有助于社会各界对柯桥区慈善事业的进一步了解，使慈善工作获得全区人民更多的关心和支持，也为来者研究当代慈善事业的发展提供宝贵的资料。

当前，我国正处于建设新时代中国特色社会主义的历史时期，柯桥区的慈善事业面临新机遇、新挑战。我们殷切希望各级党委、政府，社会各界爱心人士一如既往地关心支持慈善事业。让我们不忘初心，再接再厉，携手慈善，共创和谐，努力开创全区慈善事业高质量发展新局面，为建设共同富裕示范区贡献更大的慈善力量。

值此《柯桥区慈善志》即将付梓之际，谨撰斯文为序。

柯桥区慈善总会会长　马芳妹

2021 年 11 月

凡 例

1. 柯桥区地域范围的界定，根据柯桥区（绍兴县）建置沿革，既指绍兴市柯桥区现境，也指历代绍兴县政区所辖境域。

2. 本志所记时间年代，贯通古今。记事上限追溯至事物发端即春秋时代，下限止于2020年底（个别事例作适当延期）。本志以马克思列宁主义、毛泽东思想、邓小平理论、“三个代表”重要思想、科学发展观、习近平新时代中国特色社会主义思想为指导，坚持辩证唯物主义和历史唯物主义的立场、观点和方法，重点记述改革开放以来柯桥区（绍兴县）慈善事业的发展历史。

3. 本志所称“慈善”，为广义的慈善，即涵盖所有慈行善举，既指救济性行为，又包括公益类捐助（赠）和促进社会弱势领域进步的志愿服务，以此选录慈善的组织机构、人物、活动和文化。

4. 本志内容按章、节、目、子目层次排列，以编年体为主，兼用记事本末体。

5. 全志采用记述性语体文，图文并用，以文字为主，章、节设小序，辅以照片、附录、附表。

6. 民国以前纪年采用历史纪年，并括注公元年份；民国纪年采用汉字数字书写，并括注公元年份；中华人民共和国成立以后采用公元纪年。

7. 中华人民共和国成立以前计量单位一般按照历史习惯名称，中华人民共和国成立以后计量单位名称和符号遵循《量和单位》（GB 3100~3102—1993），农田土地面积沿用“亩”作为计量单位。

8. 资料主要采自档案、文献、志书、报刊、专著及统计部门资料。

9. 人物逝者立传，生者为简介，录入标准参见节下之小序；以境内外本籍人士为主，兼及客籍；人物的时代界定以其主要慈善事迹发生时间而定，以生年排序。

10. 机构、单位名称首次出现时用全称，并标以简称。地名以记事当时为准，古今地名不同，括注现行标准地名。

11. 志末附主要征引文献名目，以备查。后记记述本志编纂背景、目的、过程等。

换届大会

2017年4月1日，绍兴市柯桥区慈善总会第一届会员代表大会在区行政中心一号会议室举行

（柯桥区慈善总会　供稿）

2017年4月1日，绍兴市人民政府副市长、市慈善总会会长徐明光在柯桥区慈善总会第一届会员代表大会上讲话

（柯桥区慈善总会　供稿）

2017年4月1日，柯桥区委副书记、区长沈志江在柯桥区慈善总会第一届会员代表大会上讲话

（柯桥区慈善总会　供稿）

领导关怀

2022 年 2 月 1 日，柯桥区委书记陈豪（右五）走访慰问困难学生　　（柯桥传媒集团　供稿）

2022 年 1 月 25 日，柯桥区委副书记、区长袁建（右三）走访慰问困难群众

（柯桥传媒集团　供稿）

2022 年 6 月 28 日，柯桥区人大常委会主任朱晓董（右）走访慰问困难党员

（柯桥传媒集团　供稿）

2022 年 1 月 25 日，柯桥区政协主席吴海洋（左二）走访慰问困难学生

（柯桥区政协办　供稿）

会长活动

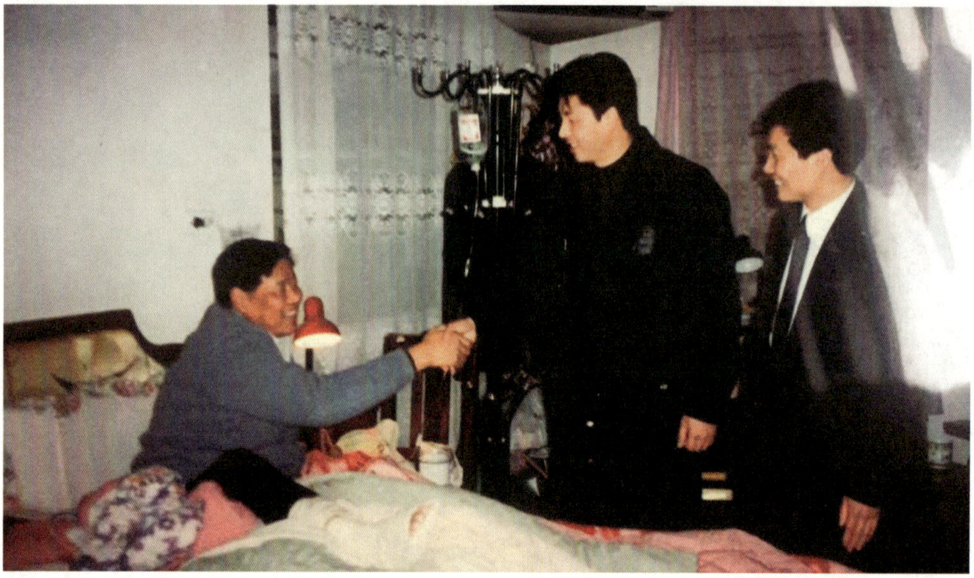

1996 年 11 月 10 日，绍兴县人民政府副县长、绍兴县慈善总会第一届理事会会长齐宽明（中）慰问患病的优秀科技人员　（绍兴县慈善总会 供稿）

2010 年 9 月 20 日，六届绍兴县政协副主席、绍兴县慈善总会第二届理事会会长朱志飞（前排左二）参观由绍兴县全额投资援建的四川省青川县凉水镇九年制学校（绍兴县慈善总会　供稿）

2011年11月29日，第八、九届绍兴县政协主席，绍兴县慈善总会第三届理事会会长赵六四（右）赴柯岩街道慰问贫困外来务工人员　　（绍兴县慈善总会　供稿）

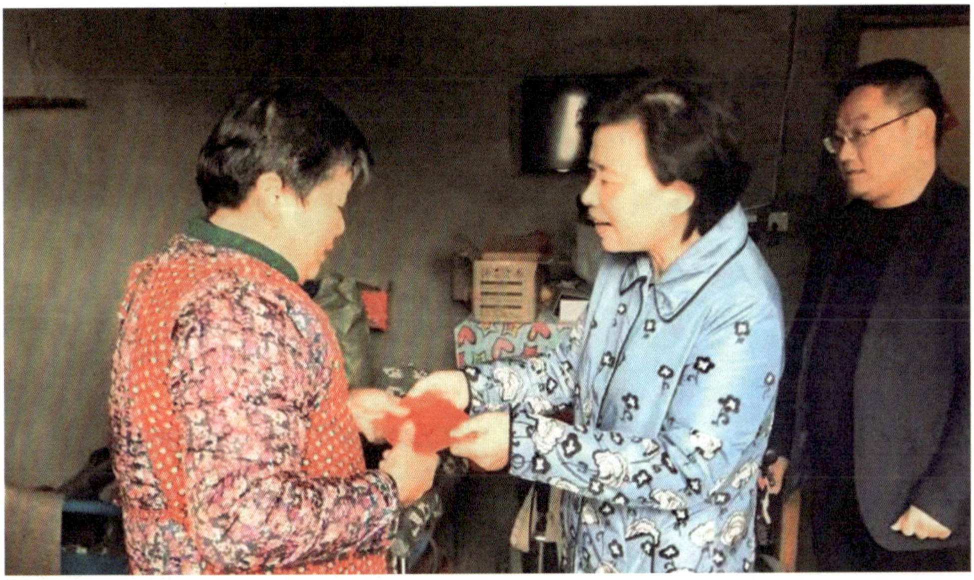

2019年11月29日，柯桥区委原副书记、一届区政协副主席、区慈善总会第一届理事会会长马芳妹（中）赴兰亭街道慰问困难群众　　（柯桥区慈善总会　供稿）

行业盛会

2006 年 1 月 4 日，中共绍兴县委、绍兴县人民政府召开绍兴县慈善工作会议

（绍兴县慈善总会　供稿）

2008 年 1 月 9 日，绍兴县委、县政府召开全县“送温暖、献爱心”暨慈善基金筹资动员大会

（绍兴县慈善总会　供稿）

2012 年 7 月 20 日，绍兴县慈善大会在柯桥鉴湖大酒店举行　　（绍兴县慈善总会　供稿）

2017 年 9 月 4 日，柯桥区慈善总会在柯桥蓝天大剧院广场举办“点亮你我　温暖全城”大型公益集市　　（柯桥区慈善总会　供稿）

2017年9月4日，柯桥区委、区政府举行“点亮你我　温暖全城”慈善公益晚会，传播慈善文化，弘扬慈善力量

（柯桥区慈善总会　供稿）

2017年9月4日，在柯桥区慈善公益晚会上，区委书记沈志江（中）、区长赵如浪（右一）和区政协党组副书记、副主席、第一届区慈善总会会长马芳妹（左一）共同点亮“大爱初心”

（柯桥区慈善总会　供稿）

2017 年 9 月 4 日，在柯桥区“点亮你我　温暖全城”慈善公益晚会上，社会各界爱心力量共捐赠善款 6200 余万元　（柯桥区慈善总会　供稿）

2019 年 9 月 6 日，柯桥区“中华慈善日”主题晚会在绍兴市柯桥区文化馆音乐剧场举行　（柯桥区慈善总会　供稿）

2019年11月，申洲集团、天圣集团、周永利及区慈善总会“康乐·大病关爱”救助项目荣获第六届“浙江慈善奖”，图为与会人员、获奖人员合影（柯桥区慈善总会 供稿）

2020年11月5—6日，三省一市慈善行业盛会——第七届“西湖论善”在柯桥区举行，副省长王文序致辞。论坛发布《2019年度浙江城市慈善发展指数报告》，柯桥区位列区（县、市）级第四（柯桥区慈善总会 供稿）

2020年11月6日，在第七届“西湖论善”总论坛上，浙江省政府原副省长、党组副书记，十一届省政协副主席、党组副书记，省慈善联合总会会长陈加元以《社会治理现代化与慈善发展新格局》为题作主旨发言

（柯桥区慈善总会 供稿）

2020 年 11 月 5 日，全省慈善会系统年终工作交流会在柯桥区召开，柯桥区慈善总会作典型经验交流

（柯桥区慈善总会　供稿）

2020 年 11 月 5 日，在全省慈善会系统年终工作交流会上，柯桥慈善分会和华舍街道蜀阜村慈善工作站被评为全省首批“示范慈善分会”和“示范慈善工作站”

（柯桥区慈善总会　供稿）

2020 年 11 月 6 日，浙江省政府原副省长、党组副书记，十一届省政协副主席、党组副书记，省慈善联合总会会长陈加元（左一）和江浙沪皖慈善系统嘉宾一同参观调研柯桥区慈善基地

（柯桥区慈善总会　供稿）

特色基金

2018年2月5日,区慈善总会成立全市首个关爱百岁老人的基金——“长寿·百岁”慈善基金
（柯桥区慈善总会　供稿）

2018年5月12日,柯桥区慈善总会成立全市首个主要帮扶外来务工困难家庭患病儿童的基金——“亲亲宝贝”慈善基金
（柯桥区慈善总会　供稿）

柯桥日报 专版

康乐·大病关爱救助基金　撑起困难群众“爱心伞”

关键词：全市首个　区域性　大病救助基金　项目化运作　专款专用

9月5日是我国认定的第三个“中华慈善日”。为深入贯彻落实《中华人民共和国慈善法》，庆祝“中华慈善日”的到来，记者从区慈善总会了解到，今日，全市首个区域性专项大病救助基金——康乐·大病关爱救助基金将在我区正式启动。今后，困难群众看病更有底气，有望减少因病致贫、因病返贫的现象。

作为全市首个区域性专项大病救助基金，康乐·大病关爱救助基金总规模3000万元，其中，96家爱心企业冠名的慈善子基金合计金额1403万元，区慈善总会又从历年结余资金中提取1597万元。

01 基金专款专用　精准扶贫

02 基金申请对象&步骤

救助在路上　区慈善总会在行动

康乐·大病关爱救助基金下属子基金冠名企业名单

2018年9月5日，区慈善总会成立全市首个区域性大病救助专项基金——“康乐·大病关爱”救助基金，撑起困难群众“爱心伞”　　（柯桥区慈善总会　供稿）

2019年1月25日，区慈善总会与区红十字会发起设立全省首个关爱“三献”人士（造血干细胞、器官或遗体捐献者和优秀无偿献血者）的区（县、市）级慈善博爱联合基金

（柯桥区慈善总会　供稿）

2017年8月22日，区慈善总会"金盾·元垄"慈善基金成立，该基金系全市首个实施爱警惠警、爱警护家以及人道主义救助的专项基金　　（柯桥区慈善总会　供稿）

2019年3月1日，区政协、区慈善总会发起成立全省首个政协慈爱基金，携手开展"助困百千"行动　　（柯桥区慈善总会　供稿）

2019 年 9 月 30 日，区慈善总会、区应急管理局发起成立机构改革后全省首个“应急·救援”慈善公益基金　　（柯桥区慈善总会　供稿）

2019 年 9 月 30 日，区慈善总会会同区政协、区总工会等发起成立全市首个“职业教育·未来工匠”慈善基金，助推实体经济发展　　（柯桥区慈善总会　供稿）

2020 年 3 月 4 日，区慈善总会成立全省慈善会系统首个 3000 万元的“重大疫情防控爱心基金”

（柯桥区慈善总会　供稿）

2020 年 9 月 27 日，全市首个资助山区爱心书舍建设的专项基金——2000 万元“益梦·书舍”爱心基金成立，浙江省政府原副省长、党组副书记，十一届省政协副主席、党组副书记，省慈善联合总会会长陈加元（右六）等嘉宾出席成立仪式

（柯桥区慈善总会　供稿）

扶贫协作

2018年10月16—17日，柯桥区委原副书记、一届区政协副主席、区慈善总会第一届理事会会长马芳妹（前排左）率团赴四川省金川县开展对口协作及慈善帮扶考察工作。图为柯桥区慈善总会—金川县慈善总会定向捐赠框架协议签约仪式　　（柯桥区慈善总会　供稿）

2020年7月11日，柯桥区举行“夜鲁镇·周末市集”公益专场活动，参与捐赠近900人次，所募善款1.5万余元，用于支持金川县的“点亮微心愿”暖冬活动

（柯桥区慈善总会　供稿）

2019年8月，柯桥区慈善总会天圣慈善基金资助贵州省纳雍县贫困学生圆梦大学

（柯桥区慈善总会　供稿）

2020 年 6 月，柯桥区重大疫情防控爱心基金资助 100 万元，用于四川省金川县购置救护车，提高公共卫生事件的处置能力　（柯桥区慈善总会　供稿）

2020 年 8 月，柯桥区慈善总会天圣慈善基金资助的益童乐园开展劳动课堂　（柯桥区慈善总会　供稿）

目 录

概 述

柯桥区(绍兴县)历史悠久。春秋战国时期属越国。秦行郡县,始置山阴县。南朝陈时,析为山阴、会稽两县,同城而治。唐武德四年(621),置越州,治会稽。南宋绍兴元年(1131),升越州为绍兴府,山阴、会稽隶属不变。民国元年(1912),撤府建县,合二为一,统名绍兴。1983 年,设绍兴市,析绍兴县城区和周边 6 个乡镇建越城区,隶绍兴市,市、县、区同城而治。2001 年,绍兴县治迁至柯桥。2013 年,撤销绍兴县,设立绍兴市柯桥区。

绍兴县自 1988 年起,多次名列全国财政收入前十位。1991 年起,多次被评为中国农村综合实力百强县(市),名列十位前后。2007—2013 年,在全省城乡统筹水平综合评价中连续 7 年居各县(市)首位。2009—2019 年,连续 11 年被评为中国全面小康十大示范县市。2006—2019 年,连续 14 年被评为浙江省平安县(市、区)。2020 年,柯桥区实现地区生产总值 1516.7 亿元,财政总收入 202 亿元,综合实力稳步迈向全国十强区。扎实的经济基础和浓厚的文化底蕴,为柯桥区(绍兴县)慈善事业发展奠定了坚实的基础。

一

柯桥区(绍兴县)的慈善救济活动,发轫于春秋时代。《国语·吴语》中记载,越王勾践曾采取医疗慈善政策，称“越国之中，疾者吾问之，死者吾葬之，老其老，慈其幼，长其孤，问其病”。此后，历朝历代都有关于慈善的记载，留下许多慈善史迹。

宋代境内就出现慈善机构，既有官办，也有民办。如专事收养鳏寡孤独和残疾人的居养院和安济坊，或专门收埋域内暴露荒野之枯骨、掩埋家贫无地可葬者的漏泽园，以及帮助贫困人家抚养婴孩的育婴会等官办慈善组织和福利机构。明清时期，乐善好施的风气日趋浓厚，官办慈善机构得到进一步发展，地方开明绅士、商贾及宗教团体纷纷参与慈善事业，创设许多新的慈善机构，如养老院、育婴堂、同仁堂、孤儿院、施医局等，以及为贫病者助学而设立的义学、义庄。

近现代，柯桥区（绍兴县）慈善机构的救济范围更趋广阔，内容涉及社会底层民众的生产、生活各个方面。这时期的慈善组织基本上以民办为主，除救济院、公济医局、养老院等官办慈善组织外，如善庆局、七星龙局和凌霄社等，均由绍兴锡箔业中的热心人士捐资创办，善庆局主要从事施棺施医等，七星龙局是专职救火机构，凌霄社专做施医、赈济、掩埋、收容、遣送、施茶等善事。在继续重视济贫助困、赈灾救荒等传统善举的同时，先后开办了游民习艺所、福安培童院、难童教养所、维德孤儿教养院等慈善教育机构，向被救助者传授一技之长，使之自立于社会，培育自强自立的价值取向。宗教团体开始参与境内慈善事业，天主教会创办了仁慈孤儿院、仁慈养老院，基督教会创办了哲庆托儿所和华夏安老院。

柯桥区（绍兴县）古代就有不少慈善家。春秋后期，越国大夫范蠡创建孤老村，救助贫病无依之人。他帮助越王勾践复国雪耻后，辞官经商。范蠡深谙经商之道，诚信经商，发财致富，多次资助贫者，司马迁在《史记》中称他“十九年之中三致千金，再分散与贫交疏昆弟”，赞其“富好行其德”。范蠡散财济贫之举，开了越中慈善义举之先河，也堪称中华慈善之鼻祖。东汉时期，有勤政为民的会稽太守第五伦，有施行仁政的清廉尚书钟离意，有献身治水造鉴湖的太守马臻。三国有开仓赈贷救济百姓的车浚。东晋有疏家米以赈穷人的孔坦。唐代有捐奉银修海塘的会稽县令李俊之。宋代赵抃不治家产，却捐俸禄为贫病者施医给食；史浩捐俸置良田3000亩，建义廪于府学。明清时期，汤绍恩兴建三江大闸，为民除水患；张贤臣罄产捐资6000两，筑狭猱湖避塘6里，造福于民；祁彪佳劝富豪平粜济民，设粥厂施粥，设药局医贫病者；傅上林同僧斐彝等捐置斋田190亩，建大树茶亭和日铸庵茶亭；虞敬道创举育婴会，建广仁堂；俞卿尽出俸薪修筑海塘、疏浚河道、修禹庙、建书院、置学田；徐树兰筑塘建闸、创设豫仓，兴建近代中国第一个公共图书馆——古越藏书楼。近现代较有影响的慈善家有李德奎、陶浚宣、章锡光、范寿铭、朱阆仙、高福林、郜力子、金汤侯、汤日新、朱仲华、刘振一等。这些慈善家及其善举在推进柯桥区（绍兴县）慈善事业中占有重要地位。

二

中华人民共和国成立后，人民政府接管旧有社会救济机构，采取改造、整顿和调整，新建社会福利院、敬老院、光荣院、颐乐院等慈善机构，对贫困人员进行医疗救济、临时救济。同时开展春夏赈荒，发放冬令补助，兴办福利企业，安置城乡贫困居民和残疾人就业。

改革开放以后，柯桥区（绍兴县）的民间慈善尚在萌芽之中，绍兴籍香港同胞成为最早向内地捐赠的群体。1979年6月，许松林捐资2.1万元，支持故乡绍兴县南池公社幸福大队（现越城区鉴湖街道筠溪村）发展社队企业，成为改革开放后经省政府批准的绍兴市第一宗香港同胞捐赠项目。1980年，香港同胞章传信等捐资创办绍兴市第一所香港同胞捐建的学校——绍兴县兰亭紫洪山爱国学校。20世纪80年代中期开始，华侨、香港同胞捐赠款物数量呈持续上升趋势，并由传统的“积德行善”转向兴办教育、文化、卫生和社会公益事业。郑增宝、王华甫、周孟兴、何继昌、倪铁城、陈元钜、章传信、车越乔、高月明、周水祥等一大批乡贤，情系桑梓，为柯桥区（绍兴县）乃至全市慈善公益事业发展做出重大贡献。进入20世纪90年代，县内一部分先富起来的工商人士开始关注慈善事业，政府逐步建立健全各种社会保障体系，出现了由党政部门或工商联、总工会、共青团、妇联、残联、侨联、红十字会等群众团体主管或设立的救助性组织机构，成立慈善总会、关工委等慈善组织和人民团体。21世纪以来，涌现出一批经过民政部门登记注册、备案或者加入志愿者协会的慈善性公益机构，发挥社会力量，对弱势群体进行救助或开展志愿服务。

三

1996年3月13日，绍兴县慈善总会成立，随即成为中华慈善总会、浙江省慈善总会首批团体会员；4月15日，绍兴县慈善总会成立大会召开。2013年11月8日，绍兴县撤县设区，绍兴县慈善总会更名为绍兴市柯桥区慈善总会。2017年8月，柯桥区慈善总会依法取得慈善组织认定和公募资格证书，成为《中华人民共和国慈善法》颁布以来全市首家取得双证的区（县、市）级慈善总会。至2020年，全区各镇（街道）均设立慈善分会，村（社区）基本建立慈善工作站，形成区、镇（街道）、村（社区）三级慈善组织网络；在区民政局登记的公益慈善类社会组织27家，经各级民政部门认定的慈善组织有13家。

柯桥区（绍兴县）慈善总会成立以来，在推进慈善捐赠、慈善救助、赈灾救助、慈善服务、慈善文化等方面，做了大量的工作。

在慈善捐赠方面，先后推出创始基金、留本冠名慈善基金、专项慈善基金、慈善“一日捐”、定向捐赠、赈灾捐赠等捐赠类型。传播爱心不分大小，捐赠不分多少的慈善理念，有幼儿园小朋友捐赠100元的，有一场慈善公益晚会即筹集善款6200余万元。1996—2020年，累计募集善款62830.62万元。

慈善救助主要有助困、助学、助医、助孤、助老、公益援助、赈灾等项目。1995—2020年，各项救助累计总支出53626.45万元，总受助235万余人次。

赈灾救助的对象从区（县）域内逐渐扩大至国内外灾区。每当国内其他省市或友邻国家遭受灾害，柯桥区（绍兴县）慈善总会都会在第一时间，全力以赴参与救灾劝募行动，先后向四川、云南、黑龙江、吉林、青海、甘肃等省，以及东南亚、南亚、非洲等提供援助。1995—2019 年，累计支出赈灾救助资金 8415.50 万元，向灾区捐赠物资价值 882 万元。

随着全社会越来越关注慈善事业，柯桥区依托“志愿柯桥”网络平台，逐步建立志愿者积分兑换激励机制、评价反馈及后续追踪机制，发布宣传宣讲、扶贫帮困等微活动，营造人人参与公益服务活动的社会氛围。至 2020 年，网站注册志愿团队 1457 个，志愿者 11.61 万余人，累计开展活动 1.12 万场次，服务时间 128.09 万小时，“志愿柯桥”品牌入选全省首批“文润同心”工程。

弘扬慈善文化，激发社会正能量。绍兴县慈善总会于 2005 年制作《慈善助残纪略》《慈善助学》《慈善年夜饭》三个电视专题片，分别在市、县广播电视台播出；2007 年在《绍兴县报》开设《2007 慈善风采录》专栏，在绍兴县电视台开设《慈善沟通》栏目；2012 年 7 月与绍兴县广播电视台联合制作《春风化雨、润物无声——绍兴县慈善事业纪略》电视专题片；2013 年在县民政局网页上开辟“慈善”栏目。2017 年 9 月，柯桥区民政局、区慈善总会、区广电总台、区报社承办“点亮你我、温暖全城”全区慈善公益晚会。柯桥区民政局、区慈善总会于 2019 年 9 月举行“中华慈善日”主题晚会；2020 年 8 月在区行政中心举办“慈善柯桥的故事”展览，在城区柯水园打造慈善文化主题公园；2020 年 11 月在柯桥区承办三省一市慈善盛会——第七届“西湖论善”，实现从“西湖”到“鉴湖”的跨越，其中，区慈善总会作典型经验交流，进一步扩大“慈善柯桥”的影响力。根据《浙江省城市慈善发展指数报告》，2017—2020 年度，柯桥区慈善发展指数在全省均名列前茅。柯桥区慈善组织孵化基地多次被评为“浙江省示范性慈善基地”。

2017—2020 年，区慈善总会募款总额 2.11 亿元，成立 44 支大额专项或企业冠名慈善基金，其中“金盾·元垄”“亲亲宝贝”“康乐·大病关爱”“生命接力”“应急·救援”“职业教育 · 未来工匠”“重大疫情防控”“益梦 · 书舍”等慈善基金均为省(市)首创。坚持“输血”式救助与“造血”式帮扶并重，慈善基金涉及助医助困、助学助孤、助老助残、乡村振兴、扶贫攻坚、疫情防控、道德表彰、行业发展等领域，支出各类善款 1.68 亿元，救助 112 万人次。

柯桥区（绍兴县）慈善总会于 2005 年、2009 年两次被评为浙江省慈善工作先进集体；2009 年，冠名基金慈善助学项目获第二届“浙江省慈善奖（项目奖）”；2014 年，获浙江省慈善优秀机构奖；2015 年，获浙江“农信杯”万村慈善帮扶基金工程竞赛活动组织奖；2019 年，“康乐·大病关爱”救助项目获第六届“浙江省慈善奖（项目奖）”；2020 年，被评为“浙江省品牌社会组织”。

大事记

春秋越王勾践三年(前494),越大夫范蠡去吴国为奴之前,建议并主持建立孤老村,供养失去亲人的老人和孤儿。

越王勾践七至二十四年(前490—前473),越国在今绍兴城东筑富中大塘以御潮,塘长20里20步,受益田约6万亩。

越王勾践二十一年(前476)七月,越王勾践会见楚使申包胥,与范蠡、文种等大夫商议伐吴之计,称“越国之中,疾者吾问之,死者吾葬之,老其老,慈其幼,长其孤,问其病”。

东汉建武十四年(38),会稽大疫,钟离意刚被郡守委任管理县事,亲自下乡分发药物,救治病人。

永元十四年(102)四月,会稽灾荒,朝廷“赈贷会稽(等)流民下贫谷,各有差”。

元初六年(119)四月,会稽大疫,朝廷遣光禄大夫随带太医循行看病,并赐棺木,除田租、口赋。

永和五年(140),会稽太守马臻主持兴建鉴湖工程。湖堤东至曹娥,西达钱清,全长127里,面积206平方千米。堤上置有斗门、闸、堰、阴沟等排灌设施。溉田9000余顷。

三国吴天玺元年(276),会稽岁值荒旱,百姓大多无粮可食,太守车浚因而上表请求开仓赈贷。

西晋永嘉年间(307—313),会稽内史贺循为灌溉主持疏凿漕渠(又称西兴运河,今称萧绍运河)。自山阴西郭门起经柯桥、钱清到萧山西兴止,全长105里。后东延百里抵曹娥。

唐高宗年间(650—683),长史杨德裔筑陂塘,引水溉田数千顷。

垂拱二年(686),长史杨德裔在县西筑界塘,长50里,阔9尺,以与萧山分界。

开元十年(722),会稽县令李俊之捐俸筹资,主持增修海塘(东江塘),东起上虞曹娥江,西止山阴宋家溇,全长百余里。

贞元二年(786),浙东观察使皇甫政主持扩建玉山斗门,改20个孔为8个孔。泄山阴、会稽之水,经三江入海。

永贞元年(805),越州大旱,镜湖干涸,饥民遍布。刺史杨于陵上疏朝廷,请求开仓放粮,出米三十万石,赈济百姓。

元和十年(815),越州刺史、浙东观察使孟简在府城西北2里浚新河,在县西10里自西郭门起至萧山筑长百里的官塘,后又扩建新泾斗门。

五代吴越天宝年间(908—912),吴越国王钱镠疏浚鉴湖和府河。

北宋景祐三年(1036),张夏以工部郎中任两浙转运使,主修北海塘、西江塘,并将部分柴塘改建为石塘。

宝元二年(1039)七月,范仲淹到绍兴出任越州知府,他关心百姓疾苦,体恤贫弱孤寡,兴办义学。到任不久即创办州学——稽山书院。

熙宁八年(1075)四月,赵抃知越州。是年夏,吴越大旱,死者过半。他从富户和寺庙筹粮,共得4.8万石,以佐救荒。

崇宁元年(1102),山阴县内设居养院,收养鳏寡孤独者。

崇宁三年(1104),于会稽县南7里辟漏泽园,收四郊暴骨埋园中。

南宋建炎元年(1127),参政翟汝文守越,设安济坊,以济疾病。城区锦麟桥西,设义济院,收养鳏寡孤独和残疾人。收四郊暴骨葬漏泽园中。

南宋乾道三年(1167),绍兴知府吴芾浚西兴至运河段13里,开凿西兴至钱塘江边新河 20 里，“通便纲运，民族皆利”。

乾道四年(1168)，绍兴知府史浩捐俸置良田 3000 亩，建义廪于府学，资助贫困士人，亲拟章程 10 条。

嘉定六年(1213)，海塘溃决 5000 余丈，田庐漂流，坏田 7 万余亩，百姓转徙近 2 万人，绍兴知府赵彦倓重筑兼修补后海塘 6160 丈，其中三分之一用石砌，起汤湾迄黄家浦。

咸淳六年(1270)，北海塘为风潮所圮，修复后植柳万株以固塘，时称“万柳塘明”。

元至正元年(1341)，邑人孙敏中于华舍镇湖门村创建山阴湖门义塾。

元至正二十七年(1367)，岁大饥，乡绅赵孟治设粥于道，所活饿殍甚众。

明天顺元年(1457)，绍兴知府彭谊建白马山闸，以遏三江口之潮。

成化九年(1473)，绍兴知府戴琥在麻溪坝外 3 里茅山之西筑茅山闸(2 个孔)，以御浦阳江洪水、钱塘江潮外犯天乐，旱则引江水溉田。

嘉靖年间(1522—1566)，昌安门外一古庵内，设会稽敬敷义塾(义学)，创建人不祥。

嘉靖九年(1530)，知府洪珠将舍子桥侧旧禅法寺改建为古小学(义学)。

嘉靖十四年(1535)，周廷泽于钱清镇创建山阴周氏义塾，其子给事中周祚复购废驿地扩建。

嘉靖十五年(1536)七月，绍兴知府汤绍恩在马鞍山东麓三江所城西北的曹娥、钱塘、钱清三江汇合处，依峡动工兴建三江闸(又称应宿闸)，共28个孔，长103.15米，次年三月建成。为当时钱塘江水系最大排涝闸。又历时 5 月建成长 400 余丈、广 40 丈的闸两侧海塘，并立庙以祀玄真。

万历年间(1573—1619)，在城东三十里建广福庵茶亭。

崇祯十五年(1642)，会稽张贤臣罄产捐资 6000 两筑狭猕湖避塘 6 里，间有石桥 3 座。邑人感其德，立祠于塘，每岁祀之。

清顺治年间(1644—1661)，邑人傅上林同僧斐彝等捐置斋田 190 亩，在西大坊建大树茶亭,日铸岭建日铸庵茶亭。

顺治十四年(1657),邑人虞敬道在山阴县南半里创建育婴会,建广仁堂,育婴赈济,兼及舍棺、掩骼事宜。会稽柴世盛舍田300亩,刘世沫等20人捐资,建育婴堂。

康熙年间(1662—1722),山阴庠生余国瑞首捐资产,募集“万余金”,对西起钱清,东达曹娥的运河官塘全面整修,历时8年告竣。会稽陶氏在陶堰捐置学田80亩,举办惜荫义塾(陶氏义塾)。

康熙四年(1665),绍兴知府沈启修理朱储、撞塘、夹蓬等闸。

康熙二十四年(1685),绍兴知府胡以焕等人捐俸置田30亩,其所入用以添补三江闸闸板、铁环之需。

康熙二十九年(1690),绍兴知府李铎捐俸银将山西闸增筑2个孔,并置田30亩,设闸夫6名以司启闭。

康熙五十三年(1714),山西闸西3孔被怒潮击毁,绍兴知府俞卿捐银500两以巨石巩护修葺,次年六月告竣。是年,知府俞卿于武勋桥侧建山阴县义学。

康熙五十九年(1720),知府俞卿于古小学址建会稽县义学。

乾隆年间(1736—1795),会稽孙廷训于孙端镇北黄庵溇南岸创建嘉读书屋,设文、武两科。道光十四年(1834),廷训子孙巡一、孙庶康等将书屋捐入孙氏宗祠,改名孙氏义塾。

乾隆四十八年(1783),孙游、孙渭等以嘉会镇阳嘉龙原水竹庵基址改建山阴春山义塾。

乾隆五十七年(1792),知府李亨特率绅士、僚属公捐,在开元寺东庑建同善堂,掩埋浮榇,舍送棺木,煮茶施药。同时购得项里、里木栅等处山地145亩作为义冢。

嘉庆二年(1797),山阴娄氏在安昌建娄氏义塾,供娄氏族子免费入学。

道光年间(1821—1850),陆耀南于绍兴城西后梅湖创建山阴梅村义塾。

道光二年(1822),府属8个县绅富捐输现金、田亩、山林、鱼塘等产业,于美政坊创建育婴堂,后移建西郭门外虹桥,接收各县幼婴。

道光七年(1827)二月，天乐乡人金戴山捐银200两重修茅山闸(总修理费600两)，次年四月告竣。

道光二十六年(1846)，杨国栋于沥海所西门(今属上虞区)创建会稽杨氏义塾，设经蒙两馆。

道光二十九年(1849)，山东道监察御史宗稷辰于九曲里(今绍兴市区府山北麓九曲弄)创建山阴四贤义塾。

咸丰三年(1853)，江南道监察御史宗稷辰主持修复禹庙，竣工后建会稽菲泉义塾于大禹陵侧。

同治十三年(1874)，设养老院，兼办残疾所，收容孤儿，附设私立聋哑学校。

光绪元年(1875)，箔铺好善之士筹集捐款，购地建屋，设绍兴善庆局，举办施棺等善事。是年，在柯桥融光寺内建公济医局，逢二、五、八施诊，惠济人民。

光绪七年(1881)，历任河南临漳等县知县骆文光于豆姜尚巷村(今属越城区)创建会稽骆氏义塾。

光绪二十四年(1898)，黄润泉、吴吉庵、吴毓英、高天明等10人在蔡元培帮助下，将设于斗门隐峰庵旁(今属越城区)的辨志义塾改建成辨志学堂。

光绪二十六年(1900)，徐树兰在绍兴购地1亩6分，耗银32960两建造古越藏书楼，光绪三十年(1904)建成向社会开放。

光绪三十一年(1905)，美籍基督教传教士高福林在城区大坊口开设西医诊所，救济贫病。是为西医在绍传入之始。是年，在绍兴城区上大路设同义施医局，在绍兴城区大木桥设公义中西医局。

光绪三十四年(1908)，法国天主教会于绍兴城区八字桥仁慈堂设孤女院，收养孤儿20余人。

宣统二年(1910)，高福林在城区马坊桥(今延安路)置地创办医院，初名中国绍兴基督教医院，后称绍兴福康医院(今绍兴第二医院)。

中华民国

民国元年(1912),慈善人士朱阆轩捐银1万元,创办贫民习艺所,收容城区贫民和残疾人入所。

民国2年(1913),天主教会在绍兴城区八字桥创建仁慈堂养老院。是年,在城区县西桥脚建和济药局。

民国3年(1914),在孙端上亭公园(今属越城区)建仁济医局,由中医裘吉生坐诊,并开设病房。

民国7年(1918),绍兴县公署创办绍兴县临时治疗时症中西医施诊局。

民国8年(1919),建绍兴卫生牛痘施种局,为民种痘,不收费用。

民国9年(1920),建同善施医局。系绍兴救济院所属同善局之附设机构,局址在城区开元寺。

民国10年(1921),绍兴锡箔业人士祁葆生等在城区上大路建造七星龙局,为一座三进砖混结构的台门式建筑,高四层,上建瞭望台,为当时绍兴最高的观火台,曾挂有一铜钟,着火时便敲响铜钟,以示鸣警。

民国13年(1924),以绍兴箔业公所为主,募捐购置卧龙山麓箭场营基地建成凌霄社,创办施医、赈济、掩埋、收容、遣送、施茶等慈善事业。

民国18年(1929),由同善堂、育婴堂、养老所、因利所(即贫民借贷所)组成"绍兴县救济院",下设孤儿、育婴、养老、残疾、施医、贷款6个所和盲哑学校。

民国22年(1933),县公安局(1931年至1935年6月曾称)设"游民习艺所",收容沿途流浪乞丐游民。

民国25年(1936)6月,建世界红十字会绍兴县分会。

民国27年(1938),设私立福安培童院,救济战时孤儿难童,授以学业和技艺。

民国28年(1939)夏,凌霄社内设施医局,备有药房,向病人施药。

民国 30 年(1941),王子余、沈复生等发起成立民间难童教养所,经费由上海和绍兴箔业等商界捐募。

民国 31 年(1942),设专门收容难童习艺之维德孤儿教养院。

民国 34 年(1945),在稽东南山恢复绍兴县救济院,后返城进驻布业会馆,次第建立残疾教养所、育婴育幼所、习艺所、施医所等。

民国 35 年(1946),基督教会、教友先后创办私立哲庆托儿所及华夏安老院。是年,在城区东街章家台门建仁寿施医社。

中华人民共和国

1949 年

12 月,人民政府接收县救济院,改称绍兴县人民生产救济院,设于西郭育幼所内。

1952 年

县人民生产救济院增设人民保育院,收容游民、乞丐 209 人,给以垦殖、纺织、缝纫、制鞋、水作等劳作。

1979 年

县人民生产救济院更名为绍兴社会福利院。

1983 年

绍兴社会福利院开展对外自费收养业务。

是年,县市分设后,绍兴社会福利院改由绍兴市民政局管辖。

1990 年

12 月，绍兴县残疾人联合会成立（简称县残联），负责助残事业的组织协调工作。

1996 年

3 月 13 日，绍兴县慈善总会在绍兴县民政局登记成立。

4 月 15 日，召开绍兴县慈善总会成立大会，选举产生第一届理事会，设理事 99 名，其中常务理事 26 名。齐宽明任会长。会议通过《绍兴县慈善总会章程》、《绍兴县慈善总会资金管理办法》和会标。中华慈善总会发来贺电。

1997 年

斗门镇成立慈善协会。该会经浙江省慈善总会考察认定，其经验在全省推广，中华慈善总会《信息》第 12 期作了转发。尔后，全县各镇（街道）陆续成立慈善协会，形成县、镇（街道）两级慈善网络。

1998 年

8 月 14 日，中共绍兴县委、绍兴县人民政府举行南北洪水灾区（长江、松花江、嫩江等特大洪涝灾区）赈灾募捐仪式。收到捐款（物）981 万元，其中捐款 368 万元、实物折价 613 万元。

2000 年

3 月 3 日，共青团绍兴县委在绍兴市区和柯桥地区分别开展为民服务活动，2500 多名青年志愿者参加活动。

3 月 7 日，绍兴县妇联、文广局联合举办“春风颂”专题文艺晚会，现场认捐“春风工程”专项基金 1323 万元。县有关部门以其息金，专门扶持单亲特困家庭。

5 月 20 日，绍兴县开展“全国助残日”活动，县委、县人大、县政府和县政协分头慰问残疾人家庭。全县慰问残疾人 1031 人，发放慰问金和物品 38 万元。

5 月，绍兴县福利企业开展为弱势群体捐款活动，51 家福利企业捐款 208 万元。

6 月，县慈善总会在中国银行柯桥支行所属营业所设置慈善捐赠箱 6 个，以扩大慈善影响力。

9 月 25 日，共青团绍兴县委在柯桥鉴湖路上开展百家青年文明号、千名青年志愿者为民服务周活动。

10 月 1 日，全省开展“百万大奖”福利彩票销售活动，全县设销售网点 296 个。至年底，销售彩票 43.07 万元。该款用于支持社会福利、社会慈善和社会公益事业的发展。

10 月 25 日，共青团绍兴县委组织 200 余名青年志愿者在县行政中心门口进行无偿献血，献血 34700 毫升。

12 月 6 日，绍兴县慈善总会进行换届，选举产生第二届理事会，设理事 118 名，其中常务理事 54 名。朱志飞任会长。会议修改并通过《绍兴县慈善总会章程》。

2001 年

1 月，县慈善总会首次开展慈善“一日捐”活动，募集善款 152.8 万元。此后，“一日捐”作为一个常规性的群众大型募捐活动，每年举行一次。

是月，县慈善总会拨款 100 万元，设立“救助行动”专项基金。配合中华慈善总会与美国慈善组织联合开展“微笑列车”活动，为 22 名青少年唇腭裂患者施行免费修复手术。

是月，县残联和轻纺城医院启动“光明工程”，为全县 217 名残疾人白内障患者免费检查，其中适合手术的 90 名白内障患者得到医治。

2 月 28 日，县慈善总会向新疆遭受雪灾部分地区捐款 2 万元，通过中华慈善总会救助灾民。

4 月 28 日，县慈善总会在中国轻纺城科技中心举行赠送仪式，向 70 名肢残者各赠送轮椅 1 辆，总价值 4.45 万元。

12 月，县慈善总会开展向弱势群体送温暖活动，对全县 4110 户特困家庭进行慰问。

是月，全县建立计灾到户、救灾到户制度，县、镇两级落实自然灾害准备金 226 万元。

2002 年

1 月 16 日，全县开展扶贫济困捐款活动，募集善款 1414.33 万元。

是月，县慈善总会出资 5.8 万元，帮助王坛镇 9 个特困家庭开发养殖业。

5 月，县慈善总会联合县关工委开展“六一”国际儿童节前慰问孤儿活动，总支出 3.34 万元，受助 167 人次。尔后，每年“六一”国际儿童节前夕对孤儿进行慰问。

2003 年

元旦、春节期间，县慈善总会开展“慈善情暖万家”活动，走访慰问低保对象、特困户 346 户，发放慰问金 12.4 万元。

5 月 19 日，县慈善总会开展以“给你一条腿，让你站起来”为主题的助行工程，为 12 名大腿肢残者安装假腿，价值 9 万元。

6 月 1 日，县妇联、县教育局到稽东镇骆村完小开展慰问活动，送去计算机、打印机、消毒柜等物品，给全校 160 名学生每人送去一套不锈钢饭盒、毛巾和洗手液。随行的医务人员为学生作卫生健康知识讲座。

6 月 19 日，县慈善总会在华舍街道举行慈善施药卡发放仪式，344 名贫困精神病患者得到慈善施药卡，县慈善总会支付药费 2.1 万元。此外为 2 名重症精神病患者住院治疗提供费用 2.13 万元。

11 月，县慈善总会出资 4.9 万元，为 44 名贫困家庭白内障患者施行复明手术。

2004 年

4 月 28 日，县总工会募集劳动模范困难救助基金 140 余万元。

5 月 19 日，县慈善总会为 22 名大腿肢残者安装假腿，价值 10.1 万元。

9 月 27 日，绍兴盛兴慈善基金会成立。该基金会是经浙江省民政厅批准设立的全省第二家、绍兴市首家非公募慈善机构。盛兴企业集团出资 200 万元作为原始基金，救助对象为因祸因残因病的特困家庭、特困学生，以及因见义勇为而致伤致残致贫的特困人员，救助范围立足安昌镇，面向绍兴县。

11 月 8 日，浙江省慈善总会秘书长李刚带队，由《人民政协报》慈善周刊、慈善杂志社等 12 家新闻单位 18 名记者组成的浙江慈善十年新闻采访团，到绍兴县采访。

是年，县慈善总会出资 5.24 万元，帮助 62 名困难家庭白内障患者实施复明手术。

2005 年

1 月，为救助印度洋海啸灾区，县慈善总会在全县开展捐赠活动，募集赈灾款 71.7 万元。

是月，县慈善总会在柯桥街道首次举办慈善年夜饭，94 户 182 名困难对象参加。此后，县慈善总会每年在各镇（街道）敬老院举办慈善年夜饭，使所有敬老院的入住老人都享受慈善大餐，并拿到年货大礼包和压岁钱。所有费用均由县慈善总会承担。

6 月，县慈善总会分别在宾馆、超市、医院、银行、汽车站等公共场所摆放“慈善爱心箱”28 个，为各界爱心人士捐款提供平台。

7 月，柯桥街道慈善爱心超市投入运行。

11 月，县慈善总会被评为浙江省慈善工作先进集体。

12 月 6 日，绍兴县慈善超市在柯桥投入运行，县慈善总会支持县慈善超市 200 万元。

12 月，县慈善总会建立“留本冠名慈善救助基金”，中设集团、华天集团、县供销联社、华通集团4家企业，共认捐留本冠名慈善救助基金900万元，协议期为5年，每年将基金的5%增值部分捐赠给县慈善总会，当年汇缴善款45万元。

12月31日，县政府发出《关于表彰绍兴县"慈善之星"的决定》，浙江盛兴染整有限公司等17个单位、马仕秀等18名个人受到表彰。

2006年

1月4日，县委、县政府召开全县慈善工作会议，"留本冠名慈善救助基金"在全县面上推开，有21家企业当场举牌，认捐"冠名基金"2.2亿元。

8月20日，由县文明办、县慈善总会主办，柯桥精致龙摄影承办的首届"爱在8月"婚情博览会暨大型助学义捐晚会在柯桥富丽华大酒店举行，发动当场捐款，用于慈善助学。

是月，县慈善总会依托浙江供销超市，将慈善超市拓展到全县19个镇（街道），共设慈善超市网点23个。

12月12日，宝业集团股份有限公司被浙江省委、省政府授予第一届"浙江慈善奖（机构奖）"，福全镇慈善协会被授予"浙江慈善奖（机构提名奖）"。

是年，县慈善总会开展"慈善电影进百村"活动，全县251个村居每村放映2部电影。

2007年

1月18日，县委、县政府召开全县"送温暖、献爱心"动员大会暨慈善大会。

8月，绍兴市福建商会出资8万元，与8名贫困家庭大学生结对助学。毛源昌眼镜绍兴配镜中心出资5万元，向贫困家庭大学生赠送近视眼镜90副。县侨联开展"侨帮侨"爱心捐助活动，所筹资金用于帮助侨乡兰亭镇的困难侨眷4人。

8月15日，县慈善总会向全县近5000名低保和重点优抚对象发放慈善爱心卡，资金近100万元。

8 月 29 日，县慈善总会召开全县慈善助学大学生欢送会。是年，资助贫困大学生 624 人，资助金额 118.52 万元。

11 月 6 日，安昌镇慈善协会在 12 个村(居)建立慈善分会，共募集善款 200 多万元。

2008 年

1 月 9 日，县委、县政府召开全县“送温暖、献爱心”活动暨慈善基金筹资动员大会。

5 月 12 日，四川省汶川发生 8.0 级地震，县慈善总会立即开展赈灾募捐活动，共为汶川地震灾区捐款 6517.56 万元，捐赠救灾物资折价 1100.03 万元。浙江宝业集团出资 500 万元，为青川县凉水镇援建希望小学 1 所，并援建价值 249 万元的活动板房 588 套。

5 月 16 日晚，县广播电视台、县小百花艺术中心、中广有线绍兴县分公司联合举办“让世界充满爱”的赈灾义演，收到爱心捐款 78 万元、捐赠药品等物资价值 100 万元。

7 月 17 日，全省首家文化慈善超市在绍兴县平水镇文化活动中心开张。

9 月 23 日，绍兴县农村合作银行(后改制为浙江绍兴瑞丰农村商业银行股份有限公司)被浙江省慈善总会授予汶川地震捐赠“慈善贡献奖”。

11 月 19 日，浙江省旅港同乡会会长车越乔向越国文化博物馆捐赠书画藏品 37 幅，其中有清代的诸文标、吴道鎔、陶浚宣，近现代的汪兆镛、于右任、叶恭绰等绍籍名人的作品。

2009 年

1 月 13 日，县慈善总会冠名基金慈善助学项目被浙江省委、省政府授予第二届“浙江慈善奖(项目奖)”。

是月，县总工会启动“情系困难职工、共建和谐家园”送温暖活动，筹集资金 264 万元，帮扶职工 3154 人；发放助学金 129.25 万元，受惠 569 人。

3月11日，县慈善总会向外来务工人员子弟学校赠送教育设备仪式在钱清镇阳光小学举行。

11月5日，县慈善总会被浙江省慈善总会授予“慈善工作先进集体”奖，会长朱志飞获“优秀慈善工作者”奖。

是年，县侨商协会副会长汤鑫灿出资100万元，建立兰亭镇教育基金，用于奖励优秀教师和学生。

2010年

1月，县慈善总会在全县开展“千户万名困难对象送温暖”惠民大行动，发放慰问金233.68万元，受助2823人(户)次。

4月14日，青海玉树发生7.1级地震，县慈善总会募集赈灾专款552.08万元。

8月7日，甘肃舟曲发生特大山洪泥石流灾害，县慈善总会发起赈灾捐款活动，募集赈灾款29.8万元。是月，为西南干旱灾区捐款15.82万元。

2011年

1月1日，绍兴县“千户万名困难对象送温暖”惠民大行动活动在马鞍镇举行启动仪式。县总工会组织全体机关干部和全县各镇街、系统工会干部走访慰问困难职工615人。

1月14日，浙江蓝天实业集团“爱心基金”在富盛镇举行首批发放仪式，发放金额14.8万元，30人受助。

1月20日，县慈善总会在杨汛桥镇养老院举办慈善年夜饭。尔后，全县各镇(街道)敬老院慈善年夜饭相继举行。

2月25日，宝业集团股份有限公司董事长庞宝根被浙江省委、省政府授予第三届“浙江慈善奖(个人奖)”。

5月18日，绍兴县慈善总会第三届会员代表大会在县行政中心举行，各镇(街道、开发区)、县有关部门和企业代表近140人参加。会议选举赵六四为县慈善总会会长,通过《绍兴县慈善总会章程》和《绍兴县慈善总会资金管理办法》修改草案。

6月14日,浙江省慈善总会副会长李刚一行3人到绍兴县慈善总会调研社会管理创新工作。

7月21日下午,绍兴市第二届慈善大会召开,绍兴县宝业集团、蓝天集团、瑞丰银行3个单位获“机构奖”;轻纺城乐清商会会长徐杏地、无名集团董事长秋国良、中厦集团董事长杨学夫3人获“个人奖”;县慈善总会名誉会长杨其如、精功集团董事长金良顺等11人获“慈善工作先进个人”称号,受到市委、市政府的表彰。

8月24日,县慈善总会召开2011年冠名基金慈善助学大学生欢送会。是年,资助贫困大学生796人,资助金额355.40万元。

9月8日,县慈善总会在柯桥街道夕阳红中心开展中秋慰问活动。

12月26日,《浙江慈善》副主编程佩霞、魏华到绍兴县慈善总会采访,了解绍兴县慈善事业发展情况。

2012年

1月12日,县慈善总会在华舍街道敬老院举行慈善年夜饭。尔后,全县各镇(街道)敬老院慈善年夜饭相继举行。

1月30日,副县长蔡于革到县慈善总会调研完善镇(街道)慈善组织网络、启动第二轮慈善捐款活动及全县慈善大会筹备工作等事宜。

是月,县总工会组织全体机关干部和各镇(街道)、系统工会干部走访慰问困难职工410人,送慰问金34万元。

2月4日,召开绍兴县慈善总会三届二次理事会通信会议,决定撤销镇(街道、开发区)慈善协会,建立绍兴县慈善总会镇(街道、开发区)分会。

4月16日,绍兴市慈善工作办公室主任周巧米到县慈善总会调研。

4月24日,团县委建立绍兴县微动力志愿公共服务平台。

5月22日，县慈善总会召开镇（街道）慈善分会工作会议，各镇（街道）慈善分会会长或副会长（秘书长）参加会议。

5月28日，县委、县政府出台《关于进一步加快慈善事业发展的意见》（县委〔2012〕67号），成立绍兴县慈善工作领导小组。

同日，县委办、县府办印发《绍兴县慈善资金管理暂行办法》（县委办〔2012〕88号）。

6月7日，桐乡市慈善总会会长徐八斤一行到县慈善总会考察。

6月25日，县委、县政府发布《关于表彰绍兴县慈善奖获奖单位和个人的决定》（县委发〔2012〕33号），授予柯桥街道办事处等28个单位“绍兴县慈善奖（机构奖）”，陈尧根等23人“绍兴县慈善奖（个人奖）”，魏森林等41人“绍兴县慈善先进工作者”荣誉称号。

7月17日，县慈善总会在柯桥夕阳红中心举行赠送仪式，绍兴县红雨纺织向全县敬老院入住老人赠送珠光印花蚕丝被615条。

7月20日，县委、县政府在鉴湖大酒店召开全县慈善大会。72家爱心企业当场认捐5611万元，其他企业认捐2061万元，共筹集善款近7700万元。

8月24日，绍兴县2012年慈善助学大学生欢送会在富盛镇举行。是年，资助贫困大学生810人，资助金额353.75万元。

是月，县总工会举行金秋助学活动，向困难职工和农民工子女发放助学金。

9月6日，县长徐国龙、副县长刘晓清到县慈善总会调研。

9月13日，绍兴县政协召开十一届八次主席会议，专题视察协商全县扶残助残工作。与会人员实地视察县雅博残疾人庇护中心和县特殊教育学校，了解扶残助残工作落实情况，就做好“省扶残助残爱心城市”创建工作提出意见建议。

9月18日，绍兴市慈善工作办公室主任张爱武到县慈善总会调研。

9月25日，县慈善总会在马鞍镇敬老院启动中秋慰问活动，向全县敬老院609名入住老人进行慰问，发放慰问品价值9万元。

10月29日，县慈善总会会长赵六四赴江山县参加全省慈善工作经验交流会。

11月6日，江山市慈善总会副会长姜恭水一行4人到县慈善总会考察。

11月23日，绍兴市委、市政府召开绍兴市慈善捐赠暨颁奖典礼，绍兴县36人被授予“慈善之星”称号。

11月24日，绍兴县杨汛桥镇联社村爱心互助中心举行成立仪式。当天，48名爱心人士共捐款100万元，作为互助基金，帮助村里困难群众。成立仪式上，4户困难家庭每户获得1000元的救助。

12月31日，绍兴县安康寺向县慈善总会捐赠10万元，县慈善总会会长赵六四向安康寺方丈法弘颁发荣誉证书。

2013年

1月8日，县慈善总会向全县18个镇（街道）敬老院入住老人每人赠送九件套床上用品一件，共计500件，总价值15万元。该床上用品由浙江梅盛实业股份有限公司提供。

1月10日，绍兴瑞丰银行向县慈善总会捐赠300万元，定向发放给全县18个镇（街道）近6000户贫困家庭（低保户）每户捐赠500元。

1月31日，全县开展2013年春节困难群众送温暖活动，县慈善总会发放慰问金1936.07万元，受惠19343人（户）次。

同日，绍兴县慈善年夜饭在湖塘街道敬老院开席，全县各镇（街道）敬老院慈善年夜饭相继举行。

3月12日，绍兴县慈善总会监事会成立暨监事会第一次会议在县行政中心举行。会议审议通过《绍兴县慈善总会监事会章程（试行）》，推选出监事长、副监事长、秘书长。

3月27日，副县长刘晓清、县慈善总会会长赵六四赴夏履镇调研建立村级慈善工作站有关事宜。

3月22日，县民宗局举行宗教慈善帮扶资金捐赠仪式，柯桥基督教堂、九峰寺等20处县域宗教场所当场捐资7.6万元。

4月11日，绍兴县政协“系列慈善·助老”行动启动仪式在柯桥夕阳红中心举行。

4月22日，为帮助四川省雅安市芦山县地震灾区群众渡过难关，县慈善总会在《绍兴县报》上刊发公告，公布赈灾账户。至5月24日，共收到赈灾款40.08万元。此款通过浙江省慈善总会用于地震灾区恢复重建。

5月3日，绍兴县志愿者协会第二次会员大会在柯桥蓝天国际影城召开，129名会员参加。

6月5日，绍兴县政协组织医药卫生界骨干到柯桥敬老院开展义诊和慰问活动。

8月21日，县慈善总会召开2013年慈善助学大学生欢送会。是年，资助贫困大学生720人，资助金额312.14万元。

同日，举行绍兴县慈善总会监事会第二次会议，县委常委、副县长刘晓清到会讲话。

8月29日，绍兴县慈善大会在县行政中心举行。会上，县慈善总会汇报2012年慈善资金收支情况。

9月11日，县慈善总会在平水镇敬老院启动中秋慰问活动。

9月16日，绍兴县宗教界开展第二届宗教慈善周活动。

10月18日，浙江省第一部反映志愿者内容的公益微电影《让爱继续》在柯桥蓝天大剧院首映，该片由共青团绍兴县委与县委宣传部、组织部、柯桥街道办事处联合拍摄。

12月10日，因行政区划调整，绍兴县慈善总会更名为绍兴市柯桥区慈善总会，各镇（街道、开发区）慈善分会同时更名，新印章即日启用。

2014年

1月16日，区慈善总会在平水镇敬老院举行慈善年夜饭启动仪式。此后，全区敬老院相继举办慈善年夜饭。

3 月，民盟柯桥区基层委盟员章如庚在北京成立章如庚慈善基金会，首期启动资金 2000 万元，成为浙江省首个由民政部主管、以个人名字命名的慈善基金会。

4 月 28 日，柯桥区政协“系列慈善·助学”行动启动仪式在区特殊教育学校举行。

5 月 26 日，区慈善总会公告受理“心希望基金”救助项目申请工作。该项目由浙江省慈善总会与杭州师范大学附属医院（杭州市第二人民医院）联合推出，援助对象为 6 个月到 70 岁刚确认未做手术的贫困家庭心脏病患者。

8 月 26 日，区慈善总会举行 2014 年全区慈善助学大学生欢送会。是年，资助贫困大学生 561 人，资助金额 240.9 万元。

9 月 1 日，区慈善总会向全区各镇街敬老院全体入住老人和工作人员进行中秋慰问。

11 月 13 日，柯桥区慈善总会被浙江省慈善总会授予第二届浙江慈善“优秀机构奖”，绍兴县慈善总会会长朱志飞获“突出贡献奖”，柯桥街道社事办主任盛炳生获“优秀慈善工作者奖”。

12 月 4 日，绍兴银行轻纺城支行、绍兴市慈善总会向柯桥区慈善总会捐赠人民币 22 万元，定向资助柯桥区王坛镇长岭村文化礼堂和体育健身场所建设。

2015 年

1 月 15 日，区慈善总会开展 2015 年春节送温暖活动，总支出 1167.3 万元，受助 13510 人（户）次。

2 月 9 日，绍兴瑞丰银行向区慈善总会捐赠 621 万元，其中 261 万元定向资助全区 5207 户低保户，每户发放 500 元；360 万元定向捐赠柯桥区 18 个行政村，每村 20 万元，作为“美丽乡村”建设专项资金。

2 月 10 日，区慈善总会在柯桥夕阳红中心举行慈善年夜饭启动仪式。

3 月 9 日，永辉超市向区慈善总会捐赠总值 10 万元的慈善爱心卡，定向资助柯桥街道 155 户低保户。

3月13日，柯桥区政协“系列慈善·助孤”行动启动仪式在越崎中学举行，区政协主席孟柏干等为孤儿学生代表送去慰问金和学习用品。

6月23日，区慈善总会向全区困难对象和重点优抚对象发放2015年半年度慰问金，总共470.67万元，受助13764人。

8月20日，区慈善总会举行2015年全区慈善助学大学生欢送会。是年，资助贫困大学生503人，资助金额215.66万元。

9月15日，区慈善总会对全区各镇（街道）敬老院全体入住老人和工作人员进行中秋慰问。

9月16日，浙江省慈善总会、浙江省农村信用社联合社在安吉县召开“第三批浙江农信杯万村慈善帮扶基金工程竞赛活动表彰大会”，柯桥区杨汛桥镇联社村获“慈善村”荣誉称号，柯桥区慈善总会获“组织奖”，柯桥分会获“优胜奖”。

11月30日，绍兴瑞丰银行向区慈善总会捐赠556万元，其中206万元定向资助全区4125户低保户，每户发放500元；360万元定向捐赠柯桥区18个行政村，每村20万元，作为“美丽乡村”建设专项资金。

12月15日，区慈善总会在平水镇敬老院举行“冬日暖阳”活动启动仪式，向敬老院入住老人们赠送棉鞋。此后，全区敬老院的棉鞋陆续送达。

是年，区委、区政府出台《关于进一步加快发展红十字事业的意见》（区委〔2015〕49号）。

2016年

1月10日，区慈善总会开展2016年春节送温暖活动，发放慰问金1117.4万元，受助12948人（户）次。

1月28日，区慈善总会在华舍街道敬老院举行慈善年夜饭启动仪式。此后，全区敬老院相继举办慈善年夜饭。

5月27日，柯桥区政协赴王坛镇开展“系列慈善·助医”慰问。

6月20日，柯桥区机关幼儿园向区慈善总会捐赠爱心助学款14720.1元。

6月23日，区慈善总会向全区困难对象和重点优抚对象发放半年度慰问金，共464.68万元，受助13610人。

8月22日，区慈善总会召开2016年全区慈善助学大学生欢送会。是年，资助贫困大学生399人，资助金额175.9万元。

9月8日，区慈善总会向全区各镇街敬老院全体入住老人和工作人员进行中秋慰问。

10月16日，柯桥区政协"系列慈善·助医"义诊活动在湖塘街道香林村开展，来自绍兴第二医院、市中心医院的10余名专家为村民提供健康咨询服务。

11月，浙江元垄控股集团有限公司通过柯桥区慈善总会向区环卫处捐赠价值100万元的环卫用车。

2017年

1月3日，区慈善总会开展2017年春节前夕对低保等困难对象进行慰问活动，发放慰问金953.9万元，受助12347人(户)次。

1月13日，区慈善总会在湖塘街道社会福利中心举行慈善年夜饭启动仪式，全区各镇街社会福利中心相继举办慈善年夜饭。

4月1日，区慈善总会第一届会员代表大会在区行政中心举行。会议听取并审议通过上一届理事会工作报告和财务收支情况报告，通过《绍兴市柯桥区慈善总会章程》《绍兴市柯桥区慈善总会财产管理办法》，选举产生第一届理事会、监事会，选举马芳妹为区慈善总会会长，马洪明为监事长。

5月2日，区慈善总会日常办事机构搬迁至区行政中心，总会驻地不变。

5月20日，区慈善总会联合绍兴市慈善总会古银杏爱心慈善基金，开展"大爱柯桥 杏会万达"主题慈善活动，募集善款8.26万余元。

6月27日，"衣循环·爱循环"绿蛙废旧衣服回收项目在柯桥街道大渡社区邻里中心试点启动。

7月31日，区慈善总会首个一次性定向捐赠1000万元的基金——“申洲·横江”慈善基金成立，该基金由申洲国际集团控股有限公司定向捐赠1000万元，专款用于华舍街道助学、助困等项目。

8月22日，区慈善总会“金盾·元垄”慈善基金成立，该基金由浙江元垄控股集团有限公司捐赠300万元，定向用于绍兴市公安局柯桥区分局在编民警，武警、消防队员，辅警和其父母、配偶、子女的爱警惠警、爱警护家，以及人道主义救助等项目。

8月24日，区慈善总会天圣慈善基金成立，该基金由浙江天圣控股集团有限公司捐赠600万元，定向用于助学、助困、安老以及慈善文化宣传等项目。

9月4日，柯桥区委、区政府主办，区民政局、区慈善总会、区广电总台、区报社联合承办的“点亮你我 温暖全城”慈善公益晚会在蓝天大剧院举行，区四套班子领导参加。区慈善总会探索“互联网+慈善”，发布“慈善柯桥”微信服务号，开通网络捐赠与求助通道，并为全区16个慈善分会授牌。上百家企业、商会爱心人士踊跃捐款，先后认捐善款约6200万元。同日下午，公益集市在蓝天大剧院广场举行，开展义卖、义诊和志愿服务等活动，筹集善款1.69万余元。

9月21日，绍兴柯桥博雅口腔医院向区慈善总会捐赠20万元，实施“康乐·笑口常开”博雅口腔健康慈善项目，定向用于开展城乡困难老年人全口义齿免费修复等慈善活动。10月28日（重阳节），区慈善总会联合该院在华舍、湖塘街道社会福利中心开展爱心义诊活动。

10月26日，区慈善总会会长马芳妹到稽东镇大桥、尉村、龙东、高阳、营口村走访，了解困难群众现状。

11月15日，“纺城有家·红公益平台”运行暨中国轻纺城“情暖纺城大型公益行动”启动仪式在中国轻纺城坯布市场举行。

11月20日，区慈善总会、稽东慈善分会在稽东镇中学举行2017年度万向集团“四个一万工程”助学金发放仪式。2008—2017年，万向集团资助柯桥区困难家庭学生 400 人次 126.82 万元。

12 月 22 日，瑞丰银行在蓝天大剧院举行“服务实体 振兴乡村 共享社会”大型主题活动。活动现场，瑞丰银行成立瑞丰慈善基金，向区慈善总会分期捐赠 3000 万元，首笔捐赠到位资金 858 万元，其中，向全区 5017 户低保户每户发放 800 元，共计 401.36 万元；向全区 25 个行政村发放美丽乡村建设款项共计 400 万元；向稽东镇养老院发放善款 30 万元；向绍兴市 88 名贫困学子发放 26.64 万元。

12 月 25 日，区慈善总会宝业慈善基金成立，该基金由宝业集团股份有限公司捐赠 600 万元，定向用于助困、助医等项目；“天马 · 凯文”慈善基金成立，该基金由浙江天马实业股份有限公司捐赠 200 万元，定向用于助医、助困等项目；“越剑 · 爱心帮扶”慈善基金成立，该基金由浙江越剑智能装备股份有限公司捐赠 100 万元，定向用于帮扶济困、帮残助学、奖励见义勇为等项目；“梅轮电梯 · 齐贤”慈善基金成立，该基金由浙江梅轮电梯股份有限公司捐赠 100 万元，定向用于齐贤街道助困、助医等项目；日月慈善基金成立，该基金由浙江日月首饰集团有限公司捐赠 100 万元，定向用于助困、助医等项目。

12 月 26 日，区慈善总会中设慈善基金成立，该基金由中设建工集团有限公司捐赠 107 万元，定向用于助困等项目；中厦慈善基金成立，该基金由中厦建设集团有限公司捐赠 106 万元，定向用于助困、助医等项目；“红绿蓝 · 急难救助”慈善基金成立，该基金由浙江红绿蓝纺织印染有限公司捐赠 100 万元，定向用于急难救助等项目；华天慈善基金成立，该基金由浙江华天实业有限公司捐赠 100 万元，定向用于助困、助医等项目。

12 月 27 日，区慈善总会“精功 · 急难救助”慈善基金成立，该基金由精功集团有限公司捐赠 200 万元，定向用于助困、助医等项目；“永利 · 帮乐”慈善基金成立，该基金由浙江永利实业集团有限公司捐赠 200 万元，定向用于助困、助医等项目；“金昌·爱慈”慈善基金成立，该基金由浙江金昌房地产集团有限公司捐赠 100 万元，定向用于助老、扶老等项目；“东方山水 · 双骄”慈善基金成立，该基金由绍兴金沙旅游发展股份有限公司捐赠 100 万元,定向用于助孤、助困等项目;索密克慈善基金成立,该基金由索密克汽车配件有限公司捐赠 100 万元,定向用于助困、助医等项目;勤业慈善基金成立,该基金由浙江勤业建工集团有限公司捐赠 100 万元,定向用于助困等项目。

是年,柯桥区"慈蕴书香"慈善助学项目资助困难家庭大学生 350 人计 154.8 万元。

2018 年

1 月 4 日,区慈善总会会长马芳妹到王坛镇南岸、越联、坎上、东村、肇湖村走访,了解困难群众的生活现状和需求,鼓励他们树立生活信心。

1 月 5 日,柯桥街道微动力志愿服务中心荣获全国十大"2017 网络公益年度机构"和"浙江名牌产品(服务类)"称号。

1 月 6 日,区民政局、区慈善总会联合"金昌·爱慈"慈善基金举办的慈善年夜饭在钱清镇社会福利中心开席。该基金为全区各镇街社会福利中心相继举办慈善年夜饭,资助 4.98 万元,惠及 494 人。

1 月 23 日,区慈善总会"精工钢构·爱心"慈善基金成立,该基金由浙江精工钢结构集团有限公司捐赠 200 万元,定向用于助困、助医等项目。

2 月 4 日,"中邮保险杯"少儿邮票设计大赛颁奖仪式暨"邮善邮乐"爱心助学行动在柯桥蓝天大剧院广场举行。中邮保险免费提供 150 个爱心包裹,其中 50 个由爱心市民认捐认领,为柯桥区 150 名困难家庭的孩子们送出爱心文具和新春祝福,并由邮递员将爱心包裹投递到家。

2 月 5 日,区慈善总会"长寿·百岁"慈善基金成立,该基金系全市首个面向百岁老人的专项基金,由安昌街道国际村已故百岁老人胡长寿之子胡依定、胡依庆、胡柏青、胡柏成四人共同捐赠 102 万元,定向用于全区百岁老人等重阳慰问。

2 月 6 日,区慈善总会会长马芳妹到柯桥中学慰问结对学生,赴漓渚镇探望困难党员和困难群众。

4 月起,区政协会同区慈善总会联合开展以"政协组织进百村、政协委员访千户”为主要形式的“助困百千行动”,通过发动全体区政协委员和政协工作者成为慈善志愿者,且走访100个村(居、社区)1000余户困难家庭,开展个性化助困帮扶。

4月底,区公安分局、区慈善总会为平水弃婴案中的早产儿发起公开募捐,加上办案民警个人发起的水滴筹,为弃婴筹募善款10.3万元,区委网信办据此为题材拍摄微电影。

5月3日,区慈善总会新风慈善基金成立,该基金由浙江新风热电有限公司捐赠50万元,定向用于助困、助医等项目;“永通染织爱心”慈善基金成立,该基金由浙江永通染织集团有限公司捐赠150万元,定向用于助困、助医等项目。

5月8日,区慈善总会“华港·爱心暖流”慈善基金成立,该基金由浙江华港染织集团有限公司捐赠100万元,定向用于华舍街道助困、助医等项目。

5月12日,区慈善总会“亲亲宝贝”慈善基金成立仪式暨“5·12”国际护士节庆典活动在区妇幼保健院举行。该基金由浙江优创光能科技有限公司、绍兴电力设备有限公司各捐赠100万元,是全市首个主要面向外来务工家庭困难病童的专项基金。

5月18日,区慈善总会元垄慈爱基金在蓝天大剧院成立。该基金由浙江元垄控股集团有限公司捐赠700万元,其中100万元专项用于华舍中学助学助教、奖学奖教;600万元用于急难救助、黄手环、爱心驿站等项目。

同日,由区民政局、区慈善总会联合发起的元垄“助您回家”爱心黄手环项目正式启动。黄手环首批发放700余人,对象为全区60周岁以上有阿尔茨海默病(俗称“老年痴呆症”)史,持有精神、智力残疾证及其他有走失史的老人。

5月28日,区妇联主办、区广电总台承办的《爱在春天里·一封家书》首发仪式暨寻找“爱心妈妈”大型公益活动启动仪式在柯桥举行。

6月上旬,区慈善总会“康乐·笑口常开”博雅口腔健康慈善项目,开展关爱环卫工人活动。159名环卫工人参加筛查,博雅口腔医院视情免费治疗。

6月22日,宁波天南地北绍兴人联谊会代表回乡开展考察访问,并向钱清阳光小学捐赠爱心款20万元,区政协党组副书记、副主席、区慈善总会会长马芳妹,区委常委、统战部部长王静静参加考察活动。

6月26日，浙江天圣控股集团有限公司向天圣慈善基金追加捐赠400万元，并与绍兴财经旅游学校（柯桥区财经学校）、贵州爱心纳雍公益联合会合作开展慈善项目。

7月26—27日，区民政局、区妇联组织开展"益路行·嘉兴"能力建设专题培训活动，区慈善总会等全区30多个社会组织代表参加。

7月28日，柯桥区慈善总会"金昌·爱慈"慈善基金，联手金昌集团团委开展"夏季助老"活动，在绍兴柯桥金色年华养老服务中心为老人举办生日会。

是月，"爱在柯桥 影像随行"公益项目在区社会福利中心拉开帷幕，通过为全区14家养老机构入住老人和29名百岁老人拍摄生活照，并制作摄影集和微电影，记录老年生活美好影像。

8月2日，区慈善总会金朋慈爱基金成立，该基金由绍兴金朋环境建设有限公司捐赠30万元，定向用于稽东镇中学奖教项目。

8月8日，区慈善总会"幸福社区·精诚橡塑"慈善基金成立。该基金由绍兴精诚橡塑有限公司捐赠30万元，定向用于柯桥街道急难救助以及颐养园微公益等慈善项目。

8月19日，区欢乐慈爱义工团针对外来务工家庭子女开展的"向阳启梦·爱心学堂"在金昌中央大厦启动。

8月20日，区慈善总会"申洲·柯中"励志基金成立。该基金由申洲国际集团控股有限公司捐赠200万元，下设助学奖学、助教奖教等项目，助力柯桥中学的教育教学发展。

8月20日，来自贵州省纳雍县各乡（镇、街道）的77名贫困大学生参加2018年"圆梦大学·传递梦想"项目助学金发放仪式，助学金由柯桥区慈善总会天圣慈善基金爱心资助。

8月29日，市、区慈善总会在福全街道容山村文化礼堂联合开展《中华人民共和国慈善法》宣传"六进"（进机关、进学校、进社区、进企业、进农村、进社会组织）

暨义工服务活动，为村民带来家电维修、理发、测量血压、文艺演出等爱心服务。中国银行柯桥支行为部分困难家庭送上米油等慰问品。

9月，区民政局、区慈善总会组织开展以"慈善柯桥　有你有我"为主题的第三个中华慈善日系列活动，营造人人向善的良好氛围。

9月5日，区慈善总会成立全市首个区域性专项大病救助基金——康乐·大病关爱救助基金，基金总规模3000万元。

同日，区慈善总会、区志愿者总会在区公共服务大楼、区行政中心联合开展中华慈善日宣传活动，发放慈善读本，宣传慈善活动，传播慈善理念。部分社区、社会组织也纷纷开展捐衣、赠书等爱心行动。

9月21日，柯桥区"慈善文化进校园"活动暨慈善读本捐赠发放仪式在轻纺城第二小学举行。区慈善总会、区教体局、轻纺城二小负责人以及部分师生、家长代表参加了仪式活动。

9月25—26日，绍兴市首届慈善公益核心人才能力提升训练营（第二期）在柯桥区举行。此次培训由绍兴市慈善总会主办，区慈善总会、区慈善办、区社会组织服务中心承办。

9月26日，《都市快报》"快公益"联合阿里巴巴"天天正能量"共同推出的"爱说·分享也是一种公益"分享会，从南宋序集出发，来到绍兴柯桥，开启"在地共享"系列。此次活动由浙江省慈善联合总会指导，《都市快报》"快公益"出品，来自全市的近百名慈善公益人员共同聆听。

10月12日，区慈善总会三力士慈善基金成立。该基金由三力士股份有限公司捐赠50万元，定向用于助困、助医等项目。

10月16—17日，由区政协党组副书记、副主席、区慈善总会会长马芳妹，区领导马焉军、魏静及柯桥区相关部门负责人组成的考察团，赴四川省金川县开展对口协作及慈善帮扶考察工作。柯桥区慈善总会与金川县慈善会签订《定向捐赠框架协议》，拟定向捐赠250万元，用于金川县社会事业、公建设施以及助学助医等项目

（至2020年，区慈善总会共资助226.95万元并赠送7000册图书，用于支持该县青少年图书馆建设）。至2018年底，柯桥区社会各界向金川县捐赠款物约635万元。

10月17日（重阳节）前，区慈善总会会同区民政局联合开展百岁老人和敬老院特困老人慰问活动，先后向全区16个镇（街道）社会福利中心的256名入住老人发放慰问金10.24万元；“长寿·百岁”慈善基金向全区29名百岁老人发放慰问金5.8万元。

11月8—9日，区民政局组织区慈善服务中心、区社会组织服务中心、区慈善总会及各慈善分会、试点村居爱心驿站、慈善基金代表一行约30人，组团赴温州市学习爱心驿站建设。

11月16—17日，由区残联主办，青藤书院、毕昌煜艺术工作室承办的“兜率星光——自闭症画展暨会稽山自闭症公益论坛”在柯桥区举行。来自全国各地的百余位画家、公益人士、特教及亲子教育专家出席活动。

是月，柯桥籍港商金陵首期捐赠30万元，后于2019年、2020年追加捐赠70万元，用于四川省金川县阿科里乡中心幼儿园活动室、浴室建设以及俄热乡二楷小学宿舍、食堂维修改造。

12月6—7日，省民政厅慈善基地评估小组一行到柯桥区慈善基地（区社会组织服务中心）进行评估，对“邮善邮乐”慈善超市建设情况进行调研。

12月上旬，在第四届全国志愿服务项目大赛水利专项赛上，柯桥区“微动力+我们与水”三点半公益教育项目，在全国124个水利志愿项目中获铜奖，为全市唯一。

12月13日，瑞丰银行在蓝天大剧院举行“走千企 美百村访万户”走企连心千百万大型主题活动暨“瑞丰慈善基金”发放仪式，共计发放善款661.24万元。其中，“瑞丰助学”项目向绍兴138名贫困学子每人发放助学金3000元，合计41.4万元；“瑞丰助困”项目向柯桥区和越城区三镇（富盛、陶堰、孙端）低保户每户发放800元，合计349.84万元；“瑞丰强村”项目向24个村发放美丽乡村建设款项，共270万元（该项目累计已捐助村庄 100 个)。

11 月 27 日、12 月 20 日,经组织部门牵头发动,爱心企业通过区慈善总会分别向嵊州市和江山县定向捐赠 871 万元和 770 万元,用于“千企结千村　消除薄弱村”结对村消薄项目。

是年,区慈善总会“慈蕴书香”助学项目资助困难家庭大学生 244 人计 107.3 万元。

2019 年

1 月,柯桥区慈善组织孵化基地被省民政厅、省慈善联合总会评为“浙江省慈善基地”(全省首批 14 家、全市 2 家之一)。

1 月 7 日,柯桥区慈善总会“华宇 · 贤德”慈爱基金成立,该基金由浙江华宇实业集团有限公司一次性捐赠 1000 万元,定向用于急难救助、助老安老、慈善激励等项目。

1 月 23—24 日,区慈善总会会长马芳妹带队开展节前走访慰问活动,探望稽东、滴渚的结对学子、困难党员、困难群众,送去新春慰问和祝福。

1 月 25 日,区民政局、区慈善总会联合“金昌 · 爱慈”慈善基金举办的慈善年夜饭在杨汛桥镇社会福利中心开席。“金昌 · 爱慈”慈善基金为全区各镇街社会福利中心相继举办慈善年夜饭,资助 4.88 万元,惠及 513 人。

同日,200 万元柯桥区“生命接力”慈善博爱基金成立,由区慈善总会和区红十字会联合发起设立,是全省首个关爱造血干细胞、器官(遗体)捐献者和优秀无偿献血者的区(县、市)级慈善博爱联合基金。

1 月 27 日,绍兴市公安局柯桥区分局举行“2019 年见义勇为表彰 · 金盾元垄慈善基金发放暨纺城义警——滴滴红袖章行动启动仪式”。区公安分局、区慈善总会、滴滴公司向 38 岁的滴滴司机杨师傅颁发见义勇为证书和 2 万元奖励金,以表彰其在“12·1”案件中见义勇为的突出表现。

2 月 12 日,全市深入开展“服务企业服务群众服务基层”活动大会召开。会上,区慈善总会会长马芳妹荣膺市委、市政府颁发的绍兴市发展贡献奖。

2月19日，绍兴市公安局柯桥区分局柯桥派出所所长徐国庆用2万元“区长奖”奖金发起成立柯桥区慈善总会“金盾·扬善”基金。这是柯桥区公安系统首个由民警个人发起设立的小额冠名慈善基金。

3月1日，区政协慈爱基金捐赠启动仪式在区行政中心举行。区政协主席孟柏干，副主席马芳妹、许永明、骆学新、吴汉华、裘江新，在职老领导陈忠尧、钱月美，秘书长孙尧富和区政协常委等参加启动仪式并现场捐款，积极打造“助困百千”行动升级版。

3月29日，全市慈善基地（爱心驿站）建设总结推广暨2019年全市慈善工作会议在柯桥区召开，各区（县、市）民政局、慈善总会负责人等参加会议。

4月，“爱牙在行动，微笑每一天”公益活动在柯岩竹林小学开展，博雅口腔医院分批对300多名学生免费开展口腔检查和蛀牙治疗。

5月16日，“柯桥侨爱”慈善基金成立，区侨商协会向区慈善总会捐赠182万元，其中区侨商协会会长吴建栋捐赠152万元，用于助学、助困和未来工匠的培养等。

6月27日，四川省金川县曾达乡遭遇特大泥石流，柯桥区97家企业或个人通过区慈善总会捐赠善款114.28万元，另有瑞丰银行新城支行100条夏凉被、中国银行柯桥支行110床棉被、阳嘉龙羽绒厂300件羽绒服等发往灾区。

6月28日，柯桥区企业家虞兔良向区慈善总会捐赠30万元，设立“启明慈善基金”，用于资助困难家庭大学生。

7月7日，绍兴市与柯桥区首部关爱自闭症儿童微电影《雨果》正式开拍，该影片由区慈善总会联合区残联、宝业集团共同筹拍。

7月9日，柯桥传媒集团FM106经典汽车广播和柯小微团队发起的“爱心冰箱”活动正式启动，通过在柯桥城区投放11台“爱心冰箱”，为交警、执法队员、环卫工人、快递小哥、外卖跑腿等户外工作者免费提供冷饮制品。

8月，爱心纳雍公益联合会联合柯桥区慈善总会天圣慈善基金等，实施“圆梦大学·传递梦想”传递资助项目，帮助贵州纳雍县寒门学子入读大学，共资助金额32.56万元，惠及77人次。

9月6日，区民政局、区慈善总会主办，柯桥街道办事处、华舍街道办事处、柯桥区心连心艺术团、中国银行柯桥支行协办的柯桥区第四个中华慈善日主题晚会在区文化馆音乐剧场举办。

9月29日，“长寿·百岁”慈善基金代表走访安昌街道大和村2名百岁老人、国际村18名90周岁以上老人，为每位老人送去2000元慰问金；全区24名百岁老人陆续收到该基金发放给每人的2000元慰问金。“华宇·贤德”慈爱基金代表走访华舍街道西周社区8名90周岁以上老人，为每位老人送去慰问金2000元。

9月30日，柯桥区举行“应急·救援”慈善公益基金成立仪式，该基金为机构改革后全省首个应急救援慈善基金，由元垄控股、越剑机械、梅轮电梯、捷众科技、东盛慧谷、勤业建工、四海氨纶、天工建设、红绿蓝印染纺织、龙德环保、万丰化工、华彬石化等12家企业捐资300万元设立，定向用于褒扬嘉奖、安抚体恤、济助关爱应急人员等项目。

同日，“职业教育·未来工匠”慈善基金成立。该基金由区慈善总会、区总工会、区教体局以及天圣慈善基金、精工钢构爱心慈善基金、柯桥侨爱基金、政协慈爱基金共同发起设立，总额300万元，定向用于柯桥区中职学校的助学奖学、助教奖教等项目。

10月1日，柯桥区“爱心早餐”工程正式启动，覆盖城区一线环卫工人800余人。浙江天圣控股集团有限公司向区慈善总会捐赠170万元，资助一年“爱心早餐”。

10月22日，绍兴市慈善总会联合柯桥区慈善总会等多家单位募集的2.1万余件冬衣，通过“百世快运”公益快递专车，送往西藏那曲市。

10月26日，2019稽东香榧文化旅游节在稽东镇千年香榧林开幕。瑞丰银行向区慈善总会捐赠100万元，发起成立“榧香·瑞丰”助农基金，专项用于乡村振兴等项目。

11月12日，由浙江省慈善联合总会主办的第六届“西湖论善”在杭州举行，并发布《2017—2018年浙江城市慈善发展指数报告》，柯桥区列全省区（县、市）级第2位。

11月19日，省委、省政府召开全省民政会议暨第六届浙江慈善大会。柯桥区慈善总会康乐·大病关爱救助项目被授予“浙江慈善奖（项目奖）”；浙江永利实业集团有限公司董事长周永利被授予“浙江慈善奖（个人捐赠奖）”；申洲国际集团控股份有限公司、浙江天圣控股集团有限公司被授予“浙江慈善奖（机构捐赠奖）”。

12月21日，“申洲·柯中”励志基金发放仪式暨高一新生“校友讲堂”第一讲活动在柯桥中学举行。活动共发放助学奖学金、助教金24.5万元，惠及91名师生。

12月26日，柯桥区志愿者总会活动策划部部长王文娟获评浙江省最美志愿服务工作者，柯桥街道柯亭社区获评浙江省最美志愿服务社区（村）。

12月30日，天圣慈善基金血液肿瘤患者专项子基金成立，总额100万元，由绍兴市人民医院负责实施，不仅对家庭困难的血液病患者予以经济支持，还通过医院血液病患者俱乐部提供专业的医学指导与心理辅导。

是年，柯桥区慈善总会“慈蕴书香”助学项目资助困难家庭大学生177人79.3万元。

2020年

1月4日，绍兴市商贸旅游业产教融合联盟成立大会暨“天圣·财旅”基金颁奖仪式在绍兴财经旅游学校报告厅举行。该基金成立以来，已发放资金11.41万元，惠及92人次。

1月10日，浙江省政府原副省长、党组副书记，十一届省政协副主席、党组副书记，省慈善联合总会会长陈加元、市委副书记陈澄、省民政厅副厅长江宇、市慈善总会会长徐明光调研柯桥区民政及慈善工作，实地了解慈善基地建设、社会组织参与基层治理等情况。

同日，2019绍兴慈善公益年会在柯桥区举行。宝业集团股份有限公司、浙江潘栋民公益基金会、浙江百思寒羽绒股份有限公司荣获 2019 年度绍兴市东西扶贫“社会捐助先锋”称号；柯桥区慈善总会，以及柯桥分会会长邵正峰、柯桥区心连心艺术团团长赵叶军获评 2019 年度绍兴市最有影响力慈善公益组织（人物）；柯桥区大渡社区、管墅社区及华舍街道金城社区获评绍兴市首批“示范型爱心驿站”。

1 月 14 日，区民政局、区慈善总会联合“金昌 · 爱慈”慈善基金、区心连心艺术团举办的慈善年夜饭在平水镇社会福利中心开席。该基金为全区各镇街社会福利中心相继举办慈善年夜饭，资助 5.89 万元，惠及 589 人。

1 月 28 日，柯桥区慈善总会、区红十字会联合向社会发起抗击新冠肺炎疫情募捐倡议，通过各自设立“新冠肺炎疫情防控项目”，分别开通网络捐赠通道。

2 月 4 日，区印染工业协会向会员单位发起抗击新冠肺炎疫情募捐倡议。至 2 月 6 日，83 家印染、化工企业共向区慈善总会、区红十字会捐款 1030.28 万元。

2 月 7—8 日，在区慈善总会的对接下，区印染工业协会轮值执行会长李海林分别与区疾控中心、绍兴第二医院医共体总院及滨海分院、绍兴市中心医院医共体总院、区中医医院医共体总院签订定向捐赠协议书，用于购买救护车、防疫设备和物资。

2 月 16 日，区慈善总会率先在全省慈善会系统设立首个疫情防控专项基金——3000 万元“重大疫情防控爱心基金”。浙江元垄控股集团有限公司、浙江天圣集团控股有限公司、浙江华天实业有限公司分别捐赠 1000 万元，共同用于疫情防控和公共卫生事业。

2 月 20 日，区慈善总会协调落实 2.86 万只一次性口罩，分发给全区 600 多名血透患者，4334 户在册低保户、低保边缘户及因病致贫户等困难对象，用于新冠肺炎疫情防护。

3 月 4 日，柯桥区举行“重大疫情防控爱心基金”揭牌暨首笔资金发放仪式，向 12 名驰援武汉抗击疫情的“最美逆行者”每人发放奖杯及 5 万元奖金，向 103 名奋战在柯桥本地抗疫一线的医务人员每人发放 5000 元慰问金，向绍兴市中心医院发放 1000 万元专项资金，用于购买 64 排螺旋 CT 等防疫医疗设备。

3月8日，绍兴第二医院5名援鄂队员向湖北省青少年发展基金会捐赠奖金5万元，以爱心传递爱心，用于关爱因疫情导致家庭困难的青少年。

4月26日，重大疫情防控爱心基金出资150万元，为区疾控中心购买全市首台自动检测仪，并支持对全区14家养老机构900余人开展核酸检测，在全省率先实现养老机构核酸检测全覆盖。

4月27日，浙江吉麻良丝新材料股份有限公司通过区慈善总会，向四川省金川县、小金县、马边县等捐赠12.875万只汉麻芯片式口罩、近36.8万片医用3S无纺布芯片，助力东西部扶贫协作地区疫情防控工作。

5月，由柯桥区委统战部、区侨联发起，柯桥侨爱慈善基金出资，联合将20多万元的防疫物资，发往美国、加拿大、意大利、荷兰、奥地利、日本、印度尼西亚、南非等八国十五城的9个柯桥籍海外华侨华人社团。

6月8日，2020年之江公益沙龙活动在杭举行。柯桥区慈善总会“搭建公益平台 创新设立基金 主动靠前服务”项目入选全省百个“战疫典型”优秀案例，柯桥区14人入选千名“战疫群英”优秀个人。

6月17日，为帮助东西部扶贫协作对口地区抗击新冠肺炎疫情，区慈善总会重大疫情防控爱心基金资助100万元，用于四川省金川县购置2辆救护车，提高公共卫生事件处置能力。

6月19日，区慈善总会“新型冠状病毒疫情防控项目”结束公开募捐，至2020年6月19日12时，共收到善款4839.27万元以及物资折价723.91万元。

7月上旬，由区委宣传部(文明办)、区总工会、区志愿者总会和柯桥传媒集团FM106.8联合发起的“清凉有礼、柯桥有爱”活动正式开启，通过柯桥城区17个爱心冰箱点位，免费为全城户外工作者提供解暑消热的清凉冰饮。

7月11日，区民政局、区妇联、区旅发集团、区慈善总会联合开展“夜鲁镇·周末市集——面包的诱惑”公益专场活动，参与捐赠近900人次，所募善款1.5万余元用于支持四川省金川县“点亮微心愿 共筑童心梦”暖冬活动。

7月24日，区慈善总会“益平·心脏关爱”项目在柯桥区中医医院揭牌启动。该项目由爱心人士（益平）捐赠20万元设立，定向为在该院实施心脏起搏器植入术的患者，提供2000元至5000元不等的资助。

8月19日，区慈善总会以通信形式召开理事会。经各理事反馈，审议通过《新冠肺炎疫情防控资金募集和使用情况》《关于拟调整、增减副会长等相关情况的说明》《关于拟修改绍兴市柯桥区慈善总会章程相关情况的说明》《关于拟修改绍兴市柯桥区慈善总会财产管理办法相关情况的说明》等。

8月26日，全国人大常委会执法检查组来绍兴市开展《中华人民共和国慈善法》执法检查，并现场考察柯桥区柯桥街道大渡社区“爱心驿站”。

8月27日，浙江百思寒羽绒股份有限公司向四川省金川县捐赠价值500万元的羽绒制品。

9月2日，经区慈善总会牵头，宝业集团捐建乡村爱心书舍仪式在夏履镇举行。该书舍位于夏履集镇广场，通过搭建集图书借阅、学习交流、文旅体验、聚会沙龙、慈善组织孵化培育于一体的多元平台，打造“慈善+文旅”新地标。

9月3日，“德润柯桥·集善成城”2020上半年度“柯桥好人”、文明代言人发布暨柯桥区“好人基金”成立仪式在区文化馆音乐剧场举行。“好人基金”由区文明办、区慈善总会共同发起，总规模200万元。

9月5日，柯桥区正式上线“慈善柯桥”门户网站，实时发布工作动态，畅通网络捐赠与求助通道，系全市首个同时开通门户网站和微信服务号的区（县、市）。

同日，绍兴市中心医院联合区慈善总会“重大疫情防控爱心基金”，对柯桥区困难人群（六类医疗救助对象）、医护和疾控人员推出64排CT检查费用减免慈善活动，将基金捐赠大型医用设备的爱心传递下去。

9月27日，由区慈善总会牵头的柯桥区“益梦·书舍”爱心基金成立暨榧香书舍落成开放仪式在稽东镇举行。天圣集团、宝业集团、瑞丰银行共同认捐1400万元，用于发起成立2000万元的柯桥区“益梦·书舍”爱心基金，旨在支持乡村爱心书舍建设。榧香书舍作为该基金资助建设的首家乡村书舍，具有示范标杆意义，致力为山区群众营造“与书为伴、放飞梦想、追逐远方”的精神家园、慈善基地和文旅驿站。

10月16日，在区慈善总会勤业慈善基金的资助下，西藏那曲市比如县第二中学的第一批多媒体教室建成开课。

10月下旬，在重阳节来临之际，区慈善总会联合区民政局慰问各镇（街道）福利中心入住老人，共拨付资金8.85万元，惠及177名特困集中供养老人；联合“长寿·百岁”“华宇·贤德”“申洲·横江”以及元垄慈爱等基金等开展长寿老人走访慰问活动，共发放慰问金19.2万元。

11月5—6日，浙江省慈善联合总会主办的第七届“西湖论善”在柯桥区召开，并发布《2019年度浙江城市慈善发展指数报告》，柯桥区列全省区（县、市）级第4位；同时举行全省慈善会系统年终工作交流会，柯桥区慈善总会作典型经验交流，柯桥慈善分会、华舍街道蜀阜村分别被评为全省第一批“示范慈善分会”“示范慈善工作站”。

11月9日，为支持“黔柯特盟”帮扶工作，天圣慈善基金资助贵州晴隆县特教学校购买校服80套，以及威宁县特教学校购买教具器材，合计6.72万元。“黔柯特盟”是柯桥区育才学校与贵州省25所特教学校组建的特殊教育联盟，通过资源共建共享、优势互补、协同发展，推进贵州省特殊教育快速发展。

11月17—23日，柯桥区首届特殊儿童书画作品展在柯桥美术馆举行。此次活动由区政协主办，区慈善总会、区残联协办，区育才学校承办，区佳艺书画教育培训学校、毕昌煜艺术工作室和柯桥美术馆助力。

12月2日，区慈善总会“申洲·柯中”励志基金捐赠仪式在柯桥中学举行。为迎接柯桥中学成立70周年，申洲国际集团控股有限公司追加捐赠500万元，反哺母校建设、助力家乡发展。

12月，区慈善总会被省民政厅评为全省2020年度品牌社会组织。

是年，柯桥区慈善总会“慈蕴书香”助学项目资助困难家庭大学生113人50.7万元。

第一章
慈善机构

柯桥区（绍兴县）早在宋代就出现慈善机构，如居养院、安济坊、漏泽园等，主要由官方创设、民间参与。专事收养鳏寡孤独和残疾人，或收埋域内暴露荒野之枯骨。明清时期，官办慈善机构得到恢复和发展，地方开明绅士、商贾及宗教团体纷纷参与慈善事业，创设许多新的慈善机构，如养老院、育婴堂、同仁堂、孤儿院、施医局，以及为贫病者助学而设立的义学、义庄。近代慈善机构基本上以民办为主，有凌霄社、救济院、游民习艺所、难童教养院、安老院、施医社等。

中华人民共和国成立后，民政部门接管旧有社会救济机构，新建社会福利院、敬老院、光荣院、颐乐院等慈善机构，同时创办福利企业，以安置城乡贫困居民和残疾人就业。20 世纪 90 年代中期，绍兴县慈善总会成立，各乡、镇（街道）相继设立慈善分会。一些社会团体和企业主动加入社会救助行列，域内慈善事业呈现繁荣发展态势。

第一节　古代慈善机构

稽山书院　北宋宝元二年(1039),范仲淹出任越州知州,创办稽山书院,聘请名师学者任教。在他倡导下,越州办学之风大兴,各种学堂、私塾盛行。

居养院　北宋崇宁元年(1102),山阴县内设居养院,收养鳏寡孤独。据万历《绍兴府志》载,居养院"有屋三十间者,初遇寒,惟给纸、衣及薪。久之,冬为火室,给炭,夏为凉棚。什器饰以金漆,茵被悉用毡帛"。

漏泽园(义冢)　北宋崇宁三年(1104),会稽县南7里辟漏泽园,专门收殓枯骨。南宋绍熙五年(1194),李大性任提举浙东常平时,于会稽镇坞、山阴洄涌分别设置义冢(镇坞广四十亩,洄涌塘十余亩)。明嘉靖二年(1523),南大吉出任绍兴知府时,曾收殓郊外枯骨埋于园中。清康熙二十九年(1690),知府李铎于蓬莱驿旁设漏泽园,周围筑土垣,建墓门,掩埋失殓骸骨。五十二年(1713),乡贤姚陶又在南堰门外叚山置义冢十数亩,并在义冢旁修建两座同普塔,用来贮存骸骨。

安济坊　南宋建炎元年(1127),翟汝文在越州任职时,设安济坊,周济穷苦百姓看病求医,并给在坊内看病的医生发放月俸。

山阴湖门义塾　元至正元年(1341),乡贤孙敏中在山阴湖门(今华舍街道湖门村)创建义塾。

义济院　明正德十四年(1519),城区锦麟桥西设义济院,占地27.33亩,有房屋140间,收养鳏寡孤独和残疾人。清初尚存,后逐渐废圮。

会稽敬敷义塾(义学) 明嘉靖年间(1522—1566)建于昌安门外洋江、袍渎、坝里金、方徐、坝头顶5个村之间一座古庵内,创建人不祥。至清嘉庆十四年(1809),有塾师2名、学生约20名。道光七年(1827),山阴、会稽两县商人集资扩建学舍,获当时刑部主事莫钟琪、礼部尚书汤金钊协助劝募,置学田3000亩。开设启蒙、经史、文艺、考课四门功课,订立《敬敷义塾条规》,聘塾师5～6名、司事10名、雇工8名。80年间累计有学生3000余名。光绪三十二年(1906),改办为敬敷两等小学堂。

古小学 明嘉靖九年(1530),知府洪珠将舍子桥侧旧禅法寺改建成为古小学。至天启初期,学舍倒塌殆尽。天启四年(1624)开始修缮,但半途而废。崇祯四年(1631)后,陆续按原样修复,刘宗周证人书院曾设其内。

山阴周氏义塾 明嘉靖十四年(1535),乡贤周廷泽在钱清镇创建山阴周氏义塾。其子给事中周祚又购买废弃驿站用地加以扩建,有屋8间、田30亩。

育婴会 清顺治十四年(1657),担任福建九溪令返乡的虞敬道,在山阴县南半里之地创办育婴会,建广仁堂,开展育婴、赈济等义举,还向穷人舍棺,并帮助掩埋骼骨。康熙七年(1668),乡里绅士共同创办育婴会,凡是因贫穷不能养育孩子的,不论男女均加以收养。当时,会稽县乡贤柴世盛捐田300亩,刘世洙等20人共同捐资,建育婴堂,收养弃婴。不仅育婴,又兼事舍棺掩埋之事。

会稽惜荫义塾(陶氏义塾) 前身为明代陶允宜于陶堰创办的念斋书院。清康熙年间(1662—1722),陶氏族人捐置学田80亩举办义塾。嘉庆二十五年(1820),陶氏族人再次集资增捐学田40亩,并专门建造精舍数间,定名惜荫义塾,聘请名师,收纳族中及外姓子弟入学。光绪十至十二年(1884—1886),陶成章在此执教。二十八年(1902),改名浔阳两等小学堂。

丰乐书院 清康熙二十八年(1689),知府李铎清理庞公祠旧址,在此设立义学,聘请名师讲课,捐献俸禄以作供给,肄业者都是孤寒好学之士。

山阴县义学 清康熙五十二年(1713),知府俞卿建于武勋桥侧,把民间宗教组织入官的房舍以及言子祠合并,作为学舍。

会稽县义学　清康熙五十九年(1720),知府俞卿于古小学旧址建立,有学田20亩。

会稽孙氏义塾　清乾隆年间(1736—1795),孙廷训在孙端镇北黄庵溇南岸创建嘉读书屋,设文、武两科,捐田50亩作基金。道光十四年(1834),孙廷训子孙巡一、孙庶康等将书屋捐入孙氏宗祠,改名孙氏义塾。废武科,设内外两斋。内斋读五经、习八股文,外斋读四书。光绪二十八年(1902),改为私立又新两等小学堂。

山阴春山义塾　清乾隆四十八年(1783),孙游、孙渭等以嘉会镇阳嘉龙原水竹庵基址改建而成,有庵田4亩。嘉庆元年(1796),史学家章学诚撰《春山书塾记》。

同善堂　清乾隆五十七年(1792),知府李亨特率绅士、僚属公捐,在开元寺东庑创建同善堂(民国时改称同善局),同时购得项里山地25亩、里木栅5处山地共120亩作为义冢。专门掩埋浮棺、舍送棺木、煮茶施药,共掩埋4000余具无主祭奠的棺木。堂内经费、田产都进行详细备案,并刻碑记录。

山阴娄氏义塾　清嘉庆二年(1797),建于安昌,供娄氏族子免费入学。

山阴梅村义塾　清道光年间(1821—1850),陆耀南创建于绍兴城西后梅湖,塾舍占地2亩。光绪三十一年(1905),由陆鸿飞改办为梅村两等小学堂。

育婴堂　清道光二年(1822),绍兴府在美政坊创建育婴堂,后移建西郭门外虹桥。由当时绍兴府下属8县绅士富户捐献现金、田亩、山林、鱼塘等产业,合计存款20万元,常年收入近2万元。专门接收各县幼婴,每年600余名,以女婴为多。至民国前期,仍收养着千余名弃婴。

第二节　近现代慈善机构

会稽杨氏义塾　清道光二十六年(1846),杨国栋创建于沥海所西门(今属上虞区),设经蒙两馆。捐田60亩,作教师束脩、伙食之用;又助田25亩,作杨氏子弟科考费用。后改办继光学堂。

山阴四贤义塾　清道光二十九年(1849),山东道监察御史宗稷辰以房舍三间四进、田80.8亩创建于九曲里(今绍兴市区府山北麓九曲弄)。宗氏崇敬理学大师尹焞、朱熹、王守仁、刘宗周,遂以“四贤”命名。

会稽菲泉义塾　清咸丰三年(1853),江南道监察御史宗稷辰主持修复禹庙,竣工后建义塾于大禹陵侧,置学田20亩,聘请塾师教诲姒姓(相传为大禹姓)后裔。

养老院　清同治十三年(1874),设养老院(1926年改称养老所),兼办残疾所,收容孤儿,附设私立聋哑学校。

善庆局　清光绪元年(1875),由箔铺好善之士筹集捐款,购地建屋,设绍兴善庆局,举办施棺施医善事。

公济医局　清光绪元年(1875),建公济医局,局址在柯桥融光寺内,逢农历二、五、八日施诊。1924年8月28日,绍兴《越铎日报》称该局“迄今四十余载,惠济人民,不知凡几”。

会稽骆氏义塾　清光绪七年(1881),历任河南临漳等县知县的骆文光创建于豆姜尚巷村(今属越城区),骆少溆拨宗祠田100亩作学产。光绪三十四年(1908),改办敬义初等小学堂。

辨志义塾　设于斗门隐峰庵旁(今属越城区),建立年代不详。清光绪二十四年(1898),黄润泉、吴吉庵、吴毓英、高天明等10人在蔡元培帮助下,改建成辨志学堂,为山阴、会稽两县首所现代小学堂。

高福林西医诊所　清光绪二十九年(1903),美国基督教浸礼会派遣美籍传教士高福林到绍传教。高福林为医学博士、眼科医生,在传教同时,亦为群众、教友行医治病。三十一年(1905)3月,高福林在城区大坊口租赁民屋数间,开设药房,救济贫病者,是为西医在绍传入之始。宣统二年(1910),高福林在城区马坊桥(今延安路)置地创办医院,初名中国绍兴基督教医院,后称绍兴福康医院(今绍兴第二医院),内设贫病救济处及免费诊所。

同义施医局　建于清光绪三十一年(1905),局址在绍兴城区上大路,曹炳章、何廉臣等曾为该局义务坐诊。民国元年(1912),毁于火灾。

公义中西医局　清光绪三十一年(1905),建公义中西医局,局址在绍兴城区大木桥。民国元年(1912),在西郭门外设分局。二年(1913),在城区鱼化桥又设分局。

仁慈堂孤女院　清宣统元年(1909),法国天主教会于绍兴城区八字桥仁慈堂设孤女院,收养孤儿20余人。民国三十年(1941),绍兴沦陷后停办,三十四年(1945)恢复。1950年由绍兴市人民政府接管。

贫民习艺所　民国元年(1912),慈善人士朱阆轩捐银1万元(每年1000元,10年付清)创办贫民习艺所,收容城区贫民和残疾人入所[民国二十二年(1933)收有全膳艺徒46人、半膳艺徒2人,抗日战争时停办]。

仁慈堂养老院　民国二年(1913),天主教会创建仁慈堂养老院,院址在绍兴城区八字桥。

和济药局　民国二年(1913),建和济药局,局址在城区县西桥脚。曹炳章、何廉臣曾以该局对丸散膏丹进行研究、考证,改革不良炮制,订正方书,发明新药,废止伪劣药品。

仁济医局　民国三年(1914),建仁济医局,局址在孙端上亭公园(今属越城区)。由中医裘吉生坐诊,并开设病房。

绍兴卫生牛痘施种局　民国八年(1919),建绍兴卫生牛痘施种局,局址在城区蕙兰桥。该局“抱铲除天花毒害之大愿”,为民种痘,不收费用。

同善施医局　民国九年(1920),建同善施医局。系绍兴救济院所属同善局之附设机构,局址在城区开元寺。该局有两名中医师常驻坐诊。每逢夏秋疫病多发之际,局另聘名中、西医数人,轮流到局接诊。施医局设内科、外科、儿科、喉科、耳目口鼻科、花柳科等。每年农历正月初十开诊,至腊月二十五停诊。民国三十年(1941),绍兴沦陷,该局停办。

七星龙局　民国十年(1921),绍兴锡箔业中的热心人士推举祁明记箔庄的祁葆生等共同发起建造七星龙局,与箔业公所毗连,位于城区上大路,为一座三进砖混结构的台门式建筑,高四层,上建瞭望台,为当时绍兴最高的观火台,曾挂有一铜钟,着火时便敲响铜钟,以示鸣警。

凌霄社　民国三十年(1941),以绍兴箔业公所为主,募捐购置卧龙山麓箭场营基地建成凌霄社,创办施医、赈济、掩埋、收容、遣送、施茶等慈善事业[(十三至三十三年(1924—1944)施救总开支636万元,其中施医300万元、赈放平粜220万元]。

绍兴县救济院　民国十八年(1929),由同善堂、育婴堂、养老所、因利所(即贫民借贷所)组成绍兴县救济院,下设孤儿、育婴、养老、残疾、施医、贷款6所和盲哑学校。至民国二十一年(1932)6月,收养无依靠老人44名,全年拨发救济款3385元。三十年(1941)12月,绍兴城区沦陷,绍兴县救济院养老所解散。三十四年(1945),在稽东南山恢复绍兴县救济院,后返城进驻布业会馆,次第建立残疾教养所、育婴育幼所、习艺所、施医所等。为改进救济款产和募捐经费管理,先后成立地方救济事业基金保管委员会、公有款产委员会。三十五年(1946),公有款产有田3080.74亩、地964.65亩、山100亩、鱼荡55亩、石宕3亩。两会在三十年(1948)合并,直至中华人民共和国成立办理移交。

游民习艺所　民国二十二年(1933),县公安局二十至二十四年(1931—1935 年 6 月曾称)设游民习艺所,收容沿途流浪乞丐游民。

世界红十字会绍兴县分会　世界红十字会绍兴县分会始建于民国二十五年(1936)6 月。抗日战争时期,红十字会组织救护队奔赴战场,实施战地救护,并在境内设立难民收容所及伤病医院,救济贫病。红十字会经费,除会员基金收入外,概由绍兴城乡慈善家、商会及商会会长捐助。

民国二十六年(1937)沪上“八·一三”战事发生,本籍、客籍难胞蜂拥而至。分会设难民收容所于城区开元寺,兼办县救济支会难民招待所,以及代儿童保育支会办理难童出发诸事宜,又代县赈济会办理过境难民给养。分会与支会各收容所招待难胞日有数百人之多。除设法资遣及自动出所者外,在所留养者常在一千七八百人。夏秋之际,县内城乡发生疠疫,分会承沪上红十字会及道德总会驻绍办事处,助以各种时令药品,分会自行购置防疫药品,施送城乡各地。分会两收容所难胞幸早预防,并无传染。第二收容所设在车家浦陈宅房屋,组织小型手工厂,使难胞各有所业,如纺纱、打绳、编麦草扇、织布草鞋等各手工。各难童附入该村私立陈氏小学,授以教育,不使游惰。战事初起,分会即训练救济队员,救护被炸或炮弹受伤之人,远如诸暨、萧山境内及沿江一带,近则县内城乡各地,不避艰险,无不出发施救。凡受伤较重者则送特约美籍福康医院住院医治,轻伤与收容所难胞及本地贫病者,由分会附设治疗所治疗,不取分文。设立因利局,免利出贷贫苦之家,作小本经营俾谋生活。余如施送各种药品、衣米、棺木,及施种牛痘并注射防疫针等,莫不应时办理。在县境之内放舟搜拾暴露尸骸,从事掩埋,其义冢、山地由肇锡堂全部捐助,以期泽及枯骨,从此得以大量埋葬。

培林民众日校　民国二十八年(1939),由基督教徒徐培林资助,借绍兴城区大坊口布道所房屋附设,收社会失学青年入学,授语文、数学,学生 130 人。1949 年,因经费无着停办。

凌霄社施医局　民国二十八年(1939)夏,建凌霄社施医局。局址在城区府山北麓凌霄社内。设内科、外科、儿科、喉科、眼科、伤科。后求诊者日众，将各科排列日期，轮流施诊。每逢农历一、四、七日，上午以儿科为主，下午以外科为主；逢十日，以眼科、喉科为主；内科则每日应诊。所有医生，概不收资，仅支极微车马费。凌霄社还备有药房，向患者施药。每逢夏秋时令疾病流行，施医局制备雷击散、玉枢丹、辟瘟丹、辟疫丹、正气丸、杏黄散、安疟丸等成药，分施患者。施医局每年农历五月初开诊，十月停诊。1949 年 5 月停办。

福安培童院 民国三十年(1941)，美籍牧师邬福安夫妇筹款创办，院址在绍兴城区，救济战时孤儿难童，日间供饭食一餐，夜间各自归宿，并授以学业和技艺。

难童教养所 民国三十年(1941)，王子余、沈复生等发起成立民间难童教养所，经费由上海和绍兴箔业等商界捐募。

维德孤儿教养院 民国三十一年(1942)，设私立维德孤儿教养院，专门收容战时难童习艺。

华夏安老院 民国三十五年(1946)，基督教会创办华夏安老院，院址在偏门外跨湖桥，后迁至城区若耶溪 7 号。中华人民共和国成立后，人民政府接收时有幼童 40 人、老人 11 人。

哲庆托儿所 民国三十五年(1946)，基督教会创办哲庆托儿所，所址在绍兴城区真神堂思陶堂内，以浙沪浸礼会总干事、博士鲍哲庆之名命名，蒋德恩、蒋秀贞相继任所长，收 2 至 7 岁幼童入托，免除学费。民国三十六年(1947)，改称绍兴县私立哲庆托儿所。1953 年 1 月，由人民政府接办，改名东风幼儿园。

仁寿施医社 民国三十五年(1946)，建仁寿施医社。社址设于城区东街章家台门，后迁至广宁桥龙华寺。设内科、儿科、眼科、药铺等。每年农历五月开诊，十月停诊。

第三节　当代慈善机构

中华人民共和国成立后，人民政府接管旧有慈善救助机构，先后创办社会福利院、光荣院，在乡镇设立敬老院，以救助鳏寡孤独等弱势群体。改革开放后，柯桥区（绍兴县）慈善公益事业重新发展起来，出现工商联、工会、共青团、妇联、残联、侨联等群众团体主管或设立的救助性组织机构，以及红十字会、慈善总会、关工委等组织。进入20世纪，涌现一批经过民政部门登记注册、备案或者加入志愿者协会的慈善性公益机构，主要依靠民间、社会资金和力量，对社会弱势群体进行救助或开展志愿服务。

绍兴社会福利院（绍兴县人民生产救济院）

1949年12月，人民政府接收县救济院。计房屋31所、田3252亩、地1929亩、山955亩、鱼荡96亩、石宕3亩。经整顿裁并，改称绍兴县人民生产救济院，设于西郭育幼所内。在院有婴儿85人、幼儿77人、残疾人70人、孤老9人。

1952年，在原基础上增设人民保育院，2批收容游民、乞丐209人，给以垦殖、纺织、缝纫、制鞋、水作等劳作。1955年，改2周岁以下婴儿为外养，16岁以下儿童给予培养教育，并参加一些轻微劳动，以增加收入，改善生活。1963年，增建院民宿舍20间。1979年，更名为绍兴社会福利院。1983年，开展对外自费收养业务。是年底，在院老人57人、痴残人26人、儿童6人、婴幼儿8人、精神病人17人（其中自费11

人）。是年县市分设后，改由绍兴市民政局管辖。

敬老院

中华人民共和国成立初，因限于财力，只对生活无靠之鳏寡孤独给予临时救济。1958年10月，漓渚创建幸福院，集中收养11位老人。1959年，全县发展到103所，所需费用，集镇一般由企业上缴利润开支，农村一般由大队分春、夏、秋三季交付口粮，由公社或核算单位统筹解决日常开支。“文化大革命”期间，全县停办敬老院。1984年重办乡村敬老院。1987年，县政府专门召开敬老院工作会议，提出由分散供养向集中供养、由温饱型向疗养型发展。1989年，全县乡镇有敬老院63所，其中村办3所。1993年，全县有敬老院44所，入院老人682人。后经整合撤并，敬老院规模扩大，设施改善。至2020年底，柯桥区有敬老院10所，入院老人427人，工作人员105人。

光荣院

为统筹解决孤老荣誉军人的集中供养问题，1992年，绍兴县政府投资200万元，在绍兴城南念亩头村附近建造绍兴县光荣院，可同时接纳64名老人居住。1993年1月2日，光荣院举行落成典礼，当日6名孤老荣复军人首批入院。

老年颐乐园

2006年，绍兴县政府开始建设县级综合性老年颐乐园，2009年上半年建成投运。占地60亩，投资7000余万元，建筑面积3万余平方米，集养老、康复医疗、文化娱乐为一体，有床位550张。2015年，柯桥区政府实施二期工程，占地40亩，投资1.15亿元，建筑面积30654平方米，床位增至1108张，可同时为千余名老年人提供养老服务。

柯桥区(绍兴县)红十字会

柯桥区(绍兴县)红十字会始建于民国二年(1913年)11月。办事处初设于绍兴县神州医院内。六年(1917年),甬宁战事吃紧,红十字会组织救护队奔赴战场。十四年至十五年(1925—1926),红十字会在万安桥明道女子师范学校、柯桥镇太平桥开设战时临时医院。红十字会经费,除会员基金收入外,概由绍兴城乡慈善家、商会及商会会长捐助。1958年,绍兴市县合并,改称为绍兴县红十字会。1966年,"文化大革命"开始,绍兴县红十字会停止活动。1992年7月4日,根据绍兴县人民政府《关于建立绍兴县红十字会筹备组的通知》,建立绍兴县红十字会筹备组。1993年1月16日,绍兴县红十字会重新成立,办公室暂设在县卫生院内。1995年6月,经绍兴县人民政府同意,县红十字会配备专职干部2名,经费由县财政核拨,办公室设在县卫生局内,负责红十字会日常工作。2005年,绍兴县人民政府成立由分管副县长任组长,卫生、民政、镇(街道)等相关部门参加的红十字工作领导小组。2008年,绍兴县红十字会列入群团机关正科(局)级事业单位,与县卫生局合署办公,核定全额拨款编制3名,会长由县领导兼任,设常务(专职)副会长(执行委员会主任)1名。是年,全县设有基层红十字会组织24个,红十字社区卫生服务站31个,会员5000人,在册红十字志愿者362人,161名红十字会会员担任社区责任医生。2012年,绍兴县红十字会编制由3人增加到6人,设置综合科、赈灾救护科,配备专职副会长。2012年12月3日,绍兴县红十字会第一次会员代表大会在县行政中心1号会议室举行,110名县红十字会会员代表参加会议。大会审议通过了县红十字会工作报告和大会选举办法,选举产生绍兴县红十字会第一届理事会理事,推选会长、常务副会长(执委会主任)、专职副会长(执委会副主任),审议通过关于设立"情暖柯桥"红十字博爱基金的决议。2015年6月,柯桥区红十字会在齐贤镇试点,探索基层红十字会建立工作。至10月底,全区16个镇(街道)均建立红十字会,并分别设立"红十字博爱救助金"。2018年12月28日,柯桥区红十字会第一次会员代表大会举行,会议选举产生区红十字会第一届理事会、第一届监事会。祝静芝为区红十字会会长、余阳军为监事会主席。

柯桥区（绍兴县）红十字会组织沿革情况表
（2008 年 6 月至 2020 年 12 月）

表 1–1

届　次	会　长	常务副会长（执委会主任）	副会长（执委会副主任）
筹建时期（2008 年 6 月至 2012 年 12 月）	—	尉睦金（2008 年 6 月至 2012 年 12 月）	沈水兔（2012 年 2 月至 2012 年 12 月）
绍兴县红十字会第一届理事会（2012 年 12 月至 2018 年 12 月）	祝静芝（2012 年 12 月至 2018 年 12 月）	尉睦金（2012 年 12 月至 2014 年 2 月） 尹王炳（2014 年 3 月至 2017 年 12 月） 楼建飞（2017 年 12 月至 2018 年 12 月）	沈水兔（2012 年 12 月至 2018 年 11 月） 沈冠锋（2016 年 11 月至 2018 年 11 月）
柯桥区红十字会第一届理事会（2018 年 12 月起）	祝静芝（2018 年 12 月起）	楼建飞（2018 年 12 月至 2020 年 7 月） 宋彦扬（2020 年 9 月起）	杜　广（2018 年 11 月起）

柯桥区（绍兴县）残疾人联合会

柯桥区（绍兴县）残疾人联合会（以下简称“区残联”）成立于 1990 年 12 月。执行理事会为常设办事机构，内设办公室、群工宣教部、康复基金部。1995 年 5 月，县残联编制单列，为正科级事业单位。

柯桥区（绍兴县）残疾人联合会组织沿革情况表
（1990 年 12 月至 2020 年 12 月）

表 1–2

届　次	执行理事长	执行副理事长
绍兴县残联第一届理事会（1990 年 12 月至 1996 年 6 月）	唐张娥（1990 年 12 月至 1996 年 6 月）	—

续表 1-2

届　次	执行理事长	执行副理事长
绍兴县残联第二届理事会（1996 年 6 月至 1999 年 6 月）	唐张娥（1996 年 6 月至 1999 年 6 月）	—
绍兴县残第三届理事会（1996 年 6 月至 2003 年 5 月）	唐张娥（1996 年 6 月至 2000 年 5 月） 邵纪康（2000 年 8 月至 2002 年 12 月） 高剑秋（2002 年 12 月至 2003 年 5 月）	濮耀胜（1999 年 6 月至 2000 年 12 月） 朱张海（2001 年 3 月至 2003 年 5 月）
绍兴县残联第四届理事会（2003 年 5 月至 2008 年 12 月）	高剑秋（2003 年 5 月至 2008 年 12 月）	朱张海（2003 年 5 月至 2007 年 1 月） 骆华军（2003 年 9 月至 2007 年 12 月）
绍兴县残联第五届理事会（2008 年 12 月至 2012 年 12 月）	祝静芝（2008 年 12 月至 2011 年 12 月） 卢宝良（2011 年 12 月至 2012 年 12 月）	蔡文明（2008 年 12 月至 2012 年 12 月） 陈　瑾（2009 年 10 月至 2011 年 12 月） 蒋桂芬（2011 年 12 月至 2012 年 12 月）
绍兴县残联第六届理事会（2012 年 12 月至 2017 年 12 月）	卢宝良（2012 年 12 月至 2016 年 11 月） 谢　妍（2016 年 11 月至 2017 年 12 月）	蔡文明（2012 年 12 月至 2013 年 11 月） 蒋桂芬（2012 年 12 月至 2015 年 4 月） 张国富（2015 年 4 月至 2017 年 12 月）
柯桥区残联第一届理事会（2017 年 12 月起）	谢　妍（2017 年 12 月至 2018 年 09 月） 沈琴梅（2018 年 9 月起）	张国富（2017 年 12 月起）

柯桥区（绍兴县）关心下一代工作委员会

柯桥区（绍兴县）关心下一代工作委员会（简称区关工委）成立于 1990 年 2 月，其前身是绍兴县关心下一代协会。1991 年 6 月，更名为绍兴县关心下一代工作委员会。2013 年 12 月，行政区域调整，绍兴县撤县设区，“绍兴县关心下一代工作委员会”更名为“柯桥区关心下一代工作委员会”，下设办公室。

柯桥区(绍兴县)关心下一代工作委员会组织沿革情况表
(1990年2月至2020年12月)

表1-3

起讫年月	名誉主任(会长)	主 任(会长)	副主任(副会长)
1990年2月至1991年6月	王佃阁 崔树桐(1990年2月至1991年6月)	章榴先(1990年2月至1991年6月)	滕阿奎 宋善春 王建新(1990年2月至1991年6月)
1991年6月至2000年12月	王佃阁(1991年6月至2000年12月) 崔树桐(1991年6月至2000年12月) 马岳樵(2000年7月至2000年12月)	章榴先(1991年6月至1994年4月) 傅建祥(1994年4月至1996年8月) 赵兴旺(1996年8月至1997年2月) 章生建(1997年2月至2000年7月) 汪传昌(2000年7月至2000年12月)	滕阿奎 李德忠 方水英 王建新(1991年6月至1994年4月) 章宝齐(1991年6月至2000年7月) 陈寿成(1991年6月至1996年8月) 姚子源(1994年4月至2000年12月) 陈长兴(1994年4月至1996年8月) 陈凤珠(1994年4月至2000年7月) 魏法林(1994年4月至1996年8月) 李妙芳(1996年8月至2000年7月) 李为民(1996年8月至1997年2月) 孟长胜(1996年8月至2000年12月) 葛梅荣(1996年8月至2000年7月) 俞勇智(1997年2月至2000年7月) 王柏泉 姚 明 叶炎阳 朱潮美 方优美(2000年7月至2000年12月)

续表 1–3

起讫年月	名誉主任（会长）	主　任（会长）	副主任（副会长）
2001 年 1 月至 2011 年 3 月	王佃阁（2001 年 1 月至 2011 年 3 月） 崔树桐（2001 年 1 月至 2006 年 2 月） 马岳樵（2001 年 1 月至 2011 年 3 月） 赵六四（2008 年 3 月至 2011 年 3 月） 李会鹏（2009 年 12 月至 2011 年 3 月）	汪传昌（2001 年 1 月至 2011 年 3 月）	姚子源（2001 年 1 月至 2008 年 3 月） 孟长胜　王柏泉　叶炎阳（2001 年 1 月至 2003 年 9 月） 姚　明（2001 年 1 月至 2002 年 3 月） 朱潮美　方优美（2001 年 1 月至 2008 年 3 月） 张光潮　叶加林　包月坤（2002 年 3 月至 2008 年 3 月） 谢利江（2003 年 9 月至 2006 年 3 月） 吴汉华　许义平　王玲玲（2003 年 9 月至 2008 年 3 月） 张建林（2008 年 3 月至 2011 年 3 月）
2011 年 3 月至 2020 年 7 月	王佃阁　马岳樵 汪传昌　赵六四（2011 年 3 月至 2014 年 5 月） 李杏芬（2011 年 8 月至 2014 年 5 月）	李会鹏（2011 年 3 月至 2020 年 7 月）	张建林（2011 年 3 月至 2014 年 5 月） 徐民江（2014 年 5 月至 2020 年 7 月）
2020 年 7 月起	—	吴　晓（2020 年 7 月起）	周建鑫(专职)　徐民江（2020 年 7 月起）

绍兴市柯桥区人民教育基金会

绍兴市柯桥区人民教育基金会于 1989 年 2 月 21 日经浙江省民政厅批准登记。基金会属于公募基金会，向公众募捐的地域范围为浙江省境内。基金会原始基金数额为人民币 420 万元，来源于企事业单位、社会各界捐赠。基金会公益活动的业务范围：资助贫困师生、学校改善条件；奖励教育先进集体、个人。

浙江省绍兴盛兴慈善基金会

浙江省绍兴盛兴慈善基金会成立于2004年9月13日，是经浙江省民政厅批准设立的全省第二家、绍兴市首家非公募慈善基金会。基金会原始基金数额为人民币200万元，由东盛实业下属的浙江东盛印染有限公司和浙江盛兴染整有限公司捐赠。基金会公益活动的业务范围：济孤助学，为孤儿及特困儿童、青少年提供学习和生活费用资助；安老帮残。向老、弱、病、残等社会弱势群体提供资助；崇义解困。对急公好义且因见义勇为而受伤、致残、牺牲者，给予大力帮助；赈灾扶贫。配合政府开展救灾赈济工作。

绍兴市柯桥区中厦慈善基金会

绍兴市柯桥区中厦慈善基金会于2008年7月2日经浙江省民政厅批准登记，属于非公募基金会。基金会原始基金数额为人民币200万元，来源于中厦建设集团有限公司、绍兴中厦房地产开发有限公司、绍兴锦绣园房地产开发有限公司捐赠。基金会公益活动的业务范围：开展安老、助孤、帮残、济困等慈善活动。

绍兴市柯桥区志愿者总会

绍兴市柯桥区志愿者总会成立于2016年7月11日。至2020年，柯桥区有长期开展志愿服务活动的专业化、规范化的志愿者服务队近100支，涌现出一些精品团队和品牌项目。如爱心助学品牌“向阳花开”，以关爱贫困山区弱势群体孩子为主；秋香感动柯桥志愿团队，以敬老服务为重点，向华舍、钱清、福全、稽东等镇（街道）敬老院入住老人开展送温暖活动；王大姐医院义工志愿服务队，从2012年4月开始，在绍兴市中心医院和柯桥区中医院常年发起无偿志工活动。

绍兴市柯桥区柯桥街道微动力志愿服务中心

柯桥区柯桥街道微动力志愿服务中心于 2012 年 3 月初由柯桥街道团委发起，于 2013 年 11 月登记注册成立，以自主开发的微动力志愿者网站(www.wedo0S75.com)和特色公益项目为载体，为社会对接各项服务活动。至 2017 年 12 月，平台已有注册志愿者 7.9 万名，团队 352 个，发起志愿活动 2590 个，服务时间累计超过 100000 小时。

2017 年 12 月下旬，柯桥街道微动力志愿服务中心荣获全国十大“2017 网络公益年度机构”和“浙江名牌产品(服务类)”称号。

章如庚慈善基金会

章如庚慈善基金会于 2013 年 12 月 26 日经中华人民共和国民政部登记成立，属于非公募基金会，是浙江省首个由民政部主管、以个人名字命名的慈善基金会。基金会原始基金数额为人民币 2000 万元，由爱心企业家章如庚捐赠。基金会公益活动的业务范围：扶贫助残、社会救济。

绍兴市浙江工业大学之江学院教育基金会

绍兴市浙江工业大学之江学院教育基金于 2014 年 5 月 14 日经绍兴市民政局核准登记，属于非公募基金会。基金会原始基金数额为人民币 200 万元，来源于教职工、校友、社会各界捐赠。基金会的业务范围：资助学校建设、人才引进、高层次学术活动，设立奖教奖学金等。

绍兴市柯桥区见义勇为基金会

绍兴市柯桥区见义勇为基金会于 2016 年 8 月 8 日经绍兴市柯桥区民政局批准登记，属于非公募基金会。基金会原始基金数额为人民币 500 万元，来源于柯桥区财政局300万元、柯桥区见义勇为协会200万元。基金会公益活动的业务范围:表彰、奖励、补助、慰问。

浙江省明慈慈善基金会

浙江省明慈慈善基金会于2016年10月17日经浙江省民政厅批准登记,属于非公募基金会。基金会原始基金数额为人民币500万元,由徐浩祥、王仁美夫妇出资。基金会公益活动的业务范围:开设免费的素食餐厅;设立义工组织,参加公益活动;为贫困弱势群体提供救助。

绍兴市柯桥区农业技术推广基金会

绍兴市柯桥区农业技术推广基金会于2016年11月16日经绍兴市柯桥区民政局批准登记,属于公募基金会,向公众募捐的地域范围是绍兴市柯桥区。基金会公益活动的业务范围:自主推广、表彰奖励、培训扶持、考察交流。

浙江友善公益基金会

浙江友善公益基金会于2017年6月19日经浙江省民政厅批准登记,属于非公募基金会。基金会原始基金数额为人民币200万元。基金会公益活动的业务范围:弱势群体提供帮助;奖励优秀大学生人才,资助学龄儿童、青少年学业;协助政府发展公益事业;资助养老服务机构或老年人活动中心等养老场所。

浙江潘栋民公益基金会

浙江潘栋民公益基金会于2019年8月13日经浙江省民政厅批准登记,属于非公募基金会。基金会原始基金数额为人民币1000万元,由浙江金昌集团及下属单位联合捐赠。基金会公益活动的业务范围:助学,资助贫难学生;扶老,扶助贫难老人群体;扶贫济困,助残救孤,开展精准扶贫、资助弱势群体;赈灾救灾,救助自然灾害、事故灾害及突发事件造成的伤害。

绍兴市永利帮乐慈善基金会

永利帮乐慈善基金会于2020年7月31日经绍兴市民政局批准登记，属于非公募基金会。基金会原始基金数额为人民币200万元，来源于永利集团及其子公司（永利地产集团有限公司、浙江永和建材有限公司）的定向捐赠。基金会公益活动业务范围：扶贫、济困、助残、救孤、助学、扶老、恤病、助医、救灾。

绍兴市鸿坤文化艺术基金会

绍兴市鸿坤文化艺术基金会于2020年9月23日经绍兴市民政局批准登记，属于非公募基金会。基金会原始基金数额为人民币200万元。基金会公益活动的业务范围：管理、使用文化艺术基金；资助、扶持公益性文化艺术，促进文化公益事业发展。

第四节　柯桥区慈善总会

柯桥区慈善总会是由热心慈善事业的海内外各界社会人士、法人及其他社会组织自愿参加的地方性非营利公益性社会团体，依法登记注册，具有独立法人资格。慈善捐赠主要有企业（单位）捐赠、慈善一日捐、定向捐赠、华侨捐赠、赈灾捐赠等形式。1996—2020 年，总共募集善款 62830.62 万元。救助项目主要有助困、助学、助医、助孤、助老、公益援助、赈灾等。1995—2020 年，各项救助累计总支出 53626.45 万元，总受助 2350084 人次，其中助困支出 17930.81 万元，受助 473246 人次；助学支出 3595.86 万元，受助 13707 人次；助医支出 14539.32 万元，受助 1750666 人次；助孤支出 206.14 万元，受助 3099 人次；助老支出 570.73 万元，受助 28999 人次；公益援助支出 8368.09 万元，受助 80367 人次；赈灾支出 8415.50 万元。重视慈善文化建设，开展多种形式的慈善文化活动，如与媒体合作，组织新闻采访、专题报道活动，开设慈善专栏，制作电视专题片，创建微公益平台；举办慈善晚会、慈善论坛、慈善柯桥大型展览，编辑出版慈善书籍；组织义诊、义演、义卖，开展慈善电影进百村活动，创办慈善文化超市、慈善文化长廊与慈善主题公园；开展慈善能力培训、考察学习与经验交流；组织开展慈善工作先进评选表彰活动等。

组织沿革

1995 年，绍兴县生产总值超过 100 亿元，农村综合经济实力位居全国百强县前十位，为全国十大“财神县”之一，县级经济总量居浙江省首位。但绍兴县仍有生活困难者 10071 人，残疾人 42000 余人，“三项”康复对象 1060 人，精神病患者 560 人。这部分人虽然得到各级政府的关爱和照顾，但单靠政府的救助还是不够的。是年，在中共绍兴县委、县政府的重视关心和社会各界爱心人士的大力支持下，绍兴县启动慈善机构筹建工作。

1995 年 3 月 21 日，绍兴县人民政府批复成立绍兴县慈善总会筹备委员会，县政府副县长齐宽明为主任，县人大常委会原主任马岳樵、县政协原主席朱毓秀、县民政局局长徐仁坤、县民政局原局长杨其如为成员。筹委会采取“边募捐、边施救”的方针，不借助政府动员，由筹委会成员到有关福利企业开展慈善宣传，募集创始基金 212 万余元。同时对困难群众开展救助，主要是在春节前夕为每户困难家庭送上两袋米、一壶油，到稽东镇开展救灾活动，联合县教委、县妇联对全县 200 余名困难家庭学生每人发放助学金 500 元，由此扩大慈善的影响力。

1996 年 3 月 13 日，绍兴县慈善总会成立，会址在绍兴市延安路 649 号原绍兴县委党校内。2000 年 12 月迁至绍兴市延安路 17 号。2009 年 3 月迁至绍兴市钱王祠前 15 号。2013 年 11 月 8 日，绍兴县撤县设区，绍兴县慈善总会更名为绍兴市柯桥区慈善总会。

1997 年，县慈善总会在斗门镇进行试点，组建镇级慈善协会。翌年，各镇（街道）全部建立慈善协会，为一级法人，独立运作。2012 年，全县 20 个镇（街道）慈善协会调整为慈善分会，作为县慈善总会的分支机构。2013 年 11 月 8 日，孙端、陶堰、富盛 3 个镇划归越城区，全县有镇（街道）慈善分会 17 个，慈善分会会长由镇（街道）分管领导担任，社事办主任为副会长兼秘书长。

绍兴县慈善总会是中华慈善总会、浙江省慈善总会首批团体会员。2005年、2009年两次评为浙江省慈善工作先进集体。2009年,冠名基金慈善助学项目获第二届“浙江省慈善奖(项目奖)”。2014年获浙江省慈善优秀机构奖。2015年获浙江“农信杯”万村慈善帮扶基金工程竞赛活动组织奖。2019年,柯桥区慈善总会“康乐·大病关爱救助项目”获第六届“浙江省慈善奖(项目奖)”。

管理机构

会员代表大会

柯桥区(绍兴县)慈善总会最高权力机构。主要职责:决定本会的工作方针和任务,审议理事会的工作报告和财务报告,制定和修改本会章程,选举产生理事会,决定重大事项。会员代表大会每届五年。理事会是会员代表大会的执行机构,在会员代表大会闭会期间领导本会开展日常工作,对会员代表大会负责。

绍兴县慈善总会第一次会员代表大会

1996年4月15日,绍兴县慈善总会成立大会暨第一次会员代表大会在绍兴城区稽山宾馆举行。创始会议代表及县有关部门、各镇(乡)有关领导参加会议。县领导李会鹏、齐宽明等出席会议并讲话。筹委会副主任杨其如向大会作筹备工作报告。会议审议通过《绍兴县慈善总会章程》和《资金管理办法》,选举产生由99人组成的绍兴县慈善总会第一届理事会。随后召开的第一届理事会第一次会议选举齐宽明为会长,副会长5名、正副秘书长2名、常务理事26名。聘请县领导李会鹏、汪传昌为名誉会长,马岳樵、朱毓秀、宋汉章为顾问。中华慈善总会发来贺电。

绍兴县慈善总会第二次会员代表大会

2000年12月6日在柯桥中国轻纺城大酒店举行。县领导孙云耀、绍兴市慈善总会副会长周瑞荣出席会议并讲话。大会审议通过第一届理事会工作报告和修改后的《绍兴县慈善总会章程》,选举产生第二届理事118名。随后召开的第二届理事会第一次会议选举朱志飞为会长,副会长10名、正副秘书长3名、常务理事54名。会议聘请李杏芬、李会鹏、赵六四、孙云耀、齐宽明、杨其如为名誉会长,马岳樵、汪传昌、单燕玉、张茂荣为顾问。

绍兴县慈善总会第三次会员代表大会

2011年5月18日在绍兴县行政中心一号会议室举行,来自各镇(街道、开发区)、县有关部门(单位)、有关企业代表近140人参加会议。县人大常委会主任徐林土,县政协主席吴晓,县委副书记、常务副县长孟柏干,县委常委、副县长马芳妹,县人大原主任李会鹏,县政协原主席李杏芬等出席会议。孟柏干、马芳妹、赵六四在会上讲话。县民政局局长孙尧富主持会议。

会议审议通过县慈善总会第二届理事会会长朱志飞《关于第二届理事会工作报告》、名誉会长杨其如关于《第二届理事会财务收支情况报告》、副会长毛海美关于修改县慈善总会章程、制订资金管理办法、县慈善总会第三届理事会组成人员安排及产生办法的说明;通过修改后的《绍兴县慈善总会章程》《绍兴县慈善总会资金管理办法》和第三届理事会组成人员产生办法。会议选举产生第三届理事130名。随后召开的第三届理事会第一次会议选举赵六四为会长,副会长21名、秘书长1名、常务理事68名。会议聘请徐林土、吴晓、孟柏干、马芳妹、朱志飞、杨其如为名誉会长,马岳樵、汪传昌、李会鹏、李杏芬为顾问。

柯桥区慈善总会第一届会员代表大会

2017年4月1日在区行政中心一号会议室举行。市人民政府副市长、市慈善总会会长徐明光,区委副书记、区长沈志江,区政协党组副书记、常务副主席(正县长级)马芳妹,区委副书记姚国海,市民政局副局长、市慈善办主任、市慈善总会秘书长张爱武,区人大常委会副主任葛美芳,副区长马亦忠,绍兴县慈善总会第三届理事会会长赵六四、副会长张茂荣,区民政局局长陈方等出席会议。区慈善总会第一届理事会、监事会成员候选人近140人参加会议。副区长马亦忠主持会议。徐明光、沈志江、马芳妹在会上讲话。

会议听取并审议通过区民政局局长陈方关于区慈善总会上一届理事会工作报告和财务收支情况报告,听取区民政局副局长陈敏关于修改区慈善总会章程和财产管理办法的说明,区慈善总会第一届理事会、监事会组成人员安排及产生办法的说明。通过《绍兴市柯桥区慈善总会章程》修改草案、《绍兴市柯桥区慈善总会财产管理办法》修改草案和第一届理事会组成人员产生办法。

会议选举产生由34个单位理事与107名个人理事组成的第一届理事会。随后召开的理事会第一次会议选举马芳妹为会长,副会长35名、秘书长1名、29个单位常务理事与52名个人常务理事。

理事会

会员代表大会的执行机构,在会员代表大会闭会期间领导本会开展日常工作,对会员代表大会负责。其职责是执行会员代表大会的决议;选举和罢免会长、副会长、秘书长;筹备召开会员代表大会;向会员代表大会报告工作和财务情况;决定会员的吸收和除名;决定设立办事机构、分支机构、派出机构和实体机构;领导本会各机构开展工作;决定本会各机构负责人的聘任;制定内部管理制度;决定其他重大事项。理事会每年召开一次,由会长主持。

常务理事会

理事会的常设机构,由会长、副会长、秘书长、常务理事组成。其职责是执行会员代表大会的决议;筹备召开会员代表大会;决定会员的吸收和除名;决定设立办事机构、分支机构、派出机构和实体机构;领导本会各机构开展工作;决定本会各机构负责人的聘任；制定内部管理制度。常务理事会每半年召开一次，由会长主持。

会长会议

常务理事会闭会期间，重要工作由会长会议决定，会长会议由会长、副会长、秘书长组成，实行会长负责制。其职责是贯彻执行常务理事会决议；制定本会工作制度、年度工作计划和财务预算方案；讨论决定各机构主要负责人和增补理事人选；审议决定本会日常重要事项。

监事会

2013 年 3 月 12 日，成立绍兴县慈善总会监事会，监事会成员由县监察局、民政局等 6 家职能部门和 12 家捐赠企业（单位）代表组成。主要职责是检查县慈善总会财务、会计资料及资金运转情况，慈善资金的使用、管理和运营情况；审定县慈善总会年度资金使用计划和决算报告，对违反慈善资金使用管理的行为予以制止和纠正。监事会设监事长 1 名，副监事长 3 名。

2017 年 4 月 1 日，柯桥区慈善总会第一届会员代表大会设立监事会，由不同岗位的人员组成，履行监督、调研、建议和其他交办事项，重点监督慈善总会的财务，同时对重大慈善项目和一些敏感问题实行全程监督，主持或参与对问题的查处工作。监事会设监事 5 名，马洪明为监事长。

柯桥区（绍兴县）慈善总会组织沿革情况表
（1995 年 4 月至 2020 年 12 月）

表 1-4

届　次	会　长	副会长	秘书长	法定代表人
绍兴县慈善总会筹建委员会（1995 年 4 月至 1996 年 4 月）	齐宽明（主任）	杨其如（副主任）	—	—
第一届理事会（1996 年 4 月至 2000 年 12 月）	齐宽明	杨其如（常务） 张光潮　吴剑如　施保法 陈尧根 （1996 年 4 月至 2000 年 12 月） 宋和鑫 （1996 年 12 月至 2000 年 12 月）	施保法 （1996 年 4 月至 1996 年 12 月） 宋和鑫 （1996 年 12 月至 2000 年 12 月）	齐宽明
第二届理事会（2000 年 12 至 2011 年 5）	朱志飞	赵志根（常务） 张光潮　叶岳荣　尉如海 秋国良　陈尧根　徐茂根 钱家林　宋和鑫　潘永兴 （2000 年 12 月至 2011 年 5 月） 毛海美 （2003 年 5 月至 2011 年 5 月）	宋和鑫 （2000 年 12 月至 2003 年 5 月） 毛海美 （2003 年 5 月至 2011 年 5 月）	朱志飞
第三届理事会（2011 年 5 月至 2017 年 4 月）	赵六四	孙尧富（常务） 张茂荣　沈祖卫　王炳豪 寿志平　郎煜江　毛海美 马仕秀　沈玉林　沈幼生 陈永根　杨学夫　金良顺 庞宝根　秋国良　徐杏地 徐宝金　虞阿五　漏兴福 潘永兴　潘亚敏 （2011 年 5 月至 2017 年 4 月） 陈　敏 （2016 年 8 月至 2017 年 4 月）	毛海美 （2011 年 5 月至 2011 年 12 月） 蒋元荣 （2012 年 1 月至 2014 年 3 月） 王良红 （2014 年 4 月至 2015 年 4 月） 盛顺利 （2015 年 5 月至 2016 年 7 月） 陈　敏 （2016 年 8 月至 2017 年 4 月）	赵六四

续表 1–4

届　次	会　长	副会长	秘书长	法定代表人
柯桥区慈善总会 第一届理事会 （2017 年 4 月起）	马芳妹	陈　方（常务） 万爱法　马仕秀　马寒萍 毛海美　孙永根　孙挺军 孙剑华　孙勇军　寿建兴 杨　燕　吴　坚　吴坚强 吴建龙　吴培生　沈幼生 张勤良　陆群新　陈　敏 陈永根　陈尧根　陈林川 周永利　庞宝根　孟建国 秋泽民　钱雪林　徐杏地 徐宝金　盛菊芳　章金根 虞阿五　蔡治平　潘金波 潘栋民 （2017 年 4 月至 2020 年 8 月） 吴汉华（专职） 喻光耀（常务） 马仕秀　孙永根　陈　敏 章金根　潘金波　周松祥 （2020 年 8 月起）	刘　婷 （2017 年 4 月起）	刘　婷

绍兴市柯桥区慈善总会会标

说明：

1. 以五个心图案组成一朵花形，表示心心相连、互相关心之意。

2. 以慈善总会英文缩写“C.F”变形字母组成鸽子图形，象征友爱、友好的意义。

3. 全图为红色，构成一种慈爱、吉祥的寓意。

第二章

慈善捐赠

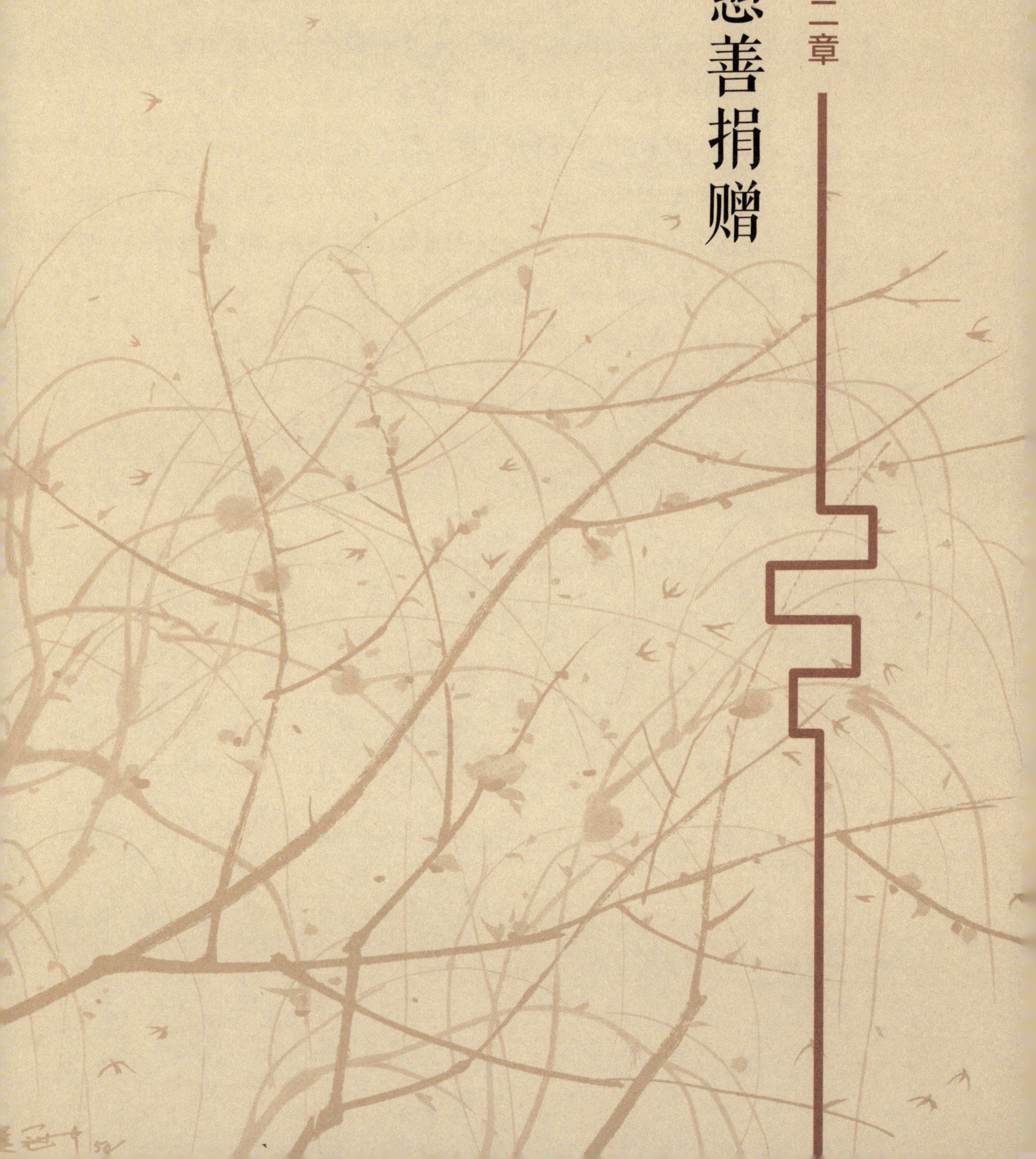

柯桥区(绍兴县)的慈善捐赠行为始于春秋时代。古代慈善捐赠主要有官绅善人捐资建造、出力倡修等形式,如筑堤造桥、疏浚河道、创建书院、开设义仓等。近现代慈善捐赠分官府出资和社会捐助两类,从事建堰造闸、修桥铺路、开设义塾、建造义冢等公益事业,或创办施医局、救济院、孤儿院、难童所、贫民习艺所等,以救济鳏寡孤独等贫困人员。

柯桥区(绍兴县)慈善总会成立以后,推行政府引导、社会主导、公众参与的工作机制,充分利用各种社会资源,多层次、多渠道、多形式募集善款,慈善劝募捐赠的主要形式是创始基金、留本冠名慈善基金、专项慈善基金、慈善一日捐、华侨捐赠、赈灾劝募,其中企业捐赠是慈善资金募集的主渠道。

第一节 古代慈善捐赠

唐开元十四年(726),李俊之任会稽县令,县东北部海塘因年久失修而崩坍,农田因此旱涝成灾,百姓叫苦连天。李俊之率先捐俸筹资,组织民众修筑海塘。海塘从曹娥江至宋家溇,共计百余里,用以蓄水、灌溉、泄洪、排涝,使农田旱涝保收,百姓安居乐业。

北宋天圣元年(1023),山阴人虞元昱捐献个人存粮赈济乡民,又与僧人元箄治理朱储斗门,全都替换成石材。元祐二年(1087)重修斗门,虞元昱的儿子虞叙率领乡人捐献钱财,与道士翁怀辩担任主事,亲力亲为。

庆历四年(1044),仁宗赵祯下诏诸路州府军监都要开设官学,会稽人吴孜捐献住宅作为学址。

南宋建炎年间(1127—1130),王綯主政绍兴期间,他捐俸赈灾,救济贫困;又捐俸修筑海塘,修桥铺路,为民办实事。

绍兴二十六年(1156),魏良臣主政绍兴,他捐钱购置良田,每年捐献所获利息,帮助郡中贤士大夫的后代中穷得无法丧葬嫁娶的人。

隆兴二年(1164),山阴人俞亨宗任漳州知州,一年捐 44000 缗,他又代百姓缴纳劳役钱超过 16000 缗。任期满后,他将所有钱财分送给贫困族人。

乾道四年(1168),史浩任绍兴知府,在任期间,他捐钱买义田,接济郡中贤士大夫的后代中穷得无法丧葬嫁娶的人。在他的带领下,之后数任郡守都捐钱买义田,山阴、会稽、余姚三县共有义田700余亩、地36亩、山116亩。

庆元元年(1195),王信以集英殿修撰任绍兴知府,兼任浙东安抚使。他捐献俸禄购买学田,利用学田租金运作官学;立义冢,以掩埋野外尸骸。

开禧元年(1205),赵彦倓任绍兴知府,捐俸筹资设立兴贤庄(即学田、义田),以资助贫穷孩子求学成才。当时绍兴遭遇大旱,他免去贫穷百姓的赋税,以工代赈,并“举缗钱四十万以助荒政,民赖以济”。

景定元年(1260),绍兴逢大旱,河水干涸,山阴前梅人高文谅向当地官员建议在九溪狭窄处修建水闸,但没有获得同意。于是自己出钱购买木料石材,由于工程巨大,历时九个月水闸才得以建成。该闸按时开启关闭,照制度蓄水放水,百姓由此受益良多。

明弘治元年(1488),会稽县遭大水,东关人任涛捐米300石以协助府县开展赈济。

成化至嘉靖年间(1465—1522),山阴人周廷泽曾捐钱在钱清修筑九洞石桥,花费很大。嘉靖十四年(1535),周廷泽在钱清镇创办山阴周氏义塾,十五年(1536),其子周祚购买废弃驿站用地加以扩建,共建房屋8间,并捐田30亩,以利息供给师生饮食学费。

嘉靖十五年(1536)七月,汤绍恩主持建三江闸工程,会稽人邵泗捐造三江闸二洞,汤绍恩给他颁发匾额旌旗。

万历二十九年(1601),会稽人傅宾任丰城令,他捐资建义学、造义仓。丰城地处江滨,江水湍急,有个叫牛湾垱的小土堤多次溃决,常淹没庄稼及民宅,傅宾带头捐俸修堤,亲力亲为,不避寒暑一年有余。同时沿着堤坝种植桑树和柏树,以加固堤坝,丰城此后再无水患。

万历四十四年(1616),会稽人姜一洪任江西副使,分巡九江,驻节饶阳。他在饶阳近郊选择地势高且无人居住地方,捐钱购买若干亩为义地,同时命令所各属县、村镇都就近置买义地,以安葬无主骸骨。

万历年间(1573—1620),绍兴学宫倒塌,会稽人倪元瓒变卖家产获四百金带头倡议捐钱修建,一呼百应,学宫整修后面貌为之一新。山阴人倪文道曾任化州同知,为官清廉,因病返乡后,经常向穷人发放粮食、施舍棺木。凡遇到有出卖妻儿的情况,他总是代为还钱使其团聚。曾花费千两银子在螺山大江上修建桥梁,方便百姓出行。山阴人刘匡之捐银千两修葺县学,又捐钱设置义冢、修筑官塘,收养别人遗弃的孩子,所做善事不计其数。山阴人包明初入京过东河县,在渡河时遇见有溺水的人,于是出资在河上修建一桥,百姓赞叹不已。会稽人龚孙华,继承祖父在府城的田产数百亩,平时好行善事,料理完父母的丧葬事宜后,独自出钱修筑西巫石路、修通济五桥、改造俞家舍直路,花费银钱上千两。

崇祯十五年(1642),会稽张贤臣变卖家产捐银6000两,修筑狭猱湖避塘6里,中间有天济桥、普济桥、德济桥、平济桥、中济桥5座石桥。百姓感其恩德,在避塘旁建祠祭祀。200多年后,桥连遭洪水坍塌,又有4位乡绅捐资重修避塘桥,造福于民。

明朝末年,会稽人张景华去世后,其妻董氏立志行善,她建造义冢,凡遇有因贫穷不能将死者收殓的,都赠送棺木掩埋。同时多行修桥铺路、帮助贫困人家还债赎妻等善事。其子继承母志,遇荒年,则变卖家产购米500石赈济,救活百姓万余名。

清顺治六年(1649),会稽人傅上林同僧人斐彝等募置斋僧田190余亩,在大树庵旁大道上设立茶亭,供过往行人歇息。

顺治十七年(1660),山阴人傅尔申家住鲁墟东西村,自渔渎至青甸湖之间隔一条大河,遇狂风暴雨时,行舟时有覆没,因此傅尔申捐资筑堤以防风浪。

顺治年间(1644—1661),山阴人王光美,贡举不仕,平日好善乐施。他捐田200亩以赡养贫穷族人。后来他的子孙又捐田20亩,作为义学田。山阴人洪其清任清江知县时,捐俸禄重建县学,构建潇江书院,修筑清龙潭堤,作为吉安、赣州二府郡屏障。

康熙元年(1662),会稽人何量中任湖南湘乡县丞,捐俸薪修建桥梁,创建义冢。

康熙六年(1667),山阴人沈志礼任直隶易州知州,捐俸修棠阴书院,置义田,收租作为书院开支。

康熙二十年(1681),会稽人章时化任安徽太湖县知县。当时用船运送粮食,粮仓年久失修,他认为用船运粮一事是朝廷的一项重要工作,因此他主持维修工作,聘请工匠、购置材料所需经费都由他承担。东门外养济院陈旧不堪,仅有茅屋3间,不能遮蔽风雨,章时化捐俸建造瓦屋5间。又捐俸购东郭门外空地,用作义冢,让贫穷者得以安葬。

康熙二十四年(1685),绍兴府遭灾荒,山阴诸生朱洪谧变卖家产购粮赈灾。县学、府学破败,他又出钱维修。绍兴知府胡以焕等人捐俸置田30亩,用其租费收入来添补三江闸闸板、铁环之需。

康熙二十五年(1686),山阴人金一凤任海阳知县,他带头捐俸倡修名宦祠、乡贤祠、东隅社学,编纂县志。

康熙二十九年(1690),绍兴知府李铎捐俸银将山西闸增筑2个孔,并置田30亩,以其收入,招聘闸夫6名以司启闭。

康熙三十二年(1693),会稽人史在鑛以永州司马代理黔阳县事。上任之日,他巡视城墙,看到四处破败倒塌,于是自己出钱请工匠加以修缮。

康熙四十六年(1707),会稽人章培基到福建延平道任职。其间,南平县学倒塌,他与巡道陈延统、知县顾之安分别捐俸,带动当地士绅踊跃捐资,南平县学得到及时修复。之后移守湖北武昌府,看到贫民子弟多不能就学,义塾也人满为患。于是他在崔公祠、府学尊经阁各添设义塾1所。

康熙五十一年(1712),俞卿主政绍兴,捐俸50两购买位于蕺山戒珠寺后的蕺里书院,修缮后为蕺山书院,招收学生,聘请有名望的老师授课,又购置田亩,以每年收入供给书院日常所需。五十三年(1714),山西闸西3个孔被海潮冲毁,俞卿即捐银500两,以巨石巩护修葺,工程于次年六月告竣。

康熙年间(1662—1722),会稽人陶世昌任汝州知州。陕西发生饥荒,朝廷下诏以湖广之粮作赈粮,下檄文命令沿途郡县接力递运。陶世昌捐出俸薪,招募邻县役夫递运，而百姓不受其扰。山阴庠生余国瑞倡议维修山阴官塘（旧称运道塘），他带头捐献钱财，远近乡贤士绅共捐银万余两，山阴官塘历时数年竣工。山阴人周宗义任商丘县知县，凡修缮城墙、增筑堤坝、修建道路、运送军需物资，他都带头捐俸，亲力亲为。县南有一条古河，年代久远几乎湮废，周宗义向上申请浚河，自己则率先捐款。适逢荒年，他卖掉住宅开展赈济，救活饥民数以万计。会稽人陈若虚捐个人田产160余亩设为义田，以备荒年赈济。其子陈根仰承父志，创立义户，凡是鳏寡孤独、穷苦无告者，随时给予周济。

雍正四年(1726)，山阴人孙公瑜任海阳县知县，滨海城北有长堤绵延数十里，县西南民宅田园数千万顷皆赖以遮蔽护卫。由于海潮侵袭，堤坝多次被冲毁。孙公瑜用尽家产，聚集工匠量度、筹划，带头食宿在堤边，历时八月有余，堤坝终于修筑成功。

雍正十一年(1733)，山阴县重修县学宫，监生朱乾学捐银600两修建东西两侧房屋。朱乾英捐银400两修建乡贤祠。

乾隆十年(1745)，山阴人金绅任广东阳山知县，捐俸禄建培风书院。调任海阳知县，带头捐银疏浚治理三利溪，使往昔贫瘠的土地日渐肥沃。城南有一个涵洞，用来蓄泄江水，年久失修，遇到连绵阴雨水位暴涨，石围就会溃裂，金绅亲自督率民夫劳役进行抢修，所有费用由他承担。

乾隆十六年(1751)，绍兴遭大灾，会稽人杜承节第一个捐赠银钱，又带头把粮食平价出售给灾民。二十年(1755)发生水灾，田地房屋淹没不计其数，杜承节将佃户的田租全部免除。他收养族中孤儿，并捐出常年收成较好的田作为义田，以便长久供给。其子继承他乐善好施的品格，将义田增扩至千亩有余。

乾隆十八年(1753)，山阴人邵丰鍭任山西崞县知县，捐俸修建城乡义学、桥梁、公所数十处。

乾隆二十年(1755)，会稽人章应奎置义田120余亩，以赡养族人孤寡无告者，创设义塾1所、捐义田20亩，以供近族子弟中贫困的人读书。

乾隆二十九年(1764),会稽人龚逊志任陕西渭南县知县,捐俸修补文庙,并重振书院。

乾隆三十七年(1772),山阴人陆绪昌捐义田430余亩、税地1700余亩,捐钱3000贯,其三分之一为萧山县筑塘防洪、三分之一置社仓、三分之一供给绍兴蕺山书院开销,共计费银约15000两。

乾隆五十七年(1792),绍兴知府李亨特在府城中开元寺内东庑建同善堂,收葬无主之棺4000余具。平时行施舍棺木、煮茶施药等善事,所费极多,因此他带头捐款,并率领绅士僚属公捐。同时购得项里山地25亩、里木栅5处山地120亩作为义冢。山阴阳家龙人孙毓敏、孙连玉捐赠蕺山书院、龙山书院膏腴之地各10.7亩、10.3亩;又在试院前建造试寓,置田200余亩为经费。

乾隆五十九年(1794),会稽人胡延璠在阆中任职,集资修筑城垣。城西门逼近嘉陵江,水势汹涌几乎要冲毁城墙,胡延璠相度地势,开掘引河,使江水沿西岸故道分流,郡城始得平安。随后又捐俸安葬骸骨数万具。嘉庆二年(1797)代理简州。简州地处秦楚交通要道,绛水环绕,古时有石桥倒塌在河里,胡延璠捐俸重建,并题额"万安桥"。嘉庆六年(1801)调任天全州,境内泸定河水势汹涌,旧有一座铁索大桥,胡延璠捐资修葺,又向富民劝募,不到一年建成。

乾隆年间(1736—1795),会稽人张焕任满城县知县历同知,在满城九年,他捐俸修编县志、建明伦堂及方顺桥大路,在路边施茶;建义学13处,又置宾兴义田百余亩。山阴人钟之枢,其父亲亡故时才14岁,两位兄长想把剩余的丧葬费用来做佛事,钟之枢却竭力主张用来购买义田学田,历经30年积累起田地40余亩,他把所得收入用来赡养族中贫苦无依的人,同时资助族中子弟上学读书。会稽人鲁元凯,由国学生任泰州判官,当时真武殿外临河道,是村落往来要道,鲁元凯设置义渡,向真武殿捐田百亩,让常住僧将每年收入租费用作舟人开支和造船费用。山阴人俞元珩,任福建霞浦县柘洋巡检,县中有产女溺死的陋习。俞元珩命令里保,凡有生下女儿报上户口的给予奖励,若有隐匿者就施以笞刑,不到半年,陋习禁绝。县境傍山临海,要进入县境需要迂回近百里，如果由山麓开道直接走则可缩短三分之二路程，于是俞元珩捐俸并劝乡绅捐银，带领百姓斩棘开岩、填海架溪，不到两年，修成大道30余里，从此商贾云集，成为经济大县。

第二节　近现代慈善捐赠

清道光二十年(1840),山阴举人陶棠创建义塾,使族之子弟不因贫而辍学,合族以为利。

清道光三十年(1850),海水泛滥,民田房屋被淹,会稽人章瑞首先出资筹粟,按人口分发救济粮。族旧有义田,用来帮助鳏寡孤贫,他又捐出肥沃之田 10 亩,并另捐田 10 亩以为宗祠每年修理的费用,捐出山地 10 亩用作族内义冢,掩埋无主之尸体。其长子相云仰承先志,捐旧有楼房两进以作义塾,次子庠生昺全亦捐田 20 余亩。

道光年间(1821—1850),山阴人胡学醇任山东博平知县,时金家桥绵亘九里,为至京要道,并有大石桥为赴青州必经之路,倒塌将近百年。胡学醇捐廉俸倡修,过了半年两桥建成,扩大原来的规模,邑人名之胡公桥。道光中期,外国人船只驶入长江,金陵戒严,士兵百姓都缺少粮食,山阴人张澄斋为南京侨胞,他慷慨发粟 3000 石,用尽家财 7 万余两,都用来供应军粮,赈济民饥。

咸丰三年(1853),山阴人高钰代理保定知府,捐修千里长堤,堤建成后,本境及邻县新城、文安皆免遭水灾。

咸丰七年(1857),山阴人潘治任盱眙知县,捐俸建造试院、修建文庙,又广设义学,整修书院,聘请有名望的老师授课。

同治二年(1863)春,山阴人陈炳代理巢县知县,倡议捐资修城,又修缮城南浮桥,建水龙局(相当于后来的消防队),修建考试院房屋及养济院,还有祀典的神庙,不到三年全部陆续建成，民生凋敝的现象亦逐渐复苏。七年(1868)调任合肥，捐资购置田地建造义仓以备荒年。在四门建义学，捐俸廉为教师薪资，于是教养之风逐渐形成。山阴人包君锡，在诸暨包村建造义冢收埋骸骨10万余具。又在卧龙山后建清节堂，劝募基金，以供善举。曾修葺大善寺，创办项里村颐泉义塾。

同治十一年(1872)，山阴人全楙绩任职贵州镇远府清溪镇，捐俸廉主持政府事务，在宾兴倡议募捐银元上万两，作为偁阳中学堂的基金。后调任贵州仕布政使，光绪二十九年(1903)遭遇大荒，捐俸金数十两，集款广设粥厂，筹办蚕桑半日学堂、贫民习艺所，又筹款为创立中学堂作基金。光绪三十二年(1906)留居贵州，对乡里公益事业如修筑铁路等均热心赞助，光绪三十三年(1907)，他从别处运米赈济贵州。

光绪元年(1875)，会稽王坛村人张叙沛苦心募捐化缘，在王坛大溪上倡议修建一座七洞石桥，名曰"天宝桥"，又在桥旁购地建张神庙一所，在庙左建路亭3间，另置田2亩，为溪亭施茶之需，八年后竣工。逆流而上，至清溪，又建一座九洞石桥，名曰"会源桥"，并筑亭3间，十二年始得成功。是年，锡箔铺业中好善之士劝募资金，购地建屋，设绍兴善庆局，举办施医、施棺等善事。

光绪二年(1876)，山阴人徐树兰辞官归乡后，致力于地方公益事业，筑捍海塘、建西湖闸，创设豫仓，每筹赈款至数十万金。捐千金在绍兴开办绍郡中西学堂，自任督办(校董)，其后改为官办绍兴府学堂，办校垫款4000余金未偿。光绪二十八年(1902)，耗银3.296万两，兴建古越藏书楼于古贡院，捐献私人藏书7万余卷，免费供民众借阅，是为近代中国第一个公共图书馆。

光绪年间(1875—1908)，山阴人刘汇任阳曲知县。遇年成歉收，百姓还不出田租，只得卖妻鬻女，刘汇为他们捐俸代赎，使人妻女完聚68家。设立育婴堂，让婴孩存活千余人，又设立粥厂，给饥民施粥。会稽人凌德魁，任阳江大平巡检，遇荒年，他施粥救济挨饿者。及离任后，社仓达数百家。又置义田以赡族党之无依靠者。会稽人章毓麟，生平疏财仗义，他捐出历年所积，购置田51亩余，以每年租息作为合族义学塾师资薪和膳食的费用，使族内贫寒子弟都得以从师读书。会稽人陶士伟与弟士发相继入国学，作州邑副官，承父志捐出常年成熟的田 20 亩，每年延请老师以教族人，陶氏之有义塾自陶士伟开始。会稽人陶煌因族中鳏寡孤独无告者很多，遂捐田 40 亩作为义田，制定规章制度，每年量入为出，用来赈济贫苦之人，此后族人紧跟其后，相互鼓励共襄义会，再续置田百亩。山阴人周文英任松潘总兵，设立常平仓，捐米助粜，又兴建卫学以教士卒之子弟。会稽人黄肇愈，初任福建权南平尉，收葬枯骨 3200 余具。任黄陂知县后，又调任江陵，鼓励修建学宫，修缮城墙，又捐俸廉修筑万城堤坝，在虎渡口设义船以帮助行旅之人。

光绪二十二年(1896)，会稽人陶浚宣，倾家产并负债创办东湖书院。又与堂兄陶仲彝、陶在宽等集资 8000 余银圆，在箬篢山麓筑堤百余丈，利用采石形成的峭壁、水塘，造桥筑路，营室建亭，点缀为各种胜景，名为东湖，今为绍兴著名景点。

宣统元年(1909)，朱阆仙个人出资开办施粥厂，每年从十二月初一开始到除夕为止，每日施早、中两餐。又独资创办永庆局施送膏药、棺木，聘请两位医生为贫民免费看病送药。

民国元年(1912)，黄朴任山东金乡县知事。金乡苦于旱灾，他捐俸修建河道百十余里，三年才建成。

二年(1913)，吴善庆为幼年无法上学的事感到遗憾，乃于州山村创办善庆小学，置办学田，购置各种设备，聘请优秀教师授课，资助贫困学生。又独资在州山建“伦敦”“鉴亭”两座桥，方便行人。

十五年(1926)年起，金汤侯先后组办和创建绍(兴)曹(娥)蒿(坝)、萧(山)绍(兴)等 5 条公路。二十一年(1932)，他与地方人士发起并主持重修大禹陵庙，并与人共同创办稽山中学。抗日战争期间，曾筹粮筹款维持绍兴难童收容所，出资疏浚河道，筹办浙江省立绍兴医院。中华人民共和国成立后，将金家花园无偿献给政府(已辟作儿童公园)。

十九年(1930)初，邵力子在兰州任甘肃省主席时，听到绍兴尚无一所完全中学，当即出银币 1000 元，派人与朱仲华、金汤侯等地方士绅商谈，于民国二十一年(1932)

6月创办私立绍兴中学。民国二十二年(1933)春,他回乡探亲,又出资兴修明强、运川两所小学。民国二十三年(1934)冬,出资兴办棠阴小学,同时出资支持编印《绍兴县志资料》。

二十六年(1937),漓渚小步公学濒临停办困境,张拯亢作画130幅,送沪义展,以卖画所得,支持漓渚小步公学办学。是年,刘振一率先捐献房屋、金银饰物、名人字画交绍兴抗敌后援会义卖,所得款项支援抗日战争。

第三节　当代慈善捐赠

柯桥区（绍兴县）慈善总会慈善劝募捐赠的主要形式是创始基金、留本冠名基金、企业捐赠、慈善一日捐、华侨捐赠、赈灾劝募，其中企业捐赠是慈善资金募集的主渠道。此外，还有向柯桥区（绍兴县）红十字会的捐赠，向柯桥区（绍兴县）关工委的捐赠。

柯桥区（绍兴县）慈善总会捐赠总量

柯桥区（绍兴县）慈善总会1996年3月成立，至2020年，总共募集善款62830.62万元。

1996—2020年柯桥区（绍兴县）慈善总会历年捐赠情况表

表2-1　　单位：万元

年　度	企业捐款	一日捐	定向捐赠	赈灾捐赠	共　计
1996—2001年	64.13	—	—	970.20	1034.33
2002—2010年	11682.13	290.50	598.66	7232.78	19804.07
2011年	2292.60	292.64	477.76	—	3063.00
2012年	8161.20	201.67	286.10	—	8648.97
2013年	3729.08	239.31	617.94	42.22	4628.55

续表 2-1

年 度	企业捐款	一日捐	定向捐赠	赈灾捐赠	共 计
2014 年	690.49	238.50	370.65	7.02	1306.66
2015 年	0.21	294.75	1529.58	—	1824.54
2016 年	83.33	298.94	1008.38	—	1390.65
2017 年	6579.8	295.20	—	—	6875.00
2018 年	3562.00	303.00	—	—	3865.00
2019 年	2605.79	307.88	—	114.28	3027.95
2020 年	5241.45	290.06	1830.39	—	7361.90
合计	44692.21	3052.45	6719.46	8366.50	62830.62

捐赠形式

创始基金

1995 年 3 月 21 日，绍兴县人民政府批复成立绍兴县慈善总会筹备委员会。在为时一年的筹建期间，筹委会会同县宣传部门编发《筹备绍兴县慈善总会宣传提纲》，广泛征集创始会员，多方筹集创始慈善基金，全县有 115 个单位（包括机关、企事业单位、社会团体）、11229 名个人捐赠善款，共募集创始慈善基金 212 万元。

留本冠名基金

留本冠名基金以援助项目为载体，慈善机构与企业签订项目合作协议（捐赠合同），明确双方权利和义务，企业不向慈善机构捐本金，只在企业账户内设立基金，基金由企业投资运作，年度收益捐给慈善机构定向用于慈善救助项目。2005 年，柯桥区（绍兴县）开始建立留本冠名基金。是年，浙江中设建工集团和绍兴县华天实业有限公司分别认捐冠名基金 400 万元，绍兴县供销社和绍兴县华通集团有限责任公司分别认捐冠名基金 50 万元，协议期为 5 年，每年将 5% 的基金利息缴县慈善总会。12 月，当年 45 万元善款全部汇缴到位。2006 年，此项工作在全县面上推开，2008 年进一步扩面，2009 年因金融危机全县停缴(仍有 7 家企业汇缴 120 万元)。至 2011 年底，全县有 244 家企业建立冠名基金，实际累计捐款 10759 万元。2012 年起，全县企业捐赠以直接捐款的形式进行。

2005—2011 年柯桥区(绍兴县)各镇(街道)留本冠名基金捐赠情况表

表 2-2 单位：万元

年份	2005		2006		2007		2008		2009		2010		2011	
	企业数	捐款额	企业数	捐款额	企业数	捐款额	企业数	捐款额	企业数	捐款额	企业数	捐款额	企业数	捐款额
县本级	2	5	4	126	4	126	3	105	2	5	1	100	1	100
柯桥街道	—	—	5	170	5	170	8	235	—	—	8	225	8	240
柯岩街道	—	—	2	100	2	100	5	200	1	50	4	175	3	125
华舍街道	1	20	7	225	7	225	10	275	2	40	9	230	7	190
湖塘街道	—	—	5	25	5	25	5	25	—	—	5	25	5	25
钱清镇	—	—	5	112.5	5	112.5	15	162.5	—	—	15	162.5	15	162.5
杨汛桥镇	—	—	4	200	4	200	2	75	—	—	5	275	4	175
马鞍镇	1	20	15	190	16	140	21	240	1	20	19	170	19	170
福全镇	—	—	4	180	4	180	8	255	—	—	5	175	8	245
安昌镇	—	—	6	85	6	85	9	110	—	—	10	135	11	145
柯桥开发区	—	—	4	82.5	4	82.5	19	160	1	5	18	155	18	155
齐贤镇	—	—	12	85	11	35	15	60	—	—	16	62.5	16	62.5
陶堰镇	—	—	6	25	6	25	8	25	—	—	8	25	8	25
孙端镇	—	—	10	27.5	10	27.5	10	27.5	—	—	10	27.5	10	27.5
夏履镇	—	—	7	50	11	51	14	50.5	—	—	15	53	14	48
漓渚镇	—	—	8	50	8	50	8	50	—	—	8	50	8	50
兰亭镇	—	—	10	50	10	50	9	45	—	—	10	50	10	50
平水镇	—	—	11	80.5	11	80.5	14	130.5	—	—	13	128	13	128
富盛镇	—	—	8	25	8	25	8	25	—	—	8	25	8	25
王坛镇	—	—	11	24	11	24.5	10	24.5	—	—	11	24.5	11	24.5
稽东镇	—	—	6	25	7	30	7	30	—	—	7	30	6	25
合计	4	45	150	1938	155	1844.5	208	2310.5	7	120	205	2303	203	2198

2005—2011 年柯桥区(绍兴县)留本冠名基金捐赠企业一览表

表 2–3　　　　　　　　　　　　　　　　　　　　　　单位 :万元

	企业名称	2005	2006	2007	2008	2009	2010	2011	合计
县本级	绍兴县农村合作银行(瑞丰银行)	—	100	100	100	—	100	100	500
	绍兴县供销社	2.5	2.5	2.5	2.5	2.5	—	—	12.5
	绍兴县华通集团有限责任公司	2.5	2.5	2.5	2.5	2.5	—	—	12.5
	中国轻纺城总商会	—	21	21	—	—	—	—	42
柯桥街道	浙江蓝天实业集团有限公司	—	50	50	50	—	50	50	250
	浙江金昌房地产集团有限公司	—	50	50	50	—	50	50	250
	绍兴县轻纺科技中心有限公司	—	50	50	50	—	50	50	250
	浙江亚太集团有限公司	—	5	5	40	—	40	40	130
	绍兴县元垄房地产开发有限公司	—	15	15		—	—	15	45
	绍兴正兴轮胎模具有限公司	—	—	—	15	—	5	—	20
	绍兴县嘉德纺织印染有限公司	—	—	—	10	—	10	—	20
	绍兴精诚橡塑机械有限公司	—	—	—	—	—	—	15	15
	绍兴县城中村改造建设有限公司	—	—	—	10	—	10	10	30
	浙江中国轻纺城集团发展有限公司	—	—	—	10	—	10	10	30
柯岩街道	索密克汽车配件有限公司	—	50	50	50	—	50	50	250
	浙江新风热电有限公司	—	—	—	50	—	50	50	150
	绍兴金牡印染有限公司	—	—	—	25	—	—	—	25
	绍兴建栋纺织有限公司	—	—	—	25	—	25	25	75
	浙江三力士橡胶股份有限公司	—	50	50	50	50	50	—	250
华舍街道	浙江天圣控股集团有限公司	—	50	50	50	—	50	50	250
	绍兴县华天实业有限公司	20	20	20	20	20	20	—	120
	精功集团有限公司	—	50	50	50	—	50	50	250
	浙江华宇实业集团有限公司	—	50	50	50	—	20	20	190
	绍兴县华舍涤纶厂	—	20	20	20	—	20	20	100
	浙江华港染织有限公司	—	20	20	20	20	20	—	100
	浙江永科热电有限公司	—	15	15	15	—	—	—	45
	浙江龙华新世纪房地产开发有限公司	—	—	—	20	—	20	20	60
	绍兴县人利纺织服装有限公司	—	—	—	20	—	20	20	60
	振东集团有限公司	—	—	—	10	—	10	10	30

续表 2-3

	企业名称	2005	2006	2007	2008	2009	2010	2011	合计
湖塘街道	浙江塔牌绍兴酒有限公司	—	5	5	5	—	5	5	25
	浙江镜湖房地产开发有限公司	—	5	5	5	—	5	5	25
	绍兴中清纺织有限公司	—	5	5	5	—	5	5	25
	绍兴越隆贸易有限公司	—	5	5	5	—	5	5	25
	浙江诚盛实业集团有限公司	—	5	5	5	—	5	5	25
钱清镇	浙江沪光热电有限公司	—	50	50	50	—	50	50	250
	兴鑫控股集团有限公司	—	—	—	25	—	25	25	75
	浙江金蝉家纺服饰有限公司	—	—	—	15	—	15	15	45
	绍兴县钱江制管有限公司	—	—	—	15	—	15	15	45
	浙江金隆家纺服饰有限公司	—	—	—	10	—	10	10	30
	绍兴县凤仪纺织印染有限公司	—	—	—	5	—	5	5	15
	浙江八达铜业有限公司	—	5	5	5	—	5	5	25
	绍兴县柏盛热电有限公司	—	5	5	5	—	5	5	25
	浙江古纤道股份有限公司	—	—	—	5	—	5	5	15
	绍兴华清化纤纺织有限公司	—	—	—	5	—	5	5	15
	浙江绍兴富茂电镀五金有限公司	—	—	—	5	—	5	5	15
	绍兴华茂化纤有限公司	—	—	—	5	—	5	5	15
	浙江兴发化纤集团有限公司	—	—	—	5	—	5	5	15
	浙江永通染织集团有限公司	—	50	50	5	—	5	5	115
	绍兴县鹏越纺织有限公司	—	2.5	2.5	2.5	—	2.5	2.5	12.5
杨汛桥镇	宝业集团股份有限公司	—	50	50	—	—	100	50	250
	浙江永利实业集团有限公司	—	50	50	—	—	50	50	200
	裕隆控股集团有限公司	—	50	50	50	—	50	50	250
	光宇集团有限公司	—	50	50	—	—	—	—	100
	浙江华欣家纺有限公司	—	—	—	25	—	25	25	75
	绍兴万豪置业有限公司	—	—	—	—	—	50	—	50

续表 2-3

	企业名称	2005	2006	2007	2008	2009	2010	2011	合计
滨海工业区（马鞍镇）	绍兴县盛鑫印染有限公司	—	—	—	25	—	25	25	75
	浙江华联三鑫石化有限公司	—	50	50	50	—	—	—	150
	浙江中设建工集团	20	20	20	20	20	—	—	100
	浙江远东化纤集团	—	50	—	—	—	—	—	50
	绍兴海富化纤有限公司			—	25	—	25	25	75
	绍兴水处理发展有限公司	—	—	—	25	—	25	25	75
	浙江天马实业股份有限公司	—	20	20	20	—	20	20	100
	浙江彩虹庄印染有限公司	—	15	15	15	—	15	15	75
	绍兴高登印染有限公司	—	5	—	—	—	—	—	5
	浙江红绿蓝纺织印染有限公司	—	—	—	15	—	15	15	45
	绍兴百丽恒印染有限公司	—	—	—	10	—	10	10	30
	绍兴县鑫峰印染有限公司	—	—	5	5	—	5	5	20
	绍兴县马鞍一纺化纤有限公司	—	5	5	5	—	5	5	25
	绍兴仁昌纸品有限公司	—	5	5	5	—	5	5	25
	绍兴县天明纸业有限公司	—	5	5	5	—	5	5	25
	浙江方圆染整有限公司	—	2.5	2.5	2.5	—	2.5	2.5	12.5
	绍兴世纪虹印染有限公司	—	2.5	2.5	2.5	—	2.5	2.5	12.5
	浙江寺桥集团公司	—	2.5	—	—	—	—	—	2.5
	绍兴县金氏纺织印染有限公司	—	2.5	2.5	2.5	—	2.5	2.5	12.5
	绍兴县天兴印染有限公司	—	2.5	2.5	2.5	—	2.5	2.5	12.5
	绍兴雄飞金属制品有限公司	—	2.5	2.5	2.5	—	2.5	2.5	12.5
	浙江胜利热电有限公司	—	—	1	1	—	1	1	4
	绍兴越洲印染有限公司	—	—	0.8	0.8	—	0.8	0.8	3.2
	绍兴百洲印染有限公司	—	—	0.7	0.7	—	0.7	0.7	2.8
福全镇	浙江无名皮塑集团有限责任公司	—	50	50	50	—	50	50	250
	绍兴其其热电有限公司	—	50	50	50	—	50	50	250
	浙江日月首饰集团有限公司	—	50	50	—	—	—	50	150
	杭州湾化纤有限公司	—	—	—	25	—	—	25	50
	浙江花为媒集团有限公司	—	—	—	25	—	25	25	75
	浙江科盛饲料股份有限公司	—	—	—	20	—	20	20	60
	浙江五洋印染有限公司	—	30	30	30	—	30	15	135
	浙江稽山控股集团有限公司	—	—	—	30	—	—	10	40

续表 2–3

	企业名称	2005	2006	2007	2008	2009	2010	2011	合计
安昌镇	金晖控股集团有限公司	—	50	50	50	—	50	50	250
	浙江绍兴昕欣纺织有限公司	—	5	5	25	—	25	25	85
	浙江勤业建工集团有限公司	—	10	10	20	—	20	20	80
	浙江天工建设集团有限公司	—	10	10	10	—	10	10	50
	绍兴县嘉德纺织印染有限公司	—	—	—	—	—	—	10	10
	浙江万亨盛印染有限公司	—	5	5	5	—	5	5	25
	浙江大和纺织印染服装有限公司	—	5	5	5	—	5	5	25
	绍兴金球纺织整理有限公司	—	—	—	5	—	5	5	15
	浙江亚太印花有限公司	—	—	—	5	—	5	5	15
	绍兴县绿叶印染有限公司	—	—	—	5	—	5	5	15
	浙江鼎丰铝业有限公司	—	—	—	5	—	5	5	15
柯桥开发区	华强联合控股集团有限公司	—	50	50	50	—	50	50	250
	浙江天龙控股集团有限公司	—	20	20	20	—	20	20	100
	绍兴金汇纺服有限公司	—	10	10	10	—	10	10	50
	浙江冠南房地产开发有限公司	—	—	—	10	—	10	10	30
	绍兴市大越酒业有限公司	—	—	—	5	—	5	5	15
	绍兴五环氨纶有限公司	—	—	—	5	—	—	—	5
	浙江朗莎尔维迪制衣有限公司	—	—	—	5	5	5	5	20
	浙江屹男印染有限公司	—	—	—	5	—	5	5	15
	绍兴彩虹庄针纺有限公司	—	—	—	5	—	5	5	15
	精功绍兴太阳能技术有限公司	—	—	—	5	—	5	5	15
	绍兴县第七纺织有限公司	—	—	—	5	—	5	5	15
	绍兴泰富装饰品有限公司	—	—	—	5	—	5	5	15
	浙江怡创印染有限公司	—	—	—	5	—	5	5	15
	浙江永顺窗饰材料有限公司	—	—	—	5	—	5	5	15
	浙江通益纺织印染有限公司	—	—	—	5	—	5	5	15
	绍兴鼎立装饰品有限公司	—	—	—	5	—	5	5	15
	绍兴新笙合成纤维有限公司	—	—	—	5	—	5	5	15
	绍兴县天润织造有限公司	—	2.5	2.5	2.5	—	2.5	2.5	12.5
	绍兴百瑞印染有限公司	—	—	—	2.5	—	2.5	2.5	7.5

续表 2-3

	企业名称	2005	2006	2007	2008	2009	2010	2011	合计
齐贤镇	绍兴华润丰田汽车销售服务有限公司	—	5	5	10	—	10	10	40
	浙江贤盛轻纺有限公司	—	5	5	5	—	5	5	25
	浙江越剑机械制造有限公司	—	2.5	2.5	5	—	5	5	20
	浙江梅轮电扶梯成套有限公司	—	—	—	5	—	5	5	15
	绍兴县八方纺织有限公司	—	5	5	5	—	5	5	25
	浙江羊山纺织机械有限公司	—	—	—	5	—	5	5	15
	绍兴美佳热电有限公司	—	50	—	5	—	5	5	65
	浙江思贤制药有限公司	—	—	—	2.5	—	2.5	2.5	7.5
	绍兴市中才轻纺有限公司	—	—	—	2.5	—	2.5	2.5	7.5
	浙江宏伟建筑工程有限公司	—	2.5	2.5	2.5	—	2.5	2.5	12.5
	绍兴县中意纺织服装有限公司	—	2.5	2.5	2.5	—	2.5	2.5	12.5
	绍兴县仁隆纺织服装厂	—	2.5	2.5	2.5	—	2.5	2.5	12.5
	绍兴县南方织造厂	—	2.5	2.5	2.5	—	2.5	2.5	12.5
	浙江中安建设有限公司	—	2.5	2.5	2.5	—	2.5	2.5	12.5
	浙江兴美达印染有限公司	—	2.5	2.5		—	2.5	2.5	10
	绍兴纺织机械集团有限公司	—	2.5	2.5	2.5	—	2.5	2.5	12.5
陶堰镇	浙江绍兴陶堰玻璃有限公司	—	—	—	5	—	5	5	15
	浙江绍兴勇大针纺工艺有限公司	—	5	5	3.5	—	3.5	3.5	20.5
	绍兴县陶堰水产品贸易市场	—	5	5	3	—	3	3	19
	万昌集团有限公司	—	—	—	—	—	3	3	6
	绍兴县建筑工程有限公司	—	—	5	3	—	—	—	8
	绍兴县永盛房地产开发有限公司	—	5	—	—	—	—	—	5
	浙江绍兴爱休尔针织有限公司	—	5	5	3	—	3	3	19
	华夏电源集团有限公司	—	2.5	2.5	2.5	—	2.5	2.5	12.5
	绍兴白塔酿酒有限公司	—	2.5	2.5	2.5	—	2.5	2.5	12.5
	绍兴县万年青水泥有限公司	—	—	—	2.5	—	2.5	2.5	7.5

续表 2–3

	企业名称	2005	2006	2007	2008	2009	2010	2011	合计
孙端镇	浙江迅宇建设有限公司	—	5	5	5	—	5	5	25
	绍兴伊诺印染有限公司	—	2.5	2.5	2.5	—	2.5	2.5	12.5
	绍兴县申越电缆带钢有限公司	—	—	2.5	2.5	—	2.5	—	7.5
	绍兴县三通实业总公司	—	2.5	—	—	—	—	2.5	5
	绍兴市天富房地产开发有限公司	—	2.5	2.5	2.5	—	2.5	2.5	12.5
	绍兴爱德新型建筑材料有限公司	—	2.5	2.5	2.5	—	2.5	2.5	12.5
	绍兴县振兴砖瓦厂	—	2.5	2.5	2.5	—	2.5	2.5	12.5
	绍兴县益富建筑材料有限公司	—	2.5	2.5		—	—	—	5
	绍兴市德伊轻质建材有限公司	—	—	—	2.5	—	2.5	2.5	7.5
	浙江鲁易建筑安装工程有限公司	—	2.5	2.5	2.5	—	2.5	2.5	12.5
	绍兴县昌仁建材有限公司	—	2.5	2.5	2.5	—	2.5	—	10
	绍兴县昌龙箱板纸厂	—	2.5	2.5	2.5	—	2.5	—	10
	绍兴县村头新型建材有限公司	—	—	—	—	—	—	2.5	2.5
	绍兴县滨海混凝土有限公司	—	—	—	—	—	—	2.5	2.5
夏履镇	绍兴县和中合纤有限公司	—	—	—	10	—	10	10	30
	绍兴县恒柏房地产开发有限公司	—	10	10	8	—	8	8	44
	浙江越王纺织有限公司	—	10	10	8	—	8	8	44
	浙江迷帅服饰有限公司	—	5	4	3.5	—	3	3	18.5
	绍兴县虞山纺织有限公司	—	—	—	—	—	—	2.5	2.5
	大申纺织有限公司	—	—	—	2	—	2.5	2.5	7
	浙江建业幕墙装饰有限公司	—	—	—	2	—	2.5	2.5	7
	绍兴县日新纺织有限公司	—	—	—	2	—	2	—	4
	绍兴富雄纺织有限公司	—	5	5	—	—	1	—	11
	绍兴县虞山纺织有限公司	—	—	3	2	—	2.5	—	7.5
	绍兴县东大网架有限公司	—	—	3	2	—	2	—	7
	绍兴县黎光纺织有限公司	—	—	—	—	—	—	2	2
	绍兴联轩纺织有限公司	—	5	3	1.5	—	2	2	13.5
	绍兴县东峰织造有限公司	—	—	3	2	—	2	2	9
	绍兴县新亚纺织有限公司	—	—	2.5	2	—	2	2	8.5
	绍兴县夏兴纺织有限公司	—	5	2.5	2	—	2	2	13.5
	绍兴利丰得刺绣有限公司	—	—	—	—	—	—	1	1
	绍兴强盛轻纺有限公司	—	10	5	3.5	—	3.5	0.5	22.5

续表 2-3

	企业名称	2005	2006	2007	2008	2009	2010	2011	合计
漓渚镇	浙江鑫晟实业股份有限公司	—	—	—	10	—	10	10	30
	绍兴县新宇漂染有限公司	—	10	10	10	—	10	10	50
	浙江星辰实业股份有限公司	—	10	10	—	—	—	—	20
	绍兴县美得宝印染有限公司	—	10	10	10	—	10	10	50
	绍兴县人湾染织有限公司	—	5	5	5	—	5	5	25
	浙江绍兴县昌荣染织有限公司	—	5	5	5	—	5	5	25
	绍兴越兰印染有限公司	—	5	5	5	—	5	5	25
	绍兴县天成印染有限公司	—	2.5	2.5	2.5	—	2.5	2.5	12.5
	绍兴几何植绒砂洗整理有限公司	—	2.5	2.5	2.5	—	2.5	2.5	12.5
兰亭镇	绍兴金宝利纺织印染有限公司	—	5	5	5	—	5	5	25
	绍兴永隆纺织服饰有限公司	—	5	5	5	—	5	5	25
	绍兴鸿泰皮革制品有限公司	—	5	5	5	—	5	5	25
	绍兴天翔纺织印染服饰有限公司	—	5	5	5	—	5	5	25
	绍兴县中漂印染有限公司	—	5	5	5	—	5	5	25
	绍兴县一本针纺织有限公司	—	5	—	—	—	—	—	5
	绍兴咸亨热电有限公司	—	—	5	5	—	5	5	20
	绍兴鹰翔染整有限公司	—	5	5	5	—	5	5	25
	浙江兰亭高科有限公司	—	5	5	5	—	5	5	25
	绍兴三印印染有限公司	—	5	5	5	—	5	5	25
	绍兴县金峰银锡有限公司	—	5	5	—	—	5	5	20
平水镇	中厦建设集团有限公司	—	50	50	50	—	50	50	250
	绍兴市力博集团有限公司(浙江广大铝业有限公司)	—	5	5	25	—	25	25	85
	浙江天天田园控股集团	—	5	5	15	—	15	15	55
	绍兴县城中村改造建设有限公司	—	—	—	10	—	10	10	30
	绍兴华威化工有限公司	—	5	5	5	—	5	5	25
	浙江东维合纤工业有限公司	—	—	—	5	—	5	5	15
	绍兴至味食品有限公司	—	—	—	5	—	5	5	15
	浙江鹏程纺织服饰有限公司	—	2.5	2.5	2.5	—	2.5	2.5	12.5
	绍兴华瀛竹木制品有限公司	—	2.5	2.5	2.5	—	2.5	2.5	12.5

续表 2-3

	企业名称	2005	2006	2007	2008	2009	2010	2011	合计
平水镇	浙江鸿华茶厂	—	2.5	2.5	2.5	—	2.5	2.5	12.5
	绍兴广厦针纺服饰有限公司	—	2.5	2.5	2.5	—	—	—	7.5
	绍兴九田服饰有限公司	—	2.5	2.5	2.5	—	2.5	2.5	12.5
	浙江中恒建设有限公司	—	2.5	2.5	2.5	—	2.5	2.5	12.5
	绍兴县润露绿色食品有限公司	—	0.5	0.5	0.5	—	0.5	0.5	2.5
富盛镇	绍兴县新纪元纺织印染有限公司	—	5	5	5	—	5	5	25
	浙江林盛建设发展有限公司	—	5	5	5	—	5	5	25
	绍兴县丰盛纺织有限公司	—	2.5	2.5	2.5	—	2.5	2.5	12.5
	浙江众立建筑工程有限公司	—	2.5	2.5	2.5	—	2.5	2.5	12.5
	绍兴县兆丰绒织品有限公司	—	—	—	—	—	2.5	2.5	5
	浙江恒之陆纤维有限公司	—	—	2.5	2.5	—	2.5	2.5	10
	绍兴县金洲棉麻印染有限公司	—	2.5	2.5	2.5	—	—	—	7.5
	绍兴县富盛棉纺织有限公司	—	2.5	—	—	—	—	—	2.5
	绍兴县凤祥纺织厂	—	2.5	—	—	—	—	—	2.5
	绍兴县红葡萄纺织装饰品有限公司	—	—	2.5	2.5	—	2.5	2.5	10
	绍兴县新富纺织品有限公司	—	2.5	2.5	2.5	—	2.5	2.5	12.5
王坛镇	绍兴华联纺织品服装有限公司	—	6	6	6	—	6	6	30
	绍兴奈特电器有限公司	—	3	3	5	—	3	3	17
	绍兴县奥尔坤汽车部件厂	—	—	3	3.5	—	3	3	12.5
	绍兴县两溪茶厂	—	3	3	3	—	3	3	15
	浙江裕众建设集团有限公司	—	3	3	3	—	3	3	15
	绍兴县王坛汽车零件厂	—	3	—	—	—	—	—	3
	绍兴县荣鑫摩擦材料厂	—	0.5	0.5	—	—	0.5	—	1.5
	绍兴县龙飞建筑工程有限公司	—	1.25	—	—	—	—	—	1.25
	绍兴康达器械有限公司	—	2	2	1.5	—	2	2	9.5
	浙江恒兴建设有限公司	—	—	1.25	1.25	—	1.25	1.25	5
	绍兴县青坛茶厂	—	1.25	1.25	0.5	—	1.25	1.25	5.5
	绍兴县越都锻造有限公司	—	—	—	—	—	—	1	1
	绍兴县万佳器械有限公司	—	0.5	1	0.5	—	1	0.5	3.5
	绍兴县金马茶厂	—	0.5	0.5	0.25	—	0.5	0.5	2.25

续表 2-3

	企业名称	2005	2006	2007	2008	2009	2010	2011	合计
稽东镇	浙江坤茂建设有限公司	—	—	—	—	—	—	5	5
	绍兴县南方建筑工程有限公司	—	5	5	5	—	5	—	20
	绍兴县和兴茶厂	—	5	5	5	—	5	—	20
	绍兴县豪迈制衣有限公司	—	5	5	5	—	5	—	20
	浙江古月茶业有限公司	—	5	5	5	—	5	5	25
	浙江昌祥茶业有限公司	—	—	—	—	—	—	5	5
	绍兴振达建设有限公司	—	—	5	5	—	5	—	15
	浙江华星建业有限公司	—	—	—	—	—	—	5	5
	绍兴县舜江茶业有限公司	—	2.5	2.5	2.5	—	2.5	2.5	12.5
	绍兴县丽莎服饰有限公司	—	2.5	2.5	2.5	—	2.5	2.5	12.5
合计		45	1938	1844.5	2310.5	120	2303	2198	10759

企业捐赠

2012—2013年，柯桥区（绍兴县）不再认捐留本冠名基金，企业捐赠以直接捐款的形式进行。全区（县）有530家企业参与慈善捐赠，累计捐款11828万元。

2012—2013年柯桥区（绍兴县）各镇街（单位）捐赠情况表

表 2-4

年份	2012年		2013年	
镇街（单位）	企业数（个）	捐款额（万元）	企业数（个）	捐款额（万元）
柯桥街道	23	365	15	190
柯岩街道	10	450	7	220
华舍街道	36	643.5	31	351
湖塘街道	11	81	11	75
钱清镇	29	425	28	378
杨汛桥镇	15	515	12	211
马鞍镇	36	1349.5	45	600
福全镇	17	460	20	180

续表 2-4

年份	2012 年		2013 年	
镇街(单位)	企业数(个)	捐款额(万元)	企业数(个)	捐款额(万元)
安昌镇	22	226	26	120
柯桥开发区	56	267.5	52	156
齐贤镇	54	304	56	180
陶堰镇	12	80	11	35
孙端镇	44	80	25	27
夏履镇	16	148.5	17	60
漓渚镇	34	82	32	48
兰亭镇	26	150	25	72
平水镇	18	220	14	74
富盛镇	10	32.5	7	11
王坛镇	19	30	19	15
稽东镇	11	31.5	11	15
县属企业	3	435	4	320
房产企业	4	120	13	101
中国轻纺城商会	18	983	25	380
金融单位	6	400	4	130
合计	530	7879	510	3949

2012—2013 年柯桥区(绍兴县)捐赠企业一览表

表 2-5　　单位 :万元

柯桥街道

序号	单　位	2012 年	2013 年	法定代表人
1	浙江金昌房地产集团有限公司	100	—	潘亚敏
2	浙江蓝天实业集团有限公司	50	60	沈冬云
3	绍兴县越星爱心扶助中心	40	—	萧芳明
4	浙江亚太集团有限公司	30	30	陈尧根
5	绍兴泽浩纺织品有限公司	15	—	严良敏

续表 2–5

序号	单　位	2012 年	2013 年	法定代表人
6	中国轻纺城集团发展有限公司	10	10	沈祥星
7	绍兴精诚橡塑机械有限公司	10	10	徐银虎
8	绍兴世纪长江房地产有限公司	10	10	谈意道
9	浙江栋升置业有限公司	10	10	吴建栋
10	绍兴县中洲置业有限公司	10	10	余雄豪
11	浙江元垄控股集团有限公司	10	10	陈雅文
12	浙江凯利包装材料有限公司	10	10	陈利锋
13	浙江赛博家纺有限公司	5	5	祝赛青
14	绍兴县越盛进出口有限公司	5	5	钟秀琳
15	绍兴县鱼得水实业有限公司	5	5	虞卫东
16	浙江时盛控股集团有限公司	10	5	盛国娟
17	绍兴县华亿置业有限公司	5	5	刘心源
18	绍兴柏盛房地产开发有限公司	5	5	金　君
19	绍兴县美菲亚贸易有限公司	5	—	陆飞英
20	绍兴通达税务师事务所有限公司	5	—	章勇坚
21	绍兴县金永泰大酒店有限公司	5	—	周利琴
22	绍兴东方税务师事务所有限公司	5	—	单利清
23	绍兴昌盛电器有限公司	5	—	王寿昌
合计		365	190	—

柯岩街道

序号	单　位	2012 年	2013 年	法定代表人
1	索密克汽车配件有限公司	200	100	沈幼生
2	浙江新风热电有限公司	100	50	陈林川
3	浙江三力士橡胶股份有限公司	55	50	吴培生
4	绍兴县超超染整有限公司	20	5	钱柏云
5	绍兴正大光明纺织有限公司	—	5	陈正文
6	浙江金舟轻纺股份有限公司	—	5	陶恩久
7	绍兴建栋纺织有限公司	—	5	吴炎根
8	绍兴金昊机械制造有限公司	25	—	茅木泉

续表 2–5

序号	单　位	2012 年	2013 年	法定代表人
9	绍兴金隆机械制造有限公司	10	—	金祖定
10	绍兴县骏马机械制造有限公司	10	—	陈建文
11	浙江友谊染织有限公司	10	—	毛关根
12	绍兴县柯桥印染有限公司	10	—	陆文龙
13	绍兴县塞特印染有限公司	10	—	丁德仁
合计		450	220	—

华舍街道

序号	单　位	2012 年	2013 年	法定代表人
1	精功集团有限公司	250	150	金良顺
2	浙江天圣控股集团有限公司	200	100	孙永根
3	浙江华天实业有限公司	50	25	马仕秀
4	浙江华港染织集团有限公司	30	15	肖国英
5	浙江龙华新世纪房地产开发有限公司	20	10	韩松良
6	浙江兴华利化纤有限公司	10	6	孙　广
7	绍兴县人利纺织服装有限公司	10	6	徐冬泉
8	绍兴县华舍涤纶有限公司	10	5	马银贤
9	绍兴县欣业传动机械有限公司	8	5	马伟钧
10	绍兴县先锋实业有限公司	6	3.5	赵国伟
11	绍兴县华利印染有限公司	6	3.5	马友安
12	振东集团有限公司	5	3	李鹏勇
13	绍兴英吉利印染有限公司	5	3	包海英
14	绍兴县华阳织造有限公司	5	3	胡阿羊
15	浙江荣达建设有限公司	1.5	1.5	茅哲烽
16	浙江江南印染股份有限公司	1.5	1.5	陈茂兴
17	浙江华凯建设工程有限公司	1.5	1.5	赵文清
18	浙江长泰机械有限公司	1	1	王伟忠
19	绍兴县宇华印染纺织有限公司	1	1	赵金星
20	绍兴县新升纺织有限公司	1	1	胡建良
21	浙江晶辉太阳能科技有限公司	0.5	0.5	宋京卿

续表 2–5

序号	单　位	2012 年	2013 年	法定代表人
22	绍兴县中心纺织有限公司	0.5	0.5	孙水坤
23	绍兴县中贤纺织有限公司	0.5	0.5	张　磊
24	绍兴县绿色清洁用品有限公司	0.5	0.5	戴平洋
25	绍兴县金马羽绒制品有限公司	0.5	0.5	倪水友
26	绍兴县华兴针纺有限公司	0.5	0.5	胡康兴
27	绍兴县华舍荣华针纺厂	0.5	0.5	胡云桂
28	绍兴县二纺纺织有限公司	0.5	0.5	马仁和
29	绍兴县朝兴纺织有限公司	0.5	0.5	赵泉生
30	绍兴联和针纺有限公司	0.5	0.5	张国良
31	绍兴建中印染服装有限公司	0.5	0.5	葛锦琦
32	浙江华宇实业集团有限公司	8	—	周松祥
33	绍兴县扬天纺织品有限公司	5	—	王红卫
34	绍兴县众成化纤有限公司	1.5	—	王晓华
35	绍兴县中莱针织有限公司	0.5	—	周水林
36	绍兴县章氏纺织原料有限公司	0.5	—	李立坚
合计		643.5	351	—

湖塘街道

序号	单　位	2012 年	2013 年	法定代表人
1	浙江塔牌绍兴酒有限公司	35	35	郭从洪
2	浙江越隆控股集团有限公司	7	7	魏森林
3	绍兴县恒元纺织有限公司	7	7	茅元根
4	浙江振涯实业集团有限公司	7	7	钱木根
5	绍兴县日发纺织有限公司	3	3	丁来法
6	浙江诚盛实业集团有限公司	3	3	王国祥
7	绍兴县士林印染有限公司	3	3	唐少军
8	浙江汇峰建设有限公司	3	3	高宝庆
9	浙江永利经编股份有限公司	3	3	周幼琴
10	绍兴县木林森针织有限公司	—	3	黄　勇

续表 2–5

序号	单　位	2012 年	2013 年	法定代表人
11	绍兴中清纺织有限公司	7	1	沈土根
12	浙江星成房地产开发有限公司	3	—	张　铮
合计		81	75	—

钱清镇

序号	单　位	2012 年	2013 年	法定代表人
1	浙江永通染织集团有限公司	100	80	万爱法
2	浙江柏盛热电集团有限公司	30	25	金柏林
3	浙江新乐纺织化纤有限公司	30	25	王明煜
4	绍兴华茂化纤有限公司	30	25	高安良
5	浙江浙能钱清发电有限责任公司	12	12	傅小森
6	浙江钱清热电集团有限责任公司	12	12	漏兴福
7	绍兴县钱江制管有限公司	12	12	钱张泉
8	浙江欣君成服饰有限公司	12	12	金传土
9	浙江古纤道股份有限公司	12	12	沈国光
10	绍兴电力设备有限公司	12	12	薛　勇
11	浙江兴发化纤集团有限公司	12	12	李兴江
12	绍兴县凤仪纺织印染有限公司	12	12	田建华
13	浙江繁盛纺织集团有限公司	12	12	盛苗根
14	浙江金蝉布艺股份有限公司	12	12	杨来荣
15	浙江维艺实业股份有限公司	12	12	徐阿毅
16	绍兴市南洋染织有限公司	8	8	李海林
17	绍兴华清化纤纺织有限公司	8	8	朱锦泉
18	绍兴县凯帝化纤有限公司	8	8	丁伟祥
19	浙江八达铜业有限公司	8	8	张舟逸
20	绍兴凤仪天龙印染有限公司	8	8	杨建明
21	浙江威凌纺织印染有限公司	8	8	徐光林
22	绍兴县昌盛纺织印染有限公司	8	8	潘观余
23	浙江晨光布业印染有限公司	8	8	张仁兴

续表 2–5

序号	单　位	2012 年	2013 年	法定代表人
24	绍兴县福兴纺织服饰有限公司	8	8	翁仁土
25	绍兴焕鑫管业有限公司	5	5	陈春泉
26	浙江摩利达针纺有限公司	5	5	邹妙琴
27	绍兴县金帝亚纺织有限公司	5	5	魏国良
28	绍兴县华升实业有限公司	4	4	徐其林
29	兴鑫控股集团有限公司	12	—	张兴根
合计		425	378	—

杨汛桥镇

序号	单　位	2012 年	2013	法定代表人
1	宝业集团股份有限公司	200	100	庞宝根
2	浙江永利实业集团有限公司	100	50	周永利
3	绍兴绅花纺织有限公司	30	10	夏尧荣
4	裕隆控股集团有限公司	30	10	高郎根
5	欣明控股集团有限公司	30	10	胡明水
6	浙江庆盛控股集团有限公司	30	10	陈火庆
7	浙江水泥有限公司	10	5	项大江
8	浙江鼎峰干粉砂浆有限公司	20	5	洪长根
9	闻翔控股集团有限公司	20	5	李建法
10	浙江宏大实业集团有限公司	10	2	孙利益
11	浙江蓝龙科技有限公司	5	2	洪金权
12	绍兴县三牛皮塑有限公司	5	2	童幸木
13	绍兴南方水泥有限公司	10		项大江
14	绍兴县兴隆染织有限公司	10	—	王柏土
15	浙江传奇家纺有限公司	5	—	宣幼根
合计		515	211	—

续表 2-5

滨海工业区(马鞍镇)

序号	单 位	2012 年	2013 年	法定代表人
1	浙江远东化纤集团有限公司	200	50	徐茂根
2	浙江南方石化工业有限公司	200	50	徐顺兴
3	浙江赐富化纤有限公司	200	50	赵张夫
4	浙江天马实业股份有限公司	200	50	蒋张水
5	绍兴县盛鑫印染有限公司	100	30	傅见林
6	绍兴百丽恒印染有限公司	100	30	沈子平
7	中设建工集团有限公司	36	30	陈永根
8	绍兴县怡中染整有限公司	35	30	马明亮
9	浙江宝纺印染有限公司	20	20	虞宝木
10	浙江红绿蓝纺织印染有限公司	35	20	陈宇鸣
11	浙江中大饲料集团有限公司	15	15	孙建华
12	绍兴志仁印染有限公司	15	15	陈晓华
13	绍兴勇舜印染有限公司	15	15	沈志奇
14	浙江兴日铁金属薄板有限公司	15	10	施永兴
15	绍兴东龙针纺织印染有限公司	15	—	杨金林
16	绍兴水处理发展有限公司	—	10	胡张尧
17	绍兴舒豪纺织科技有限公司	10	10	宋德兴
18	绍兴海富化纤有限公司	10	—	马云法
19	浙江和合光伏玻璃技术有限公司	10	—	赵建杨
20	绍兴县金祥惠纺织印染有限公司	10	10	沈建祥
21	绍兴海通印染有限公司	10	10	李传海
22	浙江彩虹庄印染有限公司	10	10	马建新
23	浙江嘉业印染有限公司	10	10	周传根
24	浙江万丰化工有限公司	10	10	俞杏英
25	新发纺织印染(绍兴)有限公司	10	10	陈君飞
26	浙江众华家纺集团有限公司	10	10	魏中华
27	绍兴南鹰纺织印染有限公司	—	5	陈成顺
28	绍兴县华南纺织印染有限公司	—	5	王仙花

续表 2–5

序号	单　位	2012 年	2013 年	法定代表人
29	绍兴县精细化工有限公司	—	5	车世坤
30	绍兴县华裕纺机有限公司	—	5	朱爱萍
31	浙江科瑞新材料有限公司	—	5	娄尧祥
32	绍兴县舒美针织有限公司	—	5	张国华
33	绍兴县大明纸业有限公司	5	5	周柏林
34	绍兴县高峰印染有限公司	5	5	金百良
35	绍兴伽瑞印染有限公司	—	5	张新标
36	浙江融汇通信设备有限公司	8	5	徐江浩
37	绍兴县绿源水产开发有限公司	5	5	丁国才
38	绍兴县马鞍一纺化纤有限公司	5	5	陈永潮
39	浙江海虹印染有限公司	5	5	李燕鸣
40	浙江方圆染整有限公司	5	5	何纪方
41	浙江华东纺织印染有限公司	—	5	王旭东
42	绍兴东龙针纺织印染有限公司	—	3.5	杨金林
43	绍兴万成金属薄板有限公司	3.5	3.5	陈　军
44	绍兴仁昌纸品有限公司	3	3	王仁昌
45	绍兴杰龙玻璃有限公司	—	3	孙国刚
46	绍兴县恒利印染有限公司	—	3	金志根
47	绍兴县天兴印染有限公司	2.5	2.5	陆兴江
48	绍兴县骏马五金电镀有限公司	1.5	1.5	裘仲苗
合计		1349.5	600	—

福全镇

序号	单　位	2012 年	2013 年	法定代表人
1	浙江日月首饰集团有限公司	200	40	虞阿五
2	浙江无名皮塑集团有限责任公司	100	30	秋国良
3	绍兴其其热电有限公司	20	15	叶利其
4	浙江富强实业集团有限公司	20	15	何国俊
5	浙江花为媒集团有限公司	20	10	金才堂

续表 2–5

序号	单　位	2012 年	2013 年	法定代表人
6	浙江科盛饲料股份有限公司	10	10	高月祥
7	绍兴宏福印花有限公司	6	6	邵国顺
8	绍兴信日制线有限公司	—	6	陈东友
9	绍兴县明星皮塑有限公司	8	6	季明根
10	浙江振大纺织印染有限公司	—	6	李新泰
11	绍兴福全毛纺染整有限公司	8	6	秋国祥
12	浙江稽山控股集团有限公司	15	5	金关良
13	浙江沃莱菲(小轩窗)装饰材料有限公司	10	5	周国轩
14	绍兴县泰钦实业有限公司	8	—	李新泰
15	绍兴县新发纺织服饰印染有限公司	8	—	陈东友
16	浙江天洲电线电缆有限公司	8	—	王伟扬
17	绍兴县福全中祥石料场	8	—	—
18	浙江五洋印染有限公司	5	—	金尧兴
19	杭州湾化纤有限公司	—	3	章　强
20	绍兴县佳美达皮塑实业有限公司	—	3	高银标
21	绍兴县长盛制线有限公司	—	3	金　良
22	绍兴县国泰印染有限公司	6	3	邵国炎
23	绍兴县侨兴印染有限公司	—	3	陆国伟
24	绍兴天福羽绒制品有限公司	—	3	张阿兔
25	绍兴县山山纸业有限公司	—	2	尹朝阳
合计		460	180	—

安昌镇

序号	单　位	2012 年	2013 年	法定代表人
1	浙江绍兴昕欣纺织有限公司	30	18	濮黎明
2	浙江宇展印染有限公司	24	15	陈建定
3	浙江勤业建工集团有限公司	20	12	张勤良
4	浙江天工建设集团有限公司	15	10	胡柏成
5	金晖控股集团有限公司	10	5	徐宝金

续表 2-5

序号	单　位	2012 年	2013 年	法定代表人
6	绍兴县宏集纺织品有限公司	8	4	平兴亮
7	浙江鼎丰铝业有限公司	8	4	余定泉
8	浙江振越染整砂洗有限公司	8	4	濮坚锋
9	浙江亚太特宽幅印染有限公司	8	4	杨安心
10	浙江大和纺织印染服装(集团)有限公司	8	4	徐美灿
11	浙江中环铜业有限公司	8	4	徐锦钧
12	绍兴县恒辉布业有限公司	8	4	沈长庆
13	绍兴县嘉德纺织印染有限公司	8	4	胡建军
14	浙江出口商品包装铁皮有限公司	8	4	潘奎虎
15	绍兴金球纺织整理有限公司	8	4	陆金根
16	绍兴县绿叶印染有限公司	8	4	孟宝泉
17	浙江绍兴立新纺织品整理有限公司	8	4	胡吉祥
18	浙江新为民集团有限公司	8	—	胡云强
19	浙江亚太染织有限公司	8	—	胡兴杨
20	浙江亿兴达纺织有限公司	8	—	钟凤兴
21	浙江亚太高科股份有限公司	5	3	濮淼鑫
22	绍兴县奇佳针纺织有限公司	—	2	倪立奇
23	绍兴县信可贸易有限公司	2	1	董泉信
24	绍兴县格靓家纺有限公司	—	1	袁革良
25	绍兴仁昌酱园有限公司	—	1	俞彩玉
26	浙江金秋纺织有限公司	—	1	徐水友
27	绍兴县安昌百顺蛋厂	—	1	占柏仁
28	绍兴县宝昌鸭场蛋厂	—	1	沈根生
29	浙江绍兴县振亚印染有限公司	—	1	沈冬芬
合计		226	120	—

柯桥开发区

序号	单　位	2012 年	2013 年	法定代表人
1	浙江东方华强纺织印染有限公司	15	9	徐杏地

续表 2–5

序号	单 位	2012 年	2013 年	法定代表人
2	绍兴金汇纺服有限公司	10	7	余金方
3	浙江怡创印染有限公司	10	7	钱森根
4	浙江稽山控股集团有限公司	8	7	金荣海
5	浙江冠南针纺染整有限公司	10	7	蔡少雄
6	绍兴县定先特种纺织品工艺有限公司	10	7	陈定先
7	浙江金甲化纤有限公司	10	7	李鹏勇
8	浙江屹男印染有限公司	10	7	田建华
9	浙江朗莎尔维迪制衣有限公司	10	7	顾洁萍
10	绍兴彩虹庄针纺有限公司	10	7	马建新
11	浙江省绍兴县盛兴慈善基金会	10	—	徐关浩
12	绍兴泰富装饰品有限公司	8	5	贺永伟
13	天龙控股集团有限公司	8	5	赵旱雨
14	绍兴县天润织造有限公司	8	5	李天中
15	浙江中嘉实业集团有限公司	8	5	王光耀
16	浙江通益纺织印染有限公司	8	5	周立夫
17	绍兴新笙合成纤维有限公司	6	—	黄添才
18	浙江优创光能科技有限公司	5	3	强来根
19	绍兴铭威房地产开发有限公司	—	3	黄子明
20	绍兴县大纬针织机械有限公司	5	3	俞云泉
21	浙江山川轻纺科技有限公司	5	3	韩耀君
22	华绣科技有限公司	5	3	张文正
23	绍兴县金凤凰提花纺织有限公司	5	3	李凤定
24	浙江雅德居节能环保门窗有限公司	5	3	茅兴波
25	绍兴县万豪箱包有限公司	5	2	曹天龙
26	绍兴博硕贸易有限公司	5	2	宋惠慈
27	浙江舒美特纺织有限公司	3	2	边林标
28	绍兴县第七纺织有限公司	5	2	吴金鑫
29	浙江杭一电器有限公司	3	2	胡克飞
30	绍兴市天海包装制品有限公司	3	—	王江海

续表 2–5

序号	单　位	2012 年	2013 年	法定代表人
31	浙江娜芙纳富服饰有限公司	4	2	周庆德
32	绍兴县龙华工具有限公司	3	2	王灿华
33	浙江百瑞印染有限公司	3	2	马恩东
34	浙江佑天元包装机械制造有限公司	3	1	俞吉良
35	绍兴英之杰汇豪汽车销售服务有限公司	2	1	贾　钧
36	绍兴县永乐纺织机械有限公司	3	1	张永清
37	浙江点金照明有限公司	3	1	董仲江
38	绍兴县蔡国峰家纺有限公司	3	1	蔡国峰
39	浙江金马轴承有限公司	1	1	马水良
40	绍兴县兴贝冲压件有限公司	3	1	包文耀
41	浙江红山芋家纺有限公司	1.5	1	毕贤程
42	浙江恒盛纺织有限公司	1	1	毕可宝
43	绍兴银华纺织化纤有限公司	1	1	李银平
44	绍兴宝利德汽车有限公司	3	1	余海军
45	浙江汇豪机械制造有限公司	2	1	陈立毅
46	浙江万加利纺织有限公司	2	1	毛关根
47	绍兴弗莱尔纺织有限公司	3	1	沈如川
48	浙江埃沃泰科针纺有限公司	1	1	翁　均
49	绍兴县昊时利进出口有限公司	1	1	朱智强
50	绍兴万禾纺织服饰有限公司	1	1	蔡正希
51	绍兴县晨鸿纺织品有限公司	3	1	孔庆奎
52	浙江威仕达机电科技有限公司	1	1	钱关祥
53	绍兴精越机电有限公司	1	1	牟洪全
54	浙江冠松汽车销售服务有限公司	2	1	王　勇
55	绍兴县贤升混凝土有限公司	1	1	沈云康
56	浙江齐方机械有限公司	1	—	沈春良
57	绍兴县增大兴隆工艺品有限公司	1	—	孙炳奎
合计		267.5	156	—

续表 2-5

齐贤镇

序号	单 位	2012 年	2013 年	法定代表人
1	浙江越剑机械制造有限公司	100	40	孙志祥
2	绍兴美佳热电有限公司	100	40	赵增强
3	绍兴县八方纺织有限公司	3	3	钱家林
4	浙江贤盛轻纺有限公司	3	3	毛兴贤
5	浙江兴美达印染有限公司	3	3	冯 驹
6	浙江思贤制药有限公司	3	3	赵成建
7	绍兴曙光机械有限公司	3	3	阮新伟
8	绍兴县阳嘉龙羽绒厂	3	3	成海明
9	绍兴华润丰田汽车销售服务有限公司	3	3	缪华水
10	绍兴纺织机械集团有限公司	3	3	谢如炎
11	浙江梅轮电扶梯成套有限公司	3	3	钱雪林
12	绍兴县振亚布厂	3	3	韩关寿
13	浙江羊山纺织机械有限公司	3	3	韩 通
14	绍兴金海曼针织服饰有限公司	3	3	孔庆海
15	绍兴兴盈丰纺织制衣有限公司	3	3	徐峤荣
16	绍兴县东翔纺织有限公司	3	3	俞玉祥
17	浙江中才轻纺有限公司	3	3	陆文才
18	绍兴汇艺针织有限公司	3	3	杨伟峰
19	浙江四达印染厂	3	3	钱阿法
20	绍兴县兴振亚纺织有限公司	3	3	韩国伟
21	浙江中意针绣有限公司	2	2	濮得意
22	恒丰房产	—	2	山柏芳
23	绍兴县正昊绣品有限公司	2	2	沈劲松
24	浙江省永杰汽车电子有限公司	2	2	成海明
25	浙江宏伟建筑工程有限公司	2	2	金伟根
26	浙江鼎元建设有限公司	2	2	胡兴良
27	浙江中安建设有限公司	2	2	陈中安
28	浙江金晟纺织有限公司	—	2	金焕根

续表 2-5

序号	单 位	2012 年	2013 年	法定代表人
29	浙江兴力纺织整理有限公司	2	2	张国华
30	绍兴县中惠家纺有限公司	2	2	盈秀凤
31	绍兴县云萍针织有限公司	1	1	徐国忠
32	绍兴县南方织造厂	1	1	张国民
33	绍兴乙龙科技有限公司	3	1	李成翰
34	绍兴县超颖羽绒制品有限公司	1	1	成德荣
35	绍兴县巨峰家饰有限公司	1	1	王建峰
36	绍兴县鸿达羽绒制品厂	1	1	袁六五
37	绍兴县杨阳针纺有限公司	1	1	周永清
38	绍兴县金峰纺织有限公司	1	1	吕梁峰
39	浙江齐方机械有限公司	1	1	沈春良
40	绍兴县仁隆纺织服装厂	1	1	徐水仁
41	绍兴县华润钢业有限公司	1	1	王基顺
42	绍兴县群方机械有限公司	1	1	施迎灿
43	浙江贤升建设有限公司	2	1	沈云康
44	绍兴县盛超针纺有限公司	1	1	盛兴根
45	绍兴县凡顺纺织品有限公司	1	1	唐万龙
46	绍兴县少明地毯有限公司	1	1	柯少明
47	绍兴县方腾针织有限公司	1	1	梁月英
48	绍兴市宏亮针纺整理有限公司	1	1	胡卫良
49	绍兴县金鹄针纺有限公司	1	1	金莉莉
50	绍兴县羊兰纺织机械有限公司	1	1	韩　德
51	绍兴县泽凡针织有限公司	1	1	孙朝鑫
52	绍兴力博得纱洗整理有限公司	1	1	张水林
53	绍兴县第一皮革金属厂	1	1	纪红彪
54	绍兴县增达化纤有限公司	1	1	赵增地
55	绍兴天马星纺织品有限公司	—	1	陈小林
56	绍兴盛纺进出口有限公司	—	1	陈小林
57	绍兴三丰服饰有限公司	6	—	于文萍

续表 2–5

序号	单　位	2012 年	2013 年	法定代表人
58	绍兴双剑针织有限公司	1	—	阮志根
合计		304	180	—

陶堰镇

序号	单　位	2012 年	2013 年	法定代表人
1	浙江绍兴勇大针纺工艺有限公司	10	5	王立勇
2	华夏电源集团有限公司	10	5	王永明
3	万昌集团有限公司	10	5	潘林法
4	绍兴县茂盛建材有限公司	5	2.5	周永海
5	绍兴县万年青水泥有限公司	5	2.5	钟富强
6	绍兴县运达针织有限公司	5	2.5	严兆夫
7	浙江新海天生物科技有限公司	5	2.5	陆海才
8	绍兴县顶峰镜业有限公司	5	2.5	丁　峰
9	浙江大河镜业有限公司	5	2.5	何庆衔
10	绍兴白塔酿酒有限公司	5	2.5	许建林
11	老渔翁集团有限公司	5	2.5	陶关心
12	浙江绍兴陶堰玻璃有限公司	10	—	许明锋
合计		80	35	—

孙端镇

序号	单　位	2012 年	2013 年	法定代表人
1	喜临门家俱股份有限公司	3	—	陈阿裕
2	浙江三通金属制品有限公司	2	—	屠德忠
3	鲁易建设集团有限公司	2	2	赵正富
4	绍兴秀之秀针纺有限公司	2	1	孟国文
5	绍兴隆鑫电子有限公司	2	—	王国祥
6	绍兴顺兴金属制品有限公司	2	1	张木兴
7	绍兴博利豪家纺有限公司	2	1	钟美云
8	绍兴县滨海混凝土有限公司	2	1	高　萍

续表 2-5

序号	单　位	2012 年	2013 年	法定代表人
9	绍兴县龙洋纺织印染有限公司(雅丽斯)	2	—	尹永明
10	绍兴市金丰印染有限公司	2	—	徐伟良
11	绍兴市德伊轻质建材有限公司	2	1	楼一少
12	绍兴同怡汽车仪表有限公司	2	1	金华彪
13	绍兴县恒福纺织机械有限公司	2	1	高玉娥
14	绍兴伊诺印染有限公司	2	1	秦良州
15	绍兴恒创纺织有限公司	2	—	蒋晓雯
16	绍兴县创栋旅游用品有限公司	2	1	王坚栋
17	浙江欣洁家纺有限公司	2	1	王伟荣
18	绍兴县米得洲针纺有限公司	2	1	张岩周
19	绍兴中新电器有限公司	2	1	邵德夫
20	绍兴县英柯金属提炼有限公司	2	—	夏培富
21	绍兴新华制盖有限公司	2	1	孙建国
22	绍兴玫雄丝绸领带有限公司	2	1	鲁晓莉
23	绍兴爱德新型建筑材料有限公司	2	1	陈渭良
24	绍兴一普塑业有限公司	2	—	谢德芳
25	绍兴县天鸿鹅业有限公司	2	—	陈永水
26	绍兴县大畈水产专业合作社	2	1	夏云祥
27	绍兴县捷利竹胶板营造有限公司	2	—	杨宁利
28	绍兴县振兴砖瓦厂	2	—	阮红良
29	绍兴会稽山建材有限公司	2	—	傅志新
30	浙江中杰建设有限公司	2	—	王仁康
31	绍兴县潘德砂洗有限公司	2	1	金银森
32	绍兴县兴亚热电有限公司	2	1	陈雅娟
33	绍兴县村头新型建材有限公司	2	1	冯国仁
34	绍兴悦来纺织有限公司	2	—	沈越兰
35	绍兴县伊达针纺有限公司	2	1	冯尖刚
36	绍兴县永丰金属丝有限公司	1	—	陈永明
37	绍兴县远程树脂科技有限公司	1	—	朱蔡员

续表 2-5

序号	单　位	2012 年	2013 年	法定代表人
38	绍兴县宋仁纺织有限公司	1	—	胡国昌
39	绍兴县孙端畈里周阿五湖羊养殖场	1	1	钟阿五
40	绍兴县孙端贺家池生态休闲乐园有限公司	1	1	阮红良
41	绍兴县缘得利针纺织有限公司	1	—	童飞彪
42	绍兴县昌龙箱板纸厂	1	—	汪纪春
43	绍兴县超翔纺织有限公司	1	—	赵张刚
44	绍兴三鼎新型建材有限公司	1	—	赵永泉
45	绍兴三欣纺织有限公司	—	2	屠雪琴
46	绍兴德昌源建材有限公司	—	1	阮德灿
合计		80	27	—

夏履镇

序号	单　位	2012 年	2013 年	法定代表人
1	浙江新中天控股集团有限公司	100	25	徐仁良
2	浙江越王纺织有限公司	12	8	高海根
3	恒柏集团有限公司	10	3	夏柏潮
4	浙江建业幕墙装饰有限公司	3	3	丁世明
5	绍兴县大申纺织有限公司	3	3	张国民
6	绍兴县虞山纺织有限公司	3	3	洪阿林
7	绍兴县新亚纺织有限公司	2.5	2	沈关荣
8	浙江迷帅服饰有限公司	—	2	夏越明
9	绍兴县黎光纺织有限公司	2	2	胡金荣
10	绍兴县中利纺织有限公司	1	2	李中山
11	绍兴联轩纺织有限公司	2	1	杜关木
12	绍兴县夏兴织造有限公司	2.5	1	邱建英
13	绍兴县利丰得刺绣有限公司	1	1	徐长富
14	绍兴县日新纺织有限公司	1	1	丁秋荣
15	绍兴县天禾纺织有限公司	2	1	李兴江
16	绍兴县清锋花色丝有限公司	1	1	沈德清

续表 2–5

序号	单 位	2012 年	2013 年	法定代表人
17	绍兴县东峰织造有限公司	2.5	1	徐松贤
合计		148.5	60	—

滨诸镇

序号	单 位	2012 年	2013 年	法定代表人
1	浙江鑫晟实业股份有限公司	5	3	朱建敏
2	绍兴县美得宝印染有限公司	5	3	钱汉宁
3	绍兴县新宇漂染有限公司	5	3	王炎富
4	绍兴县天成印染有限公司	5	3	张文彪
5	绍兴县大湾染织有限公司	5	3	何方绍
6	绍兴越兰印染有限公司	5	3	赵兴新
7	浙江绍兴县昌荣染织有限公司	5	3	何方美
8	绍兴县几何印染有限公司	5	3	季国林
9	浙江伟氏建材有限公司	4	—	朱玲珍
10	浙江高强度坚固件有限公司	2	—	葛海泉
11	浙江裕源建材有限公司	—	1	朱玲珍
12	绍兴南翔电缆有限公司	2	1	宋玲华
13	绍兴宏业建筑工程有限公司	2	1	宣永灿
14	绍兴县协兴弹簧制造有限公司	2	1	俞智顺
15	绍兴卓诚针纺有限公司	2	1	冯水木
16	绍兴县烨豪针纺织有限公司	2	1	张　敏
17	绍兴县威达服饰有限公司	2	1	陈文兰
18	绍兴县海刚针织有限公司	2	1	徐海刚
19	绍兴县双平针织有限公司	2	1	张国平
20	绍兴县亮剑机械有限公司	2	1	李纪华
21	绍兴县畅宇家用纺织品有限公司	2	—	沈海港
22	绍兴县时盛针纺有限公司	2	1	袁士标
23	绍兴县邦德涂料有限公司	2	1	童水潮
24	绍兴县宏锋印染有限公司	1	1	虞征乔

续表 2-5

序号	单　位	2012 年	2013 年	法定代表人
25	浙江南旋针纺有限公司	1	1	叶建海
26	绍兴县永坚太阳能科技有限公司	1	1	张仁江
27	绍兴舒洁雅无纺材料有限公司	1	1	邵红卫
28	浙江锦盛壁纸有限公司	1	1	盛永祥
29	绍兴县新亚泰纺织印花有限公司	1	1	陈张兴
30	绍兴县游龙窗饰有限公司	1	1	游　龙
31	绍兴县晓汇针纺有限公司	1	1	柳海龙
32	绍兴华夏机械有限公司	1	1	王阿兴
33	绍兴耐柯尔汽车配件有限公司	1	1	吴兴亚
34	绍兴县徐业模具有限公司	1	1	徐水荣
35	绍兴县宇澄贸易有限公司	1	1	薛鑫标
合计		82	48	—

兰亭镇

序号	单　位	2012 年	2013 年	法定代表人
1	浙江咸亨高科有限公司	10	5	张尚明
2	绍兴鸿泰皮革制品有限公司	10	5	汤鑫灿
3	浙江远景铝业有限公司	10	5	袁荣富
4	绍兴鹰翔染整有限公司	10	5	殷阿四
5	浙江兰亭高科股份有限公司	10	5	杨林江
6	浙江荣盛建设发展有限公司	10	5	潘云峰
7	绍兴市西大门纺织装饰品有限公司	6	5	柳庆华
8	绍兴咸亨热电有限公司	6	3	鲁国伟
9	绍兴永隆纺织服饰有限公司	6	3	陈庆丰
10	绍兴天翔纺织印染服饰有限公司	6	3	金建庆
11	绍兴新三印印染有限公司	6	3	肖炳炎
12	绍兴县中漂印染有限公司	6	3	秦芬娟
13	绍兴福纺外贸有限公司	5	2.5	傅国伟
14	浙江华清新材料有限公司	5	2.5	徐祥昌

续表 2-5

序号	单　位	2012 年	2013 年	法定代表人
15	绍兴恒世缘服饰有限公司	—	2	张见昌
16	绍兴市冠叶针织有限公司	3	1.5	李吉利
17	浙江绿洲印染有限公司	3	1.5	周兴伟
18	绍兴县兰亭印染有限公司	3	1.5	徐明法
19	绍兴县兰亭皮革有限公司	3	1.5	陆礼兴
20	浙江麒龙起重机械有限公司	3	1.5	金其龙
21	绍兴县一本针纺有限公司	3	1.5	沈国平
22	绍兴骏业羽球有限公司	6	1.5	傅骏宏
23	绍兴伟乐服饰有限公司	3	1.5	郑　伟
24	绍兴县皆美达纺织品有限公司	3	1.5	陈奇洪
25	浙江远亚置业有限公司	3	1.5	胡志良
26	绍兴县松青纺织有限公司	6	—	沈松庆
27	绍兴丰华制造绣印科技有限公司	5	—	邵云根
合计		150	72	—

平水镇

序号	单　位	2012 年	2013 年	法定代表人
1	中厦建设集团有限公司	60	20	杨学夫
2	绍兴市力博集团有限公司	30	10	骆业奎
3	绍兴咸通房地产开发有限公司	15	5	袁启森
4	绍兴华威化工有限公司	15	5	王金兔
5	浙江天天田园控股集团有限公司	15	5	葛云明
6	绍兴县城中村改造建设有限公司	15	5	陈国海
7	浙江中恒建设有限公司	10	3	朱金华
8	浙江昌隆房地产开发有限公司	10	3	郑阿良
9	浙江东维合纤工业有限公司	10	—	冯　斌
10	绍兴市博亚服饰有限公司	5	3	李雅建
11	浙江宇光照明科技有限公司	5	3	于利华
12	绍兴凯尔海针纺有限公司	5	3	吕　萍

续表 2–5

序号	单 位	2012 年	2013 年	法定代表人
13	绍兴华瀛竹木制品有限公司	5	3	任菊苗
14	绍兴县李氏纺织有限公司	5	3	李炳炎
15	绍兴县金阳纺织有限公司	5	3	曹森森
16	绍兴林龙家私有限公司	5	—	裘海林
17	绍兴九田服饰有限公司	2.5	—	孙建江
18	浙江鹏程纺织服饰有限公司	2.5	—	沈忠勇
合计		220	74	—

富盛镇

序号	单 位	2012 年	2013 年	法定代表人
1	绍兴县新纪元纺织印染有限公司	5	3	罗国庆
2	浙江恒之路纤维有限公司	4.5	3	邱剑浩
3	绍兴县红葡萄纺织装饰品有限公司	3	1	戴伟祥
4	绍兴共创纺织有限公司	3	1	钱志荣
5	绍兴县兆丰绒织品有限公司	3	1	范苗星
6	绍兴县华创聚氨酯有限公司	1.5	1	相明华
7	绍兴老董石材装饰有限公司	3	1	董圆法
8	浙江林盛建设发展有限公司	5	—	王银林
9	浙江众立建筑工程有限公司	3.5	—	洪海明
10	绍兴县佳盛农业开发有限公司	1	—	陈佳林
合计		32.5	11	—

王坛镇

序号	单 位	2012 年	2013 年	法定代表人
1	浙江华联集团有限公司	3	1.5	徐爱华
2	浙江裕众建设集团有限公司	3	1.5	孙益忠
3	绍兴县奥尔坤汽车部件厂	3	1.5	孙秋根
4	绍兴奈特电器有限公司	3	1.5	董仲江
5	绍兴县两溪茶厂	3	1.5	于太利

续表 2-5

序号	单　位	2012 年	2013 年	法定代表人
6	绍兴康尔达器械有限公司	2	1	丁贵根
7	绍兴县越都锻造有限公司	2	1	洪大通
8	绍兴县小舜江石料有限公司	1	0.75	安永革
9	浙江舜业建设有限公司	—	0.5	陶荣斌
10	绍兴县华都房地产开发有限公司	—	0.5	黄金虎
11	绍兴县青坛茶厂	1	0.5	蒋炳富
12	绍兴县昌顺针纺服饰有限公司	1	0.5	黄劲昌
13	绍兴县舜越绿色食品有限公司	1	0.5	蔡家苗
14	绍兴县泽南设备安装防腐有限公司	1	0.5	朱　军
15	绍兴振业建设有限公司	1	0.5	王震江
16	浙江绿萌轻纺科技有限公司	1	0.5	张东良
17	绍兴县万佳器械有限公司	0.5	0.25	丁志明
18	绍兴县金马茶厂	0.5	0.25	马刚宏
19	绍兴县春来电器配件厂	0.5	0.25	董春来
20	绍兴县宝增毛纺织有限公司	1.5	—	李　纲
21	浙江恒兴建设有限公司	1	—	丁仁法
合计		30	15	—

稽东镇

序号	单　位	2012 年	2013 年	法定代表人
1	浙江坤茂建设有限公司	6	3	沈关梁
2	浙江华星建业有限公司	6	3	姚荣根
3	浙江昌祥茶叶有限公司	5	2.5	沈汉江
4	浙江古月茶业有限公司	2	1	胡柏祥
5	浙江永立建设有限公司	2	1	祝荣江
6	绍兴佳惠节能科技有限公司	2	1	胡伟明
7	绍兴登高服饰有限公司	2	1	相　铭
8	绍兴华绿园林建设有限公司	2	1	葛华东
9	绍兴县玉龙茶业有限公司	2	0.5	李汉兴

续表 2–5

序号	单　位	2012 年	2013 年	法定代表人
10	绍兴县丽莎服饰有限公司	1.5	0.5	李朝斌
11	绍兴县舜江茶业有限公司	1	0.5	金标龙
合计		31.5	15	—

县属企业

序号	单　位	2012 年	2013 年	法定代表人
1	浙江绍兴瑞丰农村商业银行股份有限公司	—	100	俞俊海
2	浙江中国轻纺城集团股份有限公司	200	100	沈小军
3	绍兴县水务集团有限公司	200	100	倪阿泉
4	浙江绍兴华通商贸集团股份有限公司	35	20	凌渭土
合计		435	320	—

房产企业

序号	单　位	2012 年	2013 年	法定代表人
1	绍兴市金地申兴房地产发展有限公司	30	—	余向东
2	浙江蓝城置业有限公司	30	—	翁金生
3	绍兴县赞成置业有限公司	30	—	胡勇平
4	绍兴市中嘉置业有限公司	30	—	王光耀
5	浙江金昌房地产集团有限公司	—	10	潘亚敏
6	浙江宝业房地产集团有限公司	—	10	庞宝根
7	浙江华联置业有限公司	—	10	沈冬云
8	绍兴日月城置业有限公司	—	10	虞阿五
9	绍兴龙嘉房地产开发有限公司	—	10	袁　春
10	永利地产集团有限公司	—	8	周永利
11	绍兴中厦房地产开发有限公司	—	8	杨　燕
12	绍兴世纪长江房地产有限公司	—	7	徐建耀
13	浙江天工置业有限公司	—	7	胡柏成
14	浙江润达置业有限公司	—	6	袁国兴
15	绍兴景瑞置业有限公司	—	5	田左云

续表 2-5

序号	单　位	2012 年	2013 年	法定代表人
16	绍兴居里置业有限公司	—	5	王建国
17	绍兴县日顺房地产开发有限公司	—	5	章显明
合计		120	101	—

中国轻纺城商会

序号	单　位	2012 年	2013 年	法定代表人
1	中国轻纺城绍兴商会	170	30	潘永兴
2	中国轻纺城福建商会	90	30	蔡少雄
3	中国轻纺城瑞安商会	60	20	龚式敏
4	中国轻纺城潮汕商会	70	20	沈锡丰
5	中国轻纺城乐清商会	70	40	徐杏地
6	中国轻纺城四川商会	60	10	母光利
7	中国轻纺城临安商会	60	10	曹天龙
8	中国轻纺城温岭商会	60	20	赵云富
9	中国轻纺城湖北商会	60	20	彭水俊
10	中国轻纺城台州商会	60	10	管观友
11	中国轻纺城安徽商会	50	10	殷芳举
12	中国轻纺城河南商会	—	15	李忠成
13	中国轻纺城江苏商会	40	10	马恩东
14	中国轻纺城印花布协会	30	10	张文正
15	中国轻纺城海宁商会	30	10	钟革新
16	中国轻纺城湖州商会	—	15	潘长征
17	中国轻纺城湖南商会	—	15	李军民
18	中国轻纺城山东商会	30	10	吕树根
19	中国轻纺城诸暨商会	—	15	孟利洪
20	中国轻纺城服装辅料商会	23	10	吴加弟
21	中国轻纺城江西商会	20	10	杜　钰
22	中国轻纺城青田商会	—	10	—
23	中国轻纺城宁波商会	—	10	—

续表 2–5

序号	单　位	2012 年	2013 年	法定代表人
24	中国轻纺城河北商会	—	10	—
25	中国轻纺城金华商会	—	10	—
合计		983	380	—

金融单位

序号	单　位	2012 年	2013 年	法定代表人
1	浙江绍兴瑞丰农村商业银行股份有限公司	200	—	俞俊海
2	绍兴银行股份有限公司轻纺城支行	80	80	叶　烽
3	浙商银行股份有限公司绍兴分行	30	—	龚国强
4	中信银行股份有限公司绍兴轻纺城支行	30	—	宋丽坤
5	上海浦东发展银行股份有限公司绍兴柯桥支行	30	—	傅金雷
6	上海银行股份有限公司绍兴支行	30	—	陈　琦
7	绍兴县汇普金融服务有限公司	—	20	王松海
8	招商银行绍兴柯桥支行	—	20	潘志刚
9	天津滨海农村商业银行绍兴支行	—	10	王海昌
合计		400	130	—

2014—2016 年，柯桥区慈善总会募款总额 4521.85 万元。其中企业捐赠 361.46 万元。

2014—2016 年柯桥区企业捐赠情况表

表 2–6　　　　单位：万元

序号	单位	2014 年	2015 年	2016 年
1	绍兴东龙针纺织印染有限公司	3.5	0	0
2	绍兴宏福印花有限公司	6	0	0
3	绍兴花为媒正兴房产有限公司	10	0	0
4	绍兴杰龙玻璃有限公司	3	0	0

续表 2-6

序号	单位	2014 年	2015 年	2016 年
5	绍兴丽姿置业有限公司	30	0	0
6	绍兴市柯桥区中国轻纺城绍兴商会	30	0	0
7	绍兴市柯桥中国轻纺城安徽商会	10	0	0
8	绍兴县木林森针织有限公司	3	0	0
9	绍兴县舜越绿色食品有限公司	0.5	0	0
10	绍兴华通市场有限公司	0.21	0	0
11	绍兴县华清公司	0.08	0	0
12	绍兴县圣达隆贸易有限公司	5	0	0
13	三门县瑞云房地产开发有限公司	5	0	0
14	绍兴帛冠纺织品有限公司	4.6	0	0
15	绍兴宏源汽车配件有限公司	5	0	0
16	绍兴县越罗纺织有限公司	0.4	0	0
17	绍兴县华都房地产开发有限公司	0.23	0	0
19	绍兴县小舜江石料有限公司	0.75	0	0
20	浙江舜江建设有限公司	0.5	0	0
21	浙江铭汇纺织品有限公司	0.5	0	0
22	绍兴腾达印染有限公司	5	0	0
23	绍兴县侨兴印染有限公司	3	0	0
24	绍兴县中国轻纺城诸暨商会	15	0	0
25	绍兴中厦房地产开发有限公司	2	0	0
26	浙江宝纺印染有限公司	20	0	0
27	浙江赐富化纤集团有限公司	50	0	0
28	浙江稽山控股集团有限公司	5	0	0
29	浙江金昌房地产集团有限公司	10	0	0
30	浙江日月首饰集团有限公司	40	0	0
31	浙江天工置业有限公司	7	0	0
32	浙江沃莱菲装饰材料有限公司	5	0	0
33	浙江振涯实业集团有限公司	7	0	0
34	柯桥区社会福利企业协会	—	0	74.19
小计		287.27	0	74.19
合计		361.46		

2017—2020年,柯桥区慈善总会募款总额2.1244亿元。其中企业冠名慈善基金1.432亿元。

2017—2020年柯桥区企业冠名慈善基金捐赠情况表

表2-7　　　　单位:万元

序号	单位	2017年	2018年	2019年	2020年
1	浙江蓝天实业集团有限公司	100	0	0	0
2	浙江绍兴瑞丰农村商业银行股份有限公司	858	661.24	225	1628.16
3	申洲国际集团控股有限公司	1000	180	0	500
4	浙江元垄控股集团有限公司	300	100	350	1000
5	浙江天圣控股集团有限公司	600	400	170	1000
6	浙江永利实业集团有限公司	200	0	0	0
7	中设建工集团有限公司	107	0	0	0
8	绍兴金沙旅游发展股份有限公司	100	0	0	0
9	浙江越剑智能装备股份有限公司	100	0	0	0
10	浙江梅轮电梯股份有限公司	100	0	0	0
11	浙江红绿蓝纺织印染有限公司	100	0	0	0
12	浙江天马印染集团有限公司	100	100	0	0
13	精功集团有限公司	200	0	0	0
14	宝业集团股份有限公司	200	0	200	0
15	浙江金昌房地产集团有限公司	100	0	0	0
16	浙江中厦建设集团有限公司	106	0	0	0
17	浙江华天实业有限公司	100	0	100	1000
18	浙江勤业建工集团有限公司	100	0	0	0
19	浙江日月首饰集团有限公司	100	0	0	0
20	索密克汽车配件有限公司	100	0	0	0
21	浙江永通染织集团有限公司	150	0	0	0
22	绍兴电力设备有限公司	50	0	0	0
23	浙江优创光能科技有限公司	100	0	0	0
24	浙江华港染织集团有限公司	60	40	0	100
25	长江精工钢结构(集团)股份有限公司	200	0	0	0

续表 2-7

序号	单位	2017 年	2018 年	2019 年	2020 年
26	三力士股份有限公司	0	50	0	0
27	浙江新风热电有限公司	50	0	0	0
28	绍兴精诚橡塑机械有限公司	30	0	0	10
29	绍兴金朋环境建设有限公司	0	30	0	0
30	浙江华宇实业集团有限公司	0	0	1000	0
31	浙江栋升置业有限公司	0	0	162	0
小计		5311	1561.24	2207	5238.16
合计		14317.4			

慈善一日捐

“慈善一日捐”活动，是指一个单位捐出一日的利润或节约一笔开支，一个公民捐出一日的收入或节省的支出。2001 年，柯桥区（绍兴县）慈善总会首次开展“慈善一日捐”活动，即在新年上班的第一天，区（县）四套班子领导带头捐赠善款，各镇（街道）、区（县）机关部门、企事业单位干部和职工积极响应，开展多种形式的募捐活动。此后，“慈善一日捐”作为一个常规性的群众性大型募捐活动，每年举行一次。至 2020 年，“慈善一日捐”活动共募集善款 3053.98 万元。

2001—2020 年柯桥区（绍兴县）“慈善一日捐”情况表

表 2-8　　　　单位 :万元

年　份	金额
2001—2010 年	290.50
2011 年	292.64
2012 年	201.67
2013 年	239.31
2014 年	238.50
2015 年	294.75

续表 2-8

年　份	金额
2016 年	298.94
2017 年	295.20
2018 年	303.00
2019 年	307.88
2020 年	291.59
合计	3053.98

定向赈灾捐赠

主要赈灾对象为绍兴县域内遭受水灾、台风灾害的镇村，以及国内外遭受洪涝、海啸、雪灾、干旱、地震、山洪泥石流等自然灾害的地区。1995—2019 年，柯桥区（绍兴县）累计向灾区捐款 8366.5 万元。此外，还向灾区捐赠物资价值 882 万元。

1995—2019 年柯桥区（绍兴县）慈善总会赈灾捐赠情况表

表 2-9　　单位：万元

年份	金额	赈灾对象
1995—2001 年	970.20	绍兴县稽东、钱清、马山等镇遭受水灾和台风侵袭，长江、松花江、嫩江等特大洪涝灾区，新疆维吾尔自治区部分地区遭受雪灾
2002 年	14.34	—
2005 年	71.71	2004 年底，印度尼西亚苏门答腊岛发生地震引发印度洋海啸
2008 年	2538.20	四川省汶川地震灾区
2009 年	2989.00	四川省汶川地震灾区
2010 年	1619.53	四川省汶川地震灾区，青海省玉树地震灾区，西南干旱灾区，甘肃省舟曲特大山洪泥石流灾区
2013 年	42.22	四川省雅安市芦山县地震灾区
2014 年	7.02	云南省昭通市鲁甸县地震灾区
2019 年	114.28	四川省金川县曾达乡特大泥石流灾区
合计	8366.50	—

绍兴县经慈善总会汶川地震捐赠情况(部分)表

表 2-10 单位:万元

捐赠单位	金额	备注
浙江蓝天实业集团有限公司	50	—
宝业集团股份有限公司	500	援建希望小学 1 所
宝业集团股份有限公司	249	援建活动板房 588 套
浙江华宇实业集团有限公司	100	—
浙江华天实业有限公司	100	—
精功集团有限公司	100	—
中国轻纺城四川商会	120	—
中厦建设集团有限公司	43	—
金晖控股集团有限公司	50	—
绍兴县农村合作银行	154.1	—
浙江天圣控股集团有限公司	100	—
浙江天马实业股份有限公司	100	—
柯岩街道慈善协会	271.6	—
浙江远东化纤集团有限公司	100	—
杨汛桥镇慈善协会	146.4	—
福全镇慈善协会	163.6	—
钱清镇慈善协会	373.1	—
绍兴兰漓置业有限公司	50	—
湖塘街道慈善协会	90.4	—
平水镇慈善协会	74.3	—
齐贤镇慈善协会	289.1	—
安昌镇慈善协会	168	—
夏履镇慈善协会	174.8	—
绍兴县红绿蓝纺织印染公司	50	—
华舍街道慈善协会	127	—
中国轻纺城抗震救灾专用账户	308	—
柯桥街道慈善协会	282.2	—
富盛镇慈善协会	11.6	—

续表 2-10

捐赠单位	金额	备注
陶堰镇慈善协会	14.2	—
兰亭镇慈善协会	72.8	—
孙端镇慈善协会	3.2	—
绍兴县人民教育基金会	122	—
王坛镇慈善协会	8.3	—

华侨和港澳同胞捐赠

柯桥区(绍兴县)是浙江省的重要侨乡,众多的海外侨胞分布在世界各地,其中重点在东南亚地区。改革开放后,定居美国、加拿大和欧洲的新移民日渐增多。

海外侨胞、港澳同胞素有爱国爱乡、热心公益的优良传统。早在20世纪初,就有海外华侨积极募捐,支持革命志士反清反封建斗争的义举。先贤陶成章为筹集经费,数下南洋,奔走呼吁,华侨仰慕其为人,捐助大量款项,陶成章从不染指一分,悉数用于革命事业。

20世纪50—60年代,绍兴籍华侨和香港同胞捐款赠物,在家乡修桥、铺路、造凉亭、施茶水、赈灾济贫、安老助残,屡见不鲜,虽数额不大,但造福一方,颇受群众称道。

1979年6月,港胞许松林捐资2.1万元,支持家乡绍兴县南池公社幸福大队(现越城区鉴湖街道筠溪村)发展社队企业,成为改革开放后经省政府批准的绍兴市第一宗香港同胞捐赠项目。

随着改革开放的不断深入,海外华侨、港澳同胞捐赠积极性日益高涨,呈现出子承父志、夫唱妇随、兄弟联袂、同乡共襄的局面,捐赠项目遍及教育、文化、卫生和公益事业等领域。1980—2013年,陈元钜、倪铁城、高月明、车越乔、章传信累计捐赠均超过1000万元,其中陈元钜一人达4200多万元,以上5人因贡献卓著,先后获得"浙江省爱乡楷模"称号。徐春荣、何继昌、徐仁昌、许松林、王永泰、韩永信、周水祥、周明道、王华甫、金庆祥、郦荣光、周孟兴等累计捐赠款物均在100万—

1000万元。

捐赠教育事业 绍兴华侨和香港同胞捐资办学，发端于改革开放之初。1980年，乡贤章传信等捐资首创绍兴县兰亭紫洪山爱国学校。据有关资料，改革开放后，海外人士捐赠用于绍兴教育事业的款物达1亿多元。

柯桥区（绍兴县）华侨和港澳同胞捐赠教育事业情况表

表2-11

捐赠人	受赠单位	金 额	时 间	用 途
章传信、王桂林等	绍兴县兰亭紫洪山爱国学校	约80万元	1980	建校舍、设奖学金
陈亦尧	绍兴东浦锡麟中学	3.62万元	1981	助学金等
徐仁昌	绍兴县州山项里小学	约70万元	1983	建校舍
韩 权	绍兴马山来有小学	39.8万港元	1986	建校舍、设奖学金
何继昌	绍兴县胜利乡继昌小学	25万港元	1986	建校舍、设奖学金
徐春荣	越城区坡塘海成小学	11万港元	1986	—
倪铁城	绍兴市长城中学	113万元	1987	教学楼、铜管乐队、校服、奖学金等
鲁家贤	绍兴一中初中部	2万元	1987	设立鲁家贤奖学金
韩永信	越城区鉴湖长宝小学	21万元	1987	—
何继昌	绍兴市继昌幼儿园	92万元	1987	—
王华甫、王永泰	绍兴县华甫中学	约400万元	1987	建校舍、设奖学金、计算机等
郑增宝	绍兴县杨汛桥象纬小学	30万港元	1987	建校舍等
	绍兴县杨汛桥学伟小学	15万元	1988	
	绍兴县杨汛桥可怡小学	8万港元	1988	
朱卓贤	绍兴县齐贤镇朱储小学	0.8万港元	1988	—
		1.06万美元	1989	设立朱氏奖学金
周孟兴	绍兴县兰亭高村华侨小学	7万元	1989	易地新建
陈银海	绍兴市元培中学	20万元	1989	建元培纪念室
金庆祥	绍兴市庆祥幼儿园	101万港元	1989	新建幼儿园、设奖励金
车越乔	绍兴市车惘如小学	89.18万元	1990	校舍、奖学金、计算机等
祁广楠	越城区坡塘中学	11万元	1990	—

续表 2-11

捐赠人	受赠单位	金　额	时　间	用　途
周孟兴 许松林 戴彩英 周明道 周瑞昌 周湘泉 周水祥	越城区鉴湖筠溪小学	39 万元	1990	新建校舍
陈亦尧	绍兴东浦隆声幼儿园	3 万美元	1991	—
李韩甫	越城区鉴湖秦望小学	5 万元	1992	—
何继昌	绍兴一中初中部	4.15 万港元	1992	设立西藏班奖学金
濮桂芬	绍兴县兰亭镇大庆小学	25 万元	1993	—
濮杏芬		5 万元	1993	—
陈元钜	绍兴文理学院	3700 万元	1994	助建志廉楼和财贞楼
高月明		621.51 万元	1994	助建月明音乐楼
车越乔		400 万元	1994	助建恂如美术馆
章传信		200 万元	1994	助建传信桥
倪铁城		400 万元	1994	助建铁城科教馆
周水祥		50 万元	1994	助建水祥桥
胡鸿烈		10 万元	1994	—
祁广楠		10 万元	1994	—
朱卓贤		10 万元	1994	—
王绍堉	越城区鉴湖幼山小学	近 200 万元	1995	建校舍、设奖学金
周水祥	绍兴市建功中学	8 万元	1995	奖学金
车越乔	绍兴一中初中部	70 万元	1995	校舍扩建
方经文	绍兴东浦王家村小学	—	1996	创办学校勤学计算机室
胡鸿烈	绍兴一中初中部	10 万元	1996	设立胡鸿烈教育基金
朱守箴		1500 美元	1996	校舍改造
严建国		10 万港元	1997	购置计算机
许金祥	绍兴市稽山中学	10 万元	1998	奖学金等

续表 2–11

捐赠人	受赠单位	金　额	时　间	用　途
章传信	绍兴县兰亭镇中学	30 万元	1999	扩建校舍
郦荣光		10 万元		
周瑞昌		10 万元		
周明道		10 万元		
章其明		10 万元		
陈张泉		1.63 万元		
高月明	绍兴市稽山中学	10 万元	2000	设奖学金等
	绍兴县湖塘中心小学	150 万元		扩建校舍
	绍兴县鲁迅中学	50 万元		设奖学金
韩永信	绍兴县稽东镇中学	32 万元	2001	扩建校舍、购置图书
车越乔	绍兴文理学院	—	2002	捐赠名家书画 151 幅
车越乔	绍兴市蕺山中心小学	80 万元	2003	学校易地重建
鲁家贤	绍兴市蕺山中心小学	3 万元	2003	学校易地重建
章传信	绍兴县兰亭中心小学	115.5 万元	2003	扩建校舍、建计算机房等
郦荣光	绍兴县兰亭镇荣光幼儿园	10 万元	2004	—
	绍兴县兰亭镇阮江幼儿园	10 万元	2007	—
周明道	越城区南池中学	10 万元	2008	建校舍
李宗林	越城区南池中学	4.2 万元	2008	

捐赠文化事业　1991 年，车越乔、章传信、徐仁昌、高月明等绍兴市政协委员联名提案建造绍兴博物馆，陈元钜、倪铁城、徐春荣等乡贤积极响应，7 人共捐资 350 万元。华侨和港澳同胞还积极支持绍剧艺术中心基地建设，设立越剧小百花基金、孟兴戏曲艺术奖；捐资建造绍兴联谊会馆、国际友好会馆；捐资建造鲁迅铜像，以纪念鲁迅诞辰 110 周年；捐资助建周恩来纪念馆，以纪念周恩来诞辰 100 周年；捐资支持省市祭祀大禹陵活动；捐资支持出版《情系越乡》等书，支持拍摄《风雨故园》等影视作品。

柯桥区(绍兴县)华侨和港澳同胞捐赠文化事业情况表

表 2-12

捐赠人	受赠单位	金 额	时 间	用 途
许松林 王华甫	绍兴越华书楼	约 10 万元	1987	—
车越乔 章传信 徐仁昌 高月明	绍兴博物馆	350 万元	1991	建造博物馆
倪铁城 陈元钜 徐春荣	绍兴博物馆	350 万元	1991	建造博物馆
绍兴旅港同乡会	绍兴市城建部门	10 万元	1991	在绍兴市区鲁迅广场上建立鲁迅铜像
周孟兴 周水祥	绍兴市文化部门	14 万元	1991	设立“孟兴杯”戏曲成果奖
车越乔、章传信等	《风雨故园》摄制组	5 万元	1991	拍摄《风雨故园》
	《画魂书韵》摄制组	2.5 万元	1992	拍摄《画魂书韵》
	《情系越乡》作者	15 万元	1994	出版《情系越乡》
	《大禹魂》摄制组	5 万元	1995	拍摄《大禹魂》
	《绍兴方言》作者	5 万元	1999	出版《绍兴方言》
	《绍兴历史地理》《轩卿随笔》作者	10 万元	2000	出版《绍兴历史地理》《轩卿随笔》
	《越中名人谱》作者	7 万元	2001	出版《越中名人谱》
	《绍兴史纲》作者	8 万元	2002	出版《绍兴史纲》
	《陈播书法集》作者	4 万元	2002	出版《陈播书法集》
	《历代诗人咏王羲之》《历代诗人咏兰亭》作者	2 万元	2003	出版《历代诗人咏王羲之》《历代诗人咏兰亭》
	《陈桥驿 80 华诞》作者	8.3 万元	2003	出版《陈桥驿 80 华诞》
	《绍兴名士家世丛书》作者	5 万元	2004	出版《绍兴名士家世丛书》
高月明	绍兴市北海街道阳明园	20 万元	1992	—

续表 2–12

捐赠人	受赠单位	金　额	时　间	用　途
车越乔 章传信 何继昌 倪铁城 高月明 徐仁昌 郦荣光 周水祥	绍兴市少儿艺术学校	76.8 万元	1992	学校扩建
王思远 章传信 陈元钜 周水祥 郦荣光 毛永昌 张寅洲	绍兴小百花越剧团	37.3 万元	1994	设立绍兴县小百花越剧基金
姚诗凯三兄弟	绍兴姚氏少儿图书馆	3 万美元	1995	助建绍兴姚氏少儿图书馆
韩永信	绍兴市城区基督教堂(真神堂)	50 万元	1995	—
方慧生	绍兴市城区基督教堂(真神堂)	50 万元	—	—
王华甫	绍兴县报社	0.2 万元	1996	—
金　龙	周恩来祖居	100 万元	1998	修缮周恩来祖居
车越乔	绍兴图书馆	55 万元	2000	助建新馆,并捐书 400 余册
车越乔	绍剧艺术中心	5 万元	2000	—
车越乔	越城区关心下一代工作委员会	7.5 万元	2001	助建越城区瑞越阅览活动室
车越乔	绍兴博物馆	50 万元	2002	史迹陈列馆改版与装修
陈亦尧	浙江亦尧茶道博物馆	—	2002	600 余件茶具、瓷砚
章传信	绍兴图书馆	18 万元	2002	制作徐树兰雕像

续表 2-12

捐赠人	受赠单位	金　额	时　间	用　途
车越乔	越城区云栖寺	100 万元	2003	—
章传信				
方经文				
许麒麟				
王家阳				
陈元钜	绍兴国际友好会馆	100 万元	2004	会馆建设
高月明		100 万元		
倪铁城		50 万元		
车越乔		50 万元		
章传信		50 万元		
陈元钜	绍兴联谊会馆	202 万元	2004	建造联谊会馆
章传信		100 万元		
车越乔		100 万元		
倪铁城		100 万元		
高月明		100 万元		
倪伟虎	越城区府山街道越都社区	4 万元	2008	购置计算机等办公用品
车越乔	越国文化博物馆	—	2008	捐赠书画藏品 37 幅
章传信	柯桥区兰亭街道紫洪山村	30 余万元	2013	建造村文化大礼堂
郦荣光				
石福水				

捐赠卫生事业　创建于 1910 年的绍兴第二医院，是绍兴市建院历史最早的医院。1990 年后，旅外乡贤高月明、章传信、倪铁城、车越乔等，向绍兴第二医院赠送医疗器械、救护车及病床医护用品，设立专项医学奖励基金，资助医院扩建工程，共捐赠款物 600 多万元。港胞姚正安捐资助建绍兴县兰亭宝辉卫生院，何继昌捐资建造绍兴第五医院继昌门诊楼。

柯桥区（绍兴县）华侨和港澳同胞捐赠卫生事业情况表

表 2–13

捐赠人	受赠单位	金　额	时　间	用　途
高福林	绍兴第二医院	1.45 万美元	1930	建造看护生住宅，购置 X 光机等医疗器械
毕德明	绍兴第二医院	1 万美元	1933	建造护士学校宿舍（思毕堂）
周瑞昌	绍兴第二医院	5.3 万元	1990	购置德国产电切镜 1 台
姚正安	绍兴县兰亭宝辉卫生院	35.1 万元	1990	购置新型产床、洗衣机、心电图机等
濮素娟	绍兴县兰亭宝辉卫生院	1.065 万元	1990	购 50 毫安光机 1 台
高月明		30 万元	1991	日本产丰田牌救护车 1 辆
章传信		30 万元	1991	日本产丰田牌救护车 1 辆
何继昌	绍兴第五医院	60 万元	1992	助建继昌门诊楼
高月明	绍兴第二医院	55 万元	1992	铱源近距离遥控肿瘤治疗后装机
章传信	绍兴第二医院	5 万元	1992	纯白棉布 1.55 万米
高月明	绍兴第二医院	10 万元	1992	高月明医学奖励基金
高月明	绍兴第二医院	5 万元	1993	—
章传信	绍兴第二医院	5 万元	1993	高月明章传信医学奖励基金
高月明	绍兴第二医院	5 万元	1994	—
高月明	绍兴第二医院	30 万元	1994	日本产丰田牌救护车 1 辆
倪铁城	绍兴第二医院	45.7 万元	1994	韩国产全能麻醉机、美国产氩气速凝综合电刀、英国产异氟醚挥发器各 1 台
高月明	绍兴第二医院	5 万元	1995	高月明章传信医学奖励基金
高月明	绍兴第二医院	30 万元	1996	日本产丰田牌救护车 1 辆
高月明	绍兴第二医院	40 万元	1997	高月明章传信医学奖励基金
高月明	绍兴第二医院	40 万元	1997	购北美 2B 麻醉机 1 台
高月明	绍兴第二医院	5 万元	1998	高月明章传信医学奖励基金
车越乔	绍兴第二医院	30 万元	2000	韩国皇家麻醉机 1 台
高月明	绍兴第二医院	23 万元	2001	购金杯牌救护车 1 辆

续表2-13

捐赠人	受赠单位	金　额	时　间	用　途
章传信	绍兴第二医院	20万元	2003	建造新门诊大楼
高月明		100万元	2004	
周水祥		5万元	2004	
方武术		5.3万元	2004	
许麒麟		10万元	2004	
董贵川		5.3万元	2004	
祁广楠		10.6万元	2004	
陈长寿		1万元	2004	
方武术		10.3万元	2006	
高月明		34.8万元	2006	购上海汇众SH5419XJH（监护型）救护车1辆
高福羊		27.5万元	2006	救护车1辆
高月明		34.8万元	2007	购上海汇众SH5419XJH（监护型）救护车1辆

捐赠公益事业　海外乡贤慷慨捐资，关心支持家乡公益事业，有的捐资修桥、铺路、造凉亭，有的为村民通水、通电、筑水利，有的捐资建造福利院、护老公寓，更有集体或个人设立公益福利基金、见义勇为基金、慈善基金、扶贫助残基金等，把目光投向更多的需要特殊关怀和重点扶持的人群。改革开放以来，华侨、港澳同胞捐赠用于社会公益事业达2000多万元。

柯桥区（绍兴县）华侨和港澳同胞捐赠公益事业情况表

表2-14

捐赠人	受赠单位	金额	时间	用途说明
许松林	绍兴县南池公社幸福大队（现越城区鉴湖镇筠溪村）	2.1万元	1979	发展社队企业
黄祥林	绍兴县兰亭镇下家坞村	25.5万元	1980	修路
王锦兴				
冼月珍				
王世文				

续表 2–14

捐赠人	受赠单位	金额	时间	用途说明
王桂林	绍兴县兰亭镇郑村	3.1 万港元	1981	修路
章传信	绍兴县兰亭镇紫洪山村	1 万元	1985	修路
章善荣		1 万元		
邓荣兴		1 万元		
倪铁城	绍兴市侨联		1985	捐赠丰田轿车 1 辆
车越乔	绍兴华侨饭店	31 万港元	1985	—
章传信				
周水祥				
马金海	绍兴华侨饭店	31 万港元	1985	—
许子文				
徐春荣	绍兴华侨饭店	15 万港元	1985	—
韩　权		5 万港元		—
李韩甫		—		捐赠电梯
韩永信		—		捐赠汽车
高月明		—		捐赠时钟
何继昌	绍兴市张日嫱护老公寓	70 万元	1987	—
黄祥林	绍兴县兰亭下家坞敬老院	3 万元	1987	—
徐春荣	绍兴香炉峰景区	800 余万元	1989	建造路、亭、塔、楼等
李韩甫				
章传信				
杨素贞				
倪铁城				
王思远				
方经文				
陈调利				
周水祥				
何咏月				
徐瑞昌				
王家阳				
周明道				
周瑞昌				
王启明				

续表 2–14

捐赠人	受赠单位	金额	时间	用途说明
钱文痒	绍兴市侨联	—	1990	捐赠松下传真机 1 台
周瑞昌	绍兴县兰亭镇花街村	22 万元	1990	修路
	绍兴县兰亭镇高村	22 万元		
周孟兴	绍兴县兰亭镇高村	10 万元	1990	修路
许松林	绍兴县南池公社幸福大队（现越城区鉴湖镇筠溪村）	107 万元	1990	建造筠溪公路
周明道		10 万元		
周瑞昌		10 万元		
周水祥		10 万元		
周湘泉		2 万元		
韩　权	绍兴马山镇	20 万元	1991	资助造马山海塘自来水
徐春荣	越城区侨联	15 万港元	1991	购丰田面包车 1 辆
绍兴旅港同乡会	绍兴市侨联	—	1991	捐赠丰田轿车 1 辆
车越乔	绍兴马山镇车家弄村	17 万元	1991	资助村里修路
王继泉	绍兴马山镇里娄村	7 万港元	1991	资助村里修路
	绍兴马山镇安城敬老院	8.37 万元	1991	
	绍兴马山镇车家弄村	10 万元	1993	助建车家弄大桥
车越乔	绍兴马山镇车家弄村	10 万元	1993	助建车家弄大桥
黄祥林	绍兴县兰亭敬老院	1 万元	1993	—
陈扬宝	绍兴县兰亭镇栅溪村	10 万元	1994	修路
陈华林		10 万元		
陈源坤		10 万元		
高月明	绍兴市见义勇为基金	20 万元	1994	—
倪铁城		5 万元		
车越乔		5 万元		
韩永信		2 万元		
何继昌		2 万元		
周水祥		2 万元		

续表 2–14

捐赠人	受赠单位	金额	时间	用途说明
章传信 徐仁昌 陈元钜 郦荣光 姚正安 许麒麟 周水祥 高月明	绍兴县见义勇为协会	30 余万元	1994	支持见义勇为基金
王华甫	绍兴市慈善总会	15 万元	1996	设立王华甫扶贫基金
倪铁城 车越乔 章传信 高月明 韩永信 方武术	绍兴市环城河整治工程	302.6 万元	1999	—
陈伟民 鲁家贤 绍兴旅港同乡会	绍兴市环城河整治工程	302.6 万元	1999	—
车越乔	绍兴市侨联	4 万元	2000	设立绍兴市侨联扶贫基金
韩永信	绍兴市侨联	10 万元	2001	设立绍兴市侨联扶贫基金
韩永信	绍兴市关心下一代工作委员会	20 万元	2001	帮困助学
车越乔	越城区皋埠镇攒宫村	20 万元	2002	修建村内道路
王传泰	绍兴县兰亭镇紫洪山村	48.1 万元	2002	助建紫洪山老年活动中心
高月明	越城区侨联	10 万元	2004	设立侨务基金
高月明	新昌大佛寺	100 万元	2005	建栖光禅寺院
章传信 徐瑞昌 毛永昌 许麒麟 王家阳	越城区侨联	15 万元	2007	购轿车 1 辆

新冠肺炎疫情防控项目捐款

2020年1月，新冠肺炎疫情发生后，社会各界踊跃捐款。截至2020年6月19日，柯桥区慈善总会共接收新冠肺炎疫情防控项目捐款4839.27万元，其中通过银行汇款4739.22万元，公益宝平台（微信、支付宝）捐赠100.05万元；接收捐赠物资1355571只（桶），折价723.91万元，其中一次性民用口罩1265277只、一次性医用口罩10000只、检查手套32000双、无纺帽42000只、防护服3030套、护目镜2700副、测温仪560只和消毒液4桶。

新冠肺炎疫情防控捐赠50万元以上企业一览表

表2-15　　单位：万元

序号	捐赠企业	捐赠金额
1	浙江元垄控股集团有限公司	1000
2	绍兴天圣时代置业有限公司	1000
3	绍兴恒宇房地产开发有限公司	1000
4	绍兴华夏印染有限公司	135.69
5	浙江绍兴瑞丰农村商业银行股份有限公司	100
6	凡特思集团有限公司	100
7	浙江华港染织集团有限公司	100
8	浙江古纤道股份有限公司	50

柯桥区（绍兴县）红十字会接受的慈善捐赠

2010年，华通会展公司向县红十字会捐款1300万元，建立3个博爱基金。分别是：在县中心医院捐助500万元设立“华康爱心基金”用于救助罹患先天性心脏病和风湿性心脏病的经济困难患者，每年50万元分10年捐助；捐助500万元，每年100万元分5年定向扶持绍兴第二医院重点学科建设；捐助300万元，在县中医院设立骨科大手术专项救助，每年 30 万元分 10 年定向用于股骨头坏死、人工关节置换、脊柱重建等重大手术而家庭经济困难不能得到及时治疗的患者，计划每年救助 20—30 例患者，当年实际到位博爱基金 130 万元。

2011 年，杭州民生药业有限公司经绍兴县红十字会定向捐赠，在县中心医院设立“民生肾友博爱基金”和“民生科教发展博爱基金”各 50 万元，用于救助尿毒症血透患者的专项医疗救助和该院科研学术创新建设。在已建立村级爱心救助金的 6 个村开展筹资工作，筹集资金 28 万元，累计筹资 132 万元。在商场、银行等公共场所放置捐款箱，接受群众捐款 30000 余元。是年，全县共募集慈善资金 1480 万元。

2014 年，筹集社会爱心捐赠款物 166.7 万元。

2015 年，募集社会爱心捐赠款物 82.53 万元。

2017 年，浙江省明慈慈善基金会经柯桥区红十字会定向捐赠 60 万元，在区中医院设立外来务工人员大病救助博爱基金。

2018 年，区红十字系统筹集爱心款物 220.2 万元。

2019 年，区红十字会接受有关爱心团体捐赠 21.6 万元，专项用于东西部对口扶贫地区的助困助学。全年筹集爱心款物 502.35 万元。

2020 年 1 月，新冠肺炎疫情发生后，柯桥区红十字会接受疫情专项捐款 1438.52 万元，物资 23 笔，价值约 118.27 万元。

柯桥区（绍兴县）关工委接收的慈善捐赠

助孤助学捐赠

2001—2019 年，柯桥区（绍兴县）关心下一代工作委员会累计收到社会各界爱心人士助孤助学捐款 485.46 万元，其中 2001—2011 年收到捐款 338.5 万元、2012—2019 年收到捐款 146.96 万元。

2001—2019年柯桥区（绍兴县）关工委接收社会助学助孤捐赠情况表

表2-16

捐赠单位(姓名)	金额	时间	备注
绍兴县广播电视台　冯晓莹	4万元	2001	—
绍兴市第三印染公司　严海荣	4万元	2001	—
夏履镇南方集团　徐仁良	4万元	2001	—
	2万元	2002	—
振亚纺织集团　王成金	2万元	2001	—
永丰布业集团　潘永兴	4万元	2001	—
范克俭	2万元	2001	—
柯桥金兴纺织公司　傅卫娟	2.5万元	2001	—
柯桥兴旺装饰布公司　陈雪华	3.2万元	2001	—
绍兴县妇联——春风工程	2.3万元	2001	—
华舍美影照相馆　包世源	0.8万元	2001	—
柯桥地税分局	4万元	2001	—
陆伟芬	0.8万元	2001	—
朱国灿	4万元	2001	—
柯岩风景区	2.4万元	2001	—
绍兴县慈善总会	15万元	2001	—
	0.8万元	2002	—
	8.4万元	2004	—
	9.8万元	2005	—
绍兴县十二建　陈忠安	2.4万元	2001	—
钱清华清化纤公司　朱金泉	1.5万元	2001	—
浙江中厦建设集团	2.4万元	2002	—
	4.8万元	2011	—
郎西亚纺服公司	2.4万元	2002	—
绍兴县委组织部	2.4万元	2002	—
绍兴县个私企业家协会	2.4万元	2002	—
浙江盛兴集团	2.4万元	2002	—
	2.4万元	2003	—
	4.2万元	2005	—

续表 2–16

捐赠单位(姓名)	金　额	时　间	备　注
贤盛纺织集团	2.4 万元	2002	—
新星印染集团	2.4 万元	2002	—
华舍大西庄村委	2.4 万元	2002	—
绍兴县人事局	2.4 万元	2002	—
	2.4 万元	2004	—
福全万福纱厂	2.4 万元	2002	—
轻纺城印染公司	2.4 万元	2002	—
美佳热电公司	2.4 万元	2002	—
华舍张溇村委	2.4 万元	2002	—
永利热电公司	2.4 万元	2002	—
浙江三力士橡胶公司	2.4 万元	2002	—
	4 万元	2011	—
八方纺织公司	2.4 万元	2002	—
绍兴东风酒厂	2.4 万元	2002	—
古纤道化纤公司	2.4 万元	2002	—
团县委	0.6 万元	2002	—
浙江精工集团	2.4 万元	2002	—
绍兴县国税局	2.4 万元	2003	—
绍兴县信用社柯桥办事处	0.6 万元	2003	—
柯岩中意氨纶公司	2.4 万元	2003	—
湖塘成盛印染公司	2.4 万元	2003	—
浙江华鹏建筑公司	2.4 万元	2003	—
华天实业有限公司　马仕秀	20 万元	2003	—
绍兴县地税局	2.4 万元	2003	—
浙江咸亨集团	2.4 万元	2003	—
绍兴县教育局	2.4 万元	2003	—
陶堰镇人民政府	2.4 万元	2003	—
绍兴县总工会	2.4 万元	2003	—
齐贤思贤制药公司	2.4 万元	2003	—
马鞍镇国庆村	2.4 万元	2003	—

续表 2-16

捐赠单位(姓名)	金 额	时 间	备 注
绍兴县残疾人联合会	2.4 万元	2003	—
	20.4 万元	2004	—
	1.5 万元	2005	—
绍兴县环保局	2.4 万元	2004	—
绍兴县众立建筑公司 沈维忠	2.4 万元	2004	—
漓渚新宇漂染公司	2.4 万元	2004	—
绍兴县农业银行	2.4 万元	2004	—
浙江天龙集团	2.4 万元	2004	—
浙江新宇建筑公司	2.4 万元	2004	—
绍兴县工商局	2.4 万元	2004	—
绍兴县承天房产公司	2.4 万元	2004	—
唐龙针纺服饰公司	2.4 万元	2004	—
绍兴县国资公司	2.4 万元	2004	—
绍兴县女企业家协会	1.2 万元	2004	—
天天田园控股集团 葛云明	11.5 万元	2004	—
绍兴县太保寿险 袁雅清	0.6 万元	2004	—
浙江无名皮塑集团有限公司	8 万元	2001	—
	2.4 万元	2003	—
	10 万元	2005	—
绍兴鹰翔染纺公司	2.4 万元	2005	—
绍兴中清纺织公司	2.4 万元	2005	—
孙端镇吴融村委 马志林	1.6 万元	2005	—
绍兴啥胜贸易公司	2 万元	2005	—
柯岩街道关工委	1 万元	2005	—
绍兴县农业银行福全支行	2 万元	2005	—
华舍街道关工委	1 万元	2005	—
绍兴县红卫建筑公司	1.2 万元	2005	—
陶堰镇陶堰村委 陶海良	1.6 万元	2005	—
绍兴稽山集团	2 万元	2005	—

续表 2-16

捐赠单位(姓名)	金 额	时 间	备 注
柯桥亚太制药厂	1.2 万元	2005	—
浙江展望集团	1.6 万元	2005	—
金蝉服饰公司	1.8 万元	2005	—
越剑机械制造公司	1.2 万元	2005	—
齐贤纺织集团	1 万元	2005	—
永盛轧染公司	4 万元	2005	—
许麒麟	3.8 万元	—	香港同胞
永利实业集团	10 万元	—	—
中国轻纺城乐清商会	10 万元	—	—
绍兴锦毅纺织发展有限公司	5 万元	—	—
绍兴沈园堂健康文化传播公司 林作河	3 万元	—	—
周森彪	0.3 万元	—	2001 级受助学生
刘汉法	0.3 万元	—	离休干部
金晓萍	2 万元	—	—
浙江宝业集团	10 万元	—	区(县)少年英才奖基金
浙江光宇集团	10 万元	—	—
周水祥	10 万元	2012.11.29	港胞
潘世强	5 万元	2013.1.21	青年企业家
王佃阁	2 万元	2013.1.22	区关工委名誉主任
凌国奇	5 万元	2013.1.23	2002 年受助生
韩永信	19.96 万元	2013.5.17	港胞
刘汉法	1 万元	2013.8.14	离休干部
周水祥	10 万元	2014.4.15	港胞
王佃阁	2 万元	2015.1.21	区关工委名誉主任
王铼根	20 万元	2015.6.19	轻纺城时代房产总经理
陈宝礼	1 万元	2015.9.10	离休干部
周水祥	10 万元	2016.6.7	港胞
王铼根	20 万元	2016.8.29	轻纺城时代房产总经理
沈国珍	2 万元	2017.6.12	退休教师

续表 2-16

捐赠单位(姓名)	金 额	时 间	备 注
周凤珍	2 万元	2017.6.12	普通退休老人
王铼根	20 万元	2017.10.10	轻纺城时代房产总经理
沈金岳	2 万元	2018.5.16	2001 届“双特生”
马兰芳	2 万元	2018.8.6	2004 届“双特生”
李 伟	2 万元	2018.9.26	离休干部
周水祥	10 万元	2018.10.8	港胞
宣忠启	1 万元	2019.6.3	离休干部

企业(单位)定向捐赠

浙江无名皮塑集团有限公司 2001 年捐赠 8 万元,用于帮困助学。2003 年,与当年考上大学的 12 名孤儿学生“双结对”,在县里每人每年资助 8000 元的基础上,再向每人每年资助 2000 元。2005 年,捐赠 10 万元,用于帮困助学。

浙江三力士橡胶股份有限公司 2002 年,与当年考上大学的 12 名孤儿“双结对”,在县里每人每年资助 8000 元的基础上,再向每人每年资助 2000 元。2011 年,与 2 名“双特大学生”结对,每人每年资助 5000 元,直至毕业。

浙江盛兴集团 2002 年,捐赠 9.6 万元,与当年考上大学的 12 名孤儿大学生实行“双结对”,在县里每人每年资助 8000 元的基础上,再向每人每年资助 2000 元,直至毕业。

中厦建设集团有限公司 2002 年,捐赠 2.4 万元,资助贫困学生上大学。2011 年,与当年考上大学的 6 名孤儿大学生实行“双结对”,在县里每人每年资助 8000 元的基础上,再向每人每年资助 2000 元,直至毕业。

浙江华天实业有限公司 2003 年,捐赠 20 万元,用于帮困助学。

浙江咸亨高科有限公司 2008 年,与当年考上大学的 12 名孤儿大学生实行“双结对”,在县里每人每年资助 8000 元的基础上,再向每人每年资助 2000 元,直至毕业。2011年,与2名“双特大学生”结对,每人每年资助5000元,直至毕业。2012年,与当年考上大学的13名孤儿大学生实行“双结对”,在县里每人每年资助8000元的基础上,公司董事长张尚明向每人每年资助2000元,直至毕业。

浙江中设建工集团有限公司 2010年,与当年考上大学的11名孤儿实行“双结对”,在县里每人每年资助8000元的基础上,再向每人每年资助2000元,直至毕业。

索密克汽车配件有限公司 2011年,与1名“双特大学生”结对,每年资助5000元,直至毕业。

浙江天天田园集团 2012年起,董事长葛云明为200名平水镇贫困学生送上每人每年400元的爱心餐,连续3年计24万元。

柯桥区水务集团 2013年,公司发动干部、职工捐款成立“善德基金”,专项用于孤儿助学。是年起,该基金每年为全区小学、初中、高中在读孤儿学生(名单由区关工委提供)分别捐赠1000元、1500元、2000元助学金,直至高中(职高)毕业。至2019年,累计资助孤儿382人次,资助金额57.4万元。

浙江中兴会计师事务所 2015年,捐赠2万元,资助1名“双特生”上大学。2016年,捐赠8万元,资助4名“双特生”上大学。

浙江永利实业集团有限公司 捐赠10万元,用于帮困助学。

浙江宝业集团股份有限公司 捐赠10万元,用于帮困助学。

第三章

慈善救助

柯桥区（绍兴县）的慈善救助活动源远流长，乐善好施、扶贫济困、助老爱幼的传统美德早已植根于人们心中。春秋时代，越王勾践曾有“开仓谷，贷贫乏”之举。越大夫范蠡曾创建孤老村，救助贫病无依之人。汉代始设常平仓，以备赈灾救荒。宋代形成较为完备的社会救助体系，官府建立备荒仓储制度，设立社仓、义仓和义田；民间设置居养院、安济坊、育婴会等慈善机构，对鳏寡孤独和残疾人等弱势群体进行救助。明清时期，地方开明绅士、商贾及宗教团体纷纷参与慈善事业，救助活动包括收养孤老、病残、弃婴，助学济困，义诊施药，救济灾民，以及其他各类善事。到了近现代，在继续开展济贫助困、赈灾救荒等传统善举的同时，开办习艺所、教养所、施药局和慈善医院等慈善机构，救助范围拓展到社会底层民众的生产、生活各个方面。

中华人民共和国成立后，人民政府以救助贫病家庭、救灾扶贫、安老救孤等为重点，加大对贫困人员的救助力度，使他们的生活得到基本保障。进入21世纪，一些社会团体和爱心人士自觉参与到对弱势群体的救助活动中。柯桥区慈善总会发挥龙头枢纽作用，建立健全助困、助医、助学、助孤、助老、助残等慈善救助体系，将柯桥区慈善救助事业推进到新的历史发展时期。

第一节　古代慈善救助

春秋越王勾践三年(前494),越大夫范蠡建议并主持建立"孤老村",以供养失去亲人的老人和孤儿,让他们有饭可食、有衣可穿、有国可依。又将60000亩"富中大塘"作为义田,专门救助贫困无依之人。"十九年之中三致千金,再分散与贫交疏昆弟""尽散其财,以分与知友乡党",司马迁在《史记》中称其"此所谓富好行其德者也"。

勾践二十一年(前476),越王勾践曾"令孤子、寡妇、疾疹、贫病者,纳宦其子",并有"开仓谷,贷贫乏"之举。

西汉五凤四年(前54),会稽郡设常平仓*,谷价低时官府高价买入,谷价高时,将库存低价买出,以平衡市场米价。

东汉建武二十九年(53),第五伦任会稽太守,亲自割草养马,妻子下厨做饭,所得俸禄,只为自己留下一月口粮,其余都以低价卖给或送给贫苦百姓。

南北朝宋元徽年间(473—476),会稽永兴人吴翼的母亲丁夫人,常做善事。当时遭遇荒年,她把衣物食物分赠给乡邻中吃不上饭的人,邻里向她借钱借粮从未空手而回。乡邻中有个叫陈穰的人,失去父母,也没亲戚可以依靠,丁夫人收养他,长大后还帮他张罗婚事。乡邻中有人荒年客死他乡,丁夫人则购买棺材亲自前往收葬。时逢大雪,村中几乎家家户户断粮,丁夫人拿出盐米,按人口分发,村人得以活命。

---

* 古代的一种赈灾制度,正式出现于西汉,由各郡县修筑粮仓"以谷贱时增其贾而籴以利农,谷贵时减贾而粜,名曰常平仓。民便之"《汉书·食货志》。

陈永定二年(558),山阴人孔奂出任晋陵太守。他常把所得的俸禄用来赡养那些孤苦无依的老人。山阴人严世期,一向乐善好施。同村人张迈等三人,妻子同时产子,这年恰逢饥荒,想要弃养孩子。严世期前去救下孩子,赠送食物和衣物,更有日常接济,三个孩子得以长大成人。族人严弘卿、潘伯等 15 人,遇荒年饿死,严世期妥善安葬了他们。

北宋天圣元年(1023),山阴遭荒灾,虞元昱把自己家中的粮食分发给受饥挨饿的百姓。

南宋建炎元年(1127),翟汝文任越州太守,将暴露于野的尸骸收葬到漏泽园中。

淳熙八年(1181),朱熹任浙东提举,适逢荒年,于是他请求朝廷用常平米建社仓,救济百姓。

绍熙五年(1194),李大性任绍兴知府,在会稽镇坞、山阴洄涌各置义冢(镇坞 40 亩、洄涌 10 余亩),用以收葬枯骨。庆元二年(1196),他以常平米在会稽马山、山阴梅山、琶山等地开设社仓 12 所,周济百姓。

端平年间(1234—1236),会稽人施德懋任建平县知事,他廉洁奉公,勤政为民。县学经费没有着落,致使学生失学。他招集学生复学,又奏明上级拨田 500 亩,收租以供县学费用及学生膳食。

咸淳三年(1267),常楙任绍兴知府,兼浙东安抚使。当时,山阴、会稽两县及浙东其他县内,死后无法安葬的人有数十万。他以钱十万贯设置普惠库,取其利息制造棺材,收殓掩埋那些暴露于野的尸骸,建立义冢,或给无钱买棺者免费提供棺材。

祥兴二年(1279),会稽人王英孙辞官返乡,正值越中大饥荒,他拿出自家存粮赈济灾民,许多人由此存活。同时收养路上被丢弃的小孩。

元至正年间(1341—1368),陶岳自昌邑定居堰南,子孙聚族万人,人文蔚起。从陶仲廉开始,每逢荒年,陶氏常于桥右设厂施粥,每年数以万计的百姓赖以活命。

明正统五年(1440),绍兴府遭灾,山阴人童琛捐资到邻近县买米 600 余石,在乡里以平价卖给贫穷人家。

正统年间(1436—1449),绍兴府旱涝相间,饿殍满地。山阴里忠村人凌伯敷在住宅东边建造1所房屋,每天让家人煮粥救济饥民,很多百姓赖此存活。村民陈某借粮不能偿还,想卖儿子还债,凌伯敷可怜他免除了他的欠债。正统九年(1444),凌伯敷前往杭州,看见路边倒着许多灾民,立刻捐钞30贯,与昭庆寺僧人买米分济,这样的善举还有很多。

景泰元年(1450),山阴人唐彬任山东副使。齐地饥荒到了人吃人的境地,他向朝廷请赈未获答复,于是捐俸倡捐,募得千斛粮食,设粥厂赈济灾民。唐彬去世时,家中没有余财,只留下10多箱书籍。

成化元年至嘉靖元年(1465—1522),山阴人周廷泽,乐善好施。遇到饥荒之年,捐粮作糜粥赈济灾民。乡邻中有病死的,则买棺置地加以埋葬。

嘉靖二十六年(1547),梁以蘅自庐陵奉命调任绍兴教授,学生中有贫穷遇到困难的,总是捐钱帮助。山阴人陶承学任徽州知州,上级摊派水役上万人次,陶承学认为山民服不了水役,于是捐俸雇人完成任务。

隆庆六年(1572),山阴人赵楫任山东诸城知县。逢灾年,百姓流亡,赵楫招抚灾民,让他们开垦荒田以活命。

万历年间(1573—1620),会稽人蒋宏济在路边避雪,听到有个因欠债而卖妻的人哭声哀戚,他当即以皮袄和坐骑代为偿还。山阴人倪文道任化州同知,居官清廉,因病返乡后,遇乡里无米下锅者就施给米,死者无法入殓者施以棺木。山阴人金铬,精通幼儿科,终身不计财利,不避寒暑,不先富后贫为人医治。越地风俗医家出入多坐轿子,金铬年逾八十却从来都是步行,总是说:“我想让穷人看病更便宜些。”

崇祯元年(1628)七月,绍兴发生海啸,百姓被淹死的不计其数,浮尸漂满江河,山阴人沈懋简帮忙掩埋数千人。十七年(1644),绍兴遭遇大饥荒,他又赈济灾民。冬天则煮粥分发给狱囚,春秋则为荒冢培土固封,终身乐善不倦。

崇祯十三(1640),绍兴遭饥荒,山阴人姚远虽不富裕,但仍捐资赈济,帮3人赎妻,帮1人赎女。会稽人金机捐钱赈济平粜米进各村,对无力购米的赠送粮食和钱财，却不留姓名。有卖妻儿的，则捐钱帮助其团聚。山阴人周方蘇开设粥厂赈灾，对于那些不幸去世的灾民，则出自家山地加以安葬。

崇祯十四年(1641)，绍兴出现大饥荒，山阴人沈懋庸变卖家产赈济灾民，救了许多人。当时疫病频发，又施舍医药棺木。亲朋族人中有因贫不能婚嫁安葬的、有因欠债而卖妻儿的，他都提供帮助加以安抚。

崇祯十六(1643)，兵荒马乱，被溃兵劫掠的孩子流离失所。会稽人顾大观见之，帮助赎身并送还家园。族人不分亲疏，有贫困的就加以接济，对那些孤苦无依的人则终身奉送粮食。遇荒年，他就捐资赈济。山阴人费杰，是元代名医费子明的曾孙，医术精湛。方圆百里有患重病的必定延请费杰看病，总是一二剂药就见效。费杰心性仁厚，经常给城中无依无靠的人免费提供药饵。山阴人余维，以孝敬长辈闻名乡里。遇荒年，他拿出所有库存粮食赈济穷人；有长期欠债无力偿还的，就把欠条烧掉，不再追偿。

清顺治年间(1644—1661)，饥荒连年。金机之弟金权用变卖家产所得的500两银子赈济灾民，大云各坊百姓赖以存活。山阴人柴世盛，字无相，捐田300亩，与会稽人刘世洙创建育婴堂，经营二十年。凡有弃婴，则雇乳母寄养，寒冬给衣、生病治疗，由此存活的婴孩数以万计。灾荒之年，山阴人高启夔捐出全部库存粮食赈济百姓，不够就变卖家产，平常年份则经常施舍药物、棺木。山阴诸生倪宗贤，以医术闻名乡里，给人治病总是先贫而后富，平时储藏名贵药材，遇贫困买不起药的，则半买半送，行医所得钱财基本没有留存。

康熙元年(1662)，山阴人戴易流寓吴门浒墅关，擅长八分书，每日卖几个小钱以糊口。吴门遗老徐枋去世，穷得不能安葬，戴易卖字帮忙安葬，而两人素不相识。会稽箬簧山人陈士錡，是浙江将军幕僚。旗人总是以高利贷逼人为奴，陈士錡经常想办法为这些人赎身，共救出73人。十三年(1674)，他跟随将军出征福建，以军功授兴化丞，却逢父丧回乡守孝，从此不再外出做官。此后出粮赈灾两次，帮助夫妻团聚的15家，帮人安葬48家，而自己的生活却非常节俭。

康熙十三年(1674)，山阴人林鼎新拿出粮食赈济百姓，并捐资赎回难民百余人。

康熙十五年(1676),进士陶式玉建义仓,以米粥赈济百姓。

康熙三十年(1691),绍兴人陈士元任衢协中营守备,为人讲义气、多行善。平时经常施舍棺木、接济穷人,还不惜重资加工制作膏药免费赠送,百姓因此受益颇多。

康熙四十七年(1708),会稽县闹山贼,杀人无数。陶式玉集合族人购买棺收敛遗体上千具。“式玉置义田赡族,有老弱不能赴领者必亲造分给之,或遇岁歉,隐补以己粜不告人。”陶致和世代居住在陶堰南湖,好善乐施,饥荒之年,以家中存粮开展赈济,村内百姓因此无人离乡。每逢省试,有贫困儒生苦于无钱,不能完成考试的,他也不问亲疏总是邀请同住,饮食、衣物,乃至考场中所需物资,都与自己一模一样,考试结束则一起回乡。处世态度随和,是温和的恂恂君子。

康熙年间(1662—1722),时逢饥荒,越中饥民众多,老弱颠沛流离。山阴嵩临里人朱昌捐资设粥厂赈灾,安葬尸骨无数。会稽人姚陶为陕西乌延靖边同知,逢灾年,他设粥厂赈济饥民。上级担忧灾民易聚难散引起变故,于是姚陶在停赈前雇船,贮藏柴米,清点人数分发柴米送民返乡,由此人人顺服。

乾隆十九年(1754),遇饥荒,会稽人章镐自出米粮平价助粜,还设粥厂赈济。另有叫章江的在寒冬施衣襦、盛夏施扇席,供养鳏寡孤独,种种善行,一直坚持数十年。

乾隆二十年(1755),章应奎置义田 120 亩,以赡族人孤寡无靠者。

乾隆二十一年(1756),绍兴大饥荒,会稽人宋伯侯勉力助赈遇到资金困难,只好把房契地券抵给富户换钱,全乡皆被他的大义感动。在平时,他把每年收入结余都用来周济乡邻中的穷困之人。

乾隆年间(1736—1795),山阴诸牛陈箫,有人向他借贷价值千金的物品而不还,他不追偿,还时常接济那人。其子也以德行闻名乡里,遇到歉收之年,总是用自家粮食开展赈济。张允通,以医术传家,生二子,也是子承父业,悬壶济世,且药到病除,穷人看病分毫不收,帮助过的人不计其数。饥荒之年,郡庠生沈国玘变卖家乡赈济灾民,乡邻中有卖妻儿的,则帮助赎还,他的妻子又典当首饰加以贴补,许多人借此存活下来。

第二节　近现代慈善救助

清咸丰十一年(1861)太平军与清军激战于钱清西小江一带,浮尸遍布。山阴人包君锡出资雇舟雇人,每打捞一具付钱1000文,共打捞浮尸5000余人。并置棺木,买山地予以埋葬。同治二年(1863),他在诸暨包村收埋骸骨10万余具,作义冢。生平最矜恤孤寡,爱抚老幼,起初收养或供养百余人,后扩大到千余人。

同治年间(1862—1874),山阴人刘汇主政阳曲。遇荒年,百姓多有卖儿卖女的,他总是捐献俸禄帮助赎回,使人团聚有68家。同时开设育婴堂,保全弃婴上千人。

光绪十六年(1890)春夏之交,越中米价昂贵,民食恐慌,粮户囤积居奇,百姓捣毁米肆。会稽人李德奎主持东陶坊,平粜粮食40天,他既不滥发,又不遗漏1人,合坊之人对他十分佩服。

光绪二十三年(1897),会稽人李大椿任贵州普安厅同知。创立武备学堂、崇实学堂,捐俸3年用以赈济灾荒,设养济院以赡孤贫。

宣统元年(1909),朱阆仙出资开办施粥厂,从十二月初一开始到除夕为止,每日施早、中两餐。又独资创办永庆局施送膏药、棺木,聘请两位医生为贫民免费看病送药。

民国元年(1912),山阴人范寿铭任河南省彰德知府,不久,授河南省河北道尹。民国九年(1920)夏,河南全省逢大旱,赤地千里,灾民数十万露宿风餐,路上到处都是饿死的人。他先后募款赈粮,分路散发救济,并实行以工代赈,使灾民老少得活无数。

十七年(1928),绍兴孙端人孙庆麟出任绍兴救济院长。认为救济院是地方民办慈善机构,捐助犹恐不及,应尽义务,因而拒绝薪金。二十三年(1934),绍兴大旱,他借来机械,装成4只打水机船,为家乡农田义务打水。此后连续3年协助孙端镇公所举办冬赈。抗日战争开始,各地多有弃婴,他便收容易弃婴50余名送育婴堂。

二十六年(1937),抗日战争伊始,难民成群,省拨国币50万元救济。县成立难民救济支会,下设收容所,3年内收容难民逾3万人。呈省后,给资遣散后方各县归业。世界红十字会绍兴县分会设立难民收容所,先后收容难民12500余人,除设法给资遣散及自动出所者外,在所留养者常在1800人左右,并特约福康医院为分会临时伤病医院,救治生病受伤的难民。山阴人刘振一率先捐献房屋、金银饰物、名人字画交绍兴抗敌后援会义卖,所得款项支援抗日战争。

二十七年(1938),绍兴粮荒严重,饿死人的事时有所闻,县政府拨仓谷施赈城区赤贫人家。其附郭昌安、西郭暨迎恩、东合、凤林、会龙、绳港等7个乡由省民政厅核拨积谷3.5万千克,散发赈济灾民。7月,成立绍兴战时儿童保育支会,筹募捐款及儿童寒衣,登记难童,100多名难童转送省保育会金华分会。9月,霍乱流行,绍兴县设临时"时疫医院",聘医师、护士10余人,轮流诊疗,经费除县里核拨千元外,全部依赖地方人士捐资。

三十二年(1943),浙江省旅渝同乡浙灾筹款会两批汇绍医药救济费153.3万元。

三十三年(1944),省下拨兵灾救济款2.5万元。

三十四年(1945)3—4月间,县发放赈款20万元。5月,省社会处分两批配发国币12.74万元,救济皋埠、斗门、安昌、临浦、柯桥5个区灾民。6月,省下拨施贷赈灾谷1400石,县赈济委员会用以施粥、贷放。

三十六年(1947)5月,米价飞涨,县政府自5月13—27日平粜米162石6斗7升,差价由米行同业负担。同时对贫病者进行免费救济,各慈善团体对城乡贫苦者亦多有施医施药之举。

第三节　当代慈善救助

中华人民共和国成立后，绍兴县政府对困难群众的救助形式主要有春夏赈荒，冬令补助，兴办福利企业安置残疾人就业，对贫困人员进行医疗救济、临时救济，发放孤儿生活补助费，建立最低生活保障制度等。柯桥区慈善总会建立与政府救助相衔接的救助体系，发挥为政府救助拾遗补缺的作用，其慈善救助的主要形式是“五助一赈”，即助困、助医、助学、助孤、助老和赈灾。助残工作由区慈善总会和区残疾人联合会联合开展。区关工委对孤儿实施救助，对贫困大学生开展助学。中夏慈善基金会等组织也相应开展慈善救助活动。

政府救助

春夏荒救济

1949 年，县政府下拨救济粮 25 万千克，救济贫困农民。

1950 年，发放救济大米 9269 千克，并提倡社会互济。

1952 年，越南等区有 15 个乡春荒严重，2800 人断粮，县政府拨出救急大米 2000 千克，发放稻谷 25.625 万千克，县供销社拨出稻谷 3 万千克用以收购土特产，银行贷给生活自救资金及稻谷 2 万千克。

1953 年，拨出春夏荒救济款 1.09 万元，盐民救济款 2.67 万元，渔民救济款 3190

元,其他临时救济款5006元,以及大批救济物资。

1954年,下拨救济大米4.45万千克。

1955年5月,为解决口粮困难,15个区拨款2.9万元。

1956年,专署下拨5万元。

1957年,县拨救济春荒款5.1万元,夏荒款1.69万元,减免农业税稻谷50915千克。

1958年,县拨春夏荒救济款3.68万元。

1961年,县拨春夏荒救济款2.7万元。

1978年至1992年1月,先后下拨春夏荒救济款26.17万元。

1992年4月,省民政厅、粮食局联合下拨救济款3.89万元,粮食0.85万千克。

1993年4月,县下拨春夏救济款3万元,发给9个乡镇贫困户。

冬令救济

县政府每年于入冬前拨出冬令救济款、物至各乡镇,救济缺衣少被之城乡贫困户过冬。

1953年,县政府下拨冬令救济款7685元、棉花3666千克、棉布400米、棉帽35583顶、棉手套200双、毛巾240条。

1955—1957年共拨款2.24万元及衣物一批。1958年起始有系统记载,详见表3-1:

1958—1993年绍兴县冬令救济情况表

表3-1

年份	救济款(元)	棉衣、裤(件/条)	棉被(条)
1958年	97120	—	—
1959年	28618	1048	—
1960年	41405	—	—

续表 3-1

年份	救济款(元)	棉衣、裤(件/条)	棉被(条)
1961 年	79750	2097	350
1962 年	30000	—	—
1963 年	100000	1580	550
1964 年	27000	—	—
1965 年	44755	2975	233
1966 年	22850	2523	156
1967 年	30000	2360	501
1968 年	80000	2378	86
1969 年	15500	2100	300
1970 年	70000	2640	599
1971 年	62000	2000	400
1972 年	50000	2000	400
1973 年	41000	2000	400
1974 年	40000	2160	400
1975 年	37334	—	—
1976 年	40000	2450	410
1977 年	40000	2350	400
1978 年	40000	2400	400
1979 年	49000	2400	400
1980 年	51000	2400	400
1981 年	—	2000	400
1982 年	45000	1450	400
1983 年	—	2000	400
1984 年	—	1320	335
1985 年	—	1320	335
1986 年	—	1280	335
1987 年	—	700	335
1988 年	—	707	335
1989 年	—	700	390
1990 年	—	860	400

续表 3-1

年份	救济款(元)	棉衣、裤(件 / 条)	棉被(条)
1991 年	—	700	400
1992 年	82300	950	270
1993 年	—	700	350

创办福利企业

绍兴县福利企业始办于 1950 年。是年,市(县)生产救济院和市劳动教养所合资创办八一布厂,安置城镇贫困居民和残疾人就业。1951 年 4 月,生产教养院(生产救济院更名)于东街路办福利水作场。1952 年 4 月,县生产教养院举办八一服装店,同年又增办牧场,安置院民、烈军属、荣复军人、残疾人员和贫民 42 人。1958 年,掀起创办福利企业热潮,全县 4 个街道、8 个镇共创办福利企业 74 家。1960 年,随国民经济调整,福利企业陆续停办,仅剩城关瓷土加工厂、福利水作厂、齐贤荣属纺织厂、柯桥福利厂 4 家。1969 年,只剩下人民棉织厂(原城关瓷土加工厂转产更名)1 家。1983 年市、县分设后,人民棉织厂移交越城区管辖。

农村兴办福利企业始于 1979 年。是年 12 月,县民政局拨出社救款 2 万元,在平水区扶持创办第一家社队福利厂,安置残疾人、困难户等扶贫对象就业,生产被面涤纶布等。后孙端、城南、上蒋、坡塘、皋北、安昌等公社也相继开办福利工厂,至 1984 年,全县有社队福利厂 41 家,职工 3369 人。社队福利工厂凡安置残疾人员占职工总数的 35% 以上者,均可享受有关优惠政策待遇,残疾人、烈军属、复退军人、贫困户优先进厂。至 1985 年,全县有福利工厂 68 家,年产值上亿元,利润超千万元。1986 年,全县福利企业职工增至 10225 人(其中残疾职工 3240 人,占 31.69%),产值 1.84 亿元,利润 1529 万元。1990 年,全县福利企业职工增至 16106 人,其中残疾人 6885 人,产值超 4 亿元,利润 2000 万元,居全省各县(市)之首。1992 年,绍兴县福利企业年产值 11.89 亿元,税利 6978 万元。是年,绍兴县亚太布厂、上蒋民政布厂等 12 家企业名列民政部公布的全国福利企业“百强”候选 500 家。1993 年,全县有福利企业72家，职工17610人，其中残疾人7954人，占45.17%，固定资产57014万元，实现年产值16.69亿元，利税9395万元。至2002年，全县福利企业发展达到鼎盛。是年，全县63家福利企业实现工业总产值66.54亿元，产品销售收入55.10亿元，利润3.79亿元。同时社会效益显著，当年为社会创造1.4万余个就业机会，使6000余名残疾人获得就业机会，资助社会福利公益事业资金683.04万元。2002年后，因企业上市及现代企业制度管理的规范要求，福利企业数量陆续减少。至2007年底，全县尚余福利企业16家，职工总数3534人，其中残疾人1433人，占职工总数的40.55%。

贫困医疗救济

1957年4月，县民政科划给卫生科医疗减免专款4000元。

1960年，疾病治疗补助212人。是年，有13个大公社389人患浮肿病，治疗所需黄豆和米糠由粮食局按每人黄豆2.5千克、细糠0.5千克，拨给卫生局统一使用，经费由县民政科支付。

1961年，宁波专署下拨绍兴县大米12500千克、10.6万元，以防治浮肿病、妇女病、小儿营养不良症等。

1963年，省民政厅拨款1万元，并规定医疗减免费由卫生部门开支，因疾病而生活困难者由民政部门负责救济。

1965年，医疗减免和生活困难救济均由民政部门负责，是年用于贫病减免费1.59万元。

1974年起，农村医疗原则上由个人或合作医疗解决，确有困难者，由社、队补助或按国家规定给予医疗救济。

1977年，全县医疗救济费为3.3万元。

1981年，全县医疗救济费为5.57万元。

1982年起，医疗救济下放到公社（后为乡镇）管理，经费在社会救济费列支，县政府视情况增拨部分经费。

1990 年,县增拨救济费 5.2 万元,救济 23 个乡镇中长期患病特困户。

建立最低生活保障制度

1997 年,绍兴县开始实行城乡居民最低生活保障制度。首先在全县农村实施,按经济发达、中等发达和欠发达三种类型镇(街道),核定最低生活保障标准,分别为年人均收入 1000 元、800 元、600 元,家庭年人均收入低于上述标准的确定为最低生活保障对象。再按该家庭应给予救济金额核定救济人数,给予定额救济,分别为人均每月 30 元、25 元、20 元。

1998 年,最低生活保障对象由农村居民扩大到城镇居民,实现最低生活保障制度全覆盖。城镇居民家庭年人均收入低于 1188 元的,给予定额救济人均每月 99 元。

此后,县政府根据经济发展水平,多次及时调整低保标准。2015 年,城镇居民低保金每人每月 630 元,农村居民低保金每人每月 570 元。2016 年 10 月起,实现城乡低保标准统筹,统一为每人每月 693 元。2020 年,城乡居民低保标准为每人每月 850 元。

1997—2020 年柯桥区(绍兴县)低保资金惠及情况表

表 3-2

年份	保障对象						年支出保障资金(万元)
	农村		城镇		合计		
	户数(户)	人数(人)	户数(户)	人数(人)	户数(户)	人数(人)	
1997 年	1119	2527	—	—	1119	2527	77.2
1998 年	1344	2906	235	235	1579	3141	116.18
1999 年	1563	3385	286	306	1849	3691	227.87
2000 年	1951	3950	374	409	2325	4359	290.32
2001 年	2610	4500	551	697	3161	5197	454.56
2002 年	3262	6779	684	1269	3946	8048	597.56
2003 年	3658	7511	777	1467	4435	8978	832.05
2004 年	3662	7250	1376	2775	5038	10025	1144.7

续表 3-2

年份	保障对象						年支出保障资金（万元）
	农村		城镇		合计		
	户数（户）	人数（人）	户数（户）	人数（人）	户数（户）	人数（人）	
2005 年	3655	7080	1356	2600	5011	9680	1153.34
2006 年	3653	6615	1312	2389	4965	9004	1131.05
2007 年	3759	6685	1341	2436	5100	9121	1300.83
2008 年	—	—	—	—	5297	9342	1594.69
2009 年	3990	6990	1749	2947	5739	9937	2005.7
2010 年	4043	6987	1816	3092	5859	10079	2194.08
2011 年	4134	7132	1854	3193	5988	10325	2535.17
2012 年	4130	7095	1845	3159	5975	10254	3238.87
2013 年	4068	6946	1817	3060	5885	10006	3392.61
2014 年	2893	4890	1585	2512	4478	7402	2819.42
2015 年	—	—	—	—	4131	6480	3785.89
2016 年	—	—	—	—	5352	9682	3989.49
2017 年	2630	4160	1487	2094	4117	6254	3934.6
2018 年	2194	3389	1229	1665	3423	5054	3535.61
2019 年	2096	3135	1183	1559	3279	4694	3692.84
2020 年	2077	3065	1175	1505	3252	4570	3754.35

2005—2020 年柯桥区（绍兴县）医疗救助与临时救助情况表

表 3-3

年　份	医疗救助		临时救助	
	人数（人）	金额（万元）	人数（人）	金额（万元）
2005 年	671	336	137	12.58
2006 年	670	333.23	—	—
2007 年	725	284.39	—	—
2008 年	1343	587.27	—	—
2009 年	1616	873.17	—	—
2010 年	1940	735.03	—	—
2011 年	6760	1460.92	—	—

续表 3-3

年　份	医疗救助		临时救助	
	人数(人)	金额(万元)	人数(人)	金额(万元)
2012 年	27937	2015.56	—	—
2013 年	249060	2227.63	—	—
2014 年	539276	3277.77	—	—
2015 年	548856	3745.88	1505	364.2
2016 年	575084	4013.70	3872	400.44
2017 年	592825	4572.31	1814	285.05
2018 年	581782	4964.45	2783	208.28
2019 年	—	—	1196	88.28
2020 年	—	—	1000	102.38

柯桥区(绍兴县)慈善总会的慈善救助

柯桥区(绍兴县)慈善总会慈善救助主要有助困、助学、助医、助孤、助老、公益援助、赈灾等项目。1995—2020 年,各项救助累计总支出 53626.45 万元,总受助 2350084 人次。其中助困支出 17930.81 万元,受助 473246 人次;助学支出 3595.86 万元,受助 13707 人次;助医支出 14539.32 万元,受助 1750666 人次;助孤支出 206.14 万元,受助 3099 人次;助老支出 570.73 万元,受助 28999 人次;公益援助支出 8368.09 万元,受助 80367 人次;赈灾支出 8415.50 万元。

2020 年,柯桥区慈善总会新冠肺炎疫情防控专项支出资金 3340.64 万元,其中该年助困支出 111.5 万元,助医支出 1950.94 万元,公益援助支出 1278.2 万元。

1995—2020 年柯桥区(绍兴县)慈善总会各项救助情况表

表 3-4　　单位 :万元

年份	助困	助学	助医	助孤	助老	其他公益支出	赈灾	共计
1995—2001 年	112.15	36.80	30.69	2.57	12.18	129.26	970.20	1293.85
2002 年	138.48	26.21	49.67	5.58	20.61	177.07	14.34	431.96
2003 年	30.41	10.51	12.48	4.93	—	64.53	—	122.86
2004 年	45.14	39.65	20.50	8.82	7.97	30.73	—	152.81
2005 年	42.97	61.96	155.50	7.52	21.53	6.78	71.71	367.97
2006 年	102.54	91.27	141.08	3.06	4.58	8.74	—	351.27
2007 年	287.38	118.52	293.60	4.62	18.56	15.38	—	738.06
2008 年	377.00	153.14	371.07	9.00	39.52	17.42	2538.20	3505.35
2009 年	297.77	227.28	171.30	5.88	12.17	183.61	2989.00	3887.01
2010 年	164.00	347.91	490.20	5.61	36.38	9.00	1619.53	2672.63
2011 年	343.52	355.40	794.00	8.50	27.89	611.23	—	2140.54
2012 年	642.48	353.75	702.90	8.35	93.62	389.50	—	2190.60
2013 年	3687.41	312.14	1442.72	28.00	59.66	53.00	42.22	5625.15
2014 年	2662.85	240.90	790.80	22.40	30.44	20.00	7.02	3774.41
2015 年	2954.80	215.66	1085.79	20.40	34.51	849.81	—	5160.97
2016 年	2352.69	175.90	1239.15	18.20	25.87	590.05	—	4401.86
2017 年	1488.96	185.40	1554.53	12.20	15.83	433.08	—	3690.00
2018 年	716.00	196.00	1451.67	14.80	38.00	2354.5	—	4770.97
2019 年	582.22	240.83	1136.88	8.90	37.41	309.42	163.28	2478.94
2020 年	902.04	206.63	2604.79	6.80	34.00	2114.98	—	5869.24
合计	17930.81	3595.86	14539.32	206.14	570.73	8368.09	8415.50	53626.45

助困

主要用于区域内公民和外来务工人员因突发天灾人祸而给予救助,以及对低保户、低保边缘户、因病致贫户、就学困难户和重点优抚对象的春节和半年度慰问等。1995—2020 年,助困支出 17930.81 万元,受助 473246 人次。

2019 年 3 月 7 日，“亲亲宝贝”慈善基金工作人员回访首例受助的外来务工人员早产儿童　　　　（柯桥区慈善总会　供稿）

2019 年 10 月，柯桥区实施“爱心早餐”工程，浙江天圣控股集团有限公司资助 170 万元，作为首期“爱心早餐”资金。图为环卫工人的爱心早餐　　　　（柯桥区慈善总会　供稿）

2020 年 1 月，瑞丰慈善基金开展新一轮“三助”（助困、助村、助学）活动

（柯桥区慈善总会　供稿）

1995—2020年柯桥区(绍兴县)慈善总会助困情况表

表3-5

年份	金额(万元)	受助(人次)
1995—2001年	112.15	529
2002年	138.48	2875
2003年	30.41	566
2004年	45.14	998
2005年	42.97	1543
2006年	102.54	7176
2007年	287.38	17052
2008年	377.00	16151
2009年	297.77	15887
2010年	164.00	10926
2011年	343.52	13480
2012年	642.48	10280
2013年	3687.41	47081
2014年	2662.85	35774
2015年	2954.80	39623
2016年	2352.69	33199
2017年	1488.96	17389
2018年	716.00	6566
2019年	582.22	46753
2020年	902.04	149398
合计	17930.81	473246

助学

1995—2006年,县慈善总会对贫困家庭子女的助学形式是开展结对助学或给予救助。2006年,助学对象为考入高校的低保户子女、烈属子女及孤儿。2008年,助学范围扩大到低保边缘户子女。2010年,低保户子女、烈属子女及孤儿本科生助学标准由原四年中资助1.2万元提高到1.6万元,低保边缘户子女由原每学年资助

2009 年 3 月 11 日，绍兴县慈善总会举行赠送民工子弟学校教育设备仪式

（绍兴县慈善总会　供稿）

2018 年 2 月，柯桥区开展“邮善邮乐”活动为山区儿童送爱心包裹

（柯桥区慈善总会　供稿）

2018 年 8 月 19 日，区欢乐慈爱义工团为外来务工人员子女开设的暑期爱心学堂正式启动　（柯桥区慈善总会　供稿）

2019 年 9 月 30 日，“职业教育·未来工匠”慈善基金举行成立仪式并发放首批奖学奖教金　（柯桥区慈善总会　供稿）

2020 年 9 月 14 日，“申洲·柯中”励志基金发放仪式在柯桥中学举行，申洲集团董事长马建荣（右八）在校友讲堂上分享人生经历，勉励柯中学子　（柯桥区慈善总会　供稿）

2020 年 9 月 27 日，柯桥区“益梦·书舍”天圣集团爱心基金资助建设的首座山区爱心书舍——稽东榧香书舍落成开放

（柯桥区慈善总会　供稿）

2000元提高到3000元。2012年，助学对象为考入高校（含专升本或攻读硕士研究生）的低保、低保边缘、因病致贫、就学困难等四类对象的子女，低保户子女每人每学年资助5000元，低保边缘户、因病致贫户、就学困难户子女每人每学年资助4000元。除上述助学对象外，对因灾、因病等原因造成家庭经济困难的，也给予救助。1995—2020年，助学支出3595.86万元，受助13707人次。

1995—2020年柯桥区（绍兴县）慈善总会助学情况表

表3-6

年份	金额（万元）	受助人次（人次）
1995—2001年	36.80	415
2002年	26.21	626
2003年	10.51	88
2004年	39.65	346
2005年	61.96	493
2006年	91.27	555
2007年	118.52	624
2008年	153.14	816
2009年	227.28	1272
2010年	347.91	1569
2011年	355.40	796
2012年	353.75	810
2013年	312.14	720
2014年	240.90	561
2015年	215.66	503
2016年	175.90	399
2017年	185.40	454
2018年	196.00	723
2019年	240.83	1066
2020年	206.63	871
合计	3595.86	13707

助医

2005年，绍兴县慈善总会向全县4938户低保户发放慈善医疗卡，一人户和两人及以上户，每年分别资助200元和300元；对患重大疾病及重大事故伤残者也给予救助。2008年起，主要对患白血病、尿毒症、癌症、红斑狼疮四种大病造成因病致贫的特困户实施救助。2011—2013年，助医分为特种救助和特殊救助两类。特种救助是对低保、重点优抚、低保边缘和因病致贫对象，在进行肾、骨髓、肝移植时分别给予12万元、16万元、25万元的定额救助。特殊救助是住院期间发生的医保范围以外的自费医疗费用，低保和重点优抚对象救助90%，低保边缘和因病致贫对象救助70%，上不封顶。

2009年，为完善全县医疗救助机制，县慈善总会建立县级机关、直属事业单位干部、职工大病医疗救助基金，对县级机关、直属事业单位在编在职干部、职工参加慈善一日捐的捐款对象患重大疾病者予以慈善救助。是年，救助15人，发放医疗救助金21.4万元。

2019年12月30日，出台《柯桥区慈善总会困难群众医疗救助实施办法（试行）》，规定医疗救助对象为二类：第一类对象为参加本区或市内其他城区（越城区、上虞区）基本医疗保险的本区特困供养人员、低保、重点优抚、社会散居孤儿、享受基本生活费的困境儿童、因见义勇为致残人员（残疾等级为一至四级）、低保边缘对象、纳入低保低边的因病致贫对象、原精减职工享受定期定量补助人员；第二类对象为参加本区或市内其他城区（越城区、上虞区）基本医疗保险的本区其他对象和参加本区基本医疗保险两年及以上的外来务工人员（此类对象仅限申请尿毒症常规血液透析项目）。医疗救助标准为血液透析项目，尿毒症患者按每周不超过3次的常规血液透析费用进行救助，第一类对象在经惠民医疗优惠、基本医疗保险报销及城乡居民大病保险报销（含补助资金）后，其普通血液透析个人自理、自付、自费部分给予全额救助，其在线血液滤过透析个人自理、自付、自费部分给予80%的救助；第二类对象给予每次30元的定额救助。器官移植救助项目，是对患者成功接受肾、骨髓、肝移植手术后实施定额救助，肾移植每人定额救助12万元、骨髓移植每人定额救助16万元，肝移植每人定额救助25万元。同种器官移植每人救助一次，且当年度区慈善总会不再进行其他医疗救助。重大疾病医疗救助项目，如白血病、血友病、再生障碍性贫血、各类恶性肿瘤、先天性心脏病等，患者当年因新发病住院治疗后，一次性给予相应定额救助。

1995—2020年，助医支出14539.32万元，受助1750666人次。

1995—2020年柯桥区（绍兴县）慈善总会助医情况表

表3–7

年份	金额（万元）	受助人次（人次）
1995—2001年	30.69	126
2002年	49.67	230
2003年	12.48	747
2004年	20.50	72
2005年	155.50	15100
2006年	141.08	942
2007年	293.60	12595
2008年	371.07	13778
2009年	171.30	301
2010年	490.20	469
2011年	794.00	570
2012年	702.90	1582
2013年	1442.72	91996
2014年	790.80	216013
2015年	1085.79	286414
2016年	1239.15	305192
2017年	1554.53	303066
2018年	1451.67	294060

续表 3-7

年份	金额(万元)	受助人次(人次)
2019 年	1136.88	171117
2020 年	2604.79	36296
合计	14539.32	1750666

助孤

每年在“六一”国际儿童节时对孤儿进行慰问,1995—2020 年,助孤支出 206.14 万元,受助 3099 人次。其中,自 2002 年起,会同区关工委每年向孤儿发放“六一”国际儿童节慰问金每人 2000 元,由区慈善总会慈善资金列支。

2019 年 5 月 25 日,区政协、区关工委、区慈善总会在东方山水乐园联合举办关爱孤困儿童公益活动　（柯桥区慈善总会　供稿）

2019 年 5 月 25 日,之江学院志愿者一对一陪伴孤困儿童参加东方山水游园活动　（柯桥区慈善总会　供稿）

1995—2020 年柯桥区(绍兴县)慈善总会助孤情况表

表 3-8

年份	金额(万元)	受助人次(人次)
1995—2001 年	2.57	26
2002 年	5.58	67
2003 年	4.93	323

续表 3-8

年份	金额(万元)	受助人次(人次)
2004 年	8.82	344
2005 年	7.52	295
2006 年	3.06	153
2007 年	4.62	231
2008 年	9.00	270
2009 年	5.88	196
2010 年	5.61	187
2011 年	8.50	170
2012 年	8.35	167
2013 年	28.00	140
2014 年	22.40	112
2015 年	20.40	102
2016 年	18.20	91
2017 年	12.2	61
2018 年	14.8	74
2019 年	8.9	56
2020 年	6.8	34
合计	206.14	3099

助老

主要用于对敬老院入住老人进行节日慰问、每年举办慈善年夜饭和城市社区居民养老服务补贴等。1995—2020 年，助老支出 570.73 万元，受助 28999 人次。

2019 年 9 月 29 日，“长寿 · 百岁”慈善基金捐赠人代表慰问百岁老人

（柯桥区慈善总会　供稿）

1995—2020 年柯桥区(绍兴县)慈善总会助老情况表

表 3-9

年份	金额(万元)	受助人次(人次)
1995—2001 年	12.18	107
2002 年	20.61	239
2004 年	7.97	143
2005 年	21.53	1559
2006 年	4.58	761
2007 年	18.56	2060
2008 年	39.52	747
2009 年	12.17	866
2010 年	36.38	786
2011 年	27.89	1679
2012 年	93.62	1868
2013 年	59.66	1913
2014 年	30.44	1051
2015 年	34.51	2219
2016 年	25.87	1580
2017 年	15.83	1061
2018 年	38.00	8335
2019 年	37.41	1163
2020 年	34.00	862
合计	570.73	28999

公益援助

主要用于资助新农村建设、敬老院修缮、村居文化礼堂和慈善工作站建设、东西部协作和山海协作对口帮扶等项目。1995—2020 年,公益援助支出 8368.09 万元,受助 80367 人次。其中,2018—2020 年,四川金川东西部协作帮扶款物支出 1659.62 万元。2018 年嵊州、江山结对帮扶支出 1601 万元。

1995—2020 年柯桥区（绍兴县）慈善总会公益援助情况表

表 3-10

年份	金额（万元）	受助人次（人次）
1995—2001 年	129.26	179
2002 年	177.07	1117
2003 年	64.53	56
2004 年	30.73	1083
2005 年	6.78	—
2006 年	8.74	—
2007 年	15.38	—
2008 年	17.42	—
2009 年	183.61	—
2010 年	9.00	—
2011 年	611.23	—
2012 年	389.50	—
2013 年	53.00	—
2014 年	20.00	—
2015 年	849.81	—
2016 年	590.05	168
2017 年	433.08	—
2018 年	2354.50	—
2019 年	309.42	—
2020 年	2114.98	77764
合计	8368.09	80367

赈灾

主要赈灾对象为绍兴县域内遭受水灾、台风灾害的镇村，以及国内外遭受洪涝、海啸、雪灾、干旱、地震、山洪泥石流等自然灾害的地区。1995—2019 年，累计向灾区捐款 8415.50 万元。此外，还向灾区捐赠物资价值 882 万元。

1995—2019 年柯桥区（绍兴县）慈善总会赈灾情况表

表 3-11

年份	金额（万元）	赈灾对象
1995—2001 年	970.20	绍兴县稽东、钱清、马山等镇水灾和台风侵袭，长江、松花江、嫩江等遭受特大洪涝灾区，新疆维吾尔自治区遭受雪灾地区
2002 年	14.34	—
2005 年	71.71	2004 年底，印度尼西亚苏门答腊岛遭受地震、海啸灾区
2008 年	2538.20	四川省汶川地震灾区
2009 年	2989.00	四川省汶川地震灾区
2010 年	1619.53	四川省汶川地震灾区，青海省玉树地震灾区，西南干旱灾区，甘肃省舟曲特大山洪泥石流灾区
2013 年	42.22	四川省雅安市芦山县地震灾区
2014 年	7.02	云南省昭通市鲁甸县地震灾区
2019 年	163.28	四川省金川县曾达乡特大泥石流灾区，浙江省江山市灾后帮扶
合计	8415.50	—

其他救助项目

开办慈善超市　2005 年，绍兴县慈善总会创建慈善超市，以此为平台，接收社会各界一些未经使用的有效生活物品，对低保户和特困家庭进行实物救助。是年 7 月，柯桥街道慈善爱心超市率先投入运行。同时，县慈善总会出资 200 余万元，在柯桥山阴路 1086—1092 号购置一至三层四间营业用房，建筑面积 449.18 平方米，筹划设立县慈善超市。同年 12 月，县慈善超市投入运行。2006 年，县慈善总会依托浙江供销超市，在全县建立 23 个慈善超市网点，是年开始向低保对象和重点优抚对象发放慈善爱心券，低保对象和重点优抚对象凭慈善爱心券，可就近到供销超市

2005 年 12 月 6 日，绍兴县慈善总会举行慈善超市投入运行仪式

（绍兴县慈善总会　供稿）

慈善超市网点领取等额的生活日用品。至2012年，县慈善总会向全县低保对象和重点优抚对象发放慈善爱心券782.77万元，受惠49831人（户）。

2006—2012年绍兴县慈善总会爱心券发放情况表

表3–12

年份	金额（万元）	受惠（人/户）
2006年	89.39	8765
2007年	96	9639
2008年	103.27	5467
2009年	115.63	6028
2010年	120.7	6157
2011年	129.4	6899
2012年	128.38	6876
合计	782.77	49831

举办慈善年夜饭 2005年，绍兴县慈善总会会同县旅游局、县报社、县广播电视台，在柯桥城区4个街道首次举办慈善年夜饭活动，优抚对象、低保户、下岗特困职工、残疾人、单亲家庭、孤儿等代表参加。此后，至2020年，区慈善总会每年在全区各镇（街道）敬老院举办慈善年夜饭，并向所有敬老院的入住老人送上大礼包和压岁钱。

柯桥区（绍兴县）红十字会的慈善救助

助困

2010年，县红十字会在安昌镇白洋村、湖塘街道岭下村、兰亭镇黄贤村3个村分别筹集资金17.9万元、16.3万元和27.3万元，建成3个市级“红十字爱心互助金”示范村，当年发放救助资金8万余元，100多户因患重大疾病或者因自然灾害等突发事件致贫的家庭受惠。

2011年春节前，开展红十字博爱送万家活动，发放慰问金20000余元。村级爱心救助项目全年支出21.2万元，惠及113户家庭。

2014年，支出救助款物116.63万元，惠及贫病群众8500人次。

2015年，开展红十字博爱送万家活动，主要对象为城乡贫困家庭、贫困学生、麻风病患者、白血病患儿等，发放慰问金26.5万元，救助困难群众200人次。全年支出救助款物133.5万元，惠及困群众9855人次。

2016年，开展红十字博爱送万家活动，慰问款物294.84万元，慰问困难家庭2998户，惠及6592人次。

2017年，开展红十字博爱送万家活动，慰问款物171.7万元，惠及贫困家庭1884户、3716人次。

2018年，全区红十字系统支出救助款物109万元，惠及贫病群众22902人次。向四川省金川县红十字会捐赠价值11万元的衣物、棉被、书包等物资。

2019年，区红十字会支出救助款物470.13万元，慰问困难群众271人，慰问金额25.34万元。动员浙江省明慈慈善基金、柯桥区侨商协会等团体向东西部扶贫、助困助学捐赠爱心资金21.6万元。

2020年，开展红十字博爱送万家活动，慰问困难群众285人，慰问金额30.01万元。动员爱心企业向东西部扶贫协作项目捐赠物资价值208.81万元。

助医

2011年，县红十字会博爱基金合计支出76.75万元，救助5066人次。与上海市瑞金医院合作开展10例免费手术项目和住院补助项目。

2013年，3只红十字博爱基金总规模1300万元，资助范围为外来人员、无主流浪患者，心脏、骨科大手术患者、血透患者以及医院重点学科建设，分别由县中心医院、绍兴第二医院、县中医院执行。全年募集博爱基金180万元，项目累计支出132.45万元，惠及7257人次。

2014年，由绍兴市中心医院实施的华康爱心基金，救助患者8183人次，支出19.2万元；由柯桥区中医院实施的骨科大手术爱心基金，救助14人次，支出12.4万元。

2015年，华康爱心基金救助患者9819人次，支出17.41万元；骨科大手术爱心基金救助36人次，支出30.76万元。

2016年，华康爱心基金救助患者12120人次，支出29.78万元；骨科大手术爱心基金救助50人次，支出49.3万元。

2017年，浙江省明慈慈善基金会在区中医院设立外来务工人员大病救助博爱基金，救助患者2人，支出资金14281.4元；华康爱心基金救助患者10667人次，支出26.39万元；骨科大手术爱心基金救助43人次，支出38.99万元。

2018年，华康爱心基金救助患者22783人次，支出26.4万元；骨科大手术爱心基金救助55人，支出46.2万元；外来务工人员大病救助基金救助64人，支出9.7万元。

2019年，增加“生命接力”慈善博爱基金、跨境电商助学、“向日葵”儿童康复救助和“助残健走”康复救助4项博爱救助项目，累计筹集资金254.02万元。

2020年，继续实施华康爱心基金、外来务工人员大病救助基金、“生命接力”慈善博爱基金、“向日葵”儿童康复救助和“助残健走”康复救助等项目，累计支出资金27.39万元，惠及19506人次。联合爱心企业对12名援鄂抗疫医疗队员发放慰问金24万元，联合区卫健局对柯桥区抗疫一线医务人员发放慰问金20余万元。

赈灾

2008年，四川省汶川发生大地震，县红十字会募集各界捐款534.01万元，其中钱清原料市场55万余元，越隆控股集团50万元，绍兴第二医院14万元。

2009年，县红十字会向四川省青川县灾后重建指挥部捐款366.97万元，全额援建凉水镇卫生院800平方米的综合楼。

2010年4月，青海省玉树发生地震后，县红十字会在第一时间发出募捐倡议，募得资金97.18万元，所有捐款按规定汇至浙江省红十字会。8月，为甘肃省舟曲泥石流灾区捐款 25540.70 元。

2013 年 4 月 20 日，四川省雅安市芦山县发生地震，县红十字会募集捐款 42.99 万元，所有捐款按规定汇至浙江省红十字会。10 月 8 日，受台风“菲特”影响，浙江省余姚市遭遇严重水灾，县红十字会组织志愿者赶赴灾区，为受灾群众送去水、食物等基本物资。

2014 年 8 月 3 日，云南省昭通市鲁甸县发生地震，区红十字会募集救灾资金 2.26 万元，按规定汇至浙江省红十字会。

2018 年，向四川省金川县红十字会捐赠价值 11 万元的衣物、棉被、书包等物资。

2019 年，四川省金川县发生特大泥石流、浙江省江山市发生特大水灾，区红十字会向灾区捐赠价值 158 万元的物资。

柯桥区（绍兴县）残疾人联合会的慈善救助

助困

1993 年，向残疾人特困户每人每月发放 40 元生活费。2000 年，开展结对扶贫献爱心行动，全县 256 个贫困残疾人家庭与有关单位和个人结对帮扶。2004—2019 年，全区发放残疾人特困经济补助 10537.84 万元，其中 2004—2013 年发放 3733.2 万元，2014—2019 年发放 6804.64 万元。2020 年，发放困难残疾人生活补贴 34068 人次，发放金额 751 万元。在全国助残日前夕，向残疾人家庭发放慰问金 22 万余元。投入 119.61 万元，完成 300 户困难残疾人家庭无障碍改造。为 1459 名自谋职业残疾人发放社保补贴 567.14 万元，为 20 名符合条件的残疾人发放就业创业补贴 3.35 万元。

助学

2005 年，县残联开始对特困残疾人开展助学，至 2013 年，共资助 3829 人次，资助金额 886.6 万元。2014 年起，对残疾学生和残疾人子女实施幼儿园、高中免费教育。

2018—2019 年，资助残疾大学生 1709 人次，资助金额 399.6 万元。2020 年，为残疾学生及残疾人子发放助学金 113 万余元。

助医

2005—2006 年，绍兴县先后下发《关于印发绍兴县城乡困难群体医疗救助实施办法（试行）的通知》《关于对因大病医疗造成突发性生活困难的贫困残疾人家庭医疗费用补助的实施意见》，对因大病医疗造成突发性生活困难的特困、贫困残疾人及其家庭成员进行医疗救助。2012 年起，残疾人免费参加新型农村合作医疗保险。二级以上重度残疾人纳入县惠民医疗政策保障范围。至 2013 年，累计为重度残疾人发放惠民医疗救助卡 2162 本。2018 年，全区 2554 名二级以上重度残疾人享受区惠民医疗优惠政策，惠民补助资金 89 万元。救助精神病患者 3490 余人次，救助资金 467 万元。

实施托（安）养工程

对生活不能自理的重度残疾人实行集中托养或居家安养。2009 年，集中托养的重度残疾人（低保户），农村户口的一年补助 14280 元，居民户口的补助 15480 元；居家安养的重度残疾人（低保户），农村户口的一年补助 9780 元，居民户口的补助 10980 元。2010 年，全县有集中托养或居家安养的残疾人 571 名。2011 年，集中托养或居家安养的残疾人有 1421 名。2012 年，集中托养或居家安养的残疾人有 1614 名，为 227 名重度残疾人办理惠民医疗救助卡。2013 年，集中托养或居家安养残疾人有 1715 名，实施对象扩大到生活不能自理的视力一级残疾人，同时提高补助标准。

改造危房

2004 年，县政府出台《绍兴县特困残疾人家庭危房改造工程实施意见》。2005—2010 年，全县完成特困残疾人家庭危房改造 6 批 418 户，县、镇（街道）、村三级共投入改造资金 342 万元。

实施残疾人康复

1990—2018 年，医治小儿麻痹症患者 60 人次、白内障患者 3782 人次，开展聋耳语训 133 人次、智残疾儿童康复训练 233 人次，为残疾人安装假肢 346 条，配发助听器 1614 只、助视器 1203 只。2020 年，为 65 名残疾儿童发放康复补贴 57.75 万元，残疾人基本康复服务率和残疾儿童康复服务率均达到 100%。

开展助残日活动

5 月的第三个星期日是全国助残日。2003—2020 年，每年开展助残日活动。

柯桥区（绍兴县）关心下一代工作委员会的慈善救助

助孤

开展结对活动。2002 年起，县关工委会同县教体局、县妇联、县退教协会等部门，发起牵手献爱心、结对助成才活动，分别为县内所有未成年孤儿结对一名成长顾问（由退休教师担任）、一名爱心妈妈（由孤儿所在村妇女干部担任）、一名学业辅导员（由孤儿所在学校在职教师担任），从心理疏导、生活照料、学业辅导等方面对孤儿进行全程以及全方位的关爱。

建立孤儿爱心之家。2009 年，县关工委在全县各镇（街道）建立孤儿爱心之家。2013 年起，区（县）关工委每年从办公经费中挤出资金，给每个孤儿爱心之家补助活动经费 1 万元。至 2019 年，累计向各镇（街道）孤儿爱心之家下拨活动经费 132 万元。

开展双结对。2010 年起，对考上大学的孤儿，在政府资助的基础上，区（县）关工委发动社会力量资助部分费用（简称“双结对”），帮助孤儿大学生顺利完成学业。资助标准为每人每学年 2000 元，直至大学（专科）毕业。至 2019 年，累计资助孤儿大学生 133 名。

“六一”国际儿童节慰问。2002年起，区（县）关工委联合区（县）慈善总会，每年在“六一”国际儿童节时对孤儿进行慰问。至2020年，累计慰问2664人次，资助金额175.38万元。

2002—2020年柯桥区（绍兴县）关工委“六一”国际儿童节慰问孤儿情况表

表3-13

年度	受助人次（人次）	资助金额（万元）
2002	167	3.34
2003	323	4.83
2004	150	3.0
2005	133	2.66
2006	156	3.12
2007	156	3.12
2008	270	9.00
2009	195	5.85
2010	187	5.61
2011	170	8.50
2012	167	8.35
2013	140	28.00
2014	112	22.40
2015	102	20.40
2016	91	18.20
2017	61	12.2
2018	53	10.6
2019	14	2.8
2020	17	3.4
合计	2664	175.38

助学

2001年开始，县关工委发动社会力量，开展爱心助成才、共圆大学梦活动，资助贫困学生上大学。

2001—2005年，资助对象为户籍在绍兴县的应届高中（含职高）毕业生，通过高校招生计划正常录取、家庭贫困、品学兼优，并符合下列条件之一的全日制大学生：1.享受最低生活保障待遇家庭的子女；2.父母双亡且监护人无力承担其上学的；3.革命烈士子女；4.经济特别困难的单亲家庭子女；5.因受灾、重病或疾病等原因造成的贫困家庭子女。

2005年后，资助对象改为成绩特别优秀、家庭有突发性困难而未列入政府有关部门资助范畴的贫困大学生（简称"双特生"）。

2001—2019年柯桥区（绍兴县）关工委资助贫困大学生情况表

表3-14　　单位：人次

年度	受助人次	资助标准
2001年	22	每人每学年资助学费5000—6000元，一共4年
2002年	23	
2003年	20	
2004年	32	
2005年	43	
2006年	10	分为两类：第一类是考上本科及以上的，资助12000元，其中第一年5000元，第二年3000元，第三、四年各2000元。第二类是考上大专院校（不含民办大专）的，资助10000元，其中第一年4000元，第二、三年各3000元
2007年	8	
2008年	10	
2009年	8	
2010年	8	不分本、专科，每人每学年4000元，直至毕业
2011年	14	不分本、专科，每人每学年5000元，直至毕业
2012年	7	
2013年	12	
2014年	8	
2015年	11	
2016年	18	
2017年	20	
2018年	11	
2019年	9	
合计	294	—

助困

2010年2月7日，安昌籍孤儿王书园（鲁迅中学高一学生）因心脏预激、心房左室肥大入院手术，县关工委主任汪传昌赴绍兴第二医院看望，送上4万元手术款。

2013年9月4日，县关工委向2013级湖塘街道宾舍村为患脑干梗塞的“双特生”姜海涛父亲送去1万元慰问金。9月17日，县关工委会同市关工委帮困助学基金理事会到华舍街道沙地王村，为患尿毒症的学生倪梦佳送去慰问金。10月31日，县关工委向柯岩街道竹林小学患白血病的安徽籍学生汤柯强赠送1万元慰问金。

2014—2015年，区关委向湖塘、稽东、平水、齐贤、夏履等镇（街道）5名患白血病的困难学生（袁罗赢、王璐、孙丹婷、范稀广、徐炜程）各送上1万元慰问金。

2016年5月和2018年6月，区关工委为2013级双特生沈彬彬赴德国留学分别送去资助款，累计2万元。

2018年8月22日，区关工委向湖塘街道铜井村患白血病儿童汤妙送上1万元慰问金。

2019年9月11日，马鞍浙江越新印染有限公司外来务工人员之子汪俊凯被确诊为急性淋巴性白血病，区关工委送去1万元慰问金。

柯桥区（绍兴县）中厦慈善基金会的慈善救助

助老

2011年11月，向浙江省老年事业发展基金会捐款10万元。2013年9月，向浙江省老年事业发展基金会捐款50万元。经常性地向绍兴市、绍兴县（柯桥区）老年体协捐款捐物，捐建风雨球场，举办老年体育赛事，赞助老年运动队。在每年国庆节期间，举办“中厦杯”桥牌邀请赛，参与者多为来自上海、杭州、湖州、绍兴等地的桥牌爱好者。2007—2020 年，每年春节前夕，采购一大批牛奶、荔枝、橘子等新年大礼包，慰问平水敬老院入住老人。

助学

主要与孤儿、贫困家庭大学生结对助学，其中资助最多的一年，共资助 30 多位学生完成学业。2015 年，为帮助柯桥区南部山区三镇（平水镇、稽东镇、王坛镇）贫困家庭子女上大学，推出“联合・中厦”助学贷款，凡上述三镇的低保家庭和贫困户子女均可凭大学录取通知书向基金会申请，助学贷款办理交由柯桥联合村镇银行完成，产生的所有贷款利息均由基金会支付。至 2018 年，基金会共资助贫困学生近 200 人，累计资助“爱心款”近 200 万元。

助困

对因病致贫、因病返贫的家庭实施救助。2018 年 5 月，平水镇平水街村村民陈某某，因患帕金森叠加综合征及相关并发症，需长期住院治疗，基金会给予 10000 元的大病医疗救助金。为让贫困家庭过上一个欢乐祥和的春节，基金会每年从平水镇和结对村的贫困户中，各挑选十余户作为慰问对象，向每户送上慰问金 5000 元。

助残

2009 年 9 月，向浙江省残疾人联合会、浙江省残疾人福利基金会“圆梦行动”爱心助残活动捐款 10 万元。2010 年 7 月，再次向浙江省残疾人联合会捐款 5 万元。

柯桥区见义勇为基金会的慈善救助

2016—2020 年，柯桥区有省、市、区三级见义勇为先进分子 70 名，基金会给予奖励 15 人次，发放奖金和医疗补贴 75364.67 元。年终慰问累计 256 人次，其中配合省、市基金会慰问累计 236000 元,发放区级年终慰问金 118000 元。

绍兴市永利帮乐慈善基金会的慈善救助

2020 年 8 月,永利帮乐慈善基金会参与“绍兴鲁迅中学 2020 届优秀学生笔记义卖活动暨永利之家帮乐活动”,所得善款共计 21896 元,定向捐赠给贵州剑河民族中学帮扶贫困学生。

浙江省明慈慈善基金会的慈善救助

基金会自 2016 年 10 月成立至 2020 年底,共帮助各类贫困人员 400 余人,累计捐赠善款和物资 240 余万元。其中 2017 年 4 月 1 日,在柯桥区中医院设立“外来务工人员大病救助博爱基金”,至 2020 年,共捐资 60 万元,惠及外来务工人员 200 余人。2017 年 8 月,基金会联合柯桥区慈善总会开展“慈蕴书香·明慈慈善圆你大学梦”活动,每年捐资 20 万元。至 2020 年底,实际资助 53.2 万元,帮助 45 名贫困大学生继续学业。

2017—2020 年,帮助因病致困的弱势群体 40 余人,捐赠资金 70 余万元。每年对柯桥街道福东社区的 30 户因病致困家庭进行春节慰问,发放慰问金 14.40 万元。组织义工三次走进嵊州市、新昌县贫困山区,慰问因病致困家庭 53 户,捐赠善款 10 余万元。2020 年初,新冠肺炎疫情暴发,向柯桥区红十字会捐赠 20 万元,用于购买防控新冠肺炎疫情所需的医疗用品。

柯桥区(绍兴县)志愿者总会的慈善救助

2012—2020 年,关爱贫困山区弱势群体的孩子,结对 80 多人,资助 60 多万元。

向华舍、钱清、福全、稽东等镇(街道)敬老院入住老人开展送温暖活动,举办活动 10 余次。从 2012 年 4 月开始,在绍兴市中心医院和柯桥区中医院常年发起无偿志工活动,共开展 445 期活动。

浙江潘栋民公益基金会的慈善救助

基金会于 2019 年 8 月成立后,主要开展对四川省马边地区的扶贫活动,与金昌集团联合发起“向日葵助学”项目,内容包括设立马边扶贫专项基金,举办马边儿童游学夏令营,与绍兴市慈善总会联合发起两地书画联展及义拍公募活动,募款所得全部用于“向日葵助学”项目。帮助马边开设 30 家儿童文化之家,每年 10 月作为“马边扶贫公益月”,组织志愿者团队前往马边实地帮扶,发起捐赠书籍衣服、开展支教服务。联合“金昌爱慈”慈善助老基金,帮助当地困难老人群体,重点关怀五保老人、福利院老人。

浙江蓝天沈玉林关爱扶老基金的慈善救助

2010 年 3 月 16 日,浙江蓝天沈玉林出资 50 万元,建立沈玉林关爱扶老基金,专项用于资助全县老年事业,对贫困老人实施救助。至 2016 年 12 月,该基金使用完毕,有 600 余人次老年人受惠。

绍兴市杭港眼镜的慈善助学

2005 年,绍兴市杭港眼镜(前身为绍兴市越城区毛源昌配镜中心)向绍兴县当年考上大学的贫困学生赠送近视眼镜 60 副,价值 3 万元。尔后,该公司每年向新入学的贫困家庭大学生赠送近视眼镜。至 2020 年,共赠送近视眼镜 1000 副,折价金额 58.48 万元。

2005—2020 年绍兴市杭港眼镜捐赠眼镜情况表

表 3-15

年份	数量(副)	金额(万元)
2005 年	60	3.00
2006 年	81	4.50
2007 年	90	5.00
2008 年	110	6.00
2009 年	120	6.60
2010 年	81	4.50
2011 年	76	2.24
2012 年	38	2.23
2013 年	50	3.44
2014 年	41	2.82
2015 年	37	2.55
2016 年	29	1.96
2017 年	53	3.64
2018 年	30	2.06
2019 年	32	2.20
2020 年	72	5.74
合计	1000	58.48

杭州万向集团慈善基金助学项目

2008 年，杭州市萧山区万向集团慈善基金会向柯桥区（绍兴县）贫困家庭学生实施助学。至 2020 年，共资助贫困家庭学生 415 人次，金额 129.88 万元。

2008—2020 年杭州万向集团慈善基金会助学情况表

表 3–16

年份	人数（人次）	金额（万元）
2008 年	29	10.00
2009 年	61	18.94
2010 年	61	21.38
2011 年	55	19.76
2012 年	45	15.70
2013 年	46	13.94
2014 年	40	11.00
2015 年	28	7.46
2016 年	21	5.48
2017 年	14	3.16
2018 年	7	1.38
2019 年	4	0.72
2020 年	4	0.96
合计	415	129.88

第四章

慈善赈灾

柯桥区(绍兴县)自然灾害频繁,主要是洪涝、台风和干旱,偶有瘟疫、虫灾、雪灾和冰冻。遭灾之年,历代官府、士绅常以减免赋税田租、放粮平粜、以工代赈、兴修水利等御灾之策赈济灾民。然灾重赈轻,民甚苦之。中华人民共和国成立后,每当发生自然灾害之际,区(县)政府即采取拨款、拨粮、筹募物资等各种措施以赈济灾民,并依靠群众和集体力量,组织抗灾自救。

区(县)慈善总会、红十字会等慈善机构在协助政府开展抗灾救灾的同时,还参与国内和国外的赈灾活动,先后向四川、云南、黑龙江、吉林、青海、甘肃等省,以及东南亚、南亚、非洲国家提供援助。

第一节 古代赈灾救助

东汉建武十四年(38),会稽出现大瘟疫,死者数以万计,太守钟离意亲到现场安抚百姓,并送去医药。

永平元年(58),尹兴任会稽太守,时值荒年,百姓挨饿。尹兴派户曹(管民政的官)在都亭烧粥免费供应灾民,按户口簿逐个询问领粥者姓名,并登记在册。

元初六年(119)四月,会稽大疫,朝廷派遣太医巡诊,赐死者棺木,并免除田租赋税。

三国吴赤乌三年(240)冬,会稽出现饥荒,朝廷开仓放粮赈济灾民。

东晋宁康二年(374)四月,会稽遭遇水灾。朝廷下诏,受灾严重的免除一年税赋,其次的免除半年。次年十二月,又遭水旱灾害,朝廷下诏赐百姓中特别困难的每人五斛粮食。

南朝齐中兴元年(501),梁新野人庾荜任会稽郡丞行郡府事,时值灾荒连年,民不聊生,流民四散。庾荜到任后,千方百计招抚流民,解决吃住问题,又组织他们开展生产自救,整顿社会治安。史载其用俸禄赈济灾民,有时竟到自己却无以为食的地步。

唐永贞元年(805)夏,越州大旱,鉴湖水干涸。次年四月,朝廷调米10万石赈济浙东灾民。

北宋景祐四年(1037)八月,山阴、会稽大水。官府按百姓被淹程度,发放不同的钱粮以赈灾。

熙宁八年(1075)夏,绍兴大旱,死者过半。九月,赵抃任越州知州,他从富户和寺庙筹粮4.8万石,解决救荒钱粮所需之不足。从十月起,按人数分发救灾粮食,标准为成人给粟一升,小孩减半。又从官仓中拨出5.2万石粮食,以低价售给灾民。次年春,灾后瘟疫流行,赵抃又广设治病场所,招募僧人二个,医治患者,并供给饮食。凡死者则给予安葬。同时下令修城修塔,使青壮年者自食其力,共用工3.8万人,均按劳动时间支付钱粮。

南宋绍兴二年(1132),会稽饥荒,米价飞涨,斗米千钱,灾民吃草木续命。朝廷下诏,免除灾民全年税赋。

绍兴十八年(1148),山阴水灾,数百人因此丧生。近30万百姓依靠官府赈灾存活下来。

隆兴元年(1163),吴芾任绍兴知府。适逢大旱,农田颗粒无收。吴芾拨付常平仓米赈灾,又以工代赈,发动民众疏浚鉴湖,挖田还湖。

淳熙六年(1179)秋,山阴人陆游任提举江南西路常平茶盐公事。次年,江西灾荒,他上奏朝迁拨义仓赈济,并发文通知各郡发粟救民,却因此以擅权罪遭罢职还乡。十三年(1186),陆游重被起用,主政严州。当时严州发生大饥荒,他为民请命,要求朝廷广行赈济,免除租税。

淳熙八年(1181)五月,绍兴府大水成灾,所属五县民居83000余家进水,庄稼全部被淹。七月,复患水灾,民众大饥,朝廷命朱熹提举浙东常平茶盐公事,赶赴绍兴救灾。朱熹刚受命,即发文书告知其他郡县,招募米商,免除他们的税收,等到他到任,所购粮食已装满车船。他首先把饥饿、贫困、患病以及被遗弃的婴幼儿集中起来,腾出空房,妥善安顿。随后上奏灾情,朝廷从国库中拨出30万缗救灾款。灾情过后,朱熹从长久之计出发,规定各县都要建立社仓(也称义仓),积谷防饥。

绍熙四年(1193),台风引起海水倒灌,损坏海堤、淹没田地,朝廷免除绍兴丁盐茶租钱8.2万余缗。

嘉定六年(1213),山阴后海塘溃决5000余丈,田地房屋遭淹,背井离乡的2万余户。潮水过后,遭盐卤损伤不能再耕种的田地有万余亩,赵彦倓捐俸赈灾。其后绍兴大旱,又带头赈灾,"举缗钱四十万以助荒政,民赖以济"。

嘉定间(1208—1224),徐鹿卿任江东转运判官,适逢荒年大饥,捐俸赈灾,使许多人得以存活。

淳祐元年(1241),进士士唐垶任绍兴法曹兼监察御史,遭荒年,发粟千石救济饥民。

咸淳六年(1270),会稽人唐震任信州知州。遇旱灾,唐震上奏朝廷请求减少社会组织成批运米,免除当地的租赋,下令每个街坊设置一个小吏,登记那里的户口,劝说富人分发粮食,让街坊的小吏主持供给饥民,救活的饥民不计其数。七年(1271),两浙闹饥荒,会稽人谢续散尽家财以救济饥民。

元至大元年(1308)春,绍兴路大旱,引起饥荒,随后瘟疫四起。朝廷给每户发放赈灾粮食六斗。十一月,又下诏免除田租百分之六十。

明正统五年(1440),山阴闹饥荒,山阴人高宗浙从外地购入700斛米发放乡人,捐山70亩为义冢,发给棺木以安葬穷人。次年又遇饥荒,又拿出自家粮食辅官府助赈灾。过了两年再遇饥荒,他同样尽力救助灾民。当时同县人吴渊、周端一起拿出粮食上千石帮助赈灾,受到朝廷表彰。

正统年间(1436—1449),山阴人施光显倡议向饥者施粥,并联络同乡族人向人借米,再把米借给受饥的人,他自己的田几乎卖光。山阴人陈刚捐资救助孤寡,对那些有能力的人则给予资本,开设粥厂,为之苦心经营,救活许多人。

成化七年(1471),遭饥荒,山阴华舍人赵祺捐粮300石赈饥。

成化九年至十三年(1473—1477),绍兴连遭大灾,山阴人刘玘捐出自家粮仓所有粮食赈济灾民,救活许多人。

嘉靖七年(1528),山阴人韩大能煮粥赈饥,兼制棉衣分给穷人,同时掩埋尸体、施舍棺材,乐此不疲。

万历十一年(1583),山阴人何继高为南刑部郎,出守临江,逢荒年,他捐粮赈灾,并商议免除樟树、永平二镇国家专营物资的税收。

万历十五年(1587),吴江人毛寿南,任山阴县令,遇荒年歉收,道路上到处都是饿死的人。他向朝廷请求免除税赋却没有获得批准,于是决定暂停征收并延缓期限,又带头捐粮捐俸实施赈救,有吃不上饭的就给粥喝,生病的就给予治疗。

万历十六年(1588),绍兴遭荒,山阴人盛廷锪捐粮赈灾,存活无数。

万历二十六年(1598),山阴、会稽两县大饥,百姓饿死的不计其数,朝廷下诏免除受灾地区的田租。

万历二十八年(1600),绍兴大饥荒,山阴人施守业捐粮 300 余斛协助官府赈灾。过了四年,又遇灾荒,又捐粮 200 斛以平粮价。

万历三十八年(1610),山阴人刘永基任赣州令,时境内受灾,他设六厂贮粮赈灾。会稽人陶崇道治山东掖县,当时掖县频繁遭遇饥荒,他向朝廷请求免除税赋,东奔西走,向富户借粮开设粥厂,救人无数。

万历年间(1573—1620),绍兴连年受旱灾、蝗灾,百姓受饥,会稽人倪元瓒捐出全部家资赈灾。山阴人金枢用尽家产赈灾,许多人因此存活下来。会稽人王性为琼州昌化尉,遇大灾,路上死者无数,王性捐俸设粥厂赈灾。

崇祯元年(1628),山阴人陈三益以太学生授中牟丞,当时河南蝗灾,百姓受饥挨饿。陈三益拿出所有钱财买粮食设粥厂赈灾,救活许多人。嵊县发生饥荒,会稽人徐廷玠变卖家产前往赈灾,不久家乡也发生饥荒,又想尽办法赈灾,救活许多百姓。山阴诸生刘裁任无为同知,水灾旱灾接踵而至,米价飞涨。他一边捐出俸禄,一边出告示:官府以每斗五钱收米,富户都争着把粮食卖给官府,各地的粮贩也蜂拥而至,米价回落,饥民得活,士绅刻石纪念他的功德。

崇祯九年(1636),遭旱灾,路上都是饿死的人,会稽人鲁元锡卖掉家产赈灾。

崇祯十三年(1640),绍兴连遭水旱灾害,又遇蝗虫作祟。山阴人金标想方设法赈灾,但因为资金有限效果不大。于是请求太常公拨付廪米赈灾,同时出告示通知饥民，有能捕蝗一斗者返还同样数量的粮食。百姓们都去捕捉蝗虫，蝗灾很快就结束。

崇祯十四年(1641)，遇荒年，山阴人朱炯捐米赈灾，孙文焕变卖家产赈饥，救活许多人。

崇祯十五年(1642)，大旱连年，桃花李花冬季盛开，次年正月又遭遇大雪，出现大饥荒。山阴人张陛捐出自家存粮200斛平粜粮价，又设粥厂施赈。

清顺治八年(1651)，山阴人陈济美任盐城知县，当时频繁遭遇水灾，他向朝廷请求免除赋税以赈灾，得免当年赋税银20余万两。

顺治十五年(1658)，绍兴府遭遇台风暴雨袭击，户部批准减免受灾田亩当年税赋。随后发生饥荒，米价飞涨。绅董集资设平粜局于城隍庙，柯桥司巡检金光熙带头捐俸银50两作为倡议，每次开局都亲自到场，风雨无阻，对哄抬米价的就加以斥责，对懦弱买不到粮食的人给予帮助。会稽人童钦承卖掉田300亩赈灾。

康熙元年(1662)，会稽人章履成任山东泰安知州，州内连年饥荒，请求朝廷赈济没有批准，于是就准备食物沿路发放给灾民，发放粮食约上千石，新泰、长清、莱芜、蒙阴等地由此活下来的有数万人。

康熙十八年(1679)，山阴县饥荒，华舍张溇人胡元仁在家乡赈灾，设粥厂给灾民提供饮食长达两个月。

康熙十九年(1680)，范其铸任山阴知县，适逢灾年，于是捐俸赈灾，并倡议乡绅设法救济灾民。遇到涝灾，范其铸亲自勘查，向上呈报，获得免除本年正赋之半，百姓的困难基本得到解决。

康熙二十四年(1685)，山阴受灾，诸生朱洪谧捐出家存所有粮食赈济灾民。

康熙二十八年(1689)，会稽人杜如昌任山西马邑县知县，适逢荒年，他首先倡议捐俸赈灾，民赖以得活。

康熙二十九年(1690)七月，大雨、山洪接连不断，直至八月初三。知府李铎变卖自家衣物首饰，带头募捐，共得米2.7万余石、棉衣3000余件，三次亲自前往穷乡僻壤赈济，赖以存活的灾民10余万人。

康熙三十五年(1696)，山阴人王道隆任莘县知县，屡遭水旱灾害，他一边向上奏请免除税赋，一边带头捐俸赈粥，百姓得以安然渡灾。

康熙三十九年(1700)，山阴人陈廷纶登进士，守巩昌，因战争引起物价飞涨，陈廷纶向上请求拨付粮食以平抑粮价，百姓赖以存活。五十七年(1718)五月地震，通渭全城陷落，更有山石横飞，千余户居民被压，宁远、秦州先后受灾，陈廷纶疾速前往勘查灾情，立刻发放赈济物资，昼夜不停，咯血不顾。

康熙五十三年(1714)，山阴人刘廷栋任岑溪县知县，每遇歉岁，按惯例巡察各地以救灾，往返需时日，他先捐俸设粥厂，全活甚众。

雍正二年(1724)，海水淹没杜浦盐场，会稽人章琇集结工匠抢筑海塘，塘内田地房屋获得保全。四年(1726)，遭瘟疫，他施药以救。九年(1731)，又受灾，他捐资赈灾，救人无数。

雍正年间(1723—1735)，逢荒年遭饥，山阴人潘用槐屡次捐资赈灾。

乾隆元年(1736)，山阴人周应宿由庶吉士改任江苏句容县知县。三年(1738)邑大旱，他捐出俸钱，又劝说富豪捐钱赈灾，活人无数。

乾隆八年(1743)夏，高淳县淫雨连绵，湖水骤涨，洪水淹没民居百姓。知县童国松(会稽富盛人)一边上奏请求朝廷赈济，一边携带粮食乘坐小船走遍灾区，亲自勘查复核灾情，按人口发放救灾物资，百姓获救有数万人。

乾隆十六年(1751)绍兴大灾，山阴人史义遵首先带头捐钱，倡议志同道合的士绅赈灾。制定粮食平粜制度，各地都加以效仿，拯救无数百姓。次年，山阴人钟梦熊、钟绂各捐米1000余石，开设粥厂赈济饥民。

乾隆二十年(1755)，会稽县遭饥荒，知县彭元玮设赈，将县东北隅的赈灾事宜全权委托会稽人王世俊办理。王世俊带头捐资发动倡议，一时间，仗义捐钱的人很多。会稽人顾灿首先拿出粮食开设粥厂，接连好几个月赈济灾民。

乾隆二十一年(1756)，会稽遭大饥荒，饿死不计其数，寺东村人顾楫开仓赈济。

过了两年，又发生饥荒，他又继续赈济。

乾隆二十九年(1764)，江西德化县（今江西九江县）发大水，封一、封二、桑落三镇滨江，长堤溃决，当时大雨不停，百姓无处容身。知县周千里（山阴人）督率大小船只前去救人，严禁船工索要钱财。下令本城庙宇、祠堂不关大门，让百姓暂时安身，救活很多人。之前由于春夏水涨，百姓猝不及防，麦田都被洪水淹没，几乎颗粒无收。周千里本想了解详情上报，待获准后再开始放赈，但事不宜迟，便立即开官仓赈济，随后再上奏。

嘉庆二十年(1815)九月下旬，山西平陆县发生地震，受难三万余口。山阴人陆樟时任平陆县知县，他沿村入户抚恤灾民，将详细灾情呈报上级，奏请赈款。款到后，陆樟又亲赴乡村，视灾情发放物资。当时已值冬季，风雪交加，灾民饥寒交迫，而余震不断，又有人不断死亡。陆樟日夜奔驰，认为是自己无德导致如此惨祸，最终自缢身亡。当地百姓听此消息，痛哭流涕，数十年后，父老谈及仍哭泣不已。

道光五年(1825)，绍兴遭遇洪水，会稽诸生陶庆怡借粮赈灾，其妻手制棉衣发放给穷人。第二年又遇水灾，赈济更加周全。

第二节　近现代赈灾救助

清咸丰七年(1857),房山县境域一半以上田亩蝗虫成灾,时任房山知县的山阴人高骧云,倾出数年为官积蓄,出资千余,悬赏捉捕,在房山城南设场,论斤收买,不到十日,得虫20余石。高骧云为官清正,离任后闲居房山,以至死后家贫不能安葬,依靠亲友资助才得以落葬。

同治六年(1867),北京郊县饥荒,山阴人娄诗汉奉命主持粥厂。他混杂在饥民中间,鉴别老弱给予优先,亲自计量粮食,历时五个多月,获得赈济5万余人,没有一个人饿死。娄诗汉积劳成疾,几乎病死,百姓都感激涕零。光绪二年至四年(1876—1878)娄诗汉代理安平县,该县濒临滹沱河,这年秋天河水暴涨成灾,上级以为只是小事,娄诗汉到任视察清楚后呈报,才知遭受重灾,于是朝廷下诏免除税赋,拨付赈灾钱粮。他亲自下乡巡视,遍及穷乡僻壤,抚慰百姓,按每户情况核发,勤勉不怠。

光绪九年(1883)7月,山、会两邑两次潮患,塘外沙地尽遭淹没,冲坏堤塘庐舍无算,赈济极贫6527户、大小24118口,大口每给钱300文,小口150文,散放4次。

光绪十六年(1890)春夏之交,越中米价腾贵,民食恐慌,粮户囤积居奇,百姓捣毁米肆。官府力主平粜,邑人李德奎主持东陶坊,平粜40天,以救百姓。

光绪二十三年(1897),会稽人李大椿任贵州普安厅同知,捐俸3年用以赈济灾荒,设养济院以赡孤贫。

民国九年(1920),山阴人范寿铭任职河南。是年夏,全省大旱,赤地千里,灾民数十万露宿风餐，饿殍载道。范寿铭先后募集赈粮，分路散发救济，并实行以工代赈，使灾民老少得活无数。

二十九年(1940)4 月，大水泛滥、霍乱流行，6 月粮荒严重。省、县拨款 8 万元作为施粥经费。省慈善团体筹资购米运绍接济，天台、温州等地捐米援绍，上海、宁波同乡会募捐赈济，永嘉更是发起捐助 5 万千克谷运动。

三十五年(1946)，水、旱、风、虫灾害并发，翌年 2 月冬救会在城区开办施食站 2 个月，每镇施食 10 天，6 个镇共施食 29902 人次，用去食米 5514 千克、汤粉 335 千克，计国币 711 万元。

三十八年(1949)9 月 30 日止，夏、秋，水灾，受淹农田 19.1 万亩，翌年因上年水灾影响，山区及沿海地区稻椿象害稼，禾长秕谷。县政府贷给灾民稻种 1.5 万千克，每户 7.5 千克，供改种、补种。配发各区救济稻谷 25 万千克，救济烈军属和贫困户 3561 家 10545 人。专拨奖励捕虫稻谷 40228.5 千克、米 600 千克。

第三节　当代赈灾救助

政府赈灾救助

1953年7月大旱，10月底又连续降雨，92个乡254042亩农田受灾。县机关干部200余人协助抢收抢种，减免农业税有差。同年9月，孙岙乡暴雨成灾，受灾50户195人，死7人。县政府派救灾工作组赶赴灾区，并募集资金344元、大米1311.5千克，六谷993千克及衣被等物，经群众评议发放到户。最困难户每户50—75千克，一般困难户每户25—50千克。

1954年，大风、暴雨，6次大水，4次成灾，27.3万亩土地被淹，部分海塘被毁，淹死32人(其中小孩26人)，县政府拨款2.18万元以赈。

1956年8月1日夜至2日，全县遭台风暴雨侵袭，遭灾严重。县政府组织慰问，修复住房仓库，治疗伤员，安葬死者，先后两次拨急救款12.53万元。

1957年4月，稽东乡火灾，受灾38户、128人，毁房68间，县政府拨救济款1200元以济。

1962年9月，遇特大台风暴雨，铁路以南一片汪洋，死31人，伤75人，县政府三次拨款共30.15万元，贷款99万元，拨给毛竹10万支、木材1050立方米、棉布15万尺、棉花1.15万千克、化肥125万千克以赈，并减免农业税粮31.5万余千克。

1963年1月,梅山公社墨庄大队火灾,23户108人受灾,烧房48间,县政府拨款2000元以济。2月,两溪公社火灾,35户150人受灾,毁房100余间,死1人,毁口粮、种子、家畜、家具,县政府拨救济款5250元,贷款2万元及棉花、布票、蚊帐、棉被、农具等生活、生产用品。

1963年5月,马山等4个区遭大风、暴雨、冰雹袭击,倒屋30间,5万多亩作物受损。县政府予减免公粮185万千克,拨返销粮1146万千克,借贷粮203.5万千克,发放无息贷款28万元和救济款15.3万元。

1967年大旱,水库干涸,溪沟断流,28个公社成灾,其中重灾公社21个。县政府对重灾公社给予经济补助。

1970年7月,风雹袭击齐贤区和双梅、新闸等公社,倒屋318间,死3人,伤47人,残2人,县政府拨救济款5.99万元,木材46立方米。

1971年大旱,全县突击修建大中型翻水站29处,安装变压器30台、水泵180台。翌年,县革委会转发省、地救济款8万元救灾。

1974年8月,台风引发大潮,海涂围堤溃决,5万亩农田被咸潮淹没,1800余间住房被毁,万余干部参与抢险,48人牺牲。是年,县政府拨出救济款和抚恤费169.78万元。

1979年9月,连遭台风袭击,水稻受淹28486亩,倒屋1053间,毁堤1.7万米,毁坏电杆154根、水电站1座、水库2个、桥5座,死5人,伤3人。县政府下拨救灾款2万元,调拨木材50立方米、水泥30吨、玻璃100标箱、油毛毡300筒,帮助灾民恢复生产和生活。

1980年7月,连遭大风暴雨,受淹早稻38360亩、晚稻秧田3640亩,倒屋157间,毁茶园273亩。县政府下拨救灾款1.5万元。

1981年5月,连遭龙卷风和暴雨,成灾农田5.53万亩,倒屋156间,县政府下拨救济款3700元。

1983年,全县发生暴风雷雨16起,倒塌房屋49间,500亩农田被淹,7人被雷电击毙。县政府下拨救济款 1900 元。

1984 年 2 月，全县遭大雪，上灶、孙岙、红山乡 11 个村坍房 23 户。6 月，洪涝成灾，全县受淹农田 3.51 万亩，倒塌房屋 29 间，死 4 人。县政府下拨救济款 1510 元。

1987 年 10 月，飓风成灾，风雨冰雹合袭东浦、湖塘、马海等 10 个乡镇，死 7 人，倒塌民房、校舍等 145 间，县政府拨救济款 4.5 万元及水泥、钢材等物资。

1988 年 6 月，洪涝成灾，淹田 5 万亩。8 月，台风袭击 50 多个乡镇，水稻受淹 36587 亩，倒塌房屋 1244 间，死 2 人，伤 21 人。县政府下拨给救济款 42.7 万元及救灾物资。

1989 年 8 月，台风、大暴雨。6 个区、31 乡镇、295 村受灾，县政府两次下拨救灾款共 88.8 万元，分发水泥、砖块、钢材、木材、柴油、尿素等救灾物资。同年 8 月，全县募款 23.18 万元，粮票 7493 千克，大米 5000 千克，水泥 10 吨，衣服 20927 件，发往灾区，帮助灾民生活。

1990 年 7—8 月，干旱，受旱田地 9 万亩，成灾 3.4 万亩，有百余村 5 万余人饮水困难。8 月台风，全县 62 个乡镇 808 个村 13.27 万人受灾，倒屋 991 间，农田受淹 10.5 万亩，死 3 人，伤 12 人。县政府下拨救灾款 28.5 万元。12 月，山区旱灾，县政府先后拨救济款 8.5 万元。3065 户参加救灾互助基金会（以下简称互救会）之农户获赔款 24.69 万元。

1991 年 8 月旱，1515 户获互救会赔款 13.41 万元。

1992 年 7 月，全县连遭台风暴雨，受淹农田 3 万亩，倒屋 350 间，死 2 人，伤 1 人。8 月旱，受灾面积 8.5 万亩，1.5 万亩基本无收。9 月，遭台风袭击，毁房 350 多间，淹没农田 5 万亩，350 人无家可归，死 3 人，重伤 1 人。县政府下拨救灾款 10 万元，846 家农户获互救会赔款 2.39 万元。

1994 年 6 月，洪涝灾害，全县 25 个镇受灾，受灾 12.9 万人，26.6 万亩农田受淹。县政府下拨救灾款 8.8 万元，2789 家农户获互救会赔款 70.14 万元。

1995年干旱，全县受灾面积4万亩，3万人生活饮水受影响。县政府下拨救灾款27.5万元，1460家农户获互救会赔款82.14万元。

1997年，遭梅雨洪涝。8月10日，遭台风袭击，海涂一线冲失石方9万余立方米，238家企业停产，近600亩土地被潮水淹没，受损民房1.5万余间，其中倒塌1770间。县政府先后下拨救灾款70万元，10712家农户获互救会赔款158.04万元。

2002年9月13日下午，王坛镇遭大暴雨袭击，有655间民房进水严重受损，53间民房倒塌，冲垮桥梁25座，冲毁道路、水利设施1200多处，山体滑坡117处，成灾面积2265亩。县政府下拨救灾款8万元，679家农户获互救会赔款41.5万元。

2003年高温干旱，山塘水库干涸718座，溪流全部断流，经济作物轻旱3.75万亩，重旱6.3万亩，饮水困难6.97万人。2449家农户获互救会赔款45.5万元。

2005年9月11日，遭台风袭击，全县房屋倒塌85间，损坏溪堋5.92千米，损坏海塘6.45千米。县政府下拨救灾款15万元，县信用社资助王坛镇灾区10万元，3203家农户获互救会赔款53.2万元。

2006年高温干旱，农作物受旱面积33600亩，山区茶叶、毛竹局部干枯。县政府下拨救灾款20万元，1029家农户获互救会赔款44.19万元。

2007年，遭台风袭击，全县倒塌房屋42间，受灾人口6811人，农作物受灾面积5.1万亩，公路中断29条次，毁坏公路路基1.24千米，损坏输电线路5千米、通信线路3千米，损坏堤防4.8千米、护岸7.8千米，全县直接经济损失1.13亿元。县政府下拨救灾款20万元，715家农户获互救会赔款27.44万元。

2008年2月1日，遭特大雪灾，全县受灾人口11.85万人，农作物受灾面积98805亩，倒塌房屋72间，直接经济损失18250万元。县政府调运1200条棉被、2000余件冬衣等救灾物资用于救灾。

慈善机构赈灾救助

省内与国内赈灾救助

1998 年 6—8 月，长江、松花江、嫩江发生特大洪涝灾害，绍兴县慈善总会募集 613 万元款物，支援灾区抗洪救灾。

2001 年 2 月，新疆维吾尔自治区部分地区遭受严重雪灾，绍兴县慈善总会向灾区捐赠 2 万元，通过中华慈善总会救助灾民。

2008 年 6 月，绍兴县副县长马芳妹(前排左三)率队赴四川省青川县开展赈灾工作

（绍兴县慈善总会　供稿）

2008 年，四川省汶川“5·12”地震后，绍兴县广大群众踊跃向灾区捐款

（绍兴县慈善总会　供稿）

2008年，四川省汶川“5·12”地震后，绍兴县广大学生开展“心连心”捐款活动

（绍兴县慈善总会　供稿）

2008 年，四川省汶川“5·12”地震后，绍兴县慈善总会向灾区运送救灾物资

（绍兴县慈善总会　供稿）

2008 年 5 月 12 日，四川汶川发生大地震，绍兴县委办公室、县政府办公室联合发出《关于积极支援四川灾区做好抗震救灾工作的通知》，全县迅速掀起支援抗震救灾的热潮，至 2008 年 8 月 31 日，县慈善总会实际到账赈灾捐款 6516.59 万元，接收捐赠物资价值 500.2 万元，所有救灾款物全部及时送往灾区。此外，浙江宝业集团出资 500 万元，为青川县凉水镇援建希望小学一所。县红十字会为灾区募集善款 534.01 万元，其中钱清原料市场 55 万余元、越隆控股集团 50 万元、绍兴第二医院 14 万元。

2009 年，县红十字会向四川省青川县灾后重建指挥部捐款 366.97 万元，全额援建凉水镇卫生院 800 平方米的综合楼。

2010 年 4 月 14 日，青海玉树发生地震，县慈善总会募集赈灾款 552.08 万元，县红十字会募得资金 97.18 万元，支援地震灾区。是月，西南五省遭受前所未有的干旱，县慈善总会向灾区捐款 15.82 万元。8 月 7 日，甘肃舟曲发生特大山洪泥石流灾害，县慈善总会向灾区捐款 29.8 万元，县红十字会向灾区捐款 25540.70 元。

2013 年 4 月 20 日，四川省雅安市芦山县发生地震，县慈善总会向灾区捐款 42.22 万元，县红十字会向灾区捐款 42.99 万元。10 月 8 日，受台风“菲特”影响，浙江省余姚市遭遇严重水灾，县红十字会组织志愿者赶赴灾区，为受灾群众送去水、食

2009 年 9 月，四川省青川县凉水镇九年制学校援建碑记　（绍兴县慈善总会　供稿）

2009 年 12 月 30 日，绍兴县全额援建的四川省青川县凉水镇卫生院落成

（绍兴县慈善总会　供稿）

2013年4月26日，绍兴县机关幼儿园小朋友向绍兴县慈善总会捐款，为雅安地震灾区献爱心　　（绍兴县慈善总会　供稿）

物等基本物资。

2014年8月3日，云南省昭通市鲁甸县发生地震，柯桥区慈善总会向灾区捐款7.02万元，区红十字会向灾区捐款2.26万元。

2018年，区红十字会向四川省金川县红十字会捐赠价值11万元的衣物、棉被、书包等物资。

2019年6月27日，四川省金川县曾达乡发生特大泥石流，柯桥区作为金川县的结对区，区慈善总会第一时间发出助力金川灾后重建的倡议书，全区爱心企业、爱心人士踊跃捐款，共有97家企

2019年9月6日，柯桥区举办"中华慈善日"主题晚会，浙江百思寒羽绒股份有限公司向四川省金川县捐赠衣物　　（柯桥区慈善总会　供稿）

2019 年 8 月，柯桥区慈善总会会同绿蛙公益向四川省金川县捐赠冬衣。图为冬衣发送现场 （柯桥区慈善总会 供稿）

业或个人通过区慈善总会捐赠善款 114.28 万元。其中绍兴精诚橡塑机械有限公司联合柯桥街道乡贤会捐赠 10 万元，瑞丰银行发动党员捐款 82786 元，宝业、永利、宗球纺织、绍兴银行轻纺城支行 4 家企业各捐赠 5 万元。天圣控股集团与区慈善总会商讨决定从天圣慈善基金中列支 50 万元，定向用于补助金川县曾达乡泥石流中受灾困难农户房屋修缮以及其他公益设施维修。此外，瑞丰银行新城支行捐赠 100 条夏凉被，中国银行柯桥支行捐赠 110 床棉被，阳嘉龙羽绒厂捐赠 300 件羽绒服。是年，浙江省江山市发生特大水灾，柯桥区慈善总会向灾区捐赠 10 万元。

是年，柯桥区红十字会向四川省金川县泥石流灾区、浙江省江山市特大水灾区，共捐赠价值 158 万元的救灾物资。

境外与国际赈灾救助

2004 年 12 月 26 日，印度尼西亚苏门答腊岛发生地震引发印度洋海啸，绍兴县慈善总会组织开展捐款活动，将 71.71 万元赈灾款汇至浙江省慈善总会，由中华慈善总会转赠印度洋海啸灾区国家。

第五章
慈善服务

建立慈善服务组织开展志愿活动，是柯桥区现代慈善事业组成部分。在慈善募捐、慈善救助、慈善宣传以及重大自然灾害救助等许多工作中，都有广大志愿者的支持与参与。柯桥区开展慈善服务活动除专业的义工组织外，区政协、区慈善总会、各民主党派、区工商联（总商会）、区总工会、团区委、区妇联、区残联、区侨联、区红十字会等部门（单位）发挥自身优势，也组织开展各类慈善服务活动，内容涵盖助老、助学、助医、助残、助困等以及应急救援、生活服务、环保宣传、心理健康等。

第一节 慈善服务组织

柯桥区社会组织服务中心(柯桥区慈善组织孵化基地)

2016年,柯桥区设立社会组织服务中心(柯桥区慈善组织孵化基地)。中心承担全区社会组织的培育扶持、公益创投、信息服务、培训交流、宣传推介、党建服务等职能,采取政府支持、专业运作、公众监督、社会组织受益运营模式,重点构筑公益慈善类、城乡社区服务类社会组织的培育发展基地。柯桥区慈善总会会同区民政局打造区—镇(街道)—社区三级平台,辐射式构建区域慈善公益网络。区级层面,依托区社会组织服务中心,融合共建区慈善组织孵化基地,充分发挥龙头枢纽型慈善组织的引领支持作用,依法规范慈善活动,开展慈善公益组织孵化培育工作;镇(街道)层面,依托慈善分会、社会组织服务中心、居家养老服务中心、慈善爱心书舍等平台,培育公益组织,实施公益项目;社区层面,探索建设集物资交流、政企互助、捐赠救助、困难帮扶、志愿服务等功能于一体的基层慈善综合服务平台——爱心驿站。至2020年底,柯桥区搭建各类慈善平台60余个,全区登记备案的公益慈善类社会组织498家,各级民政部门认定的慈善组织13家。资助65个公益创投项目,重点培育孵化社会组织32家,累计开展助老、助困、助学等公益活动6000余场次,服务50余万人次。

柯桥区(绍兴县)志愿者总会

2012年,柯桥区(绍兴县)志愿者总会成立后,以奉献他人、提升自己、行善立德为宗旨,围绕文明创建、生态创建等区委区政府中心工作,以“学雷锋日”“迎接G20峰会”等为契机,成立专门的志愿服务队,开展“礼让斑马线”“党员护水”“向阳花开助学”“为环卫工人送清凉”等大型系列活动,共计60余场,全区各地开展各类志愿服务活动1000余场。其中2018—2020年,柯桥区志愿者总会每年发起7场暖冬志愿行动,为敬老院老人、雅博残疾人庇护中心残疾人、环卫工人、农村留守儿童等开展志愿服务。还走出省界,给青海省玉树地区和新疆阿瓦提县的困难家庭送去棉衣,结对困难学生。

至2020年,柯桥区有长期开展志愿服务活动的专业化、规范化的志愿者服务队近100支,产生一些精品团队和品牌项目,其中有爱心助学品牌“向阳花开”,以关爱贫困山区弱势群体孩子为主,共资助和结对80多人,资助总额60多万元;秋香感动柯桥志愿团队,以敬老服务为重点,向华舍、钱清、福全、稽东等镇(街道)敬老院入住老人开展送温暖活动,共开展10多场活动;王大姐医院义工志愿服务队,从2012年4月开始,在绍兴市中心医院和柯桥区中医院常年开展无偿志工活动,到2020年共445期。

柯桥区(绍兴县)微动力志愿公共服务中心

柯桥区(绍兴县)微动力志愿公共服务中心成立于2012年,重点围绕公共管理、社会服务和社会援助三大核心,开展文化教育、关爱帮扶、便民惠民、健康卫生、交通治安等多项社会化服务。至2012年底,中心注册志愿者3028人,专业志愿者团队37个,发布和开展志愿活动140项,累计服务时间5000余小时。2015年,“微动力”

网站注册志愿者 57998 名，日常志愿服务团队 791 个，自主发起志愿活动 1702 次。2017 年，“微动力”网站注册志愿者 88724 人，有各类志愿服务组织 894 个，发起活动 592 次，建立各级志愿服务中心 7 家，挂牌志愿服务基地 10 家，组建专业化志愿服务队伍 20 支。2018 年，“微动力 + 我们与水”三点半公益教育项目获第四届中国青年志愿服务项目大赛水利专项赛铜奖。

柯桥街道微动力志愿服务中心

柯桥街道微动力志愿服务中心于 2012 年 3 月由柯桥街道团委发起，于 2013 年 11 月登记注册成立，以自主开发的微动力志愿者网站和特色公益项目为载体，为社会对接各项服务活动。至 2017 年 12 月，平台有注册志愿者 7.9 万名，团队 352 个，发起志愿活动 2590 次，服务时间累计超过 10 万小时。2017 年 12 月，该中心荣获全国十大“2017 网络公益年度机构”和“浙江名牌产品（服务类）”称号。

柯桥区机关平安志愿者队伍

2016 年，柯桥区组建机关平安志愿者队伍，招募志愿者 3649 人，在护航 G20 决战阶段安排 4160 人次志愿者参与公交线路和公交站点安保工作；组织 600 多人次志愿者开展“礼让斑马线、文明过马路”专项行动；组织党员干部 6263 人次集中开展“五水共治”全民护水活动，向群众面对面宣传“节约一滴水就是参与五水共治”，分发“五水共治”宣传手册 45000 册。

纺城有家・红公益平台

2017 年 11 月 15 日，“纺城有家・红公益平台”运行暨中国轻纺城“情暖纺城大型公益行动”启动仪式在中国轻纺城坯布市场举行。启动仪式上，中国轻纺城市场委员会向绍兴市援疆指挥部捐赠保暖内衣1000件，向柯桥环卫工人捐赠保暖内衣400套。中国轻纺城北联市场网格党支部党员丁伟向纺城红基金捐赠1万元。“红公益平台”有30多家发起单位，设7个小分队，主要开展敬老爱幼、助残扶弱、爱心捐赠、公益环保、结对帮扶等公益活动。

第二节　慈善服务活动

柯桥区慈善总会“慈善 + 社工 + 志愿服务”活动

柯桥区慈善总会会同区志愿者总会，发挥枢纽型社会组织的资源优势、社会工作者专业优势和志愿者规模优势，依托“志愿柯桥”网站，建立志愿者积分兑换激励机制、评价反馈及后续追踪机制，发布宣传宣讲、扶贫帮困等微活动，营造“人人参与”公益服务活动的社会氛围。至 2020 年底，网站注册志愿团队 1457 个、志愿者 11.61 万余人，累计开展活动 1.12 万场次，服务时间 128.09 万小时。“志愿柯桥”品牌入选全省首批“文润同心”工程。

2016 年 10 月，柯桥区社会组织服务中心（区慈善组织孵化基地）外观

（柯桥区慈善总会　供稿）

2019 年 7 月，柯桥区慈善组织孵化基地开展社会组织财务培训

（柯桥区慈善总会　供稿）

2020 年 1 月 10 日，浙江省政府原副省长、党组副书记，十一届省政协副主席、党组副书记，省慈善联合总会会长陈加元（右四）一行参观柯桥街道慈善基地——柯桥益家

（柯桥区慈善总会　供稿）

2018 年 9 月 19 日，柯桥街道管墅社区爱心驿站举办公益分享会

（柯桥区社会组织服务中心　供稿）

2018年10月19日，柯桥街道大渡社区爱心驿站举办公益沙龙

（柯桥区亲民社会工作服务中心　供稿）

2018年10月，华舍街道金城社区爱心驿站开展垃圾分类积分兑换活动

（华舍街道金城社区　供稿）

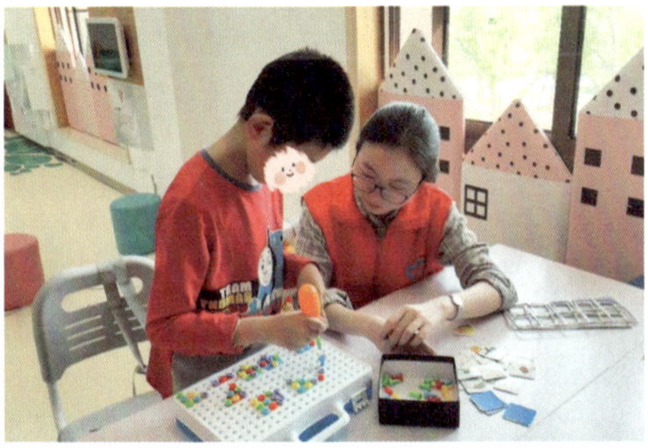

2019年5月11日，柯岩街道高尔夫社区爱心驿站开展“蜗牛之家”特殊儿童关爱项目

（柯岩街道高尔夫社区　供稿）

2019年12月7日，华舍街道兴越社区爱心驿站开展儿童科普系列活动

（华舍街道兴越社区　供稿）

2017年6月10日，柯桥区欢乐慈爱义工团为特困家庭儿童装修卧室

（柯桥欢乐慈善义工团　供稿）

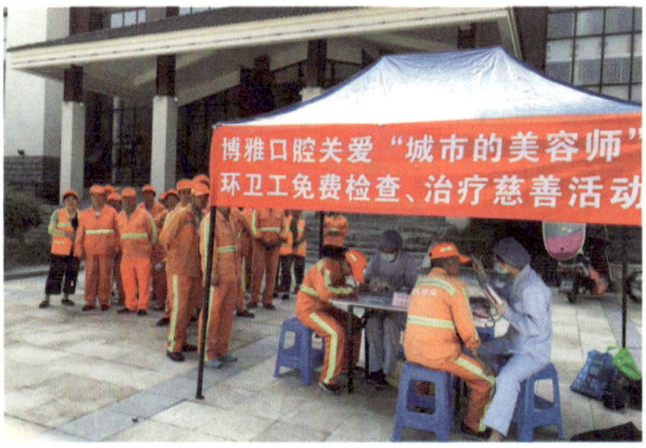

2018年6月12日，绍兴柯桥博雅口腔医院为环卫工人免费做牙齿筛查

（绍兴柯桥博雅口腔医院　供稿）

柯桥区（绍兴县）政协组织的“系列慈善”活动

2012年始，绍兴县政协组织开展“系列慈善”行动，坚持一年1个主题，相继开展助残、助老、助学、助孤、助医等专题慈善活动。是年9月13日，绍兴县政协召开十一届八次主席会议，专题视察协商全县助残工作。与会人员实地视察县雅博残疾人庇护中心和县特殊教育学校，了解扶残助残工作落实情况，就做好“省扶残助残爱心城市”创建工作提出意见建议。

2013年4月11日，绍兴县政协“系列慈善·助老”行动启动仪式在柯桥夕阳红中心举行。县政协各专委会、各镇（街道）工委发动政协委员、青年志愿者、医疗和文艺界骨干等社会各界力量，为老人开展多种形式的助老活动。县政协组建专题调研组，了解养老事业发展现状，找准工作薄弱环节，提出对策建议。6月5日，组织医药卫生界骨干到柯桥敬老院义诊慰问老人。10月10日，县政协主席孟柏千看望慰问百岁老人，为老人送上慰问金和慰问品。全年组织发动送健康、送法律、送戏曲、送电影、送书画、送电器、送轮椅、送食品等各类慰问活动60余次，看望慰问老人5506人次，捐赠款物200余万元。

2014年4月28日，柯桥区政协“系列慈善·助学”行动启动仪式在柯桥特殊教育学校举行。区政协组织各专委会、各镇（街道）工委开展形式多样的专题活动，组建调研组，摸清柯桥区贫困学生、残障学生、留守儿童等群体现状，提出对策建议。在区镇两个层面，全年共组织各类助学活动50余次，看望慰问学生7300余人次，捐赠款物折合人民币170余万元。

2015年3月13日，柯桥区政协“系列慈善·助孤”行动启动仪式在越崎中学举行。全年组织各类慰问活动73次，看望慰问孤儿学生420人次，捐赠款物100余万元。

2016年，柯桥区政协开展“系列慈善·助医”行动，以集中开展一次慰问活动、一场专题讲座、一次爱心献血、一次送医下乡等“四个一”活动为载体，慰问白血病患儿 14 人，提供义诊咨询服务 500 余人次。区政协领导分赴柯岩街道、王坛镇等地看望慰问困难家庭患者。邀请浙江省立同德医院副院长、主任医师陈勇毅在区行政中心作专题讲座。在湖塘街道香林村开展“系列慈善·助医”义诊活动，来自绍兴第二医院、市中心医院的 10 余位专家为村民提供健康咨询服务。

2017 年，柯桥区政协开展“系列慈善·助残”行动，组织发动区政协各室（委）、镇（街道）工委、参加单位和政协委员，以向区委区政府提一条建议、提交一件建议提案、组织一次专题民主监督、成立一个爱心基金项目、推动一次专题安全检查等活动为载体，以智力精神障碍患者这个特殊群体为重点，开展多形式的助残活动。共慰问智力精神障碍患者 273 人次，发放慰问金、慰问品累计 6 万余元。调研组向区委区政府报送《关于加强柯桥区残疾人庇护机构规范化建设的建议》，获区委主要领导批示。

2018 年，柯桥区政协会同区慈善总会联合开展以政协组织进百村、政协委员访千户为主要形式的“助困百千行动”，即通过发动全区政协委员和政协工作者成为慈善志愿者，分成 36 个小组，根据困难群众的情况和需求，因户施策，开展精神、物质及其他个性化助困帮扶。全年走访村（居委会）101 个、困难家庭 1098 户，发放慰问金、慰问品合计 106 万元。

2019 年 3 月，柯桥区政协印发《关于 2019 年深入开展“进百村、访千户”慈善助困行动的意见》，同步开展关爱孤儿、关爱学童、关爱老人、关爱患者、关爱弱者五大行动。成立慈爱基金，通过发动政协委员、工作人员捐款，山阴书画院书画作品义卖等形式募集资金 218 万元，发放慰问金、慰问品 70 余万元。12 月，柯桥区政协联合区慈善总会继续开展“进百村、访千户”慈善助困行动，合计发放款物 50.93 万元，惠及 153 人。

2020 年，柯桥区政协印发《关于 2020 年深入开展“进百村、访千户”慈善助困行动的意见》，主要内容：深化“进百村、访千户”慈善助困行动，全年走访慰问贫困人员 1204 人，发放慰问金与物品合计 128.44 万元；开展关爱自闭症儿童公益活动，组织自闭症儿童绘画，创作一批作品，在区美术馆举办展览；联合区慈善总会，在柯水园（柯桥区中医院西南侧）对柯水长廊进行园林化改造，嵌入具有慈善内容的书法、绘画等艺术作品，彰显慈善文化特色，打造慈善文化长廊和慈善文化主题公园；开展应急救护进社区活动，提升居民自救互救能力。

2020 年 6 月 23 日，柯桥区政协主席孟柏干（左一）在“七一”前走访慰问困难党员

（柯桥区政协办　供稿）

2020 年 9 月 17 日，柯桥区政协与区红十字会联合开展应急救护进社区活动

（柯桥区政协办　供稿）

2020 年 11 月 18 日，柯桥区政协牵头在柯桥美术馆举办柯桥区首届特殊儿童书画作品展

（柯桥区政协办　供稿）

柯桥区(绍兴县)红十字会组织的慈善服务活动

1994 年 5 月,绍兴市、绍兴县红十字会等 12 家群众团体和新闻单位,发起绍兴市首次无偿献血活动。来自市区的第二医院、第三医院、县防疫站、县妇保所、县卫生进修学校共 74 人到市人民剧院献血站无偿献血。

2007 年,在“5·8”世界红十字纪念日活动或节假日,开展大型广场宣传和便民服务活动,先后 6 次对红会会员、志愿者开展业务培训,培训 241 人。

2009 年,开展“5·8”世界红十字日宣传周和世界献血日,组织红十字志愿者在全县 19 个镇(街道)设立宣传咨询点,宣传献血及捐献造血干细胞科普知识,开展义诊活动。在 7 所示范创建学校传播红十字运动及救护的基本知识,开展人道主义思想教育。在全县各医院招募救护培训志愿者,购置 6 万多元培训器材和物品,与县安监局联合为学校、高危行业从业人员、社区开展多种形式的救护培训,免费进行救护培训 4 期。

2010 年,在“5·8”世界红十字日宣传周和世界献血日,组织红十字志愿者在街头设立宣传咨询点,开展义诊活动。全县举办卫生救护培训班 8 次,400 余人参加,发证 241 人。

2011 年,在“六一”国际儿童节时,组织学校、幼儿园开展义卖活动,把家中闲置的玩具、图书进行义卖,当日收到义卖款 16460 元。

2012 年,组织免费救护培训和红十字知识宣传 32 场次,培训 7700 人次;发放宣传资料上万份;开展志愿帮扶活动 50 人次,帮扶困难家庭 23 户。组织救护技能比赛、中小学生红十字知识竞赛,完成在柯桥城区的红十字宣传画、文化墙的创作和建造,在全市文化墙创作比赛中荣获一等奖。

2013 年,开展红十字现场救护培训惠民工程,完成普及性培训 7200 人次,动员 95 名志愿者自愿加入造血干细胞捐献者资料库。

2015 年，开展救护员取证培训 2353 人，普及红十字救护知识 23500 余人次；完成造血干细胞采样登记 140 人，实现器官捐献 1 例、遗体和人体器官捐献登记 8 人。开展红十字博爱周系列活动，发放宣传资料 5000 余份、红十字急救包 1000 余个，帮助困难群众 200 余人。

2016 年，区红十字会建立心理援助志愿服务队和红十字 AED（自动体外除颤器）应急救援队两支志愿者队伍，分别招募志愿者 21 人和 62 人，完成志愿者的专业培训和设备购置。心理援助志愿服务队每周在青少年活动中心和柯桥街道颐养园内开展服务；AED 应急救援队为稽东香榧旅游节暨会稽山香榧古道马拉松活动提供救援服务保障。

2017 年，开展美丽乡村博爱行活动，分别在湖塘街道香林村、王坛镇东村村和平水镇王化村举行大型广场公益活动，开展医疗义诊、现场应急救护演示、宣传资料发放、志愿服务等活动，累计义诊 700 余人次，发放宣传资料 2600 多份、救护包 1200 余个。

2018 年，完成初级救护员培训 4115 人，普及红十字现场救护知识 31289 人次。

2018 年 5 月 8 日，柯桥区举行纪念“5·8”世界红十字日大型广场公益活动暨公共场所 AED 配置启动仪式 （丁 璐 摄）

造血干细胞采样入库 145 人,实现造血干细胞捐献 1 例。实施人体器官捐献 6 例、遗体捐献 1 例。分别在图书馆、体育中心、客运中心、商场、景区、学校等 15 个重点公共场所安装自动体外除颤仪。开展红十字博爱周系列活动,义诊 92 人,发放宣传资料 300 余份;开展志愿活动 96 场,服务群众 6700 余人。

2019 年,培训初级救护员 3102 人,普及红十字现场救护知识 2.73 万人次。造血干细胞捐献 1 例,实施人体器官等捐献 11 例。开展医疗志愿服务 195 场,服务群众 2.14 万人次。

2020 年,培训初级救护员 1954 人,普及红十字现场救护知识 1.6 万人次。实施造血干细胞捐献 2 例、人体器官捐献 2 例、遗体(组织)捐献 5 例。开展医疗志愿服务 237 场。

柯桥区(绍兴县)总工会组织的慈善服务活动

2004 年,县总工会募集劳动模范困难救助基金 140 余万元。

2007 年,开展送温暖活动,全县各级工会落实帮困资金 130 余万元,其中县总工会投入 17 万元。在企业探索建立困难职工帮扶基金,近 50 家企业建立帮扶基金,总额 515 万元。

2008 年,县总工会发动各级工会为四川省汶川地震灾区捐款,共捐款 5086 万元,捐物价值 438 万元。

2009 年 1 月,县总工会启动“情系困难职工、共建和谐家园”送温暖活动,筹集资金 264 万元,帮扶职工 3154 人;发放助学金 129.25 万元,受惠 569 人。

2010 年,全县各级工会筹措资金 370 万元,帮扶困难职工群众 3000 余人,资助困难职工和农民工子女 1145 人。

2011 年 1 月,县总工会组织全体机关干部和全县各镇(街道)、系统工会干部走访慰问困难职工 615 人。是年,全县各级工会筹措帮困资金 470 余万元,资助困难职工3500余人;筹集助学资金126.25万元,资助困难职工和农民工子女756人。

2012年1月,县总工会组织全体机关干部和全县各镇(街道)、系统工会干部走访慰问困难职工410人,发放慰问金34万元。是年,全县各级工会筹措帮困资金300余万元,资助困难职工3500余人,筹集助学资金228.7万元。

2013年,全区各级工会筹集资金410多万元,走访慰问困难职工3865名,356名困难职工子女得到资助,13376名职工参加住院互助保险,70多名困难职工不同程度得到最高5000元的爱心补助金。

2014年,柯桥区总工会开展爱心保险活动,为全区1200多名环卫工人和800多名交通协警送上一份保险,保险金为每人每年60元。

2015年,柯桥区总工会继续开展爱心保险活动,为全区825名环卫工人送上一份保险,保险金为每人每年60元。

2016年,柯桥区总工会依靠三级工会网络,摸排出244名困难职工进行建档救助,每人给予2500元救助资金,共发放61万元。

2018年,开展"夏送清凉"活动,慰问高温职工158人;开展"金秋助学""冬送温暖"活动,慰问困难职工322户,发放慰问金70余万元。

2019年,开展"双节送温暖""金秋助学"及日常帮扶,共慰问困难职工65人次,发放慰问金31.72万元。慰问各类一线职工2000人,发放慰问金60万元。

共青团柯桥区(绍兴县)委员会组织的慈善服务活动

2001年,绍兴团县委组织开展大型青年志愿者活动10余次。其中3月份,组织柯桥青年志愿者在鉴湖路上开展"3·5"志愿为民服务;县"两会"期间为人大代表、政协委员提供特色服务。4月至11月份,配合柯桥创建省级卫生县城,组织志愿者多次开展创卫大行动。在重阳节,组织志愿者开展"重晚晴　送温暖"活动。在第二届中国纺织品博览会期间,招募近千名志愿者,为纺博会提供宣传、礼仪、翻译、交通协管等10余项服务。年底，组织百支青年志愿服务队开展有困难找志愿者活动。

2005年3月，组织500多名团员从小舜江源头到鉴湖水域沿线开展“同饮鉴湖水　共护母亲河”志愿者环保行动。

2006年3月，举行共建示范文明新县城大型志愿活动，组织100余名志愿者为1000多名群众提供服务。是年，共为4次全县性活动组织志愿者近600名。

2007年，全县各级团组织利用节假日和特定节日共组织开展志愿活动近30场次，受服务群众超过7000人。

2008年，配合省级示范文明县城创建，组织120余名志愿者开展为期1个月的上街文明执勤活动。组织250余名志愿者服务纺博会。

2009年，登记成立绍兴县志愿者协会，构建起“县级协会+基层工作站+专业服务队”工作网络和“协会主题活动、站队经常活动”的工作模式。建立禁毒、消防专业志愿者大队2个，县、镇联动开展3·5学雷锋志愿服务行动。为第二届中国兰文化博览会提供志愿服务1000余小时。为14位社区矫正青少年配备5位结对帮扶志愿者，给予心理辅导和成长关爱。

2010年，组织180名志愿者，为第六届世界合唱比赛在场馆布置、交通协管、站点咨询等方面提供服务，累计提供志愿服务约1.1万小时。

2011年，组织“让志愿服务成为一种时尚”志愿者主题月活动，在蓝天市心广场开展学雷锋集中活动；组织环保志愿者赴小舜江源头开展保护母亲河行动；组织3场“这个春天很温暖”志愿者进民企活动，组织文艺、医疗志愿者进企业，为农民工提供文艺、医疗保健服务。

2012年，建立“绍兴县微动力志愿公共服务平台”。平台以“让志愿服务成为一种时尚”为理念，以“社会服务时间”为量化指标，以“时间储值”概念为内在动力，重点围绕公共管理、社会服务和社会援助三大核心，开展文化教育、关爱帮扶、便民惠民、健康卫生、交通治安等多项社会化服务。至年底，平台注册志愿者3028人，专业志愿者团队37个，发布和开展志愿活动140项，累计服务时间5000余小时。

2013 年，组织高校学生、机关团员青年、社会爱心人士等 154 名志愿者开办“小候鸟夏令营”，服务外来务工人员子女和农村留守儿童 2500 余人次。在外来民工子女学校、特殊学校、山区学校开展爱心公益活动，惠及学生 2000 余人次。

2014 年，整合“微动力”志愿服务站点建设，网站志愿者 45054 名，志愿者团队 621 个，发起志愿活动 930 个。省运会期间，组织 170 余名志愿者参与服务。举办流动少年宫 6 次，吸引少年儿童 3400 余人次参加；举办规模不等的 42 个小候鸟夏令营点，招募 90 余名高校学生志愿者、30 余名机关青年、6 名退休老师，服务少年儿童近 2000 人。12 月，为救助轻纺城中学山东籍患白血病学生范希光，“微动力”组织开展募捐活动，筹得善款 28 万余元。

2015 年，开设 41 个“小候鸟夏令营”，招募省内高校学生志愿者 120 余人，服务全区 2000 余名外来务工人员子女和留守儿童。完善区、镇街、村三级志愿服务联动组织体系，开展志愿活动 1702 个。

2016 年，开展“流动少年宫”“小候鸟夏令营”等关爱活动 53 期，惠及留守儿童、流动青少年 3000 余人次。组织青年志愿者到绍兴北站为 9700 余名旅客提供各类服务，解决急难事件 180 余起。开展各类慰问、送温暖、文化下乡活动 60 余场次，涉及慰问人员 1100 余人次，慰问金额 20 余万元。

2017 年，全区有各类志愿服务组织 894 支，注册志愿者 88724 人，发起活动 592 次，建立各级志愿服务中心 7 家，挂牌志愿服务基地 10 家，组建专业化志愿服务队伍 20 支。开展阳光助残 10 次，服务相关人员 700 余人次。开展流动少年宫活动 20 次，受惠学生 8500 余人，开展“小候鸟夏令营”30 期，惠及留守儿童 1200 余人。

2018 年，开展“河(湖)小二”“绿袖套”等主题志愿服务 500 余场次。为机器人世界杯中国赛、世界会计论坛等大型活动提供志愿服务，2600 人次参与服务。

2019 年，共青团柯桥区委组织开展“青柯义卖 · 微爱助学”广场义卖活动。联合区青企协、区青农协等组织，筹款 70 万元赴四川省阿坝州金川县开展助力金川县青少年发展系列活动。联合 65 支高校志愿服务队开展“小候鸟夏令营”40 期，开展

2020 年 1 月，“青春志愿行　温暖回家路”春运暖冬行动中志愿者帮返乡工人提行李送其进站
（共青团柯桥区委　供稿）

红领巾公益课堂 39 场，3700 人次参与。依托微信公众号“青柯团子”，推出全市首个青年线上共享社区——“青社区”，主要推介助力贫困儿童、帮助孤寡老人等一系列活动，至年底，发起活动 35 次，2196 人次参与。

2020 年，组建新冠肺炎疫情防控青年突击队 119 支，招募抗疫青年志愿者 457 名，全区团组织累计捐款 203.9 万元，捐赠抗疫物资价值 550 万元。组建公益咨询团，开展服务 739 场次，服务时长 47958 小时。为 62 名青少年提供心理援助和法律援助。结对助学贫困儿童 58 名，为 1000 多名青少年实现微心愿 1540 个。组织 2000 余名大学生开展小候鸟夏令营、大型赛事等志愿服务活动。

柯桥区（绍兴县）残联组织的助残日活动

5 月的第三个星期日是全国助残日。2003—2020 年，柯桥区（绍兴县）残联每年组织开展助残日活动，为广大残疾人提供服务。

柯桥区（绍兴县）开展全国助残日主要活动情况（摘要）

表 5-1

次序	年份	主要活动
第十三次	2003 年	县领导作电视讲话。为 12 位贫困残疾人免费安装大腿假肢，免费为聋儿安装助听器，县报刊登残疾人法规和政策问答。助学 148 名学子，走访困难残疾人家庭，发放慰问金 30 万元
第十四次	2004 年	在轻纺城大剧院举办大型助残扶残活动，举行发放特困残疾人补助金仪式，县慈善总会捐赠 20 万元康复资金，为 22 名残疾人现场免费安装假肢。助学 10 名特困残疾人子女大学生。全县各镇（街道）同时开展助残活动，向困难残疾人家庭发放慰问金 60 万元
第十五次	2005 年	开展残疾人就业服务，达成就业意向 35 人，培训预约 11 人，就业登记 10 人；开展法律咨询与援助、义诊、志愿者助残、书画作品义卖；慰问困难残疾人，发放慰问金 100 万元
第十六次	2006 年	开展一对一结对助残、志愿者助残、医疗康复服务助残等活动；走访慰问残疾人，发放慰问金 95 万元
第十七次	2007 年	编印残疾人文件选编，制作电视专题片，县报连续报道残疾人自强风采和社会助残典型事迹；邀请县领导作电视讲话，走访慰问残疾人，举行义诊义卖，组织医疗专家免费为 20 名下肢残疾人安装假肢；开展一帮一结对助残，志愿者助残，医疗康复助残；走访慰问残疾人，发放慰问金 30 万元
第十八次	2008 年	编印残疾人文件选编，县报专版报道残疾人创业创新典型事迹，邀请县领导作电视讲话，举办文体活动，赠送残疾人用品用具，开展一帮一结对助残、志愿者助残、医疗康复助残
第十九次	2009 年	向残疾人发放轮椅 80 辆，为贫困残疾人下肢缺失者免费安装假肢 10 条
第二十次	2010 年	组织助残新闻系列报道，开展志愿者助残活动，各镇（街道）、社区创建志愿者助残服务站，与重度残疾人长期结对，向困难残疾人家庭发放慰问金 30 万元
第二十一次	2011 年	组织盲人瓜渚湖健康行走，举办迎党建 90 周年征文，编印有关残疾人政策汇编，向困难残疾人家庭发放慰问金 60 万元
第二十二次	2012 年	举办首届残疾人文艺汇演，为残疾人免费安装假肢，赠送助听器、助视器、残疾人辅助器具近 1000 份，组织登山活动，成立首家盲人按摩实习培训基地，开展文化助残，向困难残疾人家庭发放慰问金 71 万元

续表 5–1

次序	年份	主要活动
第二十三次	2013 年	举办各类文体娱乐、爱心义诊活动，开展志愿者、巾帼、红领巾助残，开通首条残疾人创业帮扶热线，向困难残疾人家庭发放慰问金 107 万元
第二十四次	2014 年	慰问 768 户困难残疾人家庭，发放慰问金近 104.8 万元
第二十五次	2015 年	慰问 745 户困难残疾人家庭，发放慰问金近 105 万元
第二十六次	2016 年	举办第二届残疾人文艺汇演和第三届残疾人书画展。慰问 758 户困难残疾人家庭，发放慰问金和物品 113 万元
第二十七次	2017 年	慰问残疾人家庭，发放 18 万余元慰问金和生活必需品。举办残疾人文化艺术作品展
第二十八次	2018 年	开展育才学校残疾人小朋友作品售卖、残疾人扶贫基地产品义卖，省残联康复器具中心的智慧康复医疗器械展示；举办残疾人文艺汇演，现场发放助残主题宣传资料 200 余份，开展助残扶残活动，服务 600 余人次
第二十九次	2019 年	举办残疾人及助残人士文艺会演，开展残疾人手工艺品义卖等活动，200 余人参加
第三十次	2020 年	区四套班子领导带队走访慰问残疾人机构和残疾人家庭，发放慰问金 22 万余元，承办全市首次残疾人专职委员座谈活动

2019 年 5 月 19 日，柯桥区残联在中纺 CBD 举行第 29 次全国助残日活动　（张诗雨　摄）

柯桥区（绍兴县）妇联组织的慈善服务活动

2007年，绍兴县妇联开展走进贫困母亲、贫困儿童和贫困老妇女干部的“三走进”活动，慰问贫困母亲103人、贫困儿童493人、贫困老妇女干部64人。

2008年，绍兴县妇联组织女企业家协会和企业家太太俱乐部向四川汶川地震灾区捐款38.15万元。两个组织均获得浙江省慈善总会颁发的“赈灾捐款慈善爱心奖”。

2009年，绍兴县妇联组织7622名流动儿童参加暑期欢乐营，为1305名留守儿童建立结对关系。联合女企业家协会走访38名贫困老妇女主任，慰问百名特困单亲儿童，送去价值2万余元的学习生活用品。

2010年，绍兴县妇联发动企业家家属帮助困难妇女儿童，建立扶贫献爱心团队，组织438名妇女干部及爱心人士与487名帮扶对象结对，结对助学593人，助学金额22.3万元。

2011年5月，绍兴县妇联组织开展环境整治巾帼行活动，成立巾帼志愿者队伍309支，开展环境专项清理39场次，参与志愿者12615人次。

2012年5月，绍兴县妇联继续开展环境整治巾帼行活动，895名巾帼志愿者参加活动，发放倡议书14241份。

2014年，柯桥区妇联开展扶贫献爱心活动，慰问贫困退休老妇女主任、孤儿等62人次，送上慰问金7万余元。引导女企业家协会发起“我们是一家人”爱心慈善行动，筹得善款30余万元，开展“源于爱心　情系节日”系列活动。

2015年9月，柯桥区妇联组织开展巾帼志愿助力“五水共治”活动，建立343支巾帼护水志愿服务队，参与活动志愿者3294人，发放宣传资料16万余份。

2016年，柯桥区妇联开展各类平安志愿者活动920余次，参加巾帼护水统一行动日活动1929人次。帮扶贫困单亲母亲、患病妇女、留守儿童，发放慰问金13万余元。

2017 年，柯桥区妇联投入慰问资金 8 万余元，帮扶贫困单亲母亲、家庭发生重大变故的妇女儿童、患“两癌”（宫颈癌、乳腺癌）妇女和流动儿童。

2018 年 5 月 28 日，柯桥区妇联举行《爱在春天里 · 一封家书》首发暨寻找“爱心妈妈”大型公益活动启动仪式（柯桥区妇联 供稿）

2018 年，柯桥区妇联开展寻找“爱心妈妈”大型公益活动，200 余人加入“爱心妈妈”队伍，其中 148 位“爱心妈妈”与 148 位需要关爱的孩子进行结对。与区女企业家协会联合赴四川省金川县开展扶贫对接，捐助 10 万元成立“柯桥区—金川县爱心妈妈扶助基金”，重点帮扶金川县单亲母亲困难家庭开展种养殖、手工刺绣等产业项目。“六一”国际儿童节前开展助学进校园活动，向稽江小学、越峰小学捐赠教学物资 180 件、捐款 2 万元，协会会员现场自发捐款 15 万元用于稽东镇教育事业。

2019 年，柯桥区妇联开展“冬日暖阳”慰问活动，在春节前夕走访慰问困难妇女儿童，发放慰问金 7 万余元。

柯桥区（绍兴县）民主党派组织的慈善服务活动

民革柯桥区基层委（县总支）

2000 年，民革县总支响应民革省委会捐资建设青海希望小学的号召，组织捐资 2350 元。

2007 年“六一”国际儿童节前夕，民革县总支向平水镇下灶完小捐赠书籍 321 册。是年，开展访贫问苦 28 人次，结对帮扶 9 人次，捐赠钱物价值 5.6 万元。

民盟柯桥区基层委(县总支)

2003 年 4 月,民盟县总支盟员向城市绿心“团结林”捐款 16270 元。

2004 年,民盟县机关城建支部谢佰荣,向云南省瑞丽市教育局捐款 3 万元,帮助 100 名少数民族失学儿童重返校园;在云南省陇州抗洪救灾中捐款 2 万元。

2007 年,民盟鲁迅中学支部开展向患再生障碍性贫血的教师宋新华捐款活动。

2008 年,民盟县总支和所属各支部向四川汶川地震灾区捐款 43.37 万元,其中盟员企业家谢佰荣捐赠 15 万元,并援建一所价值 15 万元的帐篷学校。

2019 年,民盟基层委与柯桥区雅博残疾人庇护中心结对共建“爱心服务基地”。文艺支部继续开展以“民盟心 · 柯桥情”为主题的文艺类服务,组织开展各类惠民演出 10 余场次,柯桥中学支部开展“书法下乡”活动,机关支部和科技支部多次开展“献爱心”活动。

2019 年 5 月 7 日,民盟柯桥区基层委与雅博残疾人庇护中心举行结对共建“爱心服务基地”授牌仪式
(柯桥区委统战部　供稿)

民建柯桥区基层委(县总支)

2000年,民建县总支先后向慈善事业、“春风工程”、扶贫助学结对等公益事业捐款50余万元。

2008年,县总支向四川汶川地震灾区捐款357.8万元,其中通过民建中华思源工程扶贫基金会捐款28.54万元,赵小凤会员企业捐款100万元。

2013年,区基层委和建中支部与平水镇王化小学建立扶贫助学基金。

2015年,区基层委与平水镇宋家店村开展结对帮扶,每年捐款15000元;与平水王化小学和王坛王城村小学结对,发放结对资金5万余元。会员个人结对助学16人,发放结对资金32000元。

2017年1月18日,区基层委赴稽东镇走访慰问困难群众6户,向他们送上慰问金和慰问品。9月4日,在平水镇王化小学开展爱心助学活动。为响应区慈善总会救助弱势群体及困难群众的倡议,会员沈子平捐款30万元,会员朱玉美捐款10万元,会员陈利锋捐款10万元。会员黄勇为母校柯桥中学添置新桌椅,并设立清华、北大校长基金,资助一些家境贫困且品学兼优的学生完成学业。

2018年,区基层委和建中支部连续6年与平水镇王化小学建立扶贫助学基金。赴梅墅村、中巷村、梅墅水庄社区,慰问19户低保户、5户边缘户和11户因病致贫户。建国支部赴贵州省黔西县化屋村开展结对助学活动,资助2名品学兼优贫困生直至完成高中阶段学业。会员陈焕鑫慰问安昌中学10名贫困生,送上每人慰问金1500元。会员施华锋赴湖塘古城,看望身患重病陈志堂一家,送去爱心善款。会员殷阿四为嵊州扶贫捐款20万元。

2019年,区基层委和建中支部连续7年与平水镇王化小学建立扶贫助学基金。建国支部继续与贵州省黔西县化屋村2名品学兼优的贫困生开展结对助学活动,资助学生直至完成高中阶段学业。会员韩明海捐资50万元建造村家宴中心。会员夏燕红向柯桥区港越社区红十字会捐资2万元,向柯桥街道团委捐资1.5万元。会员

2013—2019 年，民建柯桥区基层委、建中支部连续 7 年与平水镇王化小学开展结对助学

（阮丽娜　摄）

张峰与贵州 2 名高中生、2 名初中生结对，并在当地捐建造 1 个图书室。会员俞利峰创建孝德会弘扬中华传统文化，定期走进敬老院，关爱夕阳老人。会员朱玉美向漓渚镇朱家坞村捐款 10 万元，并资助 1 名无父母管养的孩子。会员陶晓东向“柯桥侨爱”基金出资 5 万元，资助四川省金川县困难学生 2000 元。会员韩爱民与云南省包包小学、舍得小学的 12 名困难学生、优秀学生结对助学。会员施华锋在区政协举办的慈善拍卖会上，将作品善款 2500 元注入慈善基金。会员黄勇从 2015 年开始连续 5 年，在柯桥中学设立清华、北大高端奖励基金。

民进柯桥区基层委（县总支）

2015 年 11 月 6 日，区基层委参与平水镇宋家店村扶困工作，捐资 1.2 万元。

2017 年，区基层委设立柯桥民进教育基金，募集资金 35146 元，出台《柯桥民进教育基金管理办法（试行）》，成立基金管理领导小组和监督小组，首期对稽东镇中学 5 位优秀教师进行奖励。

2019 年 6 月,民进柯桥区基层委在蓝天大剧院举行"开明·金柯"2019 年高考志愿填报公益讲座
（柯桥区委统战部　供稿）

2018 年,区基层委举行"开明·金柯"教育基金第一期捐赠仪式。柯中支部和鲁中支部举办"开明·金柯"高考志愿填报公益讲座,初中支部开展送教下乡,小教支部举办国学公益诵读班,职教支部和机关二支部开展职业教育培训,机关一支部开设法律课堂。会员任在山开设公益书画讲座,会员周俊友开展书法志愿教学进校园活动。

2019 年,区基层委开展"开明·金柯"公益活动,"开明·金柯"教育基金第二期奖励 5 位优秀老师,结对 2 名贫困学生;成立"开明·金柯"教育志愿服务队,举办高考志愿填报公益讲座,吸引考生和家长 1200 余人;"开明·金柯"互联网 + 公益讲堂开设教育、生活、法律、医疗等各类公益讲座 24 期。

农工党柯桥区基层委(县总支)

2003 年 4 月,向城市绿心"团结林"捐款 9300 元。

2007 年,组织参加各类医疗咨询义诊活动 14 次,参加人员 70 余人次,服务群众1500余人次。

2008年,向四川汶川地震灾区捐款10万余元。

2009年,组织参加各类医疗咨询义诊活动14次,参加人员70余人次,服务群众1500余人次。向困难群众捐款5400元,社会救助结对40人次。

2010年,组织参加各类医疗咨询义诊活动15次,参加人员80余人次,服务群众2000余人次。向困难群众捐款1.95万元,社会救助结对40人次,其中结对助学3人。

2011年,组织参加各类医疗咨询义诊活动10次,参加人员60余人次,服务群众2100余人次。向困难群众捐款2万余元,社会救助结对40人次,其中结对助学3人。

2017年,区基层委老党员赵月朝情系母校,向东阳市巍山镇中心小学捐款10万元,设立"赵岩春创客中心"。党员吴华平多年结对一名孤儿,是年资助6600元供

2019年10月18日,农工党柯桥区基层委赴平水镇宋家店开展"三下乡"服务活动

(单明铭　摄)

其上大学。

2018 年，区基层委设立健康教育基地，开设健康服务工作室，服务群众 1000 余人次。绍兴第二医院一支部组织党员赴平水镇敬老院开展义诊服务。中心医院支部在区老年大学（柯桥校区）开设健康促进公益课堂，拓展心理咨询、助产士义诊等服务。党员吴华平资助贫困孤儿学费 6 万余元。党员袁庆出资 5.2 万元帮助维吾尔族贫困地区 36 人脱贫。

2019 年，区基层委参加区统一战线同心服务活动，委员刘初民担任同心服务志愿队队长，参加笛扬路步行街、夏履桥集镇、平水宋家店 3 次大型服务活动。绍兴第二医院一支部定期赴平水镇敬老院服务孤寡老人。党员张国英为福全街道不幸烧伤的打工小伙捐赠救助款 2 万元，党员袁庆通过兰亭爱心联盟资助兰亭贫病困难人员 1800 元。基层委和各支部累计服务群众千余人次。

九三学社柯桥区基层委

2007 年，退休老社员李锦林向贵州省贫困地区捐款 1000 元，支持建设希望小学。

2008 年 4 月，组织 20 多名医技、法律、农技人员下乡开展服务，受益 100 余人次，发放各种书籍 300 余册。

2009 年 5 月 16 日，组织医卫界、法律界、农技界等社员，在杨汛桥镇开展“三下乡”服务活动，受益群众 306 人次。

2010 年，开展法律服务、送医下乡等社会服务 5 次，服务群众 21000 余人次，发送法律、安全用药、食品保健等方面书籍资料 7500 余册。

2017 年，区基层委和区红十字会联合开展“美丽乡村博爱行”活动，绍兴第二医院和市中心医院 40 余名医技专家及 60 余名红十字会志愿者参加活动，为当地群众送去医疗健康、科技、政策、法律等服务。1 月 5 日到湖塘街道香林村。5 月 7 日到王坛镇东村。12 月 24 日到平水镇王化村。

2018 年 5 月 8 日，区基层委和区红十字会在万达广场开展联合义诊。

2019年，二支社组织绍兴市中心医院专家社员赴华舍街道举办中医健康养生大讲堂，开展社区义诊服务。基层委联合区科协、区农业农村局和树人大学等单位，赴湖塘街道香林村开展“三下乡”活动，进行义诊、科普讲座和文艺演出。

柯桥区知识界无党派人士联谊会

2017年，继续和丽水市松阳县、柯桥区湖塘街道陌坞村开展结对帮扶活动，捐助结对帮扶款5万余元。会员马红光、高安良、秦爱芬、周国轩、许志鸿等向区慈善总会捐款132.4万元。

2018年2月9日，在湖塘街道陌坞村开展春节前慰问活动，向10户困难户送去慰问金和大米、食用油等生活用品。4月17日，会员邹胜平以绍兴柯桥立桐布业有限公司名义在绍兴文理学院设立雅诗澜留本教育基金150万元，每年取利息5万元作为雅诗澜奖学金专项奖励，帮扶该校纺织专业优秀学生和贫困学生。7月23日，慰问在柯桥区中医院进行康复训练的残疾儿童，为他们送上儿童画册和慰问金。10月16日，在湖塘街道敬老院开展慰问活动，送去生活用品及会员们创作的书画作品。9月28日至10月3日，在“柯桥区党外人士之家”举办慈善义卖活动，会员捐赠的36件作品拍得善款14100元。副会长马宝贤参加区委组织部牵头的对口江山、嵊州的“消薄”项目，捐款5万元。

2019年，开展“特别的爱给特别的你——关爱残疾儿童”新年慰问活动，为在柯桥区中医院康复中心做康复训练的29名孩子送上玩具、儿童绘本和牛奶等礼品和慰问金，并邀请浙江大学附属儿童医院康复科副主任余永林为残疾儿童家长讲授儿童残疾及家庭康复训练知识。10月

2019年10月17—18日，柯桥区知联会会员在夏履镇、平水镇参加义诊

（柯桥区委统战部　供稿）

17—18 日，医卫界周建尧、蒋红良、孙军、王芬珍 4 名会员参加区委统战部在夏履镇和平水镇组织的义诊活动。

柯桥区（绍兴县）工商联（总商会）组织的慈善服务活动

2008 年，各商会为支援四川汶川抗震救灾，捐款 2000 余万元。有 10 个商会与四川省广元市共 20 名贫困学生结对助学。

2009 年，引导组织商会开展献爱心活动，四川商会捐款 140 多万元修建希望小学，瑞安商会捐款数万元支持青川百姓保暖过冬，乐清、四川等商会捐款 10 万元与贫困学生结对助学，江西商会向市儿童福利院捐赠 24 辆儿童车。8 月，台风“莫拉克”侵袭台湾，台商联谊会 2 次为台湾灾民捐款，共捐人民币 50 余万元。

2016 年，乐清商会为支援遂昌山林滑坡灾后重建募捐 10 万元。河北商会为患病会员募捐 6.6 万元。福建商会为柯桥中学学生董佳莹治疗白血病捐助 5 万元。

2017 年，各市场商会结对助学 24 名贫困大学生，执委企业累计捐款 1400 余万元；市场商会自发组织抗洪救灾、送温暖等反哺家乡活动 20 余次，捐款捐物价值 600 余万元。

2018 年，柯桥区工商联发动非公企业和基层商会参与扶贫结对，落实 39 家企业与江山市 14 个省定经济薄弱村、嵊州市 30 个市定经济薄弱村结对。至年底，区工商联对接的柯桥区 14 家企业向江山市“消薄”项目捐赠 770 万元，30 家企业向嵊州市“消薄”项目捐赠 886 万元。两次捐赠总额 1656 万元，占全市企业“消薄”捐赠资金的 45% 以上。

2019 年，柯桥区工商联组织企业在对口扶贫四川、贵州、湖北、吉林 4 个省中，投资兴建企业 9 家，实际投资 5.26 亿元。中国轻纺城四川商会会长母光利，签约总投资 30 亿元、首期投资 5 亿元的四川绵竹物流项目，成为柯桥区东西部扶贫协作和对口支援中体量最大的项目。

是年6月，四川省阿坝州金川县19个乡镇发生洪涝、泥石流灾害，柯桥区工商联组织华港染织集团、中国轻纺城山东商会、河南商会、湖南商会以及河北商会5家爱心企业和商会，向灾区捐赠保暖毛毯、被套等1100余条，以及手电筒、雨伞等抗灾物资，共计11.6万元。

柯桥区（绍兴县）侨务部门组织的慈善服务活动

2002年，县侨联先后2次组织侨界医务人员，赴侨乡兰亭镇紫洪山村、福全镇帽山村为归侨侨眷义诊，共义诊160余人次。

2010年，县侨联与王坛镇孙岙村开展结对帮扶，拨给扶贫款10万元；侨务部门和侨商结对贫困家庭学生20多个；侨企为社会提供1000个就业岗位。

2012年，绍兴县侨商、侨眷为社会捐献爱心1000多万元，侨港胞捐赠新农村建设30多万元。

2019年5月16日，“柯桥侨爱”慈善基金会举行成立仪式　　（柯桥区慈善总会　供稿）

2014 年，区侨联向全区侨界群众、侨企发出为“五水共治”工程捐款倡议，全区侨界共捐款 500 余万元。

2019 年，区侨联组织侨商走访慰问困难群众 30 多户，发放慰问款物 2 万余元，与四川省阿坝州金川县 13 名困难学生结对助学。协助建立柯桥侨爱慈善基金，该基金由区侨商会会长吴建栋，常务副会长蒋振东、金君、包海英、陶晓东、陈利峰以及副会长周洋 7 人发起成立，首批募集资金 182 万元。基金主要用于暖侨关爱、急难救助、职业教育和之江学院教育立志项目等。

柯桥区（绍兴县）宗教界组织的慈善服务活动

2011 年，绍兴县开展宗教场所情系少数民族困难户结对帮扶活动，38 个宗教场所结对少数民族困难户 117 户，并为少数民族困难户提供工作岗位、捐款、捐物。

2013 年 9 月 16—22 日，绍兴县宗教界开展第二届宗教慈善周活动，各宗教团

2016 年 3 月 27 日，柯桥区永兴寺举行书画慈善义拍活动　　（徐　敏　摄）

体和宗教活动场所相继开展祈福捐款、助残养老、捐资助学等慈善公益活动，累计出资 21.7 万元，其中佛教界 18.8 万元、基督教两会 2.9 万元。

2016 年 3 月 27 日，柯桥区永兴寺举行书画慈善义卖活动，49 名爱心书画名家的 70 幅作品参加义拍、义卖，300 余名社会爱心人士现场参加此次活动。拍卖活动共筹得善款 18.24 万元，现场以每户 2000 元捐助给柯桥区 53 个（户）困难家庭，余款注入永兴寺爱心账户，用于后续慈善捐助。

2017 年 5 月 27 日，柯桥区永兴寺举行培蕾行动启动仪式暨欢度“六一”慰问活动，52 名贫困儿童收到来自市慈善总会和永兴寺共同送上的慰问金与礼物。永兴寺培蕾行动手拉手贫困儿童帮扶救助项目共结对帮扶贫困儿童 87 人次。

第六章 慈善文化

柯桥区（绍兴县）慈善总会自成立以来，始终将慈善文化建设放在重要位置，主动与媒体合作，组织新闻采访、专题报道活动，开设慈善专栏，制作电视专题片，创建微公益平台。策划开展多种形式的慈善文化活动，如举办慈善晚会、慈善论坛，组织义诊、义演、义卖，开展慈善电影进百村活动，创办慈善文化超市，开展能力培训、考察学习与经验交流，打造慈善文化长廊与慈善主题公园，举办慈善柯桥展览，编辑出版慈善书籍等，宣传慈善文化，普及慈善理念，树立慈善典型，弘扬慈善精神，传播慈心善举成果，激发社会各界的慈善意识与参与意识，营造人心向善、人人行善的社会氛围。

为促进慈善事业健康发展，各级党委、政府、民政部门、慈善机构重视和开展慈善工作先进评选表彰活动，一大批为柯桥区（绍兴县）慈善事业发展作出突出贡献、社会影响较大的单位（企业）、个人，获得了各级党委、政府和慈善总会的表彰奖励。这些先进典型的树立，为柯桥区营造人人心怀慈善、人人参与慈善的社会氛围产生了巨大和深远的影响。

第一节　慈善激励

浙江省政府表彰奖项

2006 年，浙江省委、省政府批准设立“浙江省慈善奖”，这是浙江省公益慈善领域最高奖。12 月 12 日，首届浙江慈善大会在杭州举行，浙江宝业集团股份有限公司获“机构奖”，绍兴县福全镇慈善协会获“机构提名奖”。

2009 年 1 月 13 日，第二届浙江慈善大会在杭州之江饭店举行。绍兴县慈善总会（冠名基金慈善助学项目）获“项目奖”。

2011 年 2 月 25 日，第三届浙江慈善大会在杭州之江饭店召开。宝业集团股份有限公司董事长庞宝根获“个人奖”。

2016 年 12 月 28 日，第五届浙江慈善大会在杭州举行，浙江绍兴瑞丰农村商业银行股份有限公司董事长俞俊海获“个人奖”。

2019 年，第六届浙江慈善大会在杭州举行，申洲国际集团控股有限公司、浙江天圣控股集团有限公司获“机构捐赠奖”；柯桥区慈善总会“康乐 · 大病关爱救助项目”获“慈善项目奖”；浙江永利实业集团有限公司董事长周永利获“个人捐赠奖”。

浙江省民政厅、省慈善联合总会表彰奖项

2008 年 9 月 23 日，浙江省慈善总会在杭州召开汶川“5·12”地震赈灾捐赠表彰大会，绍兴县农村合作银行（后改制为浙江绍兴瑞丰农村商业银行股份有限公司）获地震捐赠“慈善贡献奖”。

2009 年 11 月 5 日，浙江省慈善总会成立 15 周年大会暨慈善工作先进集体、优秀慈善工作者表彰会在杭州花港海航大酒店举行。绍兴县慈善总会获“慈善工作先进集体”奖，绍兴县慈善总会会长朱志飞获“优秀慈善工作者”奖。

2014 年 11 月 13 日，浙江现代慈善 20 年纪念表彰会在嘉兴市举行。柯桥区慈善总会获“优秀机构奖”，原绍兴县慈善总会会长朱志飞获“突出贡献奖”，柯桥街道社事办主任盛炳生获“优秀慈善工作者奖”。

2015 年，柯桥区慈善总会获浙江“农信杯”万村慈善帮扶基金工程竞赛活动组织奖，柯桥区慈善总会柯桥街道分会获评优胜单位，柯桥区杨汛桥镇联社村获评慈善村。

2018 年，柯桥区慈善组织孵化基地被浙江省民政厅、省慈善联合总会授予首批“浙江省慈善基地”称号。

2019 年 11 月 12 日，由浙江省慈善联合总会主办的第六届“西湖论善”在杭州之江饭店举行。该届论坛以“新时代慈善的创新与发展”为主题，会上发布《2017—2018 年浙江城市慈善发展指数报告》，柯桥区慈善发展指数在全省区（县、市）中排名第二位。

2020 年 11 月 5—6 日，由浙江省慈善联合总会主办的第七届“西湖论善”在柯桥举行。该届论坛以“社会治理现代化与慈善发展新格局”为主题，会上发布《2019 年浙江城市慈善发展指数报告》，柯桥区慈善发展指数在全省区（县、市）排名第四位。

2020 年，柯桥区慈善总会积极参与疫情防控工作入选浙江省慈善联合总会汇

编的全省“战疫典型”优秀案例。

2020年，柯桥区慈善总会被浙江省民政厅评为“浙江省品牌社会组织”。柯桥街道慈善分会、华舍街道蜀阜村慈善工作站分别被浙江省慈善联合总会评为全省第一批“示范慈善分会”“示范慈善工作站”。

柯桥区慈善组织孵化基地被浙江省民政厅、省慈善联合总会授予“浙江省示范性慈善基地”称号。

绍兴市政府表彰奖项

2007年，绍兴市委、市政府开展第一届“绍兴慈善奖”表彰活动。

第一届“绍兴慈善奖”表彰名单

浙江金昌房地产集团股份有限公司

2011年，绍兴市委、市政府开展第二届“绍兴慈善奖”表彰活动。

第二届“绍兴慈善奖”个人奖表彰名单

徐杏地　浙江华强联合控股集团有限公司董事长

秋国良　浙江无名皮塑集团有限责任公司董事长

杨学夫　浙江中厦建设集团有限公司董事长

第二届“绍兴慈善奖”机构奖表彰名单

宝业集团股份有限公司

浙江蓝天实业集团有限公司

浙江绍兴瑞丰农村商业银行股份有限公司

浙江金昌房地产集团股份有限公司

第二届“绍兴慈善奖”慈善工作先进个人表彰名单

杨其如　绍兴县慈善总会名誉会长

葛云明　浙江天天田园控股集团董事长

金良顺　浙江精功集团有限公司董事长

孙永根　浙江天圣控股集团有限公司董事长

马仕秀　浙江华天实业有限公司董事长

周松祥　浙江华宇实业集团有限公司董事长兼总经理

周永利　浙江永利实业集团有限公司董事长

薛　白　绍兴县工商局副局长兼轻纺分局局长

许义平　绍兴县教体局局长

葛梅荣　绍兴县民宗局局长

李学彪　马鞍镇镇长

张伟江　杨汛桥镇镇长

金兴祥　绍兴县兰亭镇黄贤村党支部书记

2015 年，绍兴市委、市政府开展第三届“绍兴慈善奖”表彰活动。

第三届“绍兴慈善奖”个人奖表彰名单

金良顺　精功集团有限公司董事长

蒋张水　浙江天马实业股份有限公司董事长

沈幼生　索密克汽车配件有限公司董事长

孙永根　浙江天圣控股集团有限公司董事长

虞阿五　浙江日月首饰集团有限公司董事长

童元明　浙江宝业建设集团有限公司副总经理

王苗通　浙江华通控股集团有限公司董事长

第三届"绍兴慈善奖"机构奖表彰名单

浙江蓝天实业集团有限公司

浙江绍兴瑞丰农村商业银行股份有限公司

宝业集团股份有限公司

浙江新风热电有限公司

精工控股集团有限公司

浙江华通医药股份有限公司

浙江金昌房地产集团有限公司

第三届"绍兴慈善奖"慈善工作奖表彰名单

柯桥区柯桥街道微动力志愿服务中心

第三届"绍兴慈善奖"志愿服务奖表彰名单

谢一涛　柯桥中学学生

2019 年，绍兴市委、市政府授予柯桥区慈善总会会长马芳妹 2018 年度"绍兴市发展贡献奖"。

绍兴市慈善总会表彰奖项

2005 年，绍兴市慈善总会、市民政局、市文明办、绍兴日报社、绍兴广播电视总台联合举办绍兴市"慈善之星"评选活动，在是年召开的绍兴市首届慈善大会上予以表彰。

首届绍兴市“慈善之星”单位表彰名单

浙江中厦建设集团有限公司

浙江光宇集团有限公司

绍兴盛兴染整有限公司

绍兴县永丰布业有限公司

绍兴县工商局轻纺分局

首届绍兴市“慈善之星”个人表彰名单

肖国英　浙江华港染织有限公司董事长

秋国良　浙江无名皮塑集团有限责任公司董事长

朱夏良　浙江恒生建设有限公司会计

2007 年 10 月，绍兴市民政局、市慈善总会、绍兴日报社共同举办“社会责任—2007 绍兴市慈善风云榜”评选活动。

绍兴十大慈善风云企业表彰名单

浙江无名皮塑集团有限责任公司

浙江盛兴企业集团

绍兴十大优秀慈善风云企业表彰名单

浙江光宇集团有限公司

绍兴十大慈善风云人物表彰名单

庞宝根　宝业集团股份有限公司董事长

杨学夫　浙江中厦建设集团有限公司董事长

绍兴十大优秀慈善风云人物表彰名单

朱夏良　浙江恒生建设有限公司会计

张建明　绍兴县漓渚镇村民

2012年,绍兴市慈善工作领导小组、绍兴市慈善总会联合举行第二届绍兴市“慈善之星”评选活动。

第二届绍兴市“慈善之星”表彰名单

徐顺兴　浙江南方控股集团有限公司董事长

赵张夫　浙江赐富化纤集团有限公司董事长

蒋张水　浙江天马实业股份有限公司董事长

傅见林　绍兴县盛鑫印染有限公司董事长

沈子平　绍兴百丽恒印染有限公司董事长

徐杏地　华强联合控股集团有限公司董事长

潘亚敏　浙江金昌房地产集团有限公司董事长

胡克勤　绍兴县轻纺科技中心有限公司董事长

王铼根　绍兴县城中村改造建设有限公司董事长

沈幼生　索密克汽车配件有限公司董事长

陈林川　浙江新风热电有限公司董事长

吴培生　浙江三力士橡胶股份有限公司董事长

孙永根　浙江天圣控股集团有限公司董事长

金良顺　精功集团有限公司董事局主席

马仕秀　浙江华天实业有限公司董事长

万爱法　浙江永通染织集团有限公司董事长

漏兴福　浙江沪光热电有限公司董事长

庞宝根　宝业集团股份有限公司董事长

周永利　浙江永利实业集团有限公司董事长

虞阿五　浙江日月集团董事长

秋国良　浙江无名集团董事长

叶水根　绍兴其其热电有限公司董事长

孙剑华　浙江越剑机械制造有限公司总经理

赵增强　绍兴美佳热电有限公司总经理

徐宝金　金晖控股集团有限公司董事长

徐仁良　新中天控股集团有限公司董事长

杨学夫　中厦建设集团有限公司董事长

徐爱华　浙江华联集团有限公司董事长

沈建斌　浙江大裕控股集团有限公司董事长

俞俊海　浙江绍兴瑞丰农村商业银行股份有限公司董事长

叶　烽　绍兴银行股份有限公司轻纺城支行行长

倪阿泉　绍兴县水务集团有限公司董事长

陈永根　中设建工集团有限公司董事长

王文娟　延峰伟世通怡东汽车仪表有限公司车间主任

方朝阳　精工控股集团有限公司

钱红英　绍兴县第八印染有限责任公司

2019年，柯桥区慈善总会被绍兴市民政局、市慈善总会评为“2019年度绍兴市最有影响力慈善公益组织”。宝业集团股份有限公司、浙江百思寒羽绒股份有限公司、浙江潘栋民公益基金会被市民政局评为2019年度东西部扶贫“社会援助先锋”。

柯桥区（绍兴县）政府表彰奖项

2005 年 6 月，绍兴县民政局、绍兴县文明办、绍兴县慈善总会、绍兴县报社、绍兴县广播电视台联合发起“绍兴县慈善之星”评选活动。通过层层推荐，县“慈善之星”评选小组审核，在绍兴县报、绍兴县广播电视台上公示，评选出 17 个单位和 18 名个人为“绍兴县慈善之星”。12 月 31 日，绍兴县人民政府发文予以表彰，并在 2006 年 1 月 4 日全县慈善工作会议上，对授予“绍兴县慈善之星”称号的单位和个人进行授牌表彰。

绍兴县“慈善之星”单位一览表

表 6–1

浙江盛兴染整有限公司	浙江光宇集团有限公司
浙江永通染织集团有限公司	浙江天马实业股份有限公司
浙江宝业集团股份有限公司	绍兴金汇纺服有限公司
浙江日月首饰集团有限公司	绍兴县福利针织厂
绍兴美佳热电有限公司	绍兴县新纪元纺织印染有限公司
浙江中厦建设集团有限公司	绍兴第二医院
浙江供销超市有限公司	绍兴第四医院
绍兴县工商局轻纺城分局	中国轻纺城运输市场管理委员会办公室
浙江塔牌绍兴酒厂	—

绍兴县“慈善之星”个人一览表

表 6–2

马仕秀	叶水根	冯康美	沈妙英
朱建敏	朱夏良	陈永根	陈尧根
肖国英	茅元根	周永利	金柏林
秋国良	徐宝金	徐爱华	凌建荣
葛云明	潘永兴	—	—

2007年1月18日，绍兴县召开“送温暖、献爱心”动员大会暨慈善大会，中共绍兴县委、县政府对认捐留本冠名慈善救助基金1000万元以上的24家企业，授予“慈善冠名基金先进奖”。

绍兴县“慈善冠名基金先进奖”企业一览表

表6-3

浙江绍兴县农村合作银行	精功集团有限公司
浙江蓝天实业集团有限公司	浙江华联三鑫石化有限公司
浙江金昌房地产集团有限公司	浙江光宇集团有限公司
绍兴县轻纺科技中心有限公司	浙江宝业集团股份有限公司
索密克汽车配件有限公司	浙江远东化纤集团
浙江三力士橡胶股份有限公司	浙江无名皮塑集团有限责任公司
浙江天圣控股集团有限公司	绍兴其其热电有限公司
浙江绍兴华宇印染纺织有限公司	浙江日月首饰集团有限公司
浙江沪光热电有限公司	金晖控股集团有限公司
浙江永通染织集团有限公司	绍兴美佳热电有限公司
绍兴裕隆工贸集团有限公司	华强联合控股集团有限公司
浙江永利实业集团有限公司	浙江中厦建设集团有限公司

2012年6月，为大力弘扬慈善文化，表彰在慈善公益领域作出突出贡献的单位和个人，中共绍兴县委、县人民政府在全县开展“绍兴县慈善奖”评选活动。经评选，柯桥街道办事处等28个单位荣获“绍兴县慈善奖”(机构奖)、陈尧根等23人荣获“绍兴县慈善奖”（个人奖）、魏森林等41人荣获绍兴县慈善先进工作者荣誉称号。

“绍兴县慈善奖”获奖单位和个人名单

“绍兴县慈善奖”机构奖表彰名单

柯桥街道办事处

柯岩街道办事处

华舍街道办事处

杨汛桥镇人民政府

福全镇人民政府

滨海工业区（马鞍镇人民政府）

平水镇人民政府

浙江绍兴瑞丰农村商业银行股份有限公司

浙江蓝天实业集团有限公司

浙江金昌房地产集团有限公司

绍兴县轻纺科技中心有限公司

绍兴中国轻纺城时代房地产有限公司

索密克汽车配件有限公司

浙江三力士橡胶股份有限公司

浙江新风热电有限公司

浙江天圣控股集团有限公司

精功集团有限公司

浙江泸光热电有限公司

宝业集团股份有限公司

浙江永利实业集团有限公司

裕隆控股集团有限公司

绍兴水处理发展有限公司

浙江无名皮塑集团有限责任公司

绍兴其其热电有限公司

浙江日月首饰集团有限公司

金晖控股集团有限公司

浙江华强联合控股集团有限公司

中厦建设集团有限公司

“绍兴县慈善奖”个人奖表彰名单

陈尧根　浙江亚太集团有限公司董事长

吴建栋　绍兴建栋纺织有限公司总经理

马仕秀　浙江华天实业有限公司董事长

肖国英　浙江华港染织集团有限公司董事长

马银贤　绍兴县华舍涤纶有限公司董事长

周松祥　浙江华宇实业集团有限公司董事长

徐冬泉　绍兴县人利纺织服装有限公司董事长

吴建龙　浙江龙华新世纪房地产开发有限公司董事长

张兴根　兴鑫控股集团有限公司董事长

胡明水　欣明控股集团有限公司董事长

陈永根　中设建工集团有限公司董事长

沈土根　绍兴海富化纤有限公司董事长

蒋张水　浙江天马实业股份有限公司董事长

傅见林　绍兴县盛鑫印染有限公司董事长

金尧兴　浙江五洋印染有限公司董事长

金才堂　浙江花为媒集团有限公司董事长

高月祥　浙江科盛饲料股份有限公司董事长

濮黎明　浙江绍兴昕欣纺织有限公司董事长

张勤良　浙江勤业建工集团有限公司董事长

徐卫东　绍兴县盛兴慈善基金会会长

赵旱雨　浙江天龙控股集团有限公司董事长

骆业奎 绍兴市力博集团有限公司董事长

葛云明 浙江天天田园控股集团董事长

“绍兴县慈善奖”慈善先进工作者表彰名单

魏森林 浙江越隆控股集团有限公司董事长

缪华水 绍兴华润丰田汽车销售服务有限公司董事长

徐仁良 浙江新中天控股集团有限公司董事长

钱汉宁 绍兴县美得宝印染有限公司总经理

汤鑫灿 绍兴鸿泰皮革有限公司董事长

许明锋 浙江绍兴陶堰玻璃有限公司总经理

屠德忠 绍兴县三通实业总公司董事长

王银林 浙江林盛建设发展有限公司董事长

张东良 浙江华联集团有限公司总经理

沈关梁 浙江坤茂建设有限公司董事长

盛炳生 柯桥街道办事处民政助理员

孙法中 柯岩街道办事处人大工委副主任

胡松祥 华舍街道办事处民政助理员

宋　辉 湖塘街道办事处党工委委员、人武部长

裘文一 柯桥经济开发区管委会民政助理员

朱建刚 钱清镇党委副书记、镇长

胡倡华 杨汛桥镇党委委员、副镇长

陈红星 滨海工业区(马鞍镇)慈善分会秘书长

赵阳泉 福全镇党委委员、人武部长

陈国炎 安昌镇关工委常务副主任

鲁耀芳 齐贤镇社事办副主任

秦建伟　陶堰镇社事办副主任
谢婷婷　孙端镇慈善分会秘书长
姚伟方　夏履镇党委委员、人武部长
劳钢梁　漓渚镇社事办副主任
唐晓芳　兰亭镇妇联主席、社事办主任
潘胜强　平水镇党委委员、人武部长
陈关泉　富盛镇民政助理员
孙　胃　王坛镇党委委员、人武部长
林仁源　稽东镇社事办主任
吴海胜　县直机关党工委副书记
沈张龙　县退休教师协会会长
唐　亮　县民政局社会救助福利科科长
寿志平　县工商局局长
边　烽　县残联办公室主任
韩兴夫　县红十字会科员
朱志飞　县慈善总会名誉会长
王佃阁　县关工委名誉主任
吕福安　绍兴县报社柯桥新闻部主任
俞杏莲　县广播电视总台新闻综合频道副总监
黄灿根　绍兴市越城毛源昌配镜中心总经理

第二节　慈善宣传

在媒体开设专栏

2007年,绍兴县慈善总会在《绍兴县报》开设《2007慈善风采录》专栏,相继刊发“慈善行动唱响爱心新年之歌”“来自民间的爱心报告”“感恩的心,感谢有你”等专版。是年,又在《绍兴县报》作了《慈善年夜饭,一道爱心大餐》《助残情似海,扶残暖人心》《爱心助学工程纪略》三篇整版报道。

在绍兴县电视台开设《慈善沟通》栏目,制作并播出扶贫济困、爱心助学等情况。

创办文化慈善超市

2008年,全省首家文化慈善超市在绍兴县平水镇开张。该超市设在平水镇文化活动中心,超市内陈列着书包、文具盒、美工用品、工具书、英语磁带、篮球、象棋等近300种文体用品。这些文体用品均由社会各界出资购买或实物捐赠。贫困学生凭政府发放的“爱心代币券”选购。

制作电视专题片

2005年，绍兴县慈善总会制作《慈善助残纪略》《慈善助学》《慈善年夜饭》三个电视专题片，分别在市、县广播电视台播出。

2012年7月，绍兴县慈善总会与绍兴县广播电视台联合制作《春风化雨、润物无声——绍兴县慈善事业纪略》电视专题片，在是月召开的全县慈善大会上播放。

在公共场所摆放慈善爱心箱

2006年，绍兴县慈善总会在超市、医院、银行、宾馆、车站等公共场所摆放慈善爱心箱20余只，以扩大慈善影响力，同时为广大人民群众搭建捐款献爱心的平台，至2020年，此项工作从未间断。

拍摄关爱自闭症儿童公益微电影

2019年7月7日，绍兴市首部关爱自闭症儿童公益微电影《雨果》正式开拍。该影片由区慈善总会联合区残联、宝业集团共同筹拍。首次尝试以微电影的形式，近距离观察记录自闭症儿童群体的真实生存状况，向社会传达公益精神，呼吁社会各界和更多爱心人士关爱自闭症儿童，关注自闭症儿童家庭。

2019年7月7日，柯桥区慈善总会会同区残联、宝业集团筹拍全市首部关爱自闭症儿童公益微电影《雨果》。图为影片拍摄现场

（柯桥区慈善总会　供稿）

开展公益性捐赠税收政策宣传

2018 年 4 月，区慈善总会与区地税局协作，专门制发公益性捐赠税收政策宣传手册，通过微信公众号、报纸、上门宣讲等形式，主动向捐赠企业宣传公益性捐赠税收政策，使捐赠企业更好地享受税收优惠政策。6 月 21 日，区慈善总会工作人员先后走进中国轻纺城江西商会、湖南商会等，与区工商联一起开展公益性捐赠税收政策宣传。

2018 年 4 月，柯桥区慈善总会与区地税局联合开展公益性捐赠税收政策宣传活动

（柯桥区慈善总会　供稿）

编辑出版《慈善鼻祖范蠡》

2020 年，柯桥区民政局、区慈善总会联合编辑出版《慈善鼻祖范蠡》。该书以弘扬范蠡慈善思想及其对后世的影响为主题，记述了范蠡谋划兴越灭吴的传奇，描绘了范蠡影响历代绍兴智慧人物的故事，展现了越中地域（今浙江绍兴）纪念范蠡事迹的胜迹，并以戏曲、书法、绘画的艺术形式弘扬范蠡精神。柯桥区慈善总会将此书赠送给出席 2020 “西湖论善” 活动的全体代表，让大家分享范蠡的历史功绩及其慈善精神的深远意义。

《慈善鼻祖范蠡》封面

（柯桥区慈善总会　供稿）

打造慈善文化长廊与慈善主题公园

2020年，柯桥区政协联合区慈善总会，在柯水园（柯桥区中医院西南侧）对柯水长廊进行园林化改造，嵌入具有慈善内容的书法、绘画等艺术作品，彰显慈善文化特色，打造慈善文化长廊和慈善文化主题公园。

柯水园慈善文化长廊一隅

（柯桥区慈善总会　供稿）

开展中华慈善日“六个一”系列活动

2018年8月，区慈善总会组织开展中华慈善日“六个一”系列活动，即成立一支基金、开展一个活动、发送一封信函、建立一个联盟、承办一场沙龙、举行一次培训。在福全街道容山村文化礼堂开展《中华人民共和国慈善法》宣传暨义工服务活动。9月3日，区慈善总会、区志愿者总会在区公共服务大楼、区行政中心联合开展中华慈善日宣传活动，发放慈善读本，宣传慈善活动，传播慈善理念。

2018年9月3日，柯桥区慈善总会、区志愿者总会联合开展“中华慈善日”宣传活动

（柯桥区慈善总会　供稿）

开展慈善文化进校园活动

2018 年 9 月 21 日，柯桥区“慈善文化进校园”活动暨慈善读本捐赠发放仪式在轻纺城第二小学举行，区慈善总会、区教体局、轻纺城二小负责人，老师和家长代表，以及部分中队全体队员们参加活动。

2018 年 9 月 21 日，柯桥区举行“慈善文化进校园”活动启动暨慈善读本捐赠发放仪式

（柯桥区慈善总会　供稿）

开展慈善能力提升训练

2018 年 7 月 26—27 日，柯桥区民政局和柯桥区妇女联合会共同组织社会组织开展“益路行 · 嘉兴”能力建设专题培训活动，包括区慈善总会在内的全区 30 多个社会组织代表参加了活动。9 月 25—26 日，绍兴市首届慈善公益核心人才能力提升训练营（第二期）在柯桥区举办，此次培训由绍兴市慈善总会主办，柯桥区慈善总会、柯桥区慈善办、柯桥区社会组织服务中心承办。

2018 年 9 月 25—26 日，绍兴市首届慈善公益核心人才能力提升训练营（第二期）在柯桥区举办
（柯桥区慈善总会　供稿）

举办“慈善柯桥的故事”大型展览

2020 年 8 月底至 9 月初，柯桥区民政局、区慈善总会在区行政中心一楼大厅联合举办“慈善柯桥的故事”展览。展览分“我们的收支”“我们的基金”“我们的平台”“我们的宣传”“我们的成效”“我们的倡导”六部分，全面系统、图文并茂地展示 2017—2020 年柯桥区慈善事业发展概况和主要成效。

在民政网页上开辟“慈善”栏目

2013 年，柯桥区慈善总会在区民政局网页上开辟“慈善”栏目，介绍柯桥区和其他县市慈善工作开展情况，向社会提供慈善信息，公布慈善资金收支情况。

探索“互联网 + 慈善”模式

柯桥区慈善总会倡导“指尖捐赠”，带动全民参与，开通门户网站和“慈善柯桥”微信公众号，畅通网上捐赠和求助通道，传播爱心不分大小、捐赠不论多少的慈善理念。

第三节　慈善文化活动

举办义诊、义演、义卖

1997—2005年，绍兴县慈善总会每年一到两次会同绍兴第二医院赴山区镇进行义诊，每次义诊惠及400余人，为群众免费看病配药，诊疗注射。

2005年，为救助王坛镇中一名患白血病的女孩，绍兴县慈善总会先后在绍兴城市广场和柯桥瓜渚湖西岸公园举行爱心奉献慈善义演，分别收到捐款2.23万元、3.31万元。

2008年5月16日晚，绍兴县广播电视台、县小百花艺术中心、中广有线绍兴县分公司联合举办“让世界充满爱”的赈灾义演，收到爱心捐款78万元，捐赠药品等物资价值100万元。绍兴县农业银行开展字画义卖，所得1万元捐给县慈善总会。

2017年5月20日，柯桥区慈善总会联合绍兴市慈善总会古银杏爱心慈善基金，开展“大爱柯桥　杏会万达”主题慈善活动，通过义演、义卖、义诊、义捐，该基金共筹募善款82653.30元。

2017年9月4日下午，柯桥区慈善总会在蓝天大剧院广场举行公益集市，开展义卖、义诊和义务服务等活动，义卖共筹集善款16967.40元。

2017年10月28日（重阳节），柯桥区慈善总会联合博雅口腔医院开展爱心义诊活动，为华舍街道、湖塘街道敬老院的老人们测量血压、检查口腔、宣传健康知识。

2020年7月11日，区民政局、区妇联、区旅发集团、区慈善总会联合举行“夜鲁镇·周末市集——面包的诱惑”公益专场活动，参与捐赠近900人次，所募善款15000余元，全部进入柯桥区慈善总会账户，作为专款用于支持柯桥区对口扶贫协作地区——四川省金川县的“点亮微心愿共筑童心梦”暖冬活动。

开展慈善电影进百村活动

2006年，绍兴县慈善总会开展慈善电影进百村活动，在全县351个村(社区、居委会)各放映2部电影。

2007年，继续开展慈善电影进百村活动，在全县100个村(社区、居委会)和各镇、街道敬老院放映电影。

开展彩虹行动

2008年，绍兴县慈善总会开展“彩虹行动”，向全县1133户低保家庭每户赠送1台彩色电视机，列支64.73万元。

举办大型慈善晚会

2017年9月4日，柯桥区“点亮你我　温暖全城”慈善公益晚会在蓝天大剧院举行。晚会由柯桥区委、区政府主办，区民政局、区慈善总会、区广电总台等部门(机构)联合承办。区四套班子领导参加晚会，区慈善总会为全区16个慈善分会授牌，正式发布“慈善柯桥”微信公众服务号，上百家企业、商会爱心人士踊跃捐款，共认捐善款5700余万元。晚会活动情况在《浙江卫视》新闻联播中报道播出。

2019年9月6日，由区民政局、区慈善总会主办，柯桥街道办事处、华舍街道办事处、区心连心艺术团、中国银行柯桥支行协办的柯桥区“中华慈善日”主题晚会在区文化馆音乐剧场举办。市、区慈善总会领导出席，柯桥区的社会组织、慈善工作者、义工、志愿者代表参加晚会活动。

承办第七届“西湖论善”活动

2020 年 11 月 5—6 日，由浙江省民政厅、省文明办指导，浙江省慈善联合总会主办，柯桥区民政局、柯桥区慈善总会承办的三省一市慈善行业盛会——第七届“西湖论善”在柯桥举行。省内外慈善会系统领导、省级有关部门和单位领导、各市民政局相关负责人、爱心企业家代表、新闻媒体代表以及热心慈善事业的社会各界人士共 500 余人参加论坛。浙江省人民政府副省长王文序、中国慈善联合会副会长兼秘书长刘福清分别致辞，浙江省政府原副省长、党组副书记，十一届省政协副主席、党组副书记，省慈善联合总会会长陈加元以《社会治理现代化与慈善发展新格局》为题作主旨发言。

论坛围绕“社会治理现代化与慈善发展新格局”主题，以探索跨界合作为目标展开热烈探讨和交流，深入剖析社会治理现代化的国家战略背景下，慈善跨界互融赋能的新路径，实现地域优势互补、推动创新协同发展，实现浙江慈善事业高质量发展。会上发布《2019 年度浙江城市慈善发展指数报告》，柯桥区慈善发展指数在全省区（县、市）排名第四位。

论坛同时举行全省慈善会系统年终工作交流会，表彰全省示范慈善分会和示范慈善工作站，柯桥街道慈善分会和华舍街道蜀阜村慈善工作站分别被评为全省第一批“示范慈善分会”“示范慈善工作站”。柯桥区慈善总会在会上作题为《基金化运作 大局观思维 内生性发展——全力打造新时代柯桥大慈善格局》的典型经验交流。

与会人员参观考察柯桥区慈善组织孵化基地、柯桥街道社会组织服务中心、柯岩街道叶家堰居以及三佳居爱心驿站等三级慈善公益平台。

第七章

慈善人物

柯桥区(绍兴县)历来有乐善好施、扶贫济困的传统美德。古代及近现代,曾涌现出许多慈善人物,他们参与地方公益事业,力行慈善义举,世代广受民众称颂。当代慈善人物更是灿若繁星,不胜枚举。本志入选的慈善人物,古代始于春秋时代,止于清道光二十年(1840)前;近现代始于清道光二十年(1840),止于1949年中华人民共和国成立前。其事迹主要散见于文集、报刊和地方史志,事迹详略则根据收集到的现有文献材料,不拘泥于各人物传介之间篇幅比例。

第一节　古代慈善人物

范　蠡　生卒年不详，字少伯，春秋末楚国宛三户（今河南南阳市）人。少有大志，大智若愚，与宛令文种相知，一同入越为大夫。春秋越王勾践三年（前 494），范蠡建议并主持建立“孤老村”，由国家供养失去亲人的老人和孤儿，让他们“有饭可食，有衣可穿，有国可依”。又将六万亩“富中大塘”作为义田，专门救助贫困无依之人。辅佐越王勾践灭吴后，功成身退，经商治产，获利千万，受任齐相。后弃官散财，他多次资助贫者，“十九年之中三致千金，再分散与贫交疏昆弟”“尽散其财，以分与知友乡党”，司马迁在《史记》中称其“此所谓富好行其德者也”。

钟离意（约 10—74 年）　字子阿，东汉会稽山阴（今绍兴）人。最初在会稽郡任北部督邮（汉代各郡所设代表太守巡行属县，行督察长吏及邮驿、宣达教令兼司捕亡等职），后举孝廉，历任瑕丘（今山东兖州）县令、堂邑（今江苏六合）县令、尚书、尚书仆射、鲁相等官职。东汉建武十四年（38），会稽大疫，病死数以万计。当时钟离意刚被郡守委任管理县事，于是亲自下去分发药物，使所属地域发病者都得到救治。钟离意任鲁相，以仁爱教化，拿出积蓄 1.3 万文，修缮孔子当年坐过的车子，并亲自到孔庙去揩拭桌子、坐席、刀剑、鞋子。

尹　兴　生卒年不详，东汉永平元年（58）任会稽太守，为官清廉，爱民如子，吏治清明。他工作严谨，属下不敢马虎。时值荒年，百姓挨饿，尹兴把施粥赈灾作为头等大事，他派户曹（管民政的官）陆续在都亭烧粥免费供应灾民。陆续按户口簿逐个询问领粥者姓名，并登记在册。施粥结束后，尹兴问他有多少人吃粥，陆续随口说六百余人，并逐个报出姓名，没有差错。

马　臻　生卒年不详，字叔荐，东汉会稽山阴人，一说茂陵（今陕西兴平县）人。永和五年(140)任会稽太守。时治所山阴，水涝为患，民无所依。为兴利除害，经艰辛考察，制定总纳会稽山北部36源之水为湖之宏伟规划，发动民众，以工代赈，主持修建东至曹娥江，西至钱清江，全长127里、周358里之鉴湖水利工程。工竣，使整个会稽山北部平原免遭洪水之苦，曹娥江以西约9000顷土地又得灌溉之利，收成大增。宋人王十朋赞为"杭之有西湖，犹人之有眉目；越之有鉴湖，犹人之有肠胃"。鉴湖实为中国水利史上最早最大之水利工程之一。马臻筑湖，淹没豪门冢宅，触怒地方土豪劣绅，遂以溺死人命罪，列死人姓名，联名具状控告。马臻蒙冤入狱，竟被朝廷处以极刑。越人悲愤不平，将其遗骸由洛阳迁回山阴，于鉴湖边建墓立祠以祀。后又在一旁建立马太守庙。

车　浚　生卒年不详，三国吴南平人。吴天玺元年(276)，任会稽太守，为政清廉。岁值荒旱，百姓大多无粮可食，车浚因而上表请求开仓赈贷，不出算缗。孙皓以车浚欲树私恩，收买人心，乃遣使者去会稽立斩之，并将其首级到各郡示众。越人饮泣，于是把他的儿子隐藏起来，得以免遭杀害。后把车浚居住的地方命名为车家弄，以示怀念。

孔　坦(286—336)　字君平，晋会稽山阴人。东晋永昌元年(322)，为明帝师傅。咸和元年(326)，提拔为尚书左丞。东晋咸康元年(335)，会稽遭遇大旱，米价大涨，斗米值500钱，人相食。孙坦拿出家中粮食救济穷困百姓，深得民心。后因不满王导专权，触怒王导，被贬为廷尉，怏怏不乐，于是以患病辞官。卒年五十一岁，追赠光禄勋。

孔灵符（？—465）　晋会稽山阴人。南朝宋大明元年至八年(457—464)，由侍中为辅国将军、郢州（今湖北武昌）刺史，后出为会稽太守。孔灵符以山阴县民多田少，上疏朝廷，建议徙外地无资产之民移至会稽郡余姚、鄞等地垦辟湖田。促使北方一批平民及士大夫纷纷南来会稽，遂使贫民有地可耕，荒地成为良田。

范述曾　生卒年不详，字子玄，号颖彦，南朝齐吴郡钱塘人，一作会稽人。南朝宋泰始元年至泰豫元年(465—472)任永嘉太守，收编流民二百余户。居官清廉，乐善济贫，父老馈钱二十余万，坚辞不受。梁武帝任为太中大夫。79岁卒，家无积资。

李俊之　生卒年不详，唐开元十四年(726)任会稽县令。时县东北部海塘因年久失修而崩坍废弛，农田遭受旱涝成灾，百姓叫苦连天。李俊之认为，要救民于水火，必须修筑海塘。于是他率先捐俸筹资，组织民众修筑海塘，海塘从曹娥江至宋家溇计百余里，用以蓄水溉田，泄洪排涝，使农田旱涝保收。

罗　珦(约745—815)，唐越州(今绍兴)人。任京兆尹，多次上疏请求削减平籴数量，缺数由田赋抵充，减轻百姓额外负担，受到百姓敬仰。罗珦家教甚严，其子罗让亦为唐朝名臣。曾有人送给罗让一女婢。他问该女为何成为奴婢，女婢答："兄姊九人，皆为官所卖，其留者唯老母耳。"罗让心里悲惨，焚其券书(卖身契)，让女婢回到其母身边。

杨于陵(753—830)　字达夫，唐弘农(今河南灵宝)人。唐大历六年(771)进士，永贞元年(805)十月至元和二年(807)四月，杨于陵出任越州刺史兼浙东观察使，恰逢越州大旱，镜湖干涸，江河断流，饥民遍布。他上疏朝廷，请求开仓放粮，出米三十万石，赈济百姓，深得越州百姓爱戴。

皮子良(962—1014)　字汉公，北宋人。曾祖皮日休，因避唐末之乱从襄阳迁徙越州会稽。历任汾州介休县、并州榆次县主簿，累官至大理寺丞、监筠州酒税。为政崇尚宽容平和，又乐善好施。晚年家庭衰落，仅赖微俸养家，然仍匀给疏属，始终不敢少懈，为世人称道。

范仲淹(989—1052)　字希文，北宋苏州吴县(今江苏苏州)人。大中祥符八年(1015)进士。宝元二年(1039)七月，范仲淹由润州移知越州。"丧其母时尚贫，终身非宾客食不重肉，临财好施，意豁如也。及退而视其私，妻子仅给衣食。"(《资政殿学士户部侍郎文正范公神道碑铭并序》)。对于百姓，则是体恤民情，忧乐天下。越州民曹孙居中死后，遗下两个幼子和年轻妻子，生活十分艰难，他便乐善好施，以俸银百缗赠之。在他带动下，其他郡曹也纷纷解囊相助。明道元年(1032)，旱蝗成灾，民不聊生。范仲淹在视察灾情后回家，把灾民赖以充饥的乌昧草“进呈皇上”，要求“宣示六宫贵戚，以戒侈心”，可谓用心良苦。皇祐元年(1049)，范仲淹任杭州知州时，尽出多年积余俸禄，在故乡苏州买田千亩，捐为范氏宗族公产，称作“义庄”，其所得租米，分与全体宗族成员，“供给衣食及婚嫁丧葬之用”。为保证义庄的正常运作和久持不坠，他亲自制定《义庄规矩》，对义庄收入的分配作出安排。范氏义庄对后世宗族产生广泛而深远的影响。同治《苏州府志》称：“范氏设义庄以赡族之贫，至今吴人效法者颇众。”

赵　抃(1008—1084)　字阅道，号知非子，北宋衢州西安(今浙江省衢州市柯城区)人。熙宁八年(1075)四月，任越州知州。是年夏，吴越大旱，死者过半。赵抃从富户和寺庙筹粮，共得到4.8万石。初冬饥荒来临之时，将粮食分发到位，并从十月起，按人数分发救灾粮食，每人每天给粟一升，幼小者减半。在城市郊野设立给粟之所，共有57处，使各以便受之，而告之离开其家者勿给。又从官仓中拨出粮食5.2万石，设78处售粮场所，以低价售给灾民。赵抃还告诫富人尽量贷钱给灾民，等到收获时，由官府作担保责成偿还；凡有被遗弃的小孩，则使人收养之。第二年春，瘟疫开始流行，又广设治病场所，安置患病而无家可归者；此外招募僧二人，嘱以视医药饮食，令无失所恃，凡死者，使在处随收掩埋，使生者得食，病者得医，死者得葬，还捐俸禄给病者以药与食。同时，下令修城，使青壮年者得以自食其力，通过修城修塔等措施，用工3.8万，计期佣与钱，又与粟者再倍之。赵抃后虽官至参知政事，却一生不治家产，生活俭朴。先后收养孤女20余人，又施德济贫，受益者不可胜数。

王　绹(1074—1137)　南宋绍兴年间，以参知政事出守越。他公而忘私，廉洁自律。常捐俸赈灾，接济贫困，捐俸修筑海塘，修桥铺路，为民办实事好事。自律甚严，身无积蓄，生活清苦，无钱建私宅，只好寄寓在昆山荐福寺，无异于寒儒。

俞亨宗(1134—1222)　南宋山阴人。隆兴二年(1164)，出任漳州知州。此前，州里以盐抑制百姓，按人口限量供给，囤积居奇，促使盐价上涨得比日常的赋税还快，以至有盐而不供给，以求盐价上涨，百姓深受其苦，俞亨宗首先废止了这一规定。又废除港河渡口的经营权（专利），任凭百姓自由往来；及减去经总制钱后来额外苛取者，每年免除缗钱共计四万四千。又代民缴纳丁钱一万六千余。为官任期届满，他把口袋中的钱币全部分散给宗族亲戚中的贫苦者。

常　楙　生卒年不详，字长孺，南宋临邛人。考中进士后，历任绍兴知府兼任安抚浙东郡。景定四年(1263)，绍兴遭遇水灾，他捐献一万棵楮树用来抗灾，又向朝廷请求卖粮，得米万石，赐青苗三万八千。诸暨受水灾特别严重，他另外运给二万棵楮树，百姓也不缺粮。山阴、会稽有死者暴露于野，他都造棺予以收殓。

汪　纲　生卒年不详，字仲举，南宋徽州黟县人。嘉定十四年(1221)，由婺州知州、提点浙东刑狱出任绍兴知府。刚到任，他访问得知古运河沙涨 30 余里，船只往来不便。于是开掘疏浚河道 8000 余丈，在江口创建闸门，十里置一庐，名曰“施水”，以拒潮蓄水，导流利溉。十六年(1223)，重修府城及各城门，并疏通城内河道。宝庆三年(1227)，所属县发大水，他发粟 3.8 万余石，发缗钱 5 万赈灾，免除田租 6 万余石，灾区顿时复苏。

张远猷　生卒年不详，字辰卿。南宋景定元年(1260)，他凭借祖上庇荫得以做官。咸淳中(1265—1274)出任绍兴知府。当时境内运河淤塞，于是他疏浚西北河流 70 余里。鉴湖淤积，旱涝并生，又尽心竭力挖掘河道，以资蓄水泄洪。他兴礼办学，帮助贫穷人士，每月发给柴草和粮食。城外若有死人遗骨，当即加以掩埋，越人非常感激他。

赵孟治　生卒年不详，元绍兴山阴人。家族世代崇儒尚义。元皇庆元年(1312)，他捐田三顷作为学田，又捐田三顷入义廪（粮仓），用来帮助乡里无法嫁娶或殡葬之人，获朝廷表彰。他儿子由钟也像他父亲一样崇尚义气，至正二十七年(1367)，岁大饥，他在路旁设粥摊，救济百姓，使许多快要饿死的人活了下来。

宋文瓒　生卒年不详，字子章，元裕州人。元（后）至元六年(1340)，出任绍兴路总管。他刚到任，即整治庙学，平均劳役，筹划盐由陆路转为水路运输，以减轻民众负担。故宋丞相史浩任绍兴知府时，置有义田 3000 亩，以供郡学经费。因年久失制，均为有权势者所得。他就全力整治，考证旧规，制定新章，委托可靠的善士管理。有时阴雨连绵不断损害庄稼，造成粮食歉收，他借用常平仓中的粮食来救济百姓。

彭　谊(1410—1498)　字景宜，明东莞人。因得罪朝中权贵，被贬为绍兴知府。当百姓灾年受饥时，他即发粮仓救济他们。第二年秋天，百姓争着把粮食运到粮仓，以充实库存。郡中官站湖田正税极重，复加折耗，如遭遇荒年，百姓即使卖掉家产也不能偿还，官府和百姓都感到困迫，彭谊请按田亩计算损耗，不分轻重，一概以三升为率税额，损耗于是大减，百姓得以获生。又修筑白马闸来阻挡卤水，使不得入，一郡蒙利。

高宗浙　生卒年不详，字叔胥，明绍兴山阴人。读书好礼，如有积蓄就会散财。他曾捐出山地七十亩作为通往坟墓的道路，供百姓通行，并制作棺材送给贫穷得无法下葬的人家。正统五年(1440)，是年遭饥荒，他从旁边的郡卖进米七百斛，回来后分发给乡人，使很多人存活下来。第二年又遭饥荒，出私粮帮助官府借贷给百姓，后二年又遭饥荒，也仍这样做。当时同邑的吴渊、周端两人也一起出粟千石以赈灾。

周廷泽　生卒年不详，字舜龙，明绍兴山阴人。富而好施，景泰年间(1450—1456)，每当乡里遭遇饥荒，他就捐粮烧粥来救济百姓；有的人病死，就为死者制作棺材、建造坟墓予以埋葬。乡里有个人因负租很多，无力偿还，就把儿子带到市场上去卖，周廷泽得知后，替他还了租，烧掉债券。他又曾捐金在钱清建造一座九洞石桥，工程和费用很大。桥建成后，往来行人都称方便。

李　良　生卒年不详，字遂之，明山东人。弘治元年(1488)凭进士身份出任山阴县令。时境内运河为土塘，如遇暴雨就会倾斜倒塌，一遇汛期，水溢为患，损害禾稼，影响行人往来。李良就招募工匠，以石筑塘，自虹桥（西郭门外）至钱清，连绵 50 余里的塘堤就很坚固。从此运河沿岸万顷农田无内涝之患，往来行人称便。

南大吉　生卒年不详，字元善，号瑞泉，明陕西渭南人。正德六年(1511)进士，嘉靖二年(1523)以部郎出任绍兴知府。任上兴利除弊,创导各县修复县学,兴建稽山书院,邀集绍府八邑名士担任讲席,四方学子云集。

汤绍恩　生卒年不详,字汝承,号笃斋,明四川安岳人。嘉靖五年(1526)进士,十四年(1535)由户部郎中迁德安知府,不久调任绍兴知府。到任后,新修学宫,广设社学,缓刑罚,恤贫弱,济灾荒,深得百姓爱戴。时山阴、会稽、萧山三邑之水汇集三江口入海,每大潮汐,使沙土堆积如山,遇大雨连绵不断,雨水受阻不能骤泄,良田受浸泡,当事者不得已决塘以泻之。塘决则夏旱,每年苦于修筑。汤绍恩即在距玉山斗门以北约6里处之三江口,作为闸基兴建三江闸。工程始于嘉靖十五年(1536)七月,翌年竣工。设闸门28个,象征二十八宿,故又称“应宿闸”。三江闸修筑后,山阴、会稽和萧山周围数百里免遭水潦之患,士民很感激他。嘉靖十七年(1538),他又主持将古鉴湖东塘、南塘及通塞之堰、闸改建为水浒,东西连亘百里皆成通衢,既利于蓄水,又便于交通。

陶师文　生卒年不详,字纯夫,明绍兴会稽人。嘉靖二十五年(1546)出任湖北宜都知县。修葺新学宫,建立清江书院,设立社学6所,扩充学田至800余亩。

陆廷志　生卒年不详,字思裘,明绍兴会稽人,素为族中大家。嘉靖元年(1522),会稽岁荒,陆廷志发谷赈饥,全活甚众。

赵　楫　生卒年不详,明绍兴山阴人。隆庆五年(1571)进士。六年(1572),任山东诸城县知县,适值灾年,民多流亡,故莅任则设法招抚流民垦植荒田,令二年内免征免役,复业者达千余家。每月初一、十五日,他亲到学宫,召集诸生勉励他们积学力行。对贫者则捐俸助学。

刘　炀　生卒年不详,字仲阳,号明石。明绍兴山阴人。以明经举贡入太学。后被选拔为高淳知县。适值旱涝非常,江南大饥。万历帝命杨文举发两淮盐税金数万施赈。刘炀一意为民,赈金按实发给饥民。在任期间,倡议设立常平仓,以工代赈修筑危堤,救活饥者数以万计。

李　鼎　生卒年不详,明绍兴山阴人。万历二十一年(1593)任河南柘县知县。

适逢岁饥，承命发放朝廷府库钱币和县储仓廪粮食，以赈济灾民，并亲自劝勉县内士绅捐钱赈灾，不辞辛劳，亲赴乡村，使许多人得以存活。

张　陛　生卒年不详，字登子，明绍兴山阴人。家有恒产，平时对乡里百姓多出资解难。崇祯十三年(1640)山阴大饥，刘宗周倡办粥厂，祁彪佳以平价卖粮以赈济百姓。张陛出家中仓储谷物500石分助刘宗周、祁彪佳。同时又向母亲董氏请求，出卖家产得米千余石办理赈灾，存活百姓万余人。

沈懋简　生卒年不详，明绍兴山阴人。崇祯元年(1628)七月，山阴发生海啸，居民遭淹没，浮尸遮蔽江面，于是他招募人员掩埋浮尸合计数千具。清顺治元年(1644)，郡遭荒年，倡议赈济饥民，许多人得以存活。冬月时煮粥给牢狱中囚徒，春秋时给荒坟培土，遇夫妇离异者设法让其团聚。终身乐善不倦。

傅尔申　生卒年不详，字谢侯，清绍兴山阴人。顺治十七年(1660)举人。家在鲁墟东西村，自渔渎连青田湖中隔着一条大河，遇到狂风，过往船只时有覆没，于是他捐资筑堤，百姓对他很感激。

李　标　生卒年不详，清绍兴山阴人。康熙三年(1664)武进士。十三年(1674)任威海卫守备，任职期间多行仁政，如招复流亡之人，修补城垣，创建义学社仓，设立药局，建造学署，疏浚河道，修筑塘堤、道路等。

陶式玉　生卒年不详，字尚白，清绍兴会稽人。康熙十五年(1676)进士，其时刚好遇到敌寇骚乱，他竭尽家中资产赎回被掳妇女千余人。岁遭饥荒，他建义仓、赈米粥，使数千户存活下来。又购置义田赡养族人，老弱之人不能前来领物，他必亲自登门分别送去。有时遇到年成歉收，他暗中将自己的米粟补上，从不告诉别人。

陈　根　生卒年不详，字克生，清绍兴会稽人。其父若虚捐出自家田地一百六十余亩，以备赈济，取名为义田，事未完成而卒。他仰承父志，向官府登记田地，创立义户，刊布条约，凡是鳏寡孤独、贫穷而告诉无门者，随时周济供给，六十余年身体力行，从不怠惰。

章时化　生卒年不详，清绍兴会稽人。康熙二十年(1681)任安徽太湖知县。他为政不务名，维修水运粮仓，费用取之于粮仓损耗，不烦百姓一文。募集钱财，修缮养济院，安置孤寡幼残之人。捐献俸银，购置义冢，使露骨暴尸得以掩埋。百姓感恩他的德行，列碑以祭祀。

俞　卿 生卒年不详，字恕庵，又字元公，清云南省陆凉州（今陆良县东北）人。康熙二十年(1681)举人，五十一年(1712)，出任绍兴知府。刚任事，适逢台风袭击，海塘倒毁，潮水涌入，良田房舍淹没无数，灾民遍地，民不聊生。视事两日，即亲自指挥民众修筑土塘，以防潮入。翌年台风再度袭扰，海水拍岸冲堤，又溃毁土塘数十里，于是响应百姓请求，尽出自己俸薪，向上求拨输银9000两，改筑牝牡相衔石塘40里。年余功成，10万户海边居民有更生之庆。任内尝修筑麻溪坝和山西闸，致山阴、会稽两县水患渐减。他又重视府城建设，疏浚城内河道，恢复被侵占街道。修葺禹庙、学宫和越王殿，创立蕺山书院，设置学田，激励后学。

周宗义 生卒年不详，字宜庵，清绍兴山阴人。康熙二十五年(1686)任河南商丘知县，为政清廉，平易近民。修缮城垣、增筑堤路、运送军供等费，都挺身而出，捐献自己俸薪，不向乡里索取。二十九年(1690)春，适逢年成歉收，百姓受饥，于是督促疏浚河道，辅以救赈，3个月后工程告成，既除邑境水患，又存活饥民万余人。

高　国（？—1700） 字甸先，一字颞川，号窥园，清绍兴山阴前梅人。康熙元年(1662)塘堤毁坏，水流冲击田地，天乐诸村千百余顷田地泛滥三年，高国购买萧山县近塘田5亩余捐作塘基，呈请萧山县知县免去课税，并派其子纠集各乡百姓捐资，筑造江塘一百数十丈。二十八年(1689)，朝廷下诏免除地丁银米。高国以为有产者受其惠，无产者未得沾润，于是将己户所免之粮与众佃户各分其半，一时富家仰慕其义，纷纷学习效仿。邻族有人将妻女卖与别人，高国为他捐金赎回，并供给衣食，抚养其女到成人出嫁。凡有寺庙、桥梁、道路倾圮者必为之捐修。各佃户如婚丧诸事有急难，必定给予接济。有人遭遇水火诸灾，更是多方宽慰，免除他们的租费。

李　铎 生卒年不详，字天民，清奉天铁岭人。康熙二十七年(1688)，李铎以兵部武选郎中出任绍兴知府。次年，山阴、会稽、萧山三县洪水为灾，应宿闸不能立即泄洪，以致损伤庄稼。李铎于是寻访山西闸旧址，捐俸薪修筑，不劳民力，又增修5个大孔以防不时淫雨，与应宿闸互为表里。设立义学，捐俸每日供给粮食，延请名师上课，肄业者皆是孤寒好学之士。余姚、上虞等县年成歉收，李铎典衣卖耳环，竭力广为募捐，三次亲临赈济，赖以存活的流亡者有数十万人，又建造义冢掩埋遗骸。

童国松(1684—1753) 字牖云，号渺粟，清绍兴会稽富盛人。雍正四年(1726)举人，乾隆元年(1736)进士，授江宁高淳县知县。八年(1743)夏，湖水骤涨，民舍漂没，他携粮乘小艇亲自勘察，遍及乡僻，按人口分给粮食。境内有因城湖者，为7省通衢，沙淤水枯，行旅叫苦。他倡捐200金，历时4个月，疏浚800余丈，深4尺，宽1丈5尺，士民感恩戴德，制作“万民衮”以献，他坚辞不受。

章　谚 生卒年不详，字又传，号乐野，清绍兴会稽人。幼习举子业，而每次应试不及格，捐官授州同知。雍正二年(1724)，海水溢杜浦，高岸成谷，翌年他鸠集工匠，筑塘放水，田庐始安。四年(1726)，邑大疫，他建药局，治愈多人。九年(1731)，遭逢饥荒，他沿路摆设粥摊，饥民得活者数千人。乡里有负债欲卖妻者，则出资赎还，并周恤其家。

阮景云(1756—1803) 字鲁庵，号霞轩，清绍兴会稽人。乾隆年间(1736—1795)，以业盐起家。首倡修筑海塘，助金数百工。易地重建沦于海滩的海会寺。捐田160亩作赡族公田，以赡族之鳏寡孤独和贫苦无依者；捐田40亩作赡宗公田，合计200亩。又以余田周济乞丐，掩埋路骸。乾隆五十九年(1794)岁大饥，设仓于社，计口授粮，以济村民、族人。

陆　凯 生卒年不详，一名宗周，清绍兴山阴梅湖人。乾隆年间(1736—1795)，以良田430余亩，税地1700余亩，给本族宗祠，设立梅村义塾。分所存制钱三千贯为三：一份作为萧山修塘工料基金；一份设置社仓以济贫；一份归蕺山书院生息，作为办学基金。

韩　辉(1756—1821) 字虚舟，清绍兴会稽人。嘉庆十年(1805)山西襄陵县知县。刚到任，适值岁灾，乃劝乡绅富豪捐款。为免饥民奔走守候之苦，于每乡各设粥厂赈济，饥民称便。资金不足，又捐俸相继。并在东门外筑堤以捍汾河泛滥，百姓称之为“韩公堤”。任辽州知州时，因地处太行山僻，文教不兴，乃筹建书院，积累粮食，建造学校，奖励优学者，结束辽州三十年无人中举之状况。

俞元珩　生卒年不详，一名楚玉，字荆山，清绍兴山阴人。乾隆间(1736—1795)任福建霞浦县柘洋巡司。境内山径迂回，他捐俸并向殷富乡绅募金数千两，除荆棘，凿巉岩，筑大道30余里，自此士庶星驰，商贾云集，成为巨镇。

何熊光(1759—1818)　字孔照，清绍兴山阴人。40岁议叙县丞，转叙知县。历官光州、直隶知州。将补怀庆知府时，适值光州大旱，以“民方仰官以活，不可力辞”故，请返光州原任。以“饥民如病儿，断奶立死”之由，破例发仓设厂施粥，救民于水火，后以擅动仓储，请求自劾。

胡　潮(1770—1827)　字涵三，号海门，清绍兴山阴人。嘉庆十九至二十年间(1814—1815)，山阴遭大饥，乃创捐施赈于近村，泛舟千里往福建购粟，以济民食。在宗族，则创立义田、义塾、义冢。又倡建义仓于柯桥与华舍之间，为四乡水旱灾时备赈，未成而病。在乡修学舍，筑江塘，又与上虞梁质夫、萧山韩秋塍捐资设曹娥江义渡船，购置田产为常年经费。捐田10亩给绍城育婴堂作堂田。

杜　煦(1770—1850)　字春晖，号尺庄，清绍兴山阴人。嘉庆十二年(1807)与弟春生同中举人，官至内阁中书。会试下第后，即弃职归家。在乡广为社会公益事业，捐置义田，用于救灾赈济，置办义塾、蒙塾，创办弃婴堂、义药局等。道光二十年(1840)定海失守，绍兴戒严，杜煦首捐重资，设筹备局练勇守城。

罗耆勋　生卒年不详，原名舜如，字韶伊，后改耆勋，清绍兴山阴人。嘉庆十二年(1807)举人，二十四年(1819)进士，出知河南延津县。时值马营黄河决口之后，连年歉收，民不聊生，乃力请停缓催征，捐俸银开赈，收养四乡灾民。当时瘟疫大作，死亡之人到处堆积，他施药捐棺，每天忙个不停。

觉罗百善　生卒年不详，满族人。清嘉庆十二年(1807)任绍兴知府。时越州水灾不绝，乃申报省宪，发粟赈饥，并劝邑中富绅平粜。又辗转乞捐，修筑西江塘堤。

在任4年，捐俸银重建育婴堂，两次修葺禹陵，一次修葺学宫，亲临蕺山书院为生员讲课。

吴　均　生卒年不详，字云帆，清杭州钱塘人，后侨居绍兴城内。嘉庆二十四年(1819)举人。任潮阳县知县时，因邑地濒海，民田缺乏灌溉，乃引水开辟三渠，筑海堤6100余丈，使贫瘠之田成为膏腴良田。重修棉阳书院，扩拓讲舍。任潮州知州时，捐俸银倡修广济桥，行旅得以安全。

钱德承　生卒年不详，字慎庵，清山阴人，道光元年(1821)，任上元县丞，葺先贤祠墓，修义冢，出俸钱掩埋枯骨，复捐修屋三间，岁收租以资善举，禁止差役不得向民苛索，一切陋规悉罢之。咸丰三年(1853)调任常州，设粥厂城南北，远者按人口授以钱，冬天则制棉衣给他们穿，城乡无受冻挨饿之人。当地旧俗凡生女就溺死，他严厉予以禁止，又增设育婴堂以收养之，设救生船开行于江河中，以安行旅。代理江宁府时，大雨为灾，冲上元、江宁沿江各圩，房舍半没，钱德承冒雨捍御如宰、高淯等地，选择高地暂时栖止流民，于虎贡仓设厂留养，筹资3000余缗修筑上元七里洲圩，预购置棉衣散之。又设当牛局，冬时代为收牧，来春听其赎归。再次莅任镇江时，他兴修水利，河渠共长1400余丈。

高骧云　生卒年不详，清绍兴山阴人。道光元年(1821)举人。咸丰元年(1851)，暂时代理密县、蓟州。六年(1856)任房山知县。房山地处西北，山民僻居，不知读书。他召集父老，兴办教业。七年(1857)，蝗虫侵扰房县，他昼夜督捕，露宿风餐，忧形于色。尽出囊中千金为捕蝗费用。

王　沄　生卒年不详，字湘浦，清绍兴山阴新河弄人。道光元年(1821)举人。知宝应、山阳等县时，以恻怛慈爱之心，赈恤业绩感民。累迁高邮州、通州又曹州知州。曾捐俸银8000余两兴办学校，士林称颂。

徐业钧　生卒年不详，清绍兴会稽人。道光元年(1821)寄籍顺天中举。十五年(1835)，议叙山东临淄县知县。时孔庙倾圮，自捐俸银修葺。地方差役无固定工食之资，则置田数亩，以应工食。十六年(1836)秋，临淄受灾，百姓多逃亡外地，他出告示止之并开仓赈济，无偿散粮。次年春，请求上司散发府库钱财以赈济百姓，劝说富户捐财以助，自己又捐千金以补不足，百姓赖以活命。

沈如渊 生卒年不详，原名承仁，字心谷，号雨怀，清绍兴会稽人。先后在粤东经理盐务20余年。后捐官知县，改名如渊。道光九年(1829)出任直隶武邑知县。十四年(1834)知永年县事，逢滏河溢城，乃捐俸赈济，排除积水，修复堤防，邑民得生。

王锡九(1797—1852) 字兰史，清绍兴山阴人。道光五年(1825)举人，十三年(1833)进士。十五年(1835)起，历任嘉定、丹阳、青浦、长洲、奉贤、吴县等知县，后又代理柘林通判。任上疏浚河道，创建义仓，赈灾济民，修孔庙、兴学校，政绩卓著。

潘忠燮 生卒年不详，字理君，清绍兴会稽人。道光十四年(1834)副贡。曾替堂兄偿还债券钱千缗。二十年(1840)秋，英军攻陷镇海，扰宁波，郡绅创议筹措防卫，潘忠燮捐助银两千两。

徐　荣 生卒年不详，字铁孙，汉军旗人。清道光十六年(1836)进士，由知县提拔为绍兴知府。二十九年(1849)，越中大水，江海堤溃，灾民受饥，他徒步行走在烂泥中，分头劝赈。三十年(1850)，大雨复集，他预为储粮，四境煮赈，饥民远近欢呼。咸丰二年(1852)，他与民休息，疏沙导流，修筑堤闸，修葺大禹陵庙，开学宫讲坛。

相继魁(1802—1895) 清绍兴会稽泥墙里人。家颇丰饶，喜行善举。凡乡里有创善举者不吝惜出巨资以助成功。如双溪之天成桥、王坛之天宝桥，馒头石之万缘桥，以及青坛、冢斜等处造桥铺路建凉亭，所出不下数千百金。其余赈济贫苦，救援灾荒，凡有益于邻里乡党者，莫不慷慨解囊。

张澄斋 生卒年不详，清绍兴山阴人。侨居金陵。道光年间(1821—1850)，英军攻陷吴淞口，兵船沿江而上，金陵戒严，城内兵民乏食。张澄斋散发家藏粮食3000石，尽出家财7万余两，以赈济民众，供应军需。

余恩熙 生卒年不详，字兰台，清绍兴会稽人。咸丰二年(1852)，鉴于本邑昌安门外桶盘湖湖面广阔，遇骤风，舟楫多酿祸。乃独资兴修避风塘。每日自赴工地督造，自春涉夏,风雨无阻。完工后,因积劳成疾,不久病卒。

钟念祖(1832—1899) 字厚堂,清绍兴会稽人。光绪四年(1878)授盐法道。八年(1882),署按察使。十二年(1886),道经上海,因病归故里养病。期间,仗义疏财,为乡里扩置义田、义冢。会稽蒿坝清水闸岁久圮废,水旱调节失控,虽拟修复,均因工程浩大,费用至巨未果。钟念祖闻知,毅然独力承担兴建新闸,历26个月完工,耗银33500余两。

徐树兰(1837—1902) 字仲凡,号检庵,世称仲凡先生,清绍兴山阴人。光绪二年(1876)举人,授兵部郎中,以输资为候选知府,补用为道员、盐运使。不久以母病归里,不再出仕,以诗书自娱,尤以购书、印书、藏书为乐事。致力于地方公益事业。筑捍海塘、建西湖闸、创设豫仓。前后筹赈,近自本省,远至燕、豫、秦、晋,至数十万金。设救疫局,置赡族田,建清节堂以救助寡妇,集相验资,尤留意三江口水利。二十二年(1896),倡议设中西学堂于郡城,以教八邑士,捐千金为开办费。二十三年(1897)开校,自任督办(校董),其后改为官办绍兴府学堂,办校垫款达四千余金未偿。二十六年(1900),在绍兴购地一亩六分,耗银32960两建造古越藏书楼,三十年(1904)建成向社会开放。邀请慈溪孝廉冯一梅编纂书目。馆藏有反映近代科学体系中外书籍数十类,共7万余卷,供民众借阅,为近代中国第一个公共图书馆。

第二节　近现代慈善人物

包君锡　生卒年不详，字杉麓，清绍兴山阴人。性格豪爽，见义勇为。咸丰十一年(1861)太平军与清军激战于钱清西小江一带，浮尸遍布。包君锡出资雇舟雇人，每打捞一具付钱1000文，共打捞浮尸5000多具。并置棺木，买山地予以埋葬。设“遵义会”，募款购置田地山荡，以年化收入之息，供管理祭扫之用。同治二年(1863)，在诸暨包村收埋骸骨10万有余，作义冢，即“五大坟”。生平最矜恤孤寡，爱抚老幼。起初收养或供养百余人，后扩大到千余人。因力不胜任，遂与好友胡硕庵相商，建“清节堂”于卧龙山后，劝募基金，以供善举。曾修葺大善寺，创办项里村颐泉义塾等。

章　震(？—1882)　字春生，清绍兴会稽人。父母早丧，他辍学到官府做幕僚，协助办理刑事、民事案件，精通法律条文和案件判例。曾游历福建，办理案件很有名声，后又以军功授任莆田县涵江巡检。涵江地属要冲，章震亲率仆役巡行村堡，引导百姓耕读，劝说训谕邻里以礼相处，平定多起械斗掳杀事件。他在任16年，居官清廉，厨房没有肉食，门庭没有奴仆，室内没有金银玉饰。民间有“章公不取涵江一草”之赞颂。莆田知县委托他审理县内积案，5年中他尽心尽职，公正判定结案千余起。巡抚丁日昌称其为“闽中第一好官”。上级将予以提拔，他因父母丧事解任。章震坦然曰：“官无大小，但问心可对百姓而已。”后又到涵江任职，适遇40里外有大江名叫西湖端明斗门，水漏溢，百里农田遭淹没有收成。章震奉命越境招募民工修筑堤坝。当时正值夏秋酷暑,他冒着暑热督工70余昼夜,历4月而堤成,终于除去数十年的大患。但章震因中暑而病倒,拖延2年不治而亡。当地士民为他树立石碑,来记述他的功德。

李德奎(1842—1905) 字月舫,清绍兴会稽人。光绪八年(1882)贡生,十四年举人,未出仕。为人平允通达,公正宽容待人,以制艺有名于乡。及于晚年,所作蕴藉深稳,情理兼到。十六年(1890)春夏之交,越中米价飞涨,百姓粮食遭受恐慌,而粮户囤积居奇,百姓捣毁米店。官府力主平粜,李德奎主持东陶坊,平粜40天,既不滥发粮食,又无一人遗漏,合坊之人都很佩服。

陶浚宣(1846—1912) 原名祖望,字文冲,号心云,晚号东湖居士。清绍兴会稽陶堰人。光绪二年(1876)举人。三年考取觉罗汉教习。十二年(1886)会试挑取方略馆誊录。十七年(1891)出任广东潮州金山书院主讲席。回乡后,于二十二年(1896)用尽家财并负债创办东湖书院。陶浚宣为绍兴东湖创建者,与堂兄陶仲彝、陶在宽等集资8000余两银元,在箬蒉山麓,筑堤百余丈,利用采石形成之峭壁、水塘,造桥筑路,营室建亭,点缀为各种胜景,于二十五年(1899)完成,名为东湖,今为绍兴著名景点。

李国镇 生卒年不详。号翰丞,清绍兴山阴人。光绪十年(1884)任湖南新田知县。刚到任,就深入街坊访问民情,裁减杂项摊派,除去衙内蠹虫,革除陈规陋习,以清苦自持。每案再三谕息,不肯庭讯,以免耗费民财。性情慈爱,不忍用重刑。每逢遭受瘟疫,他就购良方制药,亲至村落为民诊疗。后被弹劾罢官。离任之日,行装非常简单。士民接连为他饯行,均手持明镜一面,清水一盆,意为清如水,明如镜。

杨福璋(1856—1924) 字霞生,清末绍兴山阴安昌人。光绪八年(1882)举人。二十八年(1902)入热河都统锡良幕中,后随锡良去四川、云贵,任总督衙门总文案。三十一年(1905)巡警初设,被委任担任云南巡警道。乃创设巡警教练所,警察简易科,高等巡警学堂,培养各级警察人才;设忠烈祠,祭祀因公殉职警员;办宏济医院，治疗伤病警员。杨福璋对病员必亲自慰问，凡死者必亲往祭奠，风雪夜深亲出巡查，与下属同甘共苦，大家都对他感恩戴德，尽力为他效命，使云南省的警务成为全国之冠。宣统三年(1911)调任云南提法使。民国七年(1918)由云南省警务处长调任政务厅长，次年代理省长。民国十年(1921)，盐荒起，任盐运使。禁运外盐入滇，拒绝外国商人重贿，平抑盐价，滇人戴德。

汤寿潜(1857—1917) 原名震，字蛰先，一作蛰仙，清绍兴山阴天乐乡(今属杭州萧山区)人。光绪十八年(1892)进士，为庶吉士，散馆归部以知县铨选，授安徽青阳知县。宣统元年(1909)授云南按察使。在晚年家居期间，关心地方公益事业。继晚明刘宗周之议，建成萧山麻溪坝，改桥并洞，遏水导荒，为乡人所称颂。

章锡光(？—1920) 初名观光，字吉臣，清绍兴会稽人。光绪十五年(1889)举人，三十年(1904)成进士。三十二年(1906)署郴州兴宁知县。境内有一处叫水竹滩的地方，每逢春日涨水，过往舟楫常有触石沉没事故发生，每年报案很多。章锡光亲至滩池，察勘实际，因邑贫缺资，乃捐俸凿石开滩，历3个月告竣，从此舟楫往来再无沉船事故，邑人感其德，更名“章公滩”。三十三(1907)年改任常德府桃源县事。清宣统元年(1909)，桃源发大水，庐舍漂没。章锡光亲督小舟数百只前去救援，连夜抢修塘堤以御水患。后来又拨出府库中的钱财，并捐出自己的俸银，来接济灾民。

裘惠芳(1866—1932) 绍兴会稽陶堰人。少年时习医于绍兴城内石门槛著名妇科世医钱氏。行医四十余年，悉心研学苏州叶天士、萧山竹林寺妇科立论，并参证临床经验，阐明发扬，故医术精湛，存活危急病妇甚多，享盛名于绍兴东部诸乡。崇尚医德，方便病者，对贫富患者一视同仁，凡请出诊，命驾立往，遇贫苦患者，非但不收诊金，甚有给资以助药费。每月义诊4天，授业弟子中多巾帼，后皆以医闻名于世。

李大椿 生卒年不详。字仙圃，绍兴会稽人。光绪二十三年(1897)，任贵州普安厅同知。创立武备学堂、崇实学堂，捐俸银3年用以赈济灾荒，设立养济院以赡孤贫。招募民工淘沙，疏通河道，凿蛾螂洞，建同善桥，使河道畅流。捐资修葺周围城墙，据险建立碉堡。政简刑清，民皆戴德。

黄　朴(1870—1922)　字箬枕，号笑庵，绍兴人。清光绪三十四年(1908)，出为襄阳主簿、霍邱典史。民国元年(1912)起，任山东金乡、丰镇县知事。金乡苦于旱灾，他捐俸开辟河道百十余里，三年乃成，清流充渠，民得苏活。及调任丰镇时，百姓百般挽留他，躺在街衢五日不肯离去。终挽留不遂，乃勒石于其所筑河边，名河为黄公河。至丰镇后，他设养老育婴之所，开辟荒瘠之地，那些流亡在外的人纷纷来归，盗贼逐渐消除。过了一年，因有贤德升任山东济南道尹。在官三年，升山东政务厅长，不久代理省长。黄朴好学自竞，衣无华章，食无珍味，不以显达为荣，历官 20 年，除藏书外一无长物。

范寿铭(1871—1922)　字鼎卿，晚号循园，绍兴山阴人。清光绪十九年(1893)举人，曾任河南安阳、内黄等县知县。民国建立，任彰德知府，不久，授河南省河北道尹。民国九年(1920)夏，河南全省大旱，河北各属赤地千里，灾民数十万露宿风餐，饿殍载道。范寿铭先后募集赈粮，分路散发救济，并实行以工代赈，使灾民老少得活无数。

吴善庆(1872—1922)　字善卿，绍兴山阴州山人。幼年家贫，14 岁去沪学徒，勤俭诚笃，为人所称。后以经营颜料发家。民国元年(1912)东渡日本考查染织之法，回国后在沪南创立振兴染织厂，后又与人在郑州等处设立纺织公司、棉纱厂、油漆厂、花边厂等，资财日厚，声誉日隆。他遗憾自己幼年无力就学，乃于州山村创办善庆小学，置办学田，购置学校设备，聘请优秀师资，资助贫困学生，办成一流名校。又独资在州山建“伦敦”“鉴亭”两桥，方便行人。

朱阆仙(？—1937)　名文煜，字阆仙，以字行，绍兴大和白洋村人。其父朱滋润，在沪行医三十年，颇著声望，五十余岁回绍，带回银十九万余两，暂住大营，后迁都昌坊口。清光绪三十年(1904)，会稽知县委任朱阆仙为会稽县行宪选举筹备委员。宣统元年(1909)起，朱阆仙个人出资开办施粥厂，每年从十二月初一开始到除夕为止，每日施早、中两餐。他天未亮即起，亲自监督淘米，站于门口，搀扶老幼。三年之后，由县商会接办，改名仁济粥厂，设南、北两厂。南厂仍由他负责，直至抗日战争开始停办。同时，他又独资创办永庆局施送膏药、棺木，聘请两位医生为贫民免费看病送药。又任育婴堂董事，办平民习艺所。当时县自治委员为之列举事实，报省呈当时北京市政府，颁给“乐善好施”匾额。

高福林(1877—？) 原名 F. W. Goddard，美国人。清光绪二十九年(1903)十二月，由美国基督教会北美浸礼会国外宣道会派遣，从宁波到绍兴行医传教。高福林为医学博士、眼科医生，在传教同时，亦为群众、教友行医治病。三十一年(1905)，在城区大坊口租赁民屋数间，以摆药摊形式行医。宣统二年(1910)，高福林在城区马坊桥（今延安路）置地创办医院，初名中国绍兴基督教医院，自任院长兼医师。民国元年(1912)，设病床 10 张，收治住院患者。三年(1914)，病床增至 41 张，定名为绍兴福康医院（今绍兴第二医院）。八年(1919)建成附属护士学校。以后增聘医护人员，分设科室，增蒸汽房，自制生理盐水、葡萄糖注射液，配备 X 光机、电疗器等设备，设肺结核隔离病房，为绍城知名医院。抗日战争期间离绍回国。

高福林在施医行善的同时，还关注绍地公益事业。为城区河道疏浚之事，曾于 1912 年 6 月 17 日在《绍兴公报》第 1265 号上刊登广告，呼吁社会乐善者捐资相助。声称：“本医士悯绍地哀鸿之苦，前在本会发起小集捐资，并承附近士绅平宜生君助洋八十元，任德卿君助洋三十元，函请俞知事给示通告，于阴历十八日开工，就大云桥至东郭门一带河道，纠集贫困无业之夫开浚疏掘，为以工代赈之计，使卫生、救贫双方均受利益。现查该处河道绵长，工程颇大，预算前集捐资恐多不敷用，刊登广告，敢请乐善诸君再为解囊补助，共襄盛举。窃维五洲均同胞，仆以海外人暂作寓公，尚不忍为肥瘠之视，诸君子越人爱越，其热诚更必有百倍于仆人者也。如蒙慨助，请至马坊桥下医局内接洽为盼。”

曹炳章(1878—1956) 字赤电，又名琳笙，鄞县人。清光绪十八年(1892)，随父迁居绍兴，进中药铺学业。自幼勤奋好学，学徒时，脚踏铁船研药，亦手捧《汤头歌诀》诵读。学徒四年，学业大进。学徒期满，又拜方晓安为师，专攻《内经》《伤寒论》等经典著作，参看各大医家著作，进一步精研医理，历时七载。二十八年(1902)，在营基弄口开业行医。曹氏医学精深，精内、妇、儿科，尤擅喉症；医德医风高尚，对病人亲如家人，每遇出诊，常徒步而去，省患者车马费用；对贫困病人，免收诊费，且代付药资。

邵力子(1882—1967)　初名景奎，改名凤寿，又名闻泰，字仲辉，笔名力子，绍兴会稽人。清光绪二十八年(1902)乡试中举。三十一年(1905)入上海震旦公学求学，后转入复旦公学，结识于右任，成莫逆之交。邵力子热爱故乡，对家乡公益事业多所贡献。20世纪30年代初，远在兰州任甘肃省主席时，听到绍兴尚无一所完全中学，当即出银币1000元，派人与朱仲华、金汤侯等地方士绅商谈，于民国二十一年(1932)6月创办私立绍兴中学，并亲书“卧薪尝胆”四字作为校训，以培训爱乡报国之才。次年春回乡探亲，目睹乡村中迷信盛行，教育落后，又出资兴修“明强”“运川”两所小学。三十三年(1944)冬，奉母灵柩回乡安葬于富盛金家岭，当了解该村无一农家子弟入学时，则决定利用坟庄房屋，出资办起棠阴小学，还购置渡船，接送邻村农民孩子入学。出资支持编印出版《绍兴县志资料》。

沈钧业(1884—1951)　字复生，晚号复庵，绍兴山阴张墅人。光绪二十五年(1899)秀才，三十年(1904)入绍兴府中学堂求学。民国十年(1921)当选浙江省议会第三届议长。二十年(1931)“一二·八”事变后回绍兴，从事修禹庙、纂县志、办难童教养所等地方公益事业。

张拯亢(1887—1957)　字筱霞，号野牧，绍兴漓渚小步人。自幼爱好金石书画，在绍城悦来南货栈学徒时，即以画受知于王子余。民国十八年(1929)，至杭州浙江省地方银行任助理行员。二十六年(1937)，银行遣散，由王子余介绍至绍兴中国银行任职。后因病辞职，长年在家养病。时漓渚小步公学，濒临停办困境，则作画130幅，送沪义展，以卖画所得，支持办学。

金汤侯(1888—1967)　原名城，以字行，绍兴会稽皋埠人。早年入上海吴淞复旦公学。民国十五年(1926)起,从事实业,先后创建和组办绍(兴)曹(娥)嵩(坝)、萧(山)绍(兴)等5条公路。二十一年(1932),与地方人士发起并主持重修大禹陵庙,并与人共同创办稽山中学。抗日战争期间,避居上海。金汤侯除从事公路交通事业外,还对地方公益事业颇多建树。曾筹粮筹款维持绍兴难童收容所,出资疏浚河道,筹办浙江省立绍兴医院等。中华人民共和国建立后,将金家花园无偿献给政府(已辟作儿童公园)。

汤日新(1897—1951)　字文斋,江西广丰人。毕业于上海复旦大学土木工程系。在广东考取县长,分派浙江省民政厅学习。经厅长朱家骅推荐,出任绍兴县长。汤任绍兴县长先后两次,第一次民国十七年(1928)5月至十九年(1930)8月,第二次二十一年(1932)1月至二十三年(1934)12月。任职期间,勤勉为官,清廉自守,尤其重视地方公益事业,发起重修三江闸和汤公祠;支持整顿扩充绍兴县救济院,分设养老所、育婴所、施医所;创设平民习艺所;发起在轩亭口树立秋瑾纪念碑,在府山上建立风雨亭,并手书《风雨亭记》刻石立碑;将清道桥至大江桥、大江桥至北海桥两段街道扩建为柏油马路;倡议地方人士创办私立绍兴中学(后改名稽山中学);主持重修禹陵禹王殿。

朱仲华(1897—1988)　原名承洵、蔚文,字钟华,绍兴山阴人。民国九年(1920)毕业于复旦大学文学系。毕业后回绍兴,长期从事地方教育文化事业,创办平民夜校,为中学生免费补习。并与邵力子、金汤侯等创办私立绍兴中学(后改名为稽山中学),任校董、董事长等。1956年曾被错划为右派,后平反。晚年更加热心地方公益事业,将家藏孙中山墨迹及一批名人字画碑帖和古代瓷器献给政府,并倡议创办越华书楼。

刘振一(1905—1964)　绍兴山阴人。继承祖、父产业,资力甚丰,从事企业经营。民国二十六年(1937)抗日军兴,刘振一率先捐献房屋、金银饰物、名人字画交绍兴抗敌后援会义卖,所得款项支援抗日战争。毕生热心教育、救灾、赈济、育婴等地方公益事业。

第三节 华侨和港澳同胞慈善人物

郑增宝

郑增宝(1909—2005) 祖居柯桥区杨汛桥街道杨江村(张吴渡),后迁杭州市萧山区沙地里,民国十四年(1925)因坍塘遭淹,回迁杨汛桥镇江塘村。少时曾做学徒,后在杭州、上海为商场职员。1958年旅居香港,初为绸缎公司收银员,后为经纪人,从事塑料袋业务。1966年独资注册公司,1979年始购得30余平方米套房,为安身之处。1986年,回杭州定居,颐养天年。他情系桑梓,关注杨汛桥镇教育事业发展,1986年为故乡捐赠港币30万元,建造象纬学校。继而先后捐赠人民币29万元,建造可怡小学和学伟小学,受到当时绍兴县人民政府表彰,杨汛桥镇人民政府和镇教育党总支为之勒石于校,以弘扬其精神,晓于后学。

王华甫

王华甫(1911—1996) 柯桥区福全街道峡山村人。1948年底,侨居日本东京,经营珠宝生意。1987年2月,王华甫致函绍兴县人民政府,称"久居海外,乡音隔绝,目前略能温饱,子女亦已自立,但对家乡尚无建树,想帮助家乡做一件事件"。经协商,绍兴县人民政府决定对原漓渚中学进行扩建改造,王华甫积极支持，慷慨捐资 4602 万日元（当时折合 30 万美元），建造新教学大楼（今“华甫楼”），并在捐款中划出 3 万美元设立“王华甫奖学金”。1988 年 11 月，漓渚中学改名为华甫中学，建成之初，一度成为全省基础设施最好的农村中学之一。

1996 年 10 月，王华甫在香港病逝，享年 86 岁。病重期间，还多次叮咛子女要继续关注华甫中学发展。2000 年，王华甫之子永泰、永年、永裕、永卓、永范等继承父志，共同捐资人民币 100 万元，帮助华甫中学建造教学大楼（后命名为“永字楼”）。2002 年，王永泰又捐资 60 万元，帮助华甫中学建设综合弱电系统，购置 76 台计算机，建立计算机教室。父子两代薪火相传，为家乡教育事业倾注了大量心血。

王华甫还关心支持家乡慈善公益事业。20 世纪 70 年代，向家乡峡山村捐赠 2 台大型拖拉机，同时捐赠 10 万元，用于建造峡山村小学与村委办公楼。1996 年，向绍兴市慈善总会捐赠 15 万元，用于慰问市儿童福利院、康复中心，资助生活困难的学生完成学业等。

周孟兴（1914—1989）　原绍兴县鉴湖镇筠溪村（今属越城区）人。由于家境贫寒，18 岁时与当地乡亲漂洋过海到印度尼西亚。他克勤克俭，终于在海外站稳脚跟，逐渐发展事业。1938 年，与亲友集资在印度尼西亚雅加达开设“振兴国货号”。1947 年，移居香港，与亲友合作开办“同顺兴”号，专门销售绍兴传统土特产。

周孟兴十分关心家乡的公益事业，是改革开放后绍兴第一批回乡捐赠的侨胞，在广大绍籍侨胞中起了很好的示范作用。1982 年，周孟兴回到筠溪老家，看到村里通往村外的唯一道路因缺少一座桥，村民往来非常不便，他就捐资为村里造了一座桥。1989 年 4 月，与侄辈共同捐资为南池乡中学建造校舍，尔后又为兰亭高村新建一所华侨小学。是年 9 月，出资 2 万元，为兰亭乡中学建造校门。20 世纪 80 年代，他支持家乡建造水泥公路、候车亭、自来水管道、学校等公益事业，累计捐赠 200 多万元。1989 年 9 月，周孟兴病逝，乡亲们遂其叶落归根的心愿，把他的坟墓建在兰亭高村村口的仙霞山山坡上。

何继昌（1921—1995）　柯桥区福全街道胜利村畈里张自然村人。1949 年赴港，

何继昌

1962年在香港开设一家眼镜厂，1972年成立何氏国际贸易有限公司，经营眼镜批发生意。何继昌生前任绍兴旅港同乡会副会长，绍兴县第七届政协委员，绍兴大学筹备委员会顾问，1985年被推荐为绍兴十大新闻人物。

何继昌先生为人谦和，诚信敬业，情系桑梓，眷顾家乡。从20世纪60年代开始，一直关心支持家乡的教育、卫生、养老、村镇建设等慈善公益事业，先后捐资建造继昌小学、继昌幼儿园、绍兴市张曰嫱护老公寓、绍兴市第五医院门诊大楼、家乡畈里张村道路及自来水工程，设立绍兴市少儿艺校、绍兴一中西藏班奖学金、绍兴市见义勇为基金等十一项公益事业，捐赠金额达253万元。

倪铁城(1926—) 柯桥区漓渚镇人。1952年赴香港。1964年，独资创办香港长城纺织有限公司，任董事长。历任香港惠城染厂有限公司董事长、总经理，香港宝成发展有限公司董事，香港布厂商会会董，香港棉织公会会董。

倪铁城

1988年，绍兴旅港同乡会成立，倪铁城被推举为创始会长，蝉联二、三届会长，永远名誉会长。历任香港甬港联谊会名誉会长，香港苏浙同乡会会董、香港观塘工商联合会荣誉会长、香港上海总会名誉顾问、浙江省海外侨领协会副会长、香港浙江省同乡会联合会名誉会长、浙江省工商联(省总商会)名誉会长、绍兴市工商联(市总商会)名誉会长、绍兴海外联谊会名誉会长。

改革开放后，倪铁城先生率先在杭州、宁波、温州、绍兴等地投资兴业，主要有绍兴国际大酒店、温州国际大酒店、绍兴越城制衣有限公司等，并支持绍兴华侨饭店第二期工程建设。

倪铁城情系桑梓,多年来关心教育、文化、卫生和各项社会公益事业。积极参与创办绍兴大学,捐资建造绍兴文理学院“铁城科教馆”。捐资建造绍兴长城中学并设立思远奖学金,支持筹建绍兴博物馆、绍兴联谊会馆、绍兴国际友好会馆、绍兴市少儿艺校、香炉峰思远塔、赠送医疗器械、支持城区河道整治工程和鉴湖镇乡村道路建设、支持四川汶川地震灾区、支持设立见义勇为基金、小百花越剧基金等。1992 年,为庆祝浙江大学 95 周年华诞,捐资建造浙江大学倪铁城人文图书馆。历年来,累计捐赠款物 1200 余万元。

倪铁城系浙江省政协第五、六、七、八届委员。2000 年被浙江省人民政府授予“爱乡楷模”称号,同年被绍兴市人大常委会授予绍兴市“荣誉市民”称号。

陈元钜(1929—) 柯桥区马鞍街道人。上海东吴大学法律系学士。1948 年赴我国香港和马来西亚求职。1954 年开设贸易公司,1957 年创建香港大兴纺织有限公司,任董事长、总经理。历任香港宝隆行经理、香港纺织公会及毛纺织公会主席、香港纺织工业联合会名誉会长、香港工业联合会非官方会员、香港纺织顾问委员会委员、香港工业发展委员会委员、香港纺织服装委员会委员、香港岭南学院和棉纺公会职业先修学校校董、香港住房开发委员会主席及华东三院总理、绍兴旅港同乡会历届名誉会长、香港浙江省同乡会联合会名誉会长、绍兴大学筹委会副主任等。因对香港社会的卓越贡献,先后获颁港英政府太平绅士称号和英女王 OBE 勋衔。

陈元钜

陈元钜先生为人谦和,处事通达,兴趣广泛,德才兼备。1993 年开始,陈元钜热心支持筹建绍兴博物馆、绍兴联谊会馆、绍兴国际友好会馆。积极倡议创办绍兴大学,捐资建造绍兴文理学院“志廉楼”“财贞楼”。同时,资助设立绍兴市见义勇为基金、绍兴县见义勇为基金、绍兴县小百花越剧基金等,累计捐赠折合人民币 4200 多万元，其中绍兴文理学院达3700多万元，先后被聘为该校名誉教授、校发展委员会名誉主任。

1994年，陈元钜被浙江省人民政府授予首批“爱乡楷模”荣誉称号，2000年被绍兴市人大常委会授予绍兴市“荣誉市民”称号。

章传信

章传信(1932—) 柯桥区兰亭街道紫洪山村人。1949年赴香港，当过书店学徒，进过染厂，做过布生意，凭着一股“敢为天下先”的闯劲和“白天当老板、晚上睡地板”的吃苦精神，于1972年独立创建香港鼎盛布行有限公司，任董事长、总经理。并任香港毓华织物有限公司董事长。

1988年，绍兴旅港同乡会成立时，章传信为主要发起人之一，历任副会长、常务副会长兼秘书长、会长、永远名誉会长。期间，多次率绍兴旅港同乡会、香港兰亭学会组团至绍兴访问考察，热心为港越之间经济、文化等方面的交流合作牵线搭桥，并踊跃捐款支持家乡教育、文化、卫生和社会各项公益事业。

1979年，章传信率先发起建造绍兴县兰亭紫洪爱国学校。1980年前后，与车越乔等发起建造绍兴华侨饭店。20世纪90年代初，积极引进香港港陆集团到绍兴投资；并先后在绍合资、独资创办中国轻纺城制衣有限公司、颖新贸易有限公司、绍兴鼎盛轻纺有限公司等。

1993年开始，章传信与其他旅港政协委员联名提案建造绍兴博物馆、倡议创办绍兴大学、捐资建造绍兴文理学院“传信桥”；支持绍兴联谊会馆、绍兴国际友好会馆、市少儿艺校、兰亭中心校、兰亭中学、绍兴图书馆、绍兴第二医院、会稽山香炉峰景区、云栖寺、城区河道工程等建设，支持《绍兴史稿》《越中名人谱》等出版，支持设立各类公益基金，累计捐款1000余万元。

章传信系绍兴市政协第二至六届委员，第四、五、六届常委，市政协港澳台侨委员会副主任。香港浙江省同乡会联合会副会长、常务理事，浙江省海外联谊会常务理事、绍兴市海外联谊会常务副会长、香港兰亭学会副会长、香港书法爱好者协会名誉会长。绍兴兰亭中学、兰亭中心校荣誉校长。

2001 年，章传信被绍兴市人大常委会授予绍兴市“荣誉市民”称号，2004 年被浙江省人民政府授予“爱乡楷模”称号。2006 年，先后获绍兴县人民政府和浙江省人民政府教育事业“绿叶奖”。2008 年被绍兴县人民政府评为“改革开放 30 年十大风云人物”。

车越乔(1932—　　) 原绍兴县马山镇人。1950 年赴香港，供职香港大公书局，曾任仪器部主管。1955 年独资创办香港科学仪器社有限公司，任董事长、总经理。先后任香港浙江省同乡会联合会会长、绍兴旅港同乡会永远名誉会长、香港兰亭学会副主席、香港中文大学逸夫书院校董、绍兴市越文化研究会名誉会长。历任绍兴市政协委员、浙江省政协委员、省政协诗书画之友社副理事长、省侨联顾问等。

车越乔

1980 年前后，与章传信等发起建造绍兴华侨饭店。1993 年起，先后创办绍兴瑞越仪器有限公司、上海香科仪器有限公司、浙江科通仪器有限公司及广州分公司等。1993 年开始，与其他旅港政协委员联名提案建造绍兴博物馆，倡议创办绍兴大学，捐资建造绍兴文理学院“恂如美术楼”，并将 151 幅名家珍品捐赠该馆。

车越乔有“儒商”雅称，与著名历史地理学家陈桥驿共同编纂《绍兴历史地理》，并资助《绍兴方言》等书出版。2003 年夏，率 10 余位专家学者，历时 22 天，辗转浙江、福建、广东、广西、海南等地，结集出版《越文化实勘研究论文集(一)》。2005—2007 年，连续三年赴云南、贵州、江西、湖南等省和越南、老挝、泰国等地，对越文化作实地考察，其研究成果编成《越文化实勘研究论文集(二)》。

车越乔情系桑梓，多年来关心教育、文化、卫生和各项社会公益事业，支持绍兴联谊会馆、绍兴国际友好会馆、绍兴市少儿艺校、绍兴一中、蕺山中心校、北海中心校、车恂如小学(原马山车家弄小学)、绍剧艺术中心、绍兴图书馆等建设,支持皋埠镇攒宫道路及自来水工程建设和云栖寺修复、支持重庆涪陵扶贫和四川汶川救灾,累计捐赠人民币1400多万元。

2001年,车越乔被浙江省人民政府授予"爱乡楷模"称号,同年被绍兴市人大常委会授予绍兴市"荣誉市民"称号。

高月明(1941—) 绍兴市区人。1959年赴港,曾任香港友利玩具厂管理员、部门经理、经理、厂长、总经理。1987年,独资创办香港冠田有限公司,任董事长。1989年,与陆宗霖共同创建香港港陆集团有限公司,历任董事总经理、副主席兼非执行董事、董事长。1990年后,在绍兴投资建造咸亨大酒店有限公司,任董事长。同时先后成立鉴湖房地产有限公司、丰越房地产有限公司、港越房地产有限公司。

高月明

1988年,绍兴旅港同乡会在香港成立,高月明历任第一至七届副会长、常务副会长,第八、九、十届会长。2008年换届后,任永远名誉会长。系绍兴市政协第二、三、四届委员,浙江省政协第九、十届委员。

历任深圳市玩具协会名誉会长、东莞市海外联谊会名誉会长、东莞市荣誉市民、中山市外商投资协会常务理事、番禺外商投资协会理事;新界厂商联合会名誉会长、香港玩具厂商会会长、香港浙江省同乡会联合会副会长、绍兴海外联谊会副会长等。2005年12月,获香港玩具业杰出成就奖。

高月明情系桑梓,多年来关心教育、文化、卫生和各项社会公益事业。1993年开始,与其他旅港政协委员联名提案建造绍兴博物馆,倡议创办绍兴大学,捐资建造绍兴文理学院"月明音乐楼"。捐资支持绍兴联谊会馆、绍兴国际友好会馆、绍兴第二医院、绍兴鲁迅中学、绍兴湖塘中心小学、钱清镇中学、新昌大佛寺、越城区北海街道阳明园等建设，支持设立省、市、县见义勇为等公益基金，支持城区河道整治工程，累计捐赠折合人民币1400余万元。

2000年，高月明被浙江省人民政府授予“爱乡楷模”称号，同年被绍兴市人大常委会授予绍兴市“荣誉市民”称号。

周水祥(1943—　)　祖籍原绍兴县鉴湖镇坡塘村。1943年11月出生于印度尼西亚首都雅加达。1959年移居香港，1962年到香港同顺兴南货店工作。1965年创办香港同福泰南货店任经理。1975年创办香港上海三阳开泰有限公司任董事长。

周水祥

周水祥一直来爱国爱港爱乡，支持香港特区政府依法施政，积极参加绍兴旅港同乡会和柯桥区香港同乡会的各项活动。他身在海外，情系故乡，热心关心支持家乡的公益事业。20世纪80—90年代，先后出资150万元建造南池公路，出资50万元建造筠溪小学，出资50万元改造筠溪村电力线路，向绍兴市、绍兴县见义勇为基金各捐款5万元，向绍兴第二医院捐赠5万元和汽车1辆，为绍兴县城市防洪工程、绍兴小百花越剧团及其他困难家庭、贫困学生捐款捐物等。

21世纪以来，先后捐赠100万元，支持绍兴文理学院建设，出资设立孟兴戏曲奖及绍兴平湖调传承保护基金近100万元，向绍兴市及柯桥区(绍兴县)关心下一代工作委员会捐资100万元，专项救助贫困学生。连续30年每年向兰亭敬老院捐助款物，累计近100万元；连续10年每年向位于漓渚的绍兴麻风病院捐助款物，累计近50万元。关心家乡的经济发展，改革开放初期，先后促成2家外资企业落户绍兴。积极参政议政，为家乡的建设发展出谋划策，为绍港两地的合作交流作出积极贡献。

周水祥历任绍兴旅港同乡会副会长、柯桥区香港同乡会顾问。连续6届担任柯桥区(绍兴县)政协委员。被绍兴市人大常委会授予绍兴市“荣誉市民”称号。

第八章

爱心企业

柯桥区（绍兴县）素以传统农业为主。20世纪80年代，民营工商经济迅速发展壮大，区域经济逐渐转变以工业为主，并跻身于工业强区（县）之列。广大企业在自身发展的同时，积极承担社会责任，关心支持慈善公益事业，成为慈善捐赠的主力军，全区（县）企业参与慈善捐赠达数百家之多，其特点为捐赠数额大，影响深广，且低调行善，本章仅选其一二，以昭示世人。

事迹简介

申洲国际集团控股有限公司

申洲国际集团控股有限公司(以下简称“申洲国际集团”)位于宁波市北仑区,为中国针织行业领军企业、全国针织标准化工作最佳合作伙伴、中国纺织服装行业品牌价值50强企业、全国纺织工业先进集体、中国民企500强、宁波市纳税50强企业、中国针织行业及宁波市节能减排先进企业。曾获得中国针织行业科技贡献奖、浙江省五一劳动奖、2013年宁波市市长质量奖、全国纺织行业质量奖。

申洲国际集团在发展进程中,一直坚持做慈善,回馈社会,帮扶百姓,开展各类慈善救助行动。历年来,公司在慈善事业上共计投入2.7亿元。其中,在建设希望小学、资助困难大学生、发展中医学科等方面捐赠资金577万元;在遵循中华美德、尊老爱幼方面捐赠资金612.19万元;建立扶贫帮困基金,在帮困助医方面捐赠976.67万元;支持当地新农村建设捐赠资金1614万元;在支持环保事业方面捐赠900万元;关注社会民生,在文化、体育和教育事业方面捐赠2295万元;向宁波市慈善总会、北仑区慈善总会、北仑区红十字会合计捐赠1934万元;参与抗震救灾捐赠资金和实物累计4557万元;向各类慈善基金捐赠227万元。

公司热心教育事业,从2011年至2020年每年通过北仑区慈善总会捐赠100万元，共1000万元成立教育发展基金，委托北仑区教育局全额用于发展全区教育事业。关心弱势群体，2013年，公司向北仑区慈善总会认捐100万元，设立申洲助残基金，建立长效救助机制，帮助残疾人解决日常生活、康复训练中的经济困难。

2017年，公司向柯桥区慈善总会捐赠1000万元，成立“申洲·横江”慈善基金，专款用于柯桥区华舍街道助学助困、急难救助等项目。2018年，向柯桥区慈善总会捐赠200万元，成立“申洲·柯中”励志基金，专项用于奖助柯桥中学优秀学生和教师。2020年1月，公司向柯桥区捐赠一套价值600万元的印染定型机废气处理设备，助力印染企业转型升级，提升环保领域水平。2020年12月，在柯桥中学70周年校庆即将来临之际，公司向“申洲·柯中”励志基金追加捐赠500万元，反哺母校建设，助力家乡发展。

为让外来务工人员回乡欢度春节，公司自2010年春运开始，每年花费近2000万元资金，组织春运包车

2017年7月31日，申洲国际集团向柯桥区慈善总会一次性捐赠1000万元，成立“申洲·横江”慈善基金　（申洲国际集团　供稿）

2018年8月20日，申洲国际集团向柯桥区慈善总会捐赠200万元，成立“申洲·柯中”励志基金　（申洲国际集团　供稿）

2020年6月1日，申洲国际集团董事长马建荣（前排右一）慰问华舍街道有春幼儿园小朋友。该幼儿园由其出资200万元捐建
（申洲国际集团　供稿）

往返山东、安徽、四川、重庆、贵阳、甘肃、云南等省市，免费接送外来务工人员，有效解决他们的后顾之忧。

申洲国际集团曾获得宁波市慈善楷模、宁波市十大慈善民营企业、浙江省红十字博爱功勋奖、中华慈善事业特别贡献奖等荣誉。2019 年，获第六届“浙江慈善奖（机构捐赠奖）”。

浙江绍兴瑞丰农村商业银行股份有限公司

瑞丰银行前身为绍兴县信用联社，2005 年改制为浙江绍兴县农村合作银行，2011 年改制为浙江绍兴瑞丰农村商业银行股份有限公司（以下简称“瑞丰银行”），是浙江省首批成立的农商行。瑞丰银行注册资本 13.58 亿元，员工 1885 人。2016 年 10 月，经省农信联社、省银监批准，报经省政府同意，被列为浙江省农信唯一上市试点行。截至 2019 年 12 月末，全行总资产 1069.72 亿元，各项存款余额 847.64 亿元，各项贷款余额 617.05 亿元。

瑞丰银行大力践行“反哺于民、回报社会”的慈善理念，始终把“强大自己、扶助弱小”作为发展信条，持久践行扶贫济困之路。近年来，通过打造“助困、助村、助学”三大慈善品牌，积极承担社会责任。

从 2005 年捐助 100 万元成立“三农扶贫基金”，资助绍兴县南部山区贫困农户以来，瑞丰银行的慈行善举从未间断，并用制度加以固化。至 2020 年，累计捐助项目 150 余个，资助 5 万余人次，累计捐款金额 9000 多万元。

2020 年 1 月 13 日，瑞丰慈善基金向柯桥区 4140 户低保户资助 331.2 万元

（瑞丰银行　供稿）

2005 年至 2019 年，瑞丰银行共

向柯桥区（绍兴县）慈善总会捐赠1744万元，用于救助弱势群体。2008年6月，向四川省汶川地震灾区捐款154.1万元。2010年，成立“山娃子助学基金”，帮助山区贫困家庭子女解决上学问题。2011年改制时，又追加“三农扶贫基金”100万元，同时捐赠200万元设立“丰基金”，定向开展三农扶贫、贫困助学、关爱残疾儿童、支持小企业创业等一系列慈善公益活动。2012年，开展关爱“向阳花”公益项目，每年为绍兴18所外来务工子弟学校孩子完成“微心愿”，提供书籍、冰箱、电视、床具等学习生活用品。2013年以后，连续八年向柯桥区（含越城区的陶堰、富盛、孙端三个镇）所有低保户发放春节慰问金，累计发放2400多万元。

2014年以后，追加“美丽乡村”建设项目捐助专款，至2020年，累计向137个行政村捐款2420万元。2014年至2019年，向柯桥区“五水共治”项目累计捐赠1632万元。

2020年1月13日，瑞丰慈善基金向柯桥区20个经济薄弱村资助100万元
（瑞丰银行　供稿）

2020年初新冠肺炎疫情发生后，向柯桥区慈善总会定向捐赠100万元，专项用于防控新冠肺炎疫情。

15年来，瑞丰银行在公益慈善路上的行为，获得了社会各界的肯定与赞扬。2006年，瑞丰银行获评绍兴县慈善冠名基金先进集体。2007年荣获绍兴县“慈善冠名基金先进奖”、赈灾捐赠慈善贡献奖。2008年，荣获浙江省慈善总会颁发的汶川地震赈灾捐赠慈善贡献奖。2011年，荣获绍兴市人民政府颁发的第二届“绍兴慈善奖（机构奖）”。2012年，获浙江省关爱农民工子女志愿服务行动优秀集体称号。2015年，荣获绍兴市第三届“绍兴慈善奖（机构捐赠奖）”。

瑞丰银行原董事长俞俊海2012年被绍兴市慈善总会授予绍兴市“慈善之星”称号。2016年，荣获浙江省人民政府颁发的第五届“浙江慈善奖（个人奖）”。

浙江蓝天实业集团有限公司

浙江蓝天实业集团有限公司（以下简称“蓝天集团”）前身为绍兴县华联商厦，创建于1997年。历经二十余载，已成为一家拥有10多家子公司的现代服务业企业集团，形成商贸服务业、文化业、地产业、对外投资四大产业结构，拥有“蓝天”“华联”“嘉瑞”三大事业品牌，是中国服务业企业500强企业、浙江省服务业百强企业、绍兴市百强企业、绍兴市服务业龙头骨干企业20强、柯桥区现代服务业十强企业。

“兴商立业，达善天下”是蓝天集团的企业使命，在企业日益发展壮大的同时，蓝天集团始终不忘对员工、社会的关心与回报。为让困难员工感受到集团对他们的关爱，集团专门设立“蓝天慈善基金”，落实专人负责慈善救助工作，每年定期发放爱心善款，帮助困难员工解决实际困难，至今已对近百位员工进行资助，款项达100余万元。

关心支持社会公益事业。近年来，蓝天集团累计向社会公益事业捐款捐物总额达3000余万元，慈善类型包括扶贫、助困、助老、助学、助残等，慈善足迹遍及浙江省内以及西藏、青海等西部地区。多次组织青年员工志愿者，参加3·5学雷锋、五水共治、护航G20、无偿献血等志愿活动，献出自己的一份爱心。1997年，蓝天集团以华联商厦的名义捐款1万元，资助绍兴县山区贫困生上学。1998年，长江、嫩江流域发生特大水灾时，蓝天集团全体员工捐款捐物，总价值达10多万元。2000年，蓝天集团参与绍兴县团委发起的与贫困学生结对活动，资助贫困学生就学。2003年，蓝天集团出资10万元，在绍兴文理学院设立“华联国际商贸城”助学金，资助品学兼优的特困生。2004年，蓝天集团向绍兴县教育系统捐款100万元，资助孤儿、贫困学生、残疾儿童就学。2005年，在富丽华大酒店开业典礼上，蓝天集团捐赠100万元，支持绍兴县文化事业建设。2006年起，蓝天集团参与全县企业留本冠名慈善基金捐赠活动，至2013年，累计向绍兴县慈善总会捐款860万元。2007年，蓝天集团向绍兴县教育系统捐款50万元设立“蓝天爱心教育基金”，主要帮助困难家庭学生顺

2008年5月14日，浙江蓝天实业集团有限公司向四川地震灾区捐款

（蓝天集团　供稿）

2011年12月16日，浙江蓝天实业集团有限公司派员探望福利院儿童

（蓝天集团　供稿）

利完成九年义务教育。2008年，汶川地震发生后，蓝天集团共捐款170余万元，帮助灾区同胞重建家园。

2014年，蓝天集团响应浙江省政府“五水共治”号召，用实际行动助推家乡治水，捐款100万元。2016年，蓝天集团向柯桥区慈善总会捐款100万元。2017年9月4日，在蓝天大剧院举行的“点亮你我，温暖全城”慈善晚会上，蓝天集团向柯桥区慈善总会捐赠100万元。2018年，蓝天集团先后向柯桥区慈善总会捐款70万元、向绍兴

2017年12月20日，浙江蓝天实业集团有限公司举行爱心慈善基金发放仪式

（蓝天集团　供稿）

市人民教育基金会捐款 100 万元。

在为慈善事业作出贡献的同时，蓝天集团获得了许多荣誉。2007 年，蓝天集团被绍兴县委、县人民政府授予“慈善冠名基金先进奖”。2011 年，蓝天集团荣获第二届“绍兴慈善奖（机构奖）”。2015 年，再次获得第三届“绍兴慈善奖（机构捐赠奖）”。2018 年 12 月，蓝天集团被中国扶贫基金会授予“善行 100 温暖行动公益体验站”称号。

浙江元垄控股集团有限公司

浙江元垄控股集团有限公司（以下简称“元垄控股”）经过二十余年开拓创新、积累发展，到 2020 年，已成为一家以房地产开发为主业、具有国家一级房地产开发资质的大型民营企业集团，总资产近 100 亿元。

2017 年 8 月 22 日，浙江元垄控股集团有限公司向柯桥区慈善总会捐赠 300 万元，设立“金盾 · 元垄”慈善基金

（元垄控股　供稿）

元垄控股在自身发展的同时，积极承担社会责任，关心支持慈善事业。截至 2020 年 3 月，累计向慈善事业捐赠款物 3632 万元，其中 2006 年至 2011 年，向绍兴县慈善总会企业留本冠名慈善基金捐赠 45 万元；2012 年至 2013 年，向绍兴县慈善总会捐赠 20 万元；2016 年，向柯桥区慈善总会定向捐赠 100 万元，为柯桥区环卫处购置环卫车辆；2017 年，向柯

2018 年 5 月 8 日，元垄慈爱基金成立仪式在蓝天大剧院举行　（元垄控股　供稿）

桥区慈善总会捐赠 300 万元，设立“金盾 · 元垄”慈善基金，用于爱警护警等项目。

2018 年，向柯桥区慈善总会捐赠 700 万元，设立元垄慈爱基金，用于爱心驿站、急难救助、华舍中学教育基金等项目；2019 年底，向华舍街道华舍村民大礼堂捐赠价值 25 万元的物资；2020 年 1 月，向柯桥区人民教育基金会捐赠 402 万元教育基金，专项用于柯桥区学校改善教学设施。

2020 年初，新冠肺炎疫情发生后，元垄控股即向柯桥区慈善总会捐赠 1000 万元，设立重大疫情防控元垄爱心基金，向绍兴市慈善总会捐赠 1000 万元抗疫基金，向绍兴市红十字会捐赠价值 39.77 万元的防疫物资。

2020 年 2 月 5 日，浙江元垄控股集团有限公司向柯桥区慈善总会捐赠 1000 万元，设立重大疫情防控 · 元垄爱心基金

（元垄控股　供稿）

浙江华天实业有限公司

浙江华天实业有限公司（以下简称“华天实业”）始建于 1994 年。是年，下辖绍兴县华舍热电有限责任公司、绍兴县二纺纺织有限公司、绍兴县华加纺织有限公司 4 家企业，有职工 1254 人，实现工业生产总值 9959 万元，产品销售 7209 万元，利润 791 万元（其中所得税 261 万元），年末固定资产净值 7531 万元。

2019 年，华天实业下属绍兴翔宇绿色包装有限公司、绍兴翔越新材料有限公司、绍兴恒宇房地产开发有限公司、浙江北辰建设投资有限公司等几家紧密型企业，拥有各类工程技术人员 64 人，总资产 50 亿元，净资产逾 30 亿元。

在加快自身发展的同时，关心支持社会公益事业。1997 年起，华天实业每年从企业中抽出一定资金用于蜀阜村的老年福利事业。2005 年，绍兴县慈善总会首次

2017 年 12 月 26 日，浙江华天实业有限公司向柯桥区慈善总会捐赠 100 万元，设立华天慈善基金　　（华天实业　供稿）

2020 年 2 月 15 日，浙江华天实业有限公司向柯桥区慈善总会捐赠 1000 万元，设立重大疫情防控·华天爱心基金　　（华天实业　供稿）

建立企业留本冠名慈善救助基金（简称“冠名基金”），华天实业为 4 家发起单位之一，当年捐款 20 万元。至 2011 年，华天实业累计向绍兴县慈善总会捐赠冠名基金 120 万元。2012—2013 年，向绍兴县慈善总会捐款 75 万元。2008 年 6 月，向四川省汶川地震灾区捐款 100 万元。2017 年 12 月 26 日，向柯桥区慈善总会捐赠 100 万元，设立“华天慈善基金”，用于柯桥区范围内因病因灾等陷入暂时生活困境的困难对象。2019 年末，再次捐款 100 万元。

2020 年初，新冠肺炎疫情发生后，向柯桥区慈善总会捐赠 1000 万元，与其他两家柯桥区企业共同发起设立“重大疫情防控爱心基金”，用于持续支持柯桥区新冠肺炎等重大疫情防控工作，促进区域公共卫生事业发展。

公司董事长马仕秀 1989 年获评全国劳动模范，2005 年获绍兴县“慈善之星”称号，2011 年获第二届“绍兴慈善奖（慈善先进工作者）”，2012 年获“绍兴市慈善之星”称号。

浙江华宇实业集团有限公司

浙江华宇实业集团有限公司（以下简称“华宇实业”）的前身绍兴县第四色织厂，成立于 1979 年 8 月，是一家名不见传的小印染企业。历经近 40 年的拼搏，至

2020年已经发展壮大成为一家集造纸、印染、房地产、投资为一体的多元化现代企业，下属有浙江绍肖印染有限公司、浙江华宇纸业有限公司、绍兴华裕房地产开发有限公司、绍兴华顺置业有限公司等。还曾创办中国医科大学绍兴华宇医院。2019年，华宇实业为社会创造就业岗位2000多个，上交国家税收2亿余元。华宇实业被评为"浙江省高新技术企业""绍兴市管理示范企业"，曾连续七年被考评为县五十强企业。公司的"华宇"牌涤棉仿毛系列产品为浙江省名牌产品。

华宇实业在自身发展的同时，不忘回报社会。2003年，在华宇医院开业时就设立过冠名基金，致力于扶贫济困。2005年至2013年，累计向绍兴县慈善总会捐款190万元。2008年6月，向四川省汶川地震灾区捐款100万元。2017年8月，向柯桥区慈善总会捐款40万元，向华舍街道温渎村一个生病小女孩捐款5万元。2019年1月，向柯桥区慈善总会捐赠1000万元，设立"华宇·贤德"慈爱基金，以弘扬社会正能量为出发点，下设美德美育、急难救助、慈善组织孵化培育和西周社区专项四大子基金。2020年1月，向柯桥区人民教育基金资助114万元。

2019年1月，浙江华宇实业集团有限公司向柯桥区慈善总会捐赠1000万元，设立"华宇·贤德"慈爱基金　　（华宇实业　供稿）

华宇实业于2007年获绍兴县慈善冠名基金先进奖，董事长兼总经理周松祥2011年获第二届"绍兴慈善奖（慈善先进工作者）"。2020年初，荣获绍兴市委、市政府颁发的高质量发展奖。

宝业集团股份有限公司

宝业集团股份有限公司（以下简称"宝业集团"）创建于1974年，是内地首家在香港联交所主板上市的综合类民营建筑企业(02355.HK)、中美绿色基金发起单位。宝业集团主营建筑工业化研发制造、建筑施工(下辖3家施工总承包特级资质企业)和绿色科技房产开发三大业务,并有投资酒店、高尔夫、旅游等产业。此外,通过整合湖北省建总所属12家企事业单位和安徽拖拉机厂,初步完成了全国性战略布局和部分"一带一路"市场,美国高盛、老虎基金、西京投资、JP摩根、日本大和房屋、德国西伟德、德国索玛等国际著名资本和实业投资商曾先后是企业的股东和合作伙伴。从2015年起,宝业集团年均上交税费超过20亿元,连续多年进入中国企业纳税500强,"营改增"后被列入国家税务总局千户集团。

宝业集团在自身取得快速发展的同时,始终围绕"企业、市场、社会"的企业文化核心,积极承担社会责任,回报社会。2008年至2020年,先后向四川省汶川地震灾区捐建一所价值500万元的高抗震绿色节能环保健康的希望小学,并捐款249万元援建活动板房588套;向共青团安徽省委捐款20万元;向绍兴市红十字会捐赠45万元;向浙江省残疾人福利基金会捐赠100万元;向浙江省余姚高级中学捐赠助学奖励基金200万元;向浙江省农业技术推广基金会捐赠3100万元;向安徽省蒙城县民政局捐赠300万元;向安徽省合肥市特贫家庭救助基金捐赠510万元;向浙江省老年事业发展基金会捐赠50万元;向湖北省妇女儿童发展基金会捐赠112万元;向柯桥区慈善事业先后捐赠1000万元……10多年来,累计向社会公益事业捐资捐物超过1.5亿元。与此同时,宝业集团年均为社会解决8万多个就业岗位。

2008年,宝业集团向四川省汶川地震灾区捐赠500万元,用于建造工业化建筑教学楼。2010年,教学楼交付使用　(宝业集团　供稿)

2020年1月,武汉发生新冠肺炎疫情。宝业集团为防控新冠肺炎疫情捐款361万元,并捐赠大批口罩、护目镜、防护衣等医疗物资，同时承担武汉方舱医院和柯桥临时安置隔离点建设任务。

宝业集团在关心参与慈善公益事业的同时，改造提升传统产业，推动传统建筑业转变为制造业，特别在节能、环保方面取得了卓越成绩。通过建筑工业化和多种节能、创能、蓄能创新科技的集成，注入到房地产开发当中，致力打造高质量的科技住宅产品。科研成果被军队后勤建设采用，还得到国家住建部的肯定和推广，成为全国的标杆企业，为房地产转型升级和高质量发展树立了样板。

2020年2月18日，为抗击新冠肺炎疫情，宝业集团派出的武汉方舱医院建设突击队出征

（宝业集团　供稿）

扎根柯桥，反哺家乡建设发展。宝业集团发挥自身优势，在柯桥打造了轻纺城体育中心（鲁班奖项目）、中纺CBD、轻纺西市场，瓜渚风情、大坂风情、大坂绿园A等一系列地标性建筑和高品质科技房产项目。建设建筑工业化制造基地（国家住宅产业化基地），运营投产30多条自动化生产线，并与日本、德国建筑工业化企业合资投产了四家合资企业，努力打造一个继汽车、家电后的都市制造业集群。动工建设投

资达10亿元的中国建筑节能研究检测中心，包括一幢高150米的超高层科研大楼和人才公寓(可作为发生重大疫情时的隔离安置点)、实验大楼等，为中国建筑节能领域提供权威的技术、数据支撑。

此外，宝业集团积极参与“一带一路”建设，努力承担国家赋予的任务，慰问停靠吉布提港补给休整的中国海军护航编队“武汉”舰、向援非医疗队提供海水淡化设备。协助也门撤侨，受到中国驻吉布提使馆经商处的表扬。

宝业集团先后获得全国“五一”劳动奖状、2006年“浙江慈善奖(机构奖)”、2011年第二届“绍兴慈善奖(机构奖)”、2015年第三届“绍兴慈善奖(机构奖)”，并被评为全国就业与社会保障先进民营企业、全国“万企帮万村”精准扶贫行动先进民营企业、浙江和谐企业。企业董事长庞宝根入选“胡润2006年中国慈善榜”，2007年获评绍兴十大慈善风云人物，2011年荣获第三届“浙江慈善奖(个人奖)”和浙江省“光彩之星”称号，2012年获“绍兴市慈善之星”称号。

2011年2月25日，宝业集团董事长庞宝根(前排左三)荣获第三届“浙江慈善奖(个人奖)”

(宝业集团　供稿)

浙江永利实业集团有限公司

浙江永利实业集团有限公司（以下简称“永利集团”）成立于1986年12月。经历了30多年的发展壮大，永利集团由一家乡镇企业蜕变成金融与实业相融合的大型企业集团，有子公司20余家，形成传统工贸业（纺织、印染、酒店、商贸）、地产建材业（建筑、建材、房产）和金融业（银行、证券、基金）三大产业格局，为省、市、区（县）骨干企业。

在“永攀高峰、利国利民”的企业宗旨指引下，永利集团积极承担起相应的社会责任。2005年至2013年，永利集团共向绍兴县慈善总会捐赠250万元。2014年至2019年，向柯桥区慈善总会捐赠200万元成立“永利帮乐基金”，用以帮助柯桥区内困难民众；向柯桥区企业家协会捐赠300万元，向柯桥区小百花越剧团捐赠200万元。

2018年7月1日，浙江永利实业集团有限公司董事长周永利（左六）出席绍兴鲁迅中学“永利之家·帮乐”活动

（永利集团　供稿）

同时，在省内外广泛开展结对帮扶活动。2007 年，永利集团与绍兴县王坛镇新建村开展结对帮扶，截至 2019 年 6 月，先后向新建村捐赠 550 万元，帮助建造村委大楼、老年活动中心、党员活动中心等基础设施；设立香榧种植专项资金，奖励采摘香榧前十名种植户，鼓励村民扩大香榧种植面积。

2012 年 10 月，永利集团在贵州省松桃苗族自治县盘石镇芭茅村，无偿捐助建设一所综合公益性医院——永利医院，总投资 1500 万元，占地面积 2333.45 平方米，工程于 2014 年 11 月底竣工。医院投入资金 400 余万元，购置了 DR（数字化 X 射线摄影）、彩超、全血细胞分析仪、全自动生化分析仪、电解质分析仪、心电图机、尿分析仪、除颤仪、监护仪、救护车等医疗设备，有效解决了当地群众就医难问题。从 2016 年始，公司对贵州省剑河县开展教育扶贫，每年向剑河县捐款 100 万元，设立“中财永利园丁奖”，至 2020 年，共计捐赠 500 万元。经公司董事长周永利牵线搭桥，绍兴鲁迅中学与剑河民族中学签订了结对帮扶协议，双方通过教学交流座谈、上示范课、短期培训等形式，开展教育帮扶活动。

2016 年 9 月 19 日，浙江永利实业集团有限公司在贵州省剑河县召开“中财永利园丁奖”表彰大会

（永利集团　供稿）

2018 年，永利集团出资 500 万元，帮助杨汛桥镇蒲荡夏村开展基础设施建设及周边环境改造，建起“百岁读书亭”和“蒲荡夏文化中心”等文化设施。设立 100 万元的“百岁基金”，用于帮扶该村鳏寡孤独、因病致贫的困难群体。此外，永利集团向横山村捐赠 100 万元，用于帮扶弱势群体改善生活困境。向夏履镇夏履桥村捐赠 100 万元，用于新农村建设和困难群众救济；向稽东镇冢斜村定向捐赠 80 万元，用以扶持农业基础设施及生活环境改善。近五年来，永利集团向省内外捐赠超过 6000 万元。

2018 年，永利集团党委被评为绍兴市五星党组织。2019 年，永利集团被评为中国制造业 500 强企业，荣获“浙江省模范集体”称号。永利集团董事长周永利 2011 年获第二届“绍兴慈善奖（慈善先进工作者）”，2012 年获绍兴市“慈善之星”称号，2019 年获第六届“浙江慈善奖（个人捐赠奖）”。此外，周永利先后被评为全国质量管理先进个人、浙江省优秀企业家、浙江省乡镇企业创业标兵、浙江省优秀青年企业家、贵州省脱贫攻坚先进个人，荣获绍兴市“五一”劳动奖章、绍兴市经济发展功勋奖。

浙江天圣控股集团有限公司

浙江天圣控股集团有限公司（以下简称“天圣控股”）是一家集化纤、印染、新能源、房地产、生态农业、物业、贸易及投资等产业于一体的大型综合性民营企业集团。至 2020 年有员工 3000 余人，总资产超百亿元，位列中国民营企业 500 强。

二十余年来，天圣控股践行“以人为本、实业报国、奉献社会”的宗旨与责任，在做实做强主业的基础上，不忘社会公益事业，认真履行企业职责，承担应有的责任，回馈社会。

关心支持慈善事业，捐助项目类型多，涉及面广。2005 年至 2019 年，天圣控股向绍兴市柯桥区（绍兴县）慈善总会累计捐款 1620 万元，并成立天圣慈善基金。天圣控股对社会上的弱势群体多次伸出援手，让爱蔓延到各个需要帮助的阶层。在柯桥区爱心早餐捐赠中，公司出资 168 万元，为柯桥主城区 800 余名一线环卫工人提供免费早餐。每顿 7 元钱的餐食中，除了牛奶、鸡蛋是标配外，还有不少于 500 克的主食。天圣控股向实事助学基金会捐赠 500 万元，帮助解决贫困地区的学生学习和生活上的困难。关爱企业职工，公司专门成立员工关爱基金，切实为企业员工排忧解难。

2019 年 7 月 2 日，浙江天圣控股集团有限公司向绍兴文理学院捐赠 2000 万元，设立天圣教育基金　　（天圣控股　供稿）

重视校企合作。2017 年，天圣控股向成都纺织高等专科学校捐赠 8 万元助学款。2019 年，与绍兴文理学院建立教育合作项目，捐赠“教育基金”2000 万元，鼓励科研项目的开发与研究。

2020 年 2 月 16 日，浙江天圣控股集团有限公司向柯桥区慈善总会捐赠 1000 万元，设立重大疫情防控・天圣爱心基金　　（天圣控股　供稿）

肩负家国情怀。2008 年，四川省汶川地震发生后，天圣控股捐款 100 万元，帮助灾区人民重建家园。2020 年初，在全国防控新冠肺炎疫情的战斗中，天圣控股向柯桥区慈善总会捐赠 1000 万元，并紧急调配医疗物资 30 万欧元，第一时间送到医护人员手中。同时减免园区租户租金及能源费用 5000 多万元。

2007 年，天圣控股获绍兴县“慈善冠名基金先进奖”；2019 年，获第六届“浙江慈善奖（机构捐赠奖）”。天圣控股董事长孙永根 2011 年获第二届“绍兴慈善奖（慈善先进工作者）”；2012 年获绍兴市“慈善之星”称号；2015 年获第三届“绍兴慈善奖（个人捐赠奖）”。

附录

一、柯桥区（绍兴县）慈善总会重要会议报告选录

绍兴县慈善总会筹备委员会工作情况报告

副主任　杨其如

（1996 年 4 月 15 日）

一、酝酿过程

近年来，伴随着改革开放和社会经济的发展，慈善这面旗帜被重新亮出。一九九四年春，全国性慈善团体——中华慈善总会成立。接着不少省市成立了慈善会，一些地市县也相继建立了慈善组织。各地慈善机构广泛开展了丰富多彩的慈善活动，受到社会各界与海内外同胞的热情支持。各种安老、助孤、助残、助教及其他社会救助、社会福利工作，使最困难最脆弱的人群得到了帮助，慈善观念逐步深入人心，取得了良好的社会效果。这些，使我们萌发了一个念头：随着经济的发展，如何改革绍兴县的社会保障体制，促进与之相适应的社会福利事业。

应该肯定，绍兴县的社会福利事业是有很大发展的，长足的进步，出现了多层次、多形式、多渠道的格局，初步形成了老有所养、孤有所靠、残有所助、贫有所济、难有所帮的网络和运行机制。但是，据有关部门提供的资料显示，全县有老龄人口 11.52 万人，占全县总人口的 12.05%，残疾人 4.2 万余人，“三项” 康复对象 1060 人，

精神病患者560人,五保老人1200人(其中应保未保的有200多人),生活困难者2093户8871人,其中特困户1178户3084人,他们亟需社会提供更好的保障和救助。这一连串数字,使我们想到,我们是经济强县,当大家享受着改革开放成果的时候,不能忘记这些特殊困难的群体,应当把慈善组织搞起来,依靠社会力量来帮助他们摆脱困境。这些想法得到了县委、县政府主要领导的大力支持,也引起了一部分人的共鸣和反响。去年二月十五日,齐宽明副县长带领有关人员,专程赴上海,向上海慈善基金会学习取经。回来后,由县民政局向县政府提出筹建慈善总会的书面报告。县政府于去年三月二十一日正式批准建立绍兴县慈善总会筹备委员会,并公布了由齐宽明副县长为主任的筹委会组成人员名单。四月六日,筹委会的正副主任和两位顾问开了个碰头会,共商筹备事宜。四月十八日召开了第一次筹委会成员会议,就筹建工作作了具体部署,筹备工作就此扎扎实实地展开了。

二、筹备工作

整个筹备过程始终得到县委、县政府领导的重视和支持,进展顺利。去年六月二十六日召开的全县性慈善总会筹建工作会议,县委副书记李会鹏到会并作了重要指示,他充分肯定倡导兴办慈善事业,他说,兴办慈善事业,既是社会主义制度优越性的体现和完善社会主义市场机制的内在要求,又是发扬中华民族传统美德和精神文明建设的重要内容。各单位、镇乡领导要大力宣传,积极支持慈善总会的筹建工作,切实抓出成效。在九月二日全县民政社会保障试验工作动员大会上,县委常委、常务副县长徐茂龙又一次强调,通过国家、集体、个人三结合的办法,积极倡导慈善事业,加速筹集慈善资金,尽快成立县慈善总会,各镇乡都要确定由党群书记负责此项工作。我们会同县宣传部门编发了《筹备绍兴县慈善总会宣传提纲》、标语口号,大力宣传这一事关改革、发展、稳定大局,福荫千秋,功在国家,利惠百姓的光彩事业。齐贤镇专门成立了领导小组,向全镇人民印发了公开信,通过有线广播、电视及黑板报等进行专题宣传,并分片层层发动,取得了良好效果。各新闻单位十分关注此项工作,迅速及时报道了筹建工作的各项活动。

足够的资金是慈善总会存在和发展的基础。因此,我们把募集资金工作放在重要位置上。一方面通过新闻媒介的宣传,向海内外广泛征集捐助,另一方面通过筹委会领导和工作人员的广泛活动,积极争取各级领导和社会各界人士的支持。截至目前,已有115个单位(包括机关、企事业单位、社会团体)、11229名个人(包括机关干部、离退休人员、个体户)慷慨解囊,向慈善总会(筹)捐赠善款,总额212万元。与此同时,我们还力所能及地开展了慈善救助活动。去年六月间,稽东山区遭受特大水灾,有26户农户房屋被毁,筹委会领导亲临灾区慰问,向受灾户提供5万元的救济款,以解燃眉之急。九月间,筹委会会同大乐制衣有限公司等单位共同发起建立绍兴大乐抗癌爱心协会,旨在广泛动员社会力量,呼吁全社会都来关心和支持抗癌活动,介绍抗癌科普知识,为患者提供医疗服务咨询、心理咨询以及辅助治疗手段,组织患者之间经验交流等,帮助患者树立正确的人生观,为人类最终战胜癌症而努力,以达到天下大乐的崇高境界。我们还为该会提供抗癌基金10万元。协会已于十一月二十五日成立。在成立大会上,全国著名肿瘤专家郑树森教授等10余位专家,作了"癌症防治现状与对策"的学术报告,并为城乡120多名患者义诊。接着又在绍兴化肥厂,为全厂700多名干部职工进行了癌症普查。春节前,在全县范围内开展了向特困户送温暖活动,向330户特困户每户送去一瓶油、两袋米、300元现金,让他们过上一个欢乐祥和的春节。所有这一切,使慈善总会在广大群众中开始树立良好的社会形象,并为培养群众的慈善意识将产生深远的影响。

我们参照中外慈善组织的经验,结合本县实际,起草了《绍兴县慈善总会章程》,作为总会的根本大法和行动准则。并草拟了《绍兴县慈善总会资金管理办法》,以草案形式印发了800份,征求各级领导和社会各界人士的意见,这里面对慈善总会的性质、宗旨、任务、组织机构、会员权力和义务,以及资金的筹集、使用、管理等都作了明确的规定。现在,在多方面听取意见和建议的基础上,作了修改补充,将提交大会审议通过实施。

按照慈善总会是全县性民间社会组织这一性质，我们与各方面进行反复酝酿协商，根据工作需要，对慈善事业的热心程度和贡献大小，以及社会知名度和影响等，逐个落实了理事会人选，拟定理事、常务理事、会长、副会长、秘书长、副秘书长以及拟聘任的名誉会长、顾问的推荐名单，这是较为理想的推荐人选，将提交大会通过。

我们已经组建了办事机构，本着高效、精干、廉洁的原则，逐步建立和健全相应的规章制度。按照国家有关法规，向有关部门申报了社团登记注册工作。最近，还被中华慈善总会吸收为首批团体会员。

我们在筹备工作中虽然尽了力，为总会的成立打下了基础，为绍兴县慈善事业迈出了第一步，有了一个良好的开端。但是，也意识到它离社会需要还相差甚远。我们认为重要的是，逐步明确了慈善事业的方向，受到了不少的教益。认识到慈善工作的首要问题是树立良好的社会形象，其中包括组织本身的廉洁、公正和透明，重在行动，重在是否具有良好的资金管理、资金运作等方面的能力和效率。同时，也认识到要下大力气培养社会的慈善意识，加大宣传和引导工作，显得十分重要。

三、几点建议

绍兴县慈善总会就要正式成立，任重道远，亟需解决慈善事业面临的一系列问题。为此建议如下：

1. 要明确慈善事业在社会活动中的地位

我们认为，在市场经济条件下，慈善事业是社会主义精神文明建设的一个组成部分，是社会保障的必要补充。党的十二届六中全会《关于社会主义精神文明建设的决议》指出："在社会活动中，要大力发扬社会主义人道主义精神，尊重人、关心人，特别要注意保护儿童，尊重妇女，尊重老人，尊重烈军属、荣誉军人，关心帮助鳏寡孤独和残疾人"。又指出："社会主义道德作为人类文明中道德发展的新境界，必然要批判地继承人类历史上一切优良道德传统，并要和腐败思想作斗争"。可以毫无疑问地说，慈善事业无论是它所进行的工作，还是它所倡导的方向，都属于精神文明建设范畴。同时,在市场经济条件下,慈善事业作为民间的行为,只能是社会保障的补充。两者是并行不悖的。这是因为,社会保障工作是政府行为,应由政府有关主管部门去完成。但是,在社会保障领域以外,仍然有许多事情要做,需要发动社会力量拾遗补缺,而慈善事业正是处在这样的位置上。

2. 要明确绍兴县慈善总会的工作定位和职能

就自身而言,绍兴县慈善总会是全县性民间慈善团体,其宗旨是发扬人道主义精神,弘扬中华民族扶贫济困传统美德,帮助社会上不幸的个人和困难群体,促进社会的公平和进步;对政府来说,慈善总会是热心的社会活动者,通过自身的影响和行为,调动社会财富,推动社会各项服务,帮助解决一些社会问题;在大众看来,慈善总会是热情的宣传者和组织者,帮助和兴办各类社会公益事业,培养公众的慈善意识,提高社会的道德水平;在捐款人眼中,慈善总会是忠诚的管理者,以严谨的责任心和精明的策划为他们服务,使他们实现自己的心愿和理想。概括地说,慈善总会的职能就是广泛募集慈善资金,帮助和兴办各类慈善公益事业,发挥政府和群众,尤其是困难群体之间的桥梁作用,维护社会稳定,提高社会公德,促进社会公平、正义和进步。

3. 积极筹集资金,实施更多的救助项目

在资金筹措方面,除了已经开展的方式以外,要开展多种募捐活动,拓展多种募捐渠道,还需要在实践中不断探索,一方面是为了扩大资金募集范围,推动社会救助工作,另一方面也是引导群众参与,培养慈善意识。我们希望通过大家的共同努力,每年能募集到一定数额的善款,使慈善总会发挥更大的作用。

要实施更多的救助项目。考虑到需要多、资金少的现实,在近期只能实施以一批特困户为对象的救助项目,以后以安老助孤为重点,在深入调查研究的基础上,精心策划,逐步实施,为民办些实事。

4. 加强慈善总会的自身建设,逐步培养一批富有奉献精神和技能的慈善工作者。

5. 继续加强与国内外慈善团体的联系和合作，学习国内外发展慈善事业的先进经验，结合本县实际，创造具有绍兴特色的发展慈善事业的新路子。

我们的事业刚刚起步，有了良好的开端，让我们共同努力，促使慈善事业这棵幼苗在绍兴县长成参天大树。

在绍兴县慈善总会成立大会上的讲话

会长　齐宽明

（1996 年 4 月 15 日）

绍兴县慈善总会在各级领导的重视、关怀和各界人士的大力支持下，今天正式成立了。这标志着绍兴县慈善事业将焕发出新的光彩，迈向新的里程。

我受各位理事委托，推选为首届理事会会长，这是大家对我的信任和鼓励。我将在其位理其事，竭诚尽力，与大家一道把全县的慈善事业办好。

绍兴县慈善总会是由国内外热心慈善事业的社会各界人士、企事业单位、慈善组织和有关团体自愿参加的全县性民间社会组织，旨在发扬人道主义精神，弘扬中华民族扶贫济困的传统美德，帮助社会上不幸的个人和困难群体，开展多种形式的社会救助工作。大会推选产生的本届理事会中，有我县党政机关、企事业单位的领导，有社会各界知名人士。各位理事所在单位是做好慈善总会工作的支柱。希望大家担负起政府的重托、社会各界的期望，尽职尽责，尽心尽力，努力把这项正义的充满着社会主义精神文明内涵的颇有意义的事业办好。在前阶段筹备过程中，无论是慈善捐赠活动，还是各项慈善救助工作，都得到了社会各界的积极响应，大力支持，这充分说明了我们绍兴县人民是有慈善觉悟的，对慈善事业充满着一股激情，善美之心必将形成慈善行为。我们的事业大有希望，前途无限光明。慈善事业要靠全社会，要靠大家的长期合作。要切实做到既参与又务实，既要起带头作用，又要动员社会各界捐赠。所以要开动脑筋，开拓思路，扎扎实实地为社会慈善事业办实事。

慈善总会还处于创始阶段，要做的事情很多，可以说是千头万绪，我们将抓紧制订出一个切实可行的慈善事业发展规划，确定工作目标，一步一个脚印地开展工作，探索慈善事业社会化、多样化的新路子，并且在近期内扎实办几件有影响的实事，为全县两个文明建设作出贡献。

绍兴县慈善总会第一届理事会工作报告

副会长　杨其如

（2000 年 12 月 6 日）

在各级党政领导和社会各界的深切关怀和大力支持下，绍兴县慈善总会自一九九六年四月十五日成立以来，广泛进行慈善宣传，多渠道募集慈善基金，开展多种形式的慈善救助活动，使这一开创性的社会公益事业，取得了较好成效，为做好社会保障工作，促进社会和谐安定，提高社会主义文明水平，正在发挥着积极的作用。县慈善总会的知名度也随之提高，在群众中初步树立起良好的形象，曾被评为 1997 年全县最满意实事工程之一、1998 年先进社团组织，被中华慈善总会吸收为首批团体会员。

四年来，县慈善总会主要做了以下几方面工作：

一、募集善款，增强慈善救助实力

慈善资金是启动总会工作最重要的物质依托。为此，我们始终将募集善款作为重要工作来抓，通过工作人员和社会慈善工作者的努力，宣传慈善，激发群众的善心、爱心和同情心，采取多种渠道，迄今已接收捐赠 355 万元，获得利息 121 万元。此外，五个镇先后成立了慈善组织，也筹集到善款 250 万元，为发展我县慈善事业增强了物质基础。1998 年为南北特大洪水灾区开展赈灾募捐活动，募集赈灾款 368 万元，实物折价 613 万元，及时上交民政部并送往灾区。

二、扶贫济困，扎扎实实开展慈善活动

县慈善总会以“扶贫济困、见难相助”为宗旨，想群众所想，急群众所急，办群众

所盼，为最困难、最急需帮助的人排忧解难，开展形式多样的慈善活动。四年来受助对象 5867 人次，资助金额 120 余万元。

1. 帮困。我们把济困重点放在特困户上，尤其是逢年过节，慈善总会领导总是惦记着那些特困家庭，已连续在五个春节开展向特困户送温暖慈善大行动，先后向 2171 户次（含 64 户次的特困归侨）送去粮油及慰问金，共支出善款 67.45 万元。每次活动，总会领导都亲自参与，马山镇渔港村封秋成老人，体弱多病，儿子去世，媳妇出走，与小孙子相依为命。当他从会长手中接过慰问钱物时，眼含泪花连声道谢，会长说："一家有难，众人相帮，只有这样才能让贫困户体会到社会主义大家庭的温暖"。在皋埠镇陈家横村黄岳轩慰问时，看到这位 73 岁的老复员军人，孤单一人卧病在床，房间潮湿不堪，住房严重倾斜，随时有倒塌的危险，总会领导当即与镇领导商量，由总会出资 2000 元，村里解决宅基地及劳力，镇里也出一点钱，为他搭建一间平房。没几天，问题就得到圆满解决，受到当地群众的好评。每次过年，总会领导还要去边远山区的平江敬老院看望老人们，道一声问候，送一份温情，送上布匹、衣服及粮油食品，让老人们过一个欢乐祥和的春节，博得老人们的赞誉。平时，帮困也从不间断。柯桥镇黄社溇胡松堂，四年前妻子去世，留下 13 岁和 5 岁两个女儿，去年本人又患癌症去世，欠下一大笔债。总会领导获悉后，专程前去看望，当场资助 1500 元，还同镇民政办负责人商定，将其列入最低生活保障对象，孩子就读再结对资助。总之，为民解愁是慈善工作的永恒主题，遇到类似特殊困难的群众，总会都给予力所能及的帮助。

2. 赈灾。"天有不测风云"。每年都会遇到或大或小、这样那样的自然灾害，一旦遇到灾情，总会领导就赶赴灾区慰问，了解灾情，及时救援。1995 年，总会尚在筹建中，稽东镇遭受水灾，26 户房屋被毁。总会（筹）资助 5 万元，帮助重灾户重建家园。1996 年，钱清镇遭龙卷风袭击，总会支援 2 万元，用于抢救重伤员。1997 年 11 号台风，向重灾区马山镇马海村救助 2 万元。1998 年夏季，为南北洪水灾区开展的赈灾募捐成绩尤为显著。8 月 14 日上午，举行赈灾仪式，由副县长孙云耀作动员后，市委常委、县委书记顾秋麟，县委副书记、县长徐纪平率先捐款，紧接着95名各套班子领导和县机关部门负责人纷纷慷慨解囊，共捐款1.69万元。会后县机关党工委立即召开机关党支部书记会议作出部署，仅两天时间就捐款40余万元。县委、县政府领导率先垂范，机关干部职工带头行动，激发了社会各界和群众的献爱心行动，在全县迅速掀起赈灾募捐的热潮。鉴湖镇南山村80岁老人冯祖望赶到县慈善总会，把儿孙们为他做八十大寿的2万元钱，如数捐给灾区人民。安昌镇盛陵村80岁老太来香姑，一家十二口四代同堂，生活幸福美满。当她从电视里得知长江洪水肆虐后坐立不安，她把儿孙们叫到跟前嘱咐说："我家是苦出身，不能忘记过去苦，现在长江那边人在吃苦头，你们一定要去捐款帮助"。并当即将平时节约下来的一万元零花钱捐了出来。在老人的嘱咐下，全家共捐款5.5万元，年仅10岁的孙儿陈程也把积存的508元压岁钱投进了赈灾捐赠箱。一位名叫陈志糯的老党员，年已78岁，半身瘫痪，也叫女儿把刚刚领到退休金120.5元送到赈灾捐赠点。一对夫妇手捧5000元钱，挤到县机关大院的捐赠队伍里，工作人员要他们留下姓名、地址，但他俩只报了一个名——洪美琴，就匆匆离去，边走边说："灾区人民受苦了，我俩无非是表示一点心意"。这次赈灾募捐共接收捐赠款368万元，实物折价613万元，都及时上交民政部门及时运送到灾区。这次赈灾募捐，群众热情之高，捐款之多，行动之快，管理之规范，实在是前所未有。

3. 助学。绍兴县作为全省首批小康县的18万少年儿童过着幸福生活，正在茁壮成长，将成为21世纪的主人。但是，由于自然环境、天灾人祸等原因，还有少数家庭生活仍处在贫困之中，他们的孩子或负债读书或面临失学，特别是一部分父母双亡的孤儿更艰难。据调查，全县1000多户特困户中，这样的儿童有600名，其中孤儿46人。为此，我们会同县妇联等部门于1996年"六一"节前，联合发出关于开展向百名特困少年儿童献爱心慈善大行动倡议书，呼吁全社会各界伸出援助之手，此举得到县委、县政府的支持，县领导身体力行，14名常委、副县长当即捐款2800元，倡导济困助学风尚。县民政局、公安局、卫生局等率先行动，开展结对助学，迄今全县已有200名特困少年儿童由单位或个人结成济困助学对子,其中县慈善总会结对46名,每人每年资助1200元,直至完成九年义务教育。这次活动得到了县领导的充分肯定,说这次活动是关心下一代的义举,体现了社会各界对少年儿童的关怀之情,体现了社会主义大家庭的温暖,社会反响也很强烈。平水镇祝家村的祝立峰,父亲在十一年前因牛意亏损出走,至今未归,母亲双目失明,还有一位老爷爷,生活非常拮据。前年高考中被杭州机械学院录取,正在为学费而焦急,县慈善总会及时帮助2000元,此事见诸报端,又到社会上热心人的赞助,主动给予生活上的援助,终于使他按时入学。他几次来信深表谢意,表示要好好学习,争取成为有用之才,以示报答。富盛镇金家岭村倪建华,父亲去世,母亲改嫁,与祖母相依为命,前年考入浙江交通学校,但筹不到应缴的学费,镇里反映到县慈善总会,我们就向他伸出援手,三年共资助3500元,为他解决了就读困难。此外,我们还会同县总工会推荐了一名大学生、五名中专生享受全省王宽诚助学金500—1000元。

4. 义诊。近几年来,社会上因病致贫现象较为突出,山区仍然缺医少药,尤其是贫困户,看病更难。为此,县慈善总会多次开展义诊及助医活动。在取得绍兴第二医院的支持后,曾组织12位专家名医,由原院长、主任医生宋汉章带队,赴平水、稽东镇开展义诊活动。为解决最低生活保障对象的治病问题,又会同县卫生局以及市民革,分三次赴稽东、王坛镇为他们送医送药,有200多户402个困难对象得到免费看病、配药。孙岙67岁的尉老太感动地说,医病医到家门口,居然还不收钱,伢老太婆真要谢谢共产党和你们这些好心人。在义诊中,我们发现王坛镇红岭村33岁的孙国军,前两年不慎从二楼跌下来,右侧颅骨骨折,经抢救虽保住了性命,但缺损颅骨一时不能修复,只好将碎片移植于大腿寄养,时隔一年,因无钱去医院动手术,我们会同当地政府将他送到绍兴第二医院施行修补术,为他支付医疗费2000元,医院也为他减免部分费用,不久就康复出院。柯桥镇中巷村陈秋燕,广西武宣县人,1988年与该村毛忠根结婚,儿子毛敏年已9岁,两年前丈夫去世,母子俩艰辛度日,真是屋漏偏遭连夜雨,小毛敏患了脑瘤,她东凑西借,用去2万元为儿子动了手术,后来脑瘤复发，并有脑积水，急需去上海华山医院救治。母子俩走投无路，到了县慈善总会，总会领导深表同情，一面资助 5000 元，一面与绍兴县报社联系，得到报社领导的支持，在县报头版刊登了“救救可怜的孩子”的报道，呼吁社会各界伸出援助之手，很快就募集善款 3 万余元。当时华山医院人满为患，我们又与上海慈善基金会联系，得到他们的热情帮助，终于住进了医院，作了脑积水引流手术。回绍兴后不久病情恶化，又求助浙江省人民医院伽玛刀治疗中心，因为时已晚，不治而亡。但这一善举在全县反响强烈，谱写了一曲精神文明的赞歌。

5. 救急。对危急人员也做了一些救助工作。1996 年，柯桥发生“四・二九”特大交通事故，安徽打工妹周正霞脑部受了重伤，送绍兴第四医院抢救，连续昏迷 43 天。而肇事车主死亡，车辆又未保险，得不到赔偿。其父系山村小学民办教师，收入甚微。总会领导去医院探望，并为他支付了医疗费 1 万元。经医院精心治疗，她终于苏醒，脱离了危险，其父赶到绍兴，紧握总会领导的手说:“绍兴县慈善总会和医院医务人员真是胜于上帝，救了我女儿的命”。贵州省三穗县教场乡三联村 26 岁的郑桂湖在钱清打工，前年 7 月 20 日走近火车站，突然火车驶来，他被风刮倒，严重脑挫伤，蛛网膜下腔出血，昏迷不省人事，送绍兴第四医院抢救，9 天后才清醒脱离危险，其医药费由慈善总会支付，后来他父亲从贵州赶来，三次来县慈善总会下跪，以谢救命之恩。

三、参与其他公益事业，扩大慈善活动范围

以大乐衬衫厂和绍兴第二医院等组建的大乐抗癌爱心协会，县慈善总会出资 10 万元作为基金。该会多次邀请全国、省、市肿瘤专家举办防癌抗癌知识讲座，印发资料 9000 份，为 300 多名患者义诊，接受 300 人次的咨询服务，为绍兴化肥厂 700 名员工做癌症普查，查出患有癌症者得到及时治疗。当司法部门组建法律援助中心时，我们提供 2 万元基金，实施法律扶贫，一年中法律援助中心就提供法律援助 104 件，接受咨询 300 人次，其中大部分属贫困对象。美国一国际慈善组织“微笑列车”与中华慈善总会达成协议，为中国尚未进行修复术的青少年唇腭裂患者实施免费修

复手术，我们为了配合这一慈善行动，对全县青少年唇腭裂患者作了全面调查，并为17名患者做了修复手术。在全省福彩2000年慈善大行动中，我们资助特困残疾人20名，其中有10人每人获赠残疾车一辆，10人各得补助金1000元，还向40名特困下岗职工每人资助1000元。

四、帮助乡镇筹建慈善协会，逐步建立慈善网络

近年来，我们开始注意到，要发展全县慈善事业，必须逐步扩大我们的慈善队伍，建立全县慈善网络，目前已着手帮助斗门、柯桥、皋埠、兰亭、齐贤镇筹建了慈善协会，福全镇成立了无名集团联合慈善基金会，他们先后筹集慈善资金250万元，增强了全县慈善事业的经济实力，便于今后县镇两级上下联动，发展慈善事业，也使慈善事业更加贴近群众，为群众办更多的实事好事。

五、加强自身建设，树立良好形象

县慈善总会经过四年的努力探索，已逐步建立起有关工作程序，并日趋规范化、制度化。尤其是建立健全了财务制度，资金运作正常。我们已两次提请县审计事务所依法对总会财务进行审计，得到审计部门的认可，审计报告在绍兴县报上公布，自觉接受群众监督，为树立良好的社会声誉起到积极作用。

经过前一段工作实践，我们有三点体会：

一、建立公开、直接、廉洁、高效的慈善组织，树立良好的社会形象，是现代慈善事业立足的保证。总会通过新闻媒介、印发资料等形式，经常向社会宣传慈善总会的宗旨、工作目标和任务，高举“弘扬中华民族的传统美德、促进社会主义精神文明建设、完善新型的社会保障体系”这三面旗帜，将所有活动和资金运作情况向社会公开，树立良好的社会信誉，赢得公众的信任，才能使慈善组织在社会上立住足。

二、启迪群众的慈善意识，争取群众的普遍参与是现代慈善事业的主要内涵。慈善是建立在社会成员之间的相互关心爱护、帮助他人基础之上的，是一个道德事业，是群众性事业。县慈善总会开展多种形式的慈善行动，弘扬爱心，推动慈善观念的普及，强化群众参与意识，为全县慈善事业的起步和发展，铺垫了群众基础。

三、慈善行动，是慈善组织建立良性循环运作机制的重要一环。慈善事业要有一定的经济基础，需要向社会募捐，而募捐工作的感召力，则来自慈善行动。要选择花费少、收效大、覆盖面广、社会效益明显的项目，实实在在为民办实事、好事。只有得到广大群众的理解和支持，才能源源不断地捐赠善款。

今后工作打算：

一、加强学习。学习党的十五大精神，尤其是关于“我国目前处于社会主义初级阶段，也就是不发达阶段。从不发达阶段走向发达，至少需要一百年时间”等论断，充分理解在现阶段或将来相当长的时期内，慈善事业是必不可少的，是永远存在的。学习贯彻江泽民总书记“三个代表”的重要思想，从而树立强烈的使命感和荣誉感，努力从国情出发，探索发展慈善事业的新路子，作出新贡献。

二、大力推进慈善的宣传动员工作，筹集更多的慈善资金。筹集慈善资金要激发爱心，激发爱心要舆论先行，要依靠新闻媒体，做好宣传动员工作，扩大慈善工作的社会影响，造成一定的舆论氛围，树立助人为本、为善最乐的社会价值观。搞好首次“慈善一日捐”，争取坚持下去，逐步建立筹募机制，走向规范化。

三、组织慈善网络，扩大慈善队伍。在5个镇成立慈善组织后，我们将认真总结经验，搞好服务，争取今明两年，在条件具备的镇建立起慈善协会，使县、镇两级有统一观念、意识、目标和形象的慈善系统，形成一支强大的慈善队伍，扩大募捐空间，发展壮大全县慈善事业。

四、继续开展经常性的慈善救助活动。要根据社会需要，配合党和政府开展多种形式的救助，尤其是应急性的救助，把善款用到最急需的地方，为最困难的人提供力所能及的帮助，从而弘扬人道主义精神，发扬中华民族传统美德，促进社会和谐与安定。

五、加强自身建设，建立健全工作机制。把慈善机构的筹款、宣传、财务、行政等逐步走上专业性的工作规范和办事程序，既廉洁又高效，维护自身职业道德和社会公德，更好地为最困难的人群竭诚服务，并通过新闻媒介，接受社会监督。

在绍兴县慈善总会第二届理事会上的讲话

会长　朱志飞

（2000 年 12 月 6 日）

今天，我有幸参加绍兴县慈善总会第二届理事会，并被大家推选为新一届的会长，既感到高兴，又感到任务艰巨。当想到这是组织上和同志们对我的信任和鼓励，我也只好勉为其难了。

绍兴县慈善总会成立近五年来，在各级领导的重视、关怀和各界人士的大力支持下，经过上届会长和理事会的悉心工作，在组织机构、经济实力、社会基础、工作思路等方面，都打下了较为扎实的基础，为我们新一届理事会开展工作提供了有利条件。我和新当选的全体理事，一定不辜负政府的重托，社会的期望，尽职尽责，尽心尽力，进一步把绍兴县的慈善事业做好。

慈善事业是为国分忧、为民解愁的崇高而充满希望的事业。我们将按照江泽民总书记“三个代表”的指导思想，大力提倡扶危济困、乐善好施的社会风尚，在新的历史条件下，进一步发扬中华民族的传统美德，利用道德力量，调节利害关系，促进社会主义精神文明。

慈善总会是全县性的民间社会组织，我们将进一步团结国内外热心慈善事业的社会各界人士、企事业单位和有关团体，积极开展自愿捐赠、义卖、义演和专项捐赠等多种形式，募集慈善资金，增强经济实力，努力做好安老、助孤、助残、助学及其他社会救助、社会福利工作，使最困难、最脆弱的人群获得帮助，营造良好的慈善氛围。

慈善总会是广泛的社会群众性组织，我们将进一步形成一个“一方有难，八方支援”的援助机制，切实加强自身建设，建立公开透明的资金使用管理和收支审计制度，自觉接受社会监督，以“民主、公开、公正、规范”的办事制度，赢得社会的信任和支持，繁荣全县的慈善事业。

最后，让我们精诚地团结一致，同心协力，多出主意，多想办法，为绍兴县慈善事业作出更多的贡献。

绍兴县慈善总会第二届理事会工作报告

会长　朱志飞

（2011 年 5 月 18 日）

十年工作的简要回顾

绍兴县慈善总会第二届理事会自 2000 年 12 月换届以来，至今已逾十年。在县委、县人大、县政府、县政协关心重视下，在上级慈善总会帮助指导下，在各镇（街道、开发区）和社会各界大力支持下，依靠全体理事、慈善工作者的共同努力，取得了令人欣慰的成绩。慈善实力明显增强，救助力度日益加大，慈善氛围日趋浓厚，社会公信度和影响力不断提升，慈善事业作为政府社会保障的补充作用进一步显现。十年来，共募集善款 11223.84 万元（不含赈灾专项捐赠款物 8287 万元），各项救助支出 4775.3 万元，受惠人数达 117220 人（次）。县慈善总会多次被评为省、市先进集体。

十年来，主要做了以下几方面的工作：

一、拓宽募资渠道，壮大慈善实力

募集善款是发展慈善事业的基础。十年来，针对慈善救助实力不强的窘境，在县委、县政府的关心支持下，我们先后提出了慈善“一日捐”、“一笔捐”、“留本冠名慈善救助基金”认捐等项工作的具体方案，多渠道、多形式地募集慈善资金。一年一度的“一日捐”、“一笔捐”从 2001 年起已成为约定俗成的制度。九年来(2009 年停捐)，在各级领导率先垂范下，全县各镇（街道、开发区）和县机关各部门、企事业单位广大干部职工慷慨解囊，踊跃捐款，共捐赠善款 2558.64 万元。留本冠名慈善救助基金自 2005 年由 4 家企业认捐 900 万元起步，2006 年全面铺开，2008 年进一步扩面。四年来(2009 年停捐)，全县认捐企业共 221 家，认捐总额达 5.3 亿元，共汇缴

善款 8245.5 万元。目前，慈善“一日捐”、“一笔捐”和“冠名基金”已成为我县慈善资金募集的主渠道。社会日常公益捐赠氛围日益浓厚。沈老先生“关爱扶老基金”、万达集团柯桥万达广场开业庆典捐赠帮困助学款、浙江蓝天实业集团出资设立“爱心基金”等社会各界定向捐款，以及通过摆放“慈善爱心箱”、结对助学、开展义卖、义演等活动，共募集各种日常捐赠款 419.7 万元。

二、不断拓展项目，加大救助力度

救助是慈善工作的核心。按照县委、县政府提出的“六个所有”民生计划的要求，我们着力创新救助项目，加大救助力度，扩大救助范围，实实在在地为困难群众排忧解难。

1. 助学。慈善救助于 2001 年开始进入资助贫困大学生的领域，主要参与由县关工委组织牵头的结对助学。从 2005 年起，慈善进入资助贫困大学生的主战场，除县关工委、县残联结对资助的贫困大学生外，其余全部由县慈善总会资助，当年资助贫困大学生 47 名。2006 年资助对象扩大到考入高校的低保户子女、烈属子女及孤儿，2008 年进一步拓宽到低保边缘户子女。同时逐步提高资助标准。2010 年新学年，低保户子女、烈属子女及孤儿本科生由原四年中资助 1.2 万元提高到 1.6 万元，大专生由原三年中资助 1 万元提高到 1.2 万元，低保边缘户子女由原每学年资助 2000 元提高到 3000 元。除上述四种助学对象外，对因灾因病等原因造成家庭经济困难的，也给予临时救助。2001—2010 年，累计资助贫困大学生 1113 名，支出金额 668.71 万元；为高中（职高）困难学生每人每学年发放 1000 元的生活补助费，累计资助 1628 人，支出金额 355.16 万元。其中 2010 年资助贫困大学生的规模和支出金额均创历史新高，受助人数达 708 人，支出金额 249 万元，比 2009 年分别增长 26% 和 59.9%；受助高中（职高）生达 842 人，支出金额 87 万元。2001 年—2010 年已有 244 人完成了本科、大专学业，他们中的绝大部分已走上了工作岗位，摆脱了家庭困境。2011 年将完成本科、专科学业的有 148 人。据统计，助学金支出约占全县慈善救助款总额的三分之一。

与此同时，社会助学热情日益高涨，许多企业和个人纷纷结对助学。如萧山万向集团从2008年—2010年共资助孤儿151名，资助金额50万元；浙商银行绍兴支行简办周年庆典，将节省下来的庆典费用36万元捐赠给慈善事业，用于平水镇30名贫困大学生结对助学；浦发银行绍兴柯桥支行向县慈善总会捐赠20万元，资助8名贫困大学生；毛源昌眼镜绍兴配镜中心自2005年以来，连续对绍兴县应届慈善受助大学生免费验光，对视力近视者，赠送价值500元左右的近视眼镜，至2010年共赠送眼镜近600副，价值逾30万元。个人助学如杭州的程小平先生资助7.5万元，本县一位79岁退休老人蒋先生捐赠4万元，先后结对资助4名大学生。2009年马鞍镇率先出台了“马鞍镇困难家庭子女助学实施意见”，为全县开了个好头。县、镇街和有关单位领导结对助学蔚然成风，为广大贫困学子圆了求学的梦想。慈善助学已成为我县的品牌项目，荣获第二届“浙江省慈善奖”。

2. 助困。一是实现慈善超市全覆盖。在县民政局的重视下，柯桥街道慈善爱心超市、县慈善超市分别于2005年7月和12月投入运行，每年为全县低保对象、重点优抚对象发放慈善爱心券。之后为方便困难群众，依托浙江供销超市，设立慈善超市网点17个，凭券可就近领取实物。6年来，共列支484.6万元。二是开展彩虹行动。2008年根据全省统一部署，从“冠名基金”善款中列支64.73万元，组织开展“冠名基金彩虹行动”，将1233台彩色电视机赠送给低保户家庭，确保他们在奥运会期间看上精彩的体育节目。三是扶持贫困村。2008年按照县里部署，我会出资10万元，帮助稽东镇龙东村修缮年久失修的初制茶厂房屋，为该村发展经济创造了条件。四是对因天灾人祸、突发事件等多种原因造成生活困难的家庭(包括外来务工者)实施临时救助，十年来共惠及16531人(户)，救助金额215.57万元。

3. 助医。一是发放慈善医疗卡。2005年在全市率先为低保户发放慈善医疗卡，按户型每年注入医疗救助金，在指定医疗机构就诊，可享受挂号、注射、诊疗等免费服务，年度之间可以“以旧换新，余额结转”。2005年至2009年，共列支善款496.92万元。二是实施大病救助。在新型合作医疗报销、民政医疗救助的基础上，对患白血病、尿毒症、癌症、红斑狼疮等四种大病造成返贫致困的特困户实施救助,效果明显。如平水镇同康村青年王志明和湖塘街道北京理工大学毕业生孙定金,两人均患尿毒症,通过各方面的救助、治疗后,病情有所好转,前者能从事轻微劳动,后者已在正常上班;对在实施新型合作医疗救助及困难群众医疗救助后,自负医药费用数目仍较大的困难家庭,也给予慈善救助。十年来共助医 1531 人(户),救助金额 717.47 万元。三是于 2009 年建立县级机关、直属事业单位干部职工大病医疗救助基金,初始基金从慈善资金中划拨 200 万元,2010 年又从"一日捐"中提取 165 万元,充实救助基金。截止 2010 年底,共救助 28 人次,列支 36.8 万元。此外,还多次组织实施义诊活动。

4. 助残。一是发放慈善施药卡。这项工作我会开展较早。2003 年,配合县卫生、精防部门开展精防普查工作,先后为 345 名实施家庭式治疗的贫困患者,发放年价值 300 元的慈善施药卡,并出资 2 万余元,为重症患者解决住院费用。二是为肢残人员赠送轮椅,安装假肢。会同县残联,由我会出资 54220 元,向肢残人员赠送轮椅 86 把;出资 19.1 万元,为 34 位肢残人安装了假肢。三是组织实施"微笑列车"项目和光明行动,为患有唇腭裂的青少年实施修补术;出资 10.77 万元,为 89 名贫困白内障患者实施复明手术。

5. 扶老。在重阳节和春节期间,到敬老院慰问"五保"老人,发放沈老先生的"关爱扶老基金";举办"慈善电影进敬老院"活动。十年来,共扶老 5709 人次,资助金额 145 万元。

6. 济孤。对全县孤儿在平时做好助学、助医的基础上,每年"六一"儿童节发给慰问金,十年来共济孤 2166 人次,资助金额 53 万元。

7. 造血型扶贫。2002 年,在王坛镇开展造血型扶贫的探索,出资 5.8 万元,以无息借贷方式,支援丹家村蒋生江等 9 户特困户养殖丹家鸡,当年户均年收入从 200 元提高到 1600 元。2003 年在杜家坪村以同样的方式,出资 5 万元,扶持该村贫困户养殖高山羊,后来发展到全村有 100 多户养羊 500 多头的规模,有效地缓解了贫困户经济紧张的状况。

8. 举办慈善年夜饭。始于2005年，先有社会爱心人士承办，2006年起由县慈善总会出资，分别在各镇（街道）敬老院为入住老人举办年夜饭，赠送年货及慰问金。分管县长连年出席主会场并致辞，向老人们送去新年美好的祝福，并分送红包和大礼包。七年来共办慈善年夜饭630桌，投入资金37.8万元。

9. 开展慈善送温暖活动。每逢佳节倍思困，为使全县困难群众过上一个欢乐、祥和的新年，根据县委、县政府的部署，县慈善总会着力做好“慈善情暖、扶贫济困”新春慰问工作，2001年至2010年，共发放慰问金513万元，惠及14673人（户）。慰问户数和金额逐年加大，今年对特困户、因病致贫家庭的慰问户数和支出慰问金分别是去年的2倍和1.5倍。

10. 扶持外来民工子女学校。为改善外来务工人员子女学校的教育设施，2009年会同县教育局，首次开展了“在同一片蓝天下成长”——冠名基金慈善资助外来务工人员子女学校行动，对全县17所外来务工人员子女学校赠送移动多媒体16套，220和A840的台式、笔记本电脑405台，课桌椅370套，又对每所学校资助图书、体育器材1万元，共列支146.1万元。这一举措有效地改善了这些学校的教育条件。省慈善总会领导来我县调研时，专程去了2所外来务工人员子女学校，对这一做法给予充分肯定。

三、开展赈灾活动，工作积极主动

一方有难，八方支援。每当国内外发生重大灾情时，县委、县政府都给予高度关注，立即动员全县人民开展赈灾工作。在每次赈灾活动中，我会均在第一时间召开会议进行研究部署，在县报上公布县慈善总会的捐赠热线电话、开户银行和帐号，全力做好捐赠资金和物资的接收、转运工作。十年来，共接收印度洋海啸、汶川地震、西南旱灾、玉树地震、舟曲泥石流等赈灾专项捐赠款物8287万元。其中汶川地震赈灾款物7066万元，2009年宝业集团又出资500万元，援建青川县凉水镇小学教学楼一幢，我县捐赠汶川地震赈灾款物人均达105元。不少专项赈灾捐赠款物，在市内各兄弟县（市、区）中处领先地位。

上述各项专项赈灾捐赠款物，均按上级有关规定，及时足额汇（运）给中华慈善总会、省慈善总会、绍兴县支援凉水镇恢复重建指挥部，以及受灾地区的民政、慈善部门。

四、注重文化宣传，营造慈善氛围

广泛深入地传播慈善文化，弘扬慈善理念，宣传慈善典型，是发展慈善事业，进一步扩大慈善影响力的重要一环。

1. 开展多种形式的评选活动。2005 年开展评选慈善之星活动，18 位个人和 17 家单位入选其间。2006 年后，参与上级“慈善奖”等评选工作，中厦集团获“中华慈善事业突出贡献奖”，宝业集团及其董事长庞宝根先后获第二届“浙江慈善奖”机构奖和第三届“浙江慈善奖”个人奖，福全镇慈善协会获第二届“浙江慈善奖”提名奖。积极推选热心慈善事业的先进人物参加“感动柯桥——绍兴县年度最具影响力人物”评选活动。

2. 认真开展“慈善电影进百村”活动。2006 年至 2007 年，每年由县慈善总会出资，在全县选择 100 个贫困村放映电影，并在映前映中插入慈善宣传幻灯片进行相关宣传，约有 20 余万人（次）受到慈善熏陶。

3. 精心制作专题片、刊登专版。在县新闻媒体的帮助下，先后制作“慈善助残纪略”“慈善助学”“慈善年夜饭”等三部专题片，播出后社会反响良好。在绍兴县报开辟“慈善风采录”专栏，宣扬为慈善事业作出贡献的先进典型；对重大活动诸如全县慈善工作会议、慈善年夜饭、扶贫济困送温暖等活动，绍兴县报、县电视台都给予报道。

4. 努力营造饮水思源的社会氛围。在彩虹行动中以及在资助外来民工子弟学校教育设备时，在彩电、电脑和图书上分别印上“绍兴县慈善冠名基金赠”字样。在春节救助特困户、慰问患四种大病特困家庭的信封上，打印上捐赠“冠名基金”善款的企业名称，使受助对象了解这些款物的来源。向认捐“冠名基金”企业分发“征求冠名基金善款使用意见函”“致认捐冠名基金企业的一封信”，颂扬认捐企业扶贫济困、无私奉献的高尚风格，同时让他们了解所赠善款的使用情况，促进捐赠和受助两者之间的联系沟通。

5. 坚持摆放“慈善爱心箱”。从2006年起开展这项工作，旨在为广大群众搭建捐款献爱心的平台。五年来，在超市、医院、银行、宾馆、车站等公共场所摆放“慈善爱心箱”25只，并及时调换、清点、反馈，该项工作不仅收到了一定数额的捐赠款，更重要的是扩大了慈善的社会影响，起到了较好的宣传效果。

五、健全慈善组织，推进网络建设

1. 慈善组织向镇、村级延伸。十年来，我会十分重视慈善组织建设。首先在全县19个镇街全部建立了慈善协会，并逐步把慈善触角向基层延伸，安昌镇率先在12个村（居）成立了慈善分会，实现全履盖。县、镇、村三级慈善组织网络的形成，大大增强了慈善事业的力量。

2. 非公募基金会相继成立。这项工作我县开展得比较早，当时在全省处于领先地位。我县“盛兴”“中厦”二家非公募基金会相继成立，成为我县慈善队伍中的又一支生力军。

六、严格规范运作，提升慈善公信力

1. 规范办事程序。加强内部管理，切实管好用好慈善资金，无论是项目救助还是临时救济，在办理程序上坚持个人申请，村（居）、镇（街道）审核签章，我会调查核实，集体讨论审批。财务管理严格执行规定，台帐管理认真规范，对各项慈善救助项目，做到年初有计划，年间有检查，年终有总结，运作规范，公开透明。

2. 自觉接受社会监督。对“冠名基金”的认捐和使用，“一日捐”（一笔捐）、赈灾捐赠款物，以及年度财务运行等专项审计报告，均在绍兴县报上公示。如汶川地震接收捐赠款物情况在绍兴县报上共公告13期。省四川抗震救灾捐赠款物专项检查组在听取我县的情况汇报、台帐审查后，给予充分肯定，认为“听得明白，看得清楚，如此规范，尚属少见”。

3. 建立与县民政局救助信息互通机制。一是确定助学对象时，根据县民政局每年提供的第二季度四种资助对象的有关情况和量化数字，通过认真核对、走访了解，确定资助学生；二是双方均将每一期对困难对象的临时救济情况及时通报给对方，尽量扩大救助面。

十年来不懈的求索和实践，绍兴县慈善事业取得了一定成绩，我们深深体会到：

一、领导重视是发展慈善事业的保证。 十年来，县委、县政府领导高度重视慈善工作，经常亲自过问并列入议事日程。2002 年，时任县委书记顾秋麟在慈善酒会上题词："乐善好施、厚德载物"，以致勉励。尔后历任县委、县政府主要领导对慈善事业都予以高度关注。2005 年 12 月，县委常委会议、县政府常务会议专题听取慈善工作汇报。2006 年元旦假后第一天，就召开全县慈善工作会议，县四套班子主要领导出席会议。2007 年 7 月，县委、县政府出台了《关于加快发展慈善事业的意见》。2008 年 1 月 9 日，县委、县政府召开全县"送温暖、献爱心"活动暨慈善基金筹资动员大会，并将冠名基金善款汇缴工作列入镇（街道、开发区）岗位责任制考核。无论是一年一度的慈善"一日捐""一笔捐"活动中，还是赈灾救济活动中，县四套班子领导都带头捐赠，为全县人民做好表率。所有这些，都有力地推动了我县慈善事业的发展。

二、镇（街道、开发区）和部门支持是发展慈善事业的关键。 在各项捐赠活动中，各镇（街道、开发区）和县机关各部门、企事业单位主要领导在自己带头捐赠的同时，认真抓好本部门、本单位的捐赠工作，尤其把"慈善一日捐""冠名基金"善款汇缴作为重要工作来抓。一旦县里作出部署，各地就立即行动，党政一把手躬身践行，分管领导全力以赴，确保捐赠工作圆满完成。

三、社会各界积极参与是发展慈善事业的基础。 近年来，在党的改革开放政策扶持下，广大企业家在自身发展、不断做大做强的同时，不忘回报社会，为社会公益事业慷慨奉献。各项救助的实施，无不得到了广大企业家和社会爱心人士的大力配合和广泛支持，他们高度的社会责任感和扶贫济困、奉献爱心、热心公益的传统美德，赢得了全社会的广泛赞誉。

十年来，我们的工作虽取得了一些成绩，但对照工作职责与县委、县政府的要求尚存在一定差距：慈善救助实力还不够强，需进一步拓宽募资渠道；慈善志愿者工作开展相对滞后；自身建设尚须进一步加强等。所有这些，需要我们在今后工作中加以改进完善。

下一步工作思路

今后，我们将按照党的十七大“要以慈善事业、商业保险为补充，加快完善社会保障体系”和2011年浙江慈善大会提出的“进一步健全党委领导、政府引导、社会主导、公众参与的推进机制”的要求，拓宽思路，加大工作力度，提升慈善影响力，促使我县慈善事业跃上新台阶。着重抓好以下几项工作：

一、进一步拓宽慈善资金募集渠道。近几年来，随着慈善救助力度的不断加大，我县每年各项救助资金在1000万元以上。这就需要我们加大筹资力度，增强救助实力。一是认真开展一年一度的慈善“一日捐”“一笔捐”活动。二是做好“冠名基金”捐赠工作。力争第一轮“冠名基金”善款汇缴在2011年圆满收官，积极探索第二轮“冠名基金”认捐工作。三是创新救助项目。采用定向捐赠、项目扶持等方式，多形式、多渠道募集慈善资金。

二、进一步搞好慈善救助赈灾工作。一是继续做好慈善助学工作。在2010年适当提高助学标准的基础上，今年将进一步完善贫困家庭大学生慈善助学工作，由县政府行文后付诸实施，切实保障我县贫困家庭大学生顺利完成学业。二是继续做好对患重大疾病生活困难家庭的救助工作。对因患重大疾病，县有关部门已按最高额度救助后生活仍有困难的，给予慈善救助。三是继续从县机关、直属事业单位“一日捐”总额中提取80%作为县级机关、直属事业单位干部职工大病医疗互助基金，实行专项管理，滚动使用。四是积极应对突发性重大自然灾害，主动做好有关受灾群众的帮扶工作。

三、进一步营造慈善工作氛围。一是继续争取宣传部门和县报社、县广播电视台等新闻单位的支持，结合开展慈善活动，积极提供信息，加强对慈善事业的宣传。二是开展形式多样的宣传活动，创办不定期刊物“绍兴县慈善”，发布慈善综合信息，宣传慈善文化，提高全社会的慈善意识。三是根据县委“每二到三年开展一次全县性慈善先进评比活动”的要求，在2011年开展全县慈善先进评比活动。

四、进一步加强慈善组织自身建设。主要有：调研起草《绍兴县慈善事业十二五发展指导纲要》；积极开展慈善志愿者队伍建设；加强对镇（街道）慈善协会的帮助指导；鼓励有条件的企业建立非公募慈善基金会；加强慈善组织内部管理；筹备建立绍兴县慈善网站；注重提高慈善队伍的业务水平等。

同志们，慈善事业是一项崇高的事业，是一项充满爱心和希望的系统工程。让我们进一步振奋精神，与时俱进，开拓创新，为开创我县慈善事业新局面，为绍兴县的经济发展、社会进步和谐作出新的更大的贡献。

在绍兴县慈善总会第三届会员代表大会上的讲话

会长　赵六四

（2011年5月18日）

绍兴县慈善总会第三次会员代表大会，在大家的共同努力下，圆满完成了各项议程，即将胜利闭幕。在此，我代表新一届理事会全体同志，衷心感谢大家对我们的信任，衷心感谢县委、县人大、县政府、县政协领导在百忙中出席今天的会议。

会议推选我为新一届理事会的会长，我深感肩上的担子很重。随着慈善事业的社会影响不断扩大，社会关注度进一步提高，对慈善机构的工作要求也越来越高。而本人对慈善工作虽有所了解，却知之不深，学识和能力有限，唯恐难以胜任这副重担，辜负了组织和同志们对我的厚望。但面对大家对我的信任，我必须有信心，与慈善总会全体同志一起，在县委、县政府的正确领导和县人大、县政协的关心重视下，在上级慈善组织的热情指导和社会各界的大力支持下，在前两届理事会打下的良好基础上，尽心尽职努力工作，为绍兴县慈善事业的发展添砖加瓦。

十五年前，绍兴县慈善总会似一颗幼苗破土而出，经过十五个春秋的风雨洗礼，至今已长成挺拔大树，枝繁叶茂。在这期间，得到了各级领导的大力扶植，上级慈善组织和社会各界人士的精心浇灌，及前二届理事会全体同志的辛勤耕耘。十五年来，绍兴县慈善事业快速发展，已摸索出了一套包括冠名基金、专项捐赠和慈善“一笔捐”“一日捐”等多种形式的相对稳定和长效的募集机制；已形成了以基本救助为基础、专项救助为载体、打造慈善品牌为重点的救助模式；已巩固和完善了县、镇（街道）的慈善网络，并开始向村居延伸；已走出了一条多方紧密合作、多形式宣传慈善、营造良好社会氛围的路子。我们的慈善组织已在全县人民的心目中有了一定的公信度和影响力。所有这些，为我们新一届理事会开展工作提供了极为有利的条件。我代表第三届理事会全体同志，向所有关心支持绍兴县慈善事业发展的各级领导、各界人士表示崇高的敬意和衷心的感谢。在此，我们还要特别感激朱志飞同志、杨其如同志。本轮换届，两位老会长由于年龄原因不再担任会长，改任名誉会长。但我们应该清楚地认识到，绍兴县慈善组织从无到有，慈善实力从小到大，慈善成效日趋明显，这与他们胸怀慈善之心，钟爱慈善事业，十多年如一日，不图名利，助人为乐，任劳任怨，默默奉献的高尚精神分不开的。为此，我提议让我们以热烈的掌声，对两位老会长表示深深的敬意。

刚才，县委副书记、常务副县长孟柏干同志，县委常委、副县长马芳妹同志作了重要讲话，这是对我们慈善工作的有力鼓励和鞭策，我们一定要认真领会两位领导的讲话精神，努力贯彻好、落实好。

下面，我再谈点认识，以表心迹。

第一，从事慈善使命光荣，责任重大。仁爱之心谓之慈，济困之举谓之善。扶贫济困、乐善好施是中华民族的传统美德。随着社会的不断进步，作为社会“三次分配”重要方式的慈善事业，在和谐社会建设中的作用日益明显。发展慈善事业是完善政府社会保障体系的有力补充，是提升精神文明建设的有效途径，对实现整个社会公平、正义，树立共享发展的理念，促进人与人之间的和谐相处，具有十分重要的意义。我国是一个发展中国家，政府用于公益事业的资金毕竟有限。慈善事业的发展，正好弥补了社会公益事业资金的短缺，为国家吸纳和积聚更多的资金，去发展更多的公益事业，帮助救济更多因病、因老、因灾、因祸的弱势群体，真正起到了为国分忧、为民解愁的作用。大力发展慈善事业是党中央的要求，《绍兴县国民经济和社会发展第十二个五年规划纲要》中也专门作了强调。在新的形势下，我和本届理事会全体同志投身慈善事业，理应感到无尚光荣，责无旁贷。

第二，认真履职踏实工作，不负众望。慈善事业的全面发展，有赖于社会各界慈善意识的不断增强。我们要进一步弘扬慈善文化，把它作为思想道德建设和精神文明建设的重要内容，积极引导广大干部群众树立慈善意识，强化慈善责任，参与慈善活动。要充分运用灵活多样、群众喜闻乐见的形式，大力宣传“团结互助、扶贫济困、关爱奉献”的慈善精神和乐善好施、无私奉献的先进典型，激发社会各界参与慈善事业的热情，让慈善春风吹进千家万户。我们要进一步拓宽慈善募集领域，改善募集方法，提高募集成效，精心设计活动载体，做到集中捐赠和经常性捐赠相结合，有组织捐赠和自发捐赠相结合，常规性捐赠和应急性捐赠相结合，进一步增强慈善实力。我们要进一步创新慈善救助项目，特别要积极开发直接扶助社会弱势群体的项目，大力推行适合困难群众需要的救助形式，提高慈善救助的针对性和及时性。要突出慈善救助的重点，把有限的善款用到社会困难群体最需要的善事上，为更多的困难群众排忧解难。我们要进一步加强慈善机构的组织建设、队伍建设和能力建设，着力提高工作人员的整体素质，努力塑造良好的工作形象、服务形象、文明形象。要牢固树立以法立制、以制管理的理念，建立科学、规范、高效的工作机制，完善资金运作、财务管理、慈善救助等相关管理办法，坚持公开透明，阳光操作，自觉接受法律监督、行政监督和社会监督，有效提升慈善机构的公信度和影响力。

第三，社会各界大力支持，共襄善举。慈善事业是一项社会性极强的工作，领导关心支持和群众广泛参与是慈善事业发展的根本保证。我们期盼县委、县人大、县政府、县政协领导继续予以重视和关心，为发展慈善事业创造条件。我们期盼各镇（街道、开发区）和县级机关各部门继续予以大力支持，密切配合慈善组织开展各项慈善活动，努力形成上下联动、齐心协力、共做善事的良好局面。我们期盼广大企业家继续发扬“兼济天下”的精神，始终保持投身慈善、回报桑梓的巨大热情，更加主动地承担起相应的社会责任和义务，积极投身到慈善事业中来，以自己的爱心和善行，提升自身的社会价值，实现物质利益与精神财富、经济效益与社会声誉的双赢。

同志们，绍兴县的慈善事业空间广阔、潜力巨大、前景美好。让我们携起手来，团结奋斗，开拓创新，为开创绍兴县慈善事业新局面，为促进全县经济发展和社会进步和谐作出新的更大的贡献。

绍兴市柯桥区慈善总会理事会工作报告

（2017 年 4 月 1 日在区慈善总会第一届会员代表大会上）

绍兴市柯桥区民政局局长　陈　方

过去六年工作回顾

柯桥区慈善总会理事会自 2011 年 5 月换届以来，在区委、区人大、区政府、区政协关心重视下，在上级慈善总会帮助指导下，在各镇（街道、开发区）和社会各界大力支持下，区慈善总会紧紧围绕慈善工作在社会保障体系中的职能作用，坚持在弘扬慈善精神、拓宽募捐渠道、提高救助成效、规范项目运作上下功夫，较好地完成了各项工作任务，为柯桥区经济社会发展作出了应有的贡献。2011 年 1 月至 2016 年 12 月，全区累计募集善款 20862.37 万元，各项救助支出 23293.53 万元，救助困难群体 1095725 人次。区慈善总会先后荣获第二届浙江慈善优秀机构奖、浙江“农信杯”万村慈善帮扶基金工程竞赛活动组织奖。

六年来，主要做了以下几方面的工作：

一、切实抓好慈善募捐，为有效救助提供财力支撑

募集善款是发展慈善事业的基础。六年来，为拓宽募捐渠道，提高救助实力，在区委、区政府的关心支持下，我们坚持开展慈善“一日捐”、企业单位募捐和赈灾捐款等活动，总共募集善款 20862.37 万元。其中，“慈善一日捐”活动每年在全区各镇（街道、开发区）、区机关各部门、企事业单位开展，六年来，“慈善一日捐”活动共募集善款 1565.81 万元。企业捐款活动，2011 年以留本冠名慈善救助基金募捐方式进行，自 2012 年起，新一轮慈善捐款以直接捐款方式进行。六年来，通过开展各类捐款活动，共募集善款 14956.91 万元。此外，接收企业定向捐款 4190.41 万元，定向物资捐赠 100 万元，赈灾款 49.24 万元。

二、积极开展慈善救助，为困难群众送去关爱

坚持把困难群众的求助需求作为慈善救助工作的出发点和落脚点，着力扩大救助范围，规范救助程序，提升救助成效，为缓解困难群众疾苦“雪中送炭”。六年间，总共救助支出 23293.53 万元，具体分为区内各项救助支出和国内赈灾专户支出两部分。

（一）区内各项救助支出 23244.29 万元，受助 1095725 人次。

1. 助困。主要包括对低保、低保边缘、因病致贫、就学困难对象进行新春和半年度慰问，对重点优抚对象进行半年度慰问，对因天灾人祸、突发事件等多种原因造成生活暂时困难的家庭（包括外来务工者）实施临时救助，对平水、王坛、稽东三镇每年各补助慈善资金 50 万元，向有关单位开展定向救助等项目。六年来，助困支出 12643.75 万元，受助 179077 人次。

2. 助学。2011 年，区慈善总会对低保（烈属子女、孤儿）家庭大学生每人每学年资助 5000 元，低保边缘等家庭大学生每人每学年资助 4000 元；受助对象有专升本或攻读硕士研究生的，凭就读学校证明，仍继续实施助学，直至完成学业；除上述助学对象外，对因灾、因病等原因造成家庭经济困难的，也给予临时救助。

2012 年至 2016 年，助学对象扩大为低保（烈属子女、孤儿）、低保边缘、因病致

贫、就学困难等四类困难家庭大学生，助学标准低保户子女每人每学年资助5000元，低保边缘户、因病致贫户、就学困难户子女每人每学年资助4000元。在此基础上，区民政局对低保户子女再给每人每学年3000元救助金，对低保边缘户、因病致贫户、就学困难户子女再给每人每学年2000元救助金。同时，对因灾、因病等原因造成家庭经济困难的，继续给予临时救助。此外，省福利彩票基金资助我区困难家庭学生5人，资助金额2.5万元，萧山万向集团慈善基金会资助我区困难家庭学生176名，资助金额58.38万元；毛源昌眼镜绍兴配镜中心向受助大学生赠送近视眼镜271副，价值17.24万元。六年间，总共助学金额1653.75万元，受助3789人次。

3. 助医。困难群众在接受政府给予基本救助外，本会再给予慈善救助，具体分为特殊救助和特种救助。特殊救助：住院和特殊病种门诊发生的在医保范围以外的自费医疗费用，低保对象救助90%，低保边缘、因病致贫对象救助70%，封顶15万元。特种救助：低保、低保边缘、因病致贫对象实施肾、骨髓或肝移植者，分别给予救助12万元、16万元和25万元，尿毒症患者，做常规血透给予全额救助，在线血透自负自费部分救助80%；其他困难对象实施肾、骨髓或肝移植者，分别给予救助6万元、8万元和10万元，尿毒症患者，每做一次血透定额救助30元。六年间，困难群众助医支出6055.36万元，受助901767人次。

4. 助老。每年中秋节时，向敬老院入住老人进行慰问，赠送中秋月饼；寒冬时节，为老人们送上棉被棉鞋；春节前夕，在各镇（街道）敬老院举办慈善年夜饭，并分送红包和大礼包。资助敬老院修缮房屋、增添设施，改善入住老人生活条件。六年来，助老支出271.99万元，受助10310人次。

5. 助孤。对全区孤儿在平时做好助学、助医的基础上，每年"六一"儿童节发给慰问金，六年来，助孤支出105.85万元，受助782人次。

6. 公益性资助。主要是定向资助大香林工程建设、镇村公益事业建设、美丽乡村建设、慈善工作站建设、扶贫开发等项目。六年来，共支出2513.59万元。

（二）国内赈灾专户支出 49.24 万元。

六年间，四川省雅安市芦山县和云南鲁甸先后发生地震。每当地震发生时，本会均在第一时间召开专题会议，部署赈灾活动，在区报上公布区慈善总会的捐赠热线电话、开户银行和赈灾专户帐号，全力做好赈灾募捐工作。两次赈灾活动共接收社会各界赈灾款 49.24 万元。根据上级安排，赈灾款全部汇缴至浙江省慈善总会，由省慈善总会统筹用于地震灾区恢复重建。

三、大力弘扬慈善精神，努力营造慈善氛围

发展慈善事业，需要营造“人文关怀”的社会氛围，传播和推广慈善理念。六年来，本会积极宣传慈善文化，努力营造慈善氛围，进一步增强了全社会慈善意识，扩大了慈善影响力。

一是积极开展慈善奖评选活动。为大力宣传和表彰为慈善事业做出突出贡献的机构和人物，进一步弘扬慈善精神，推动慈善公益事业健康发展，六年间，区慈善总会积极参与省、市、区各级慈善奖评选活动。2011 年，市委市政府开展第二届绍兴慈善奖评选活动，我区宝业集团、蓝天集团、瑞丰银行 3 个单位荣获“机构奖”；轻纺城乐清商会会长徐杏地、无名皮塑集团董事长秋国良、中厦建设集团董事长杨学夫 3 人荣获“个人奖”；精功集团董事长金良顺等 11 人荣获“慈善工作先进个人”称号。2012 年，开展绍兴市“慈善之星”评选工作，我区有 34 位同志被命名为“绍兴慈善之星”。同年，我区开展慈善奖评选活动，柯桥街道办事处等 28 个单位荣获“机构奖”，陈尧根等 23 人荣获“个人奖”，魏森林等 41 人评为“先进工作者”。2014 年，省慈善总会开展第二届浙江慈善工作先进集体和个人评选活动，区慈善总会第二届理事会会长朱志飞荣获“突出贡献奖”，柯桥街道盛炳生荣获“优秀慈善工作者奖”。2015 年，市委市政府开展第三届绍兴慈善奖评选活动，我区精功集团金良顺、天马实业蒋张水、索密克汽配沈幼生、天圣集团孙永根、日月集团虞阿五荣获“个人捐赠奖”；瑞丰银行、宝业集团、蓝天实业、新风热电荣获“机构捐赠奖”；柯桥街道微动力志愿服务中心荣获“慈善工作奖”；柯桥中学学生谢一涛荣获“志愿服务奖”。2016 年，

瑞丰银行俞俊海荣获第五届“浙江慈善奖”。

二是借助新闻媒体开展宣传。在召开会议、举行仪式、开展慈善募捐和慈善救助等重大活动时，主动邀请新闻媒体参加，如区四套班子领导“一日捐”捐赠仪式、浙江蓝天实业集团爱心基金捐赠仪式、慈善助学大学生欢送会、中秋节慰问敬老院入住老人、向肾移植患者发放救助金、举办慈善年夜饭等活动，新闻媒体都作了专题报道。在新闻媒体和有关慈善刊物上，宣传报道我区慈善领域的先进人物和先进典型，开展慈善知识宣讲活动，营造浓厚的慈善氛围。2012 年，本会协助区电视台拍摄了电视专题片《春风化雨　润物无声——慈善事业纪略》，在全区慈善大会上播映，收到了良好的宣传效果。2014，浙江省慈善总会开展“心希望基金”救助项目，本会积极做好宣传、受理工作，为各类贫困心脏病患者提供医疗救助。

三是在区民政局网页上开辟“慈善”栏目。介绍本区和其他县市慈善工作开展情况，向社会提供慈善信息，及时公示慈善资金收支情况，自觉接受公众监督。

四是通过摆放“慈善爱心箱”，扩大慈善影响力。六年来，坚持在超市、医院、银行、宾馆、车站等公共场所摆放“慈善爱心箱”，为广大群众搭建捐款献爱心的平台。本会及时做好调换、清点、反馈工作。该项工作不仅收到了一定数额的捐赠款，更重要的是扩大了慈善的社会影响，起到了较好的宣传效果。

五是关爱外地困难民工。六年来，区慈善总会共对 12 名外地民工伸出援助之手，支出救助资金 7.5 万元。通过救助活动，有效提升了柯桥区慈善的影响力。

四、理顺区镇慈善机构体系，推进慈善网络建设

全区各镇（街道、开发区）慈善机构原为慈善协会，系一级法人，独立运作。为理顺关系、整合资源、形成合力，2012 年开展了基层慈善机构调整工作，将全区各镇（街道、开发区）慈善协会调整为慈善分会，作为区慈善总会的分支机构，并制订了《慈善分会工作规则》《慈善分会困难群众临时救助实施细则（试行）》。同时加快推进村级慈善帮扶基金和村居慈善工作站建设，目前柯桥、安昌、杨汛桥、夏履等镇街不少村居均已建立村级慈善帮扶基金或慈善工作站，基本形成县、镇、村三级慈善组织网络,大大增强了慈善事业的力量。

五、切实加强自身建设,着力打造透明慈善

重点抓好三个方面:一是重视建章立制。六年来,我们修订完善了《柯桥区慈善总会资金管理办法》《慈善助学实施细则》,制订了《困难群众慈善临时救助操作程序》,使各项工作有章可循。为加强对慈善捐赠发票的管理,我们又建立了慈善捐赠发票开具登记制度,对捐赠单位、捐赠金额、开票时间、发票号码及经手人逐一登记在册。二是注重规范操作。在善款使用上,我们严格按照区委、区政府有关文件(通知)精神、慈善总会章程及各项工作规则(实施细则),根据区民政局批准公布的困难家庭类别、捐款者的捐赠意向实施救助。各项资金的支出均经集体讨论,实行"一支笔"审批。如在实施临时救助方面,我们实行"个人申请、村居公示、镇街审核、总会审批"的逐级报批程序,防止出现人情救助现象。又如慈善助学方面,特别注重查验受助学生身份证、《困难家庭社会救助证》《大学录取通知书》《大学生学制证明》。同时在审核受助学生家庭困难类别变动情况、审批《慈善助学申请审批表》、编制《慈善助学花名册》、将助学金打入受助学生的银行卡等各个环节上,均有专人负责,规范操作,层层把关,杜绝差错。三是着力提高公信力。坚持实行慈善资金收支公示制,每年委托会计师事务所开展年度慈善捐赠款专项审计,并将审计结果予以公告。慈善一日捐、慈善助学、赈灾捐赠及年度慈善捐赠和救助等情况,都及时在《柯桥日报》上公布。各镇(街道、开发区)慈善分会也将本地慈善助学、临时救助名单予以公示,真正做到公开、公正、透明。切实加强慈善资金管理,救助资金严格按照程序拨付,审批手续健全完备。平时经常向区慈善工作领导小组办公室汇报慈善资金收支情况,确保慈善工作规范运作,并尽力做好慈善资金的保值增值。

区慈善总会监事会成立以后,本会先后两次向监事会报告慈善资金收支情况,同时接受区审计局对本会财务收支情况的审计,审计结果认为:区慈善总会管理较为健全,收支基本合规,制度较为完善;救助资金拨付程序到位,审批手续较为完备;账户核算清晰,账款相符,并尽力做好慈善资金的保值增值。通过努力,全区慈善工

作的公信力得到进一步提高。

过去六年工作体会

六年来，通过不懈的探索和实践，柯桥区慈善事业取得了一定成绩，我们深深体会到：

一、各级领导的重视和支持是慈善事业发展的根本保证

六年来，区委、区政府领导高度重视慈善工作，经常亲自过问并列入议事日程。无论是一年一度的慈善“一日捐”活动，还是赈灾救济活动，区四套班子领导都带头捐赠，为全区人民做好表率。区主要领导还多次到本会调研，指导工作。每年在全区各敬老院举办慈善年夜饭，分管区长连年出席主会场活动并致辞，向老人们送去新年美好的祝福。2012、2013 连续两年召开全区慈善大会，并成立了区慈善工作领导小组，加强对慈善工作的领导。出台了《关于进一步加快慈善事业发展的意见》，提出要加快建立党政领导、法律规范、政策引导、社会参与、慈善组织实施的慈善事业发展新格局，谱写柯桥区慈善事业发展新篇章，为促进全区经济社会又好又快发展、构建社会主义和谐社会提供有力保障。为切实加强对慈善资金的管理，专门出台了《柯桥区慈善资金管理暂行办法》，规定每一分慈善资金都应专款专用，只能用于慈善事业，不得挪作他用，确保每一笔善款都用于困难群体的救助上。各镇（街道、开发区）和区各部门大力支持慈善事业的发展，在各项捐赠活动中，主要领导总是亲自部署，带头捐赠，分管领导全力以赴，抓好落实，确保捐赠工作圆满完成。

二、社会各界的广泛参与是慈善事业发展的重要基础

六年来，在党的改革开放政策扶持下，广大企业家在自身发展、不断做大做强的同时，不忘回报社会，为社会公益事业慷慨奉献。各项救助的实施，无不得到了广大企业家和社会爱心人士的大力配合和广泛支持，他们高度的社会责任感和扶贫济困、奉献爱心、热心公益的传统美德，赢得了全社会的广泛赞誉。

三、强化行业自律是提高慈善机构公信力的关键所在

自愿和信任是慈善事业建立和发展的基础。对慈善机构而言，良好的社会形象和较好的社会公信度，既是一笔宝贵的无形资产，也是决定慈善事业成败的关键。六年来，我们始终把公信力视为慈善事业的生命线，逐步建立起比较完善的内部自律机制，形成了调研、宣传、筹款、救助等一整套运作机制，切实做到依法治会，依规行善，使各项工作走上规范化、法制化的轨道，保证了慈善事业健康稳定发展。

六年来，我们取得的成绩固然喜人，但还应当清醒地看到，与当前慈善事业发展的要求，在诸多方面还存在不小的差距：慈善资源的开发力度不足，需要进一步加强慈善募捐工作，开辟新渠道，开发新资源；慈善宣传工作的广度和深度不够，需要创新形式，更加深入地传播慈善文化理念，形成人人皆可慈善的局面；慈善志愿者工作开展相对滞后，需要创新工作方法，吸引更多的仁人志士参与到慈善队伍中；慈善机构组织建设尚不健全，需要按照新《慈善法》的要求，进一步健全完善慈善组织网络系统。所有这些，都需要在今后工作中着力加以解决。

今后工作建议

今后，我们要以习近平总书记系列重要讲话精神为指导，以募集善款为手段，以扶贫济困为目的，以慈善事业发展为根本，拓宽思路、加大力度、提升影响，促进我区慈善事业持续健康发展，为进一步完善我区的社会保障体系，为幸福柯桥建设作出应有的贡献。

一、进一步营造浓厚氛围，培植全社会慈善意识

2016 年 9 月 1 日实施的《慈善法》，是我国慈善制度建设的基础性、综合性法律，为开展慈善活动提供了遵循，为发展慈善事业提供了引领，为做好慈善工作提供了保障。我们要以学习宣传《慈善法》为契机，把培植社会公众的慈善意识当作一项基础工作来抓，不断浓厚慈善氛围，普及和提高我区公众的慈善理念，使“人人皆可慈善”的理念更加深入人心。同时，我们要加大宣传力度，大力宣传社会各界爱心

人士的慈行善举，慈善工作中涌现出的好人好事、慈善活动中的先进单位和个人，让更多的公众了解慈善、认识慈善、关注慈善、参与慈善，努力营造善德博爱的人文环境，不断提高慈善组织的社会知名度、公信度，为慈善事业发展奠定坚实的基础。

二、进一步拓展募捐渠道，壮大慈善救助实力

善款善物是开展各类慈善救助活动的基础，也是做大做强慈善工作的关键。今后，本会要继续创新方式，充分挖掘各类慈善资源，努力开拓更为广阔的募捐渠道，壮大慈善救助实力。一是继续开展“慈善一日捐”常规项目。“慈善一日捐”活动已开展多年，得到各级领导和社会各界人士的认同，今后，本会将进一步坚持和完善这一常规项目。二是积极推介一批公益项目。结合我区实际，加强与在外越商的沟通与联系，积极推介慈善救助项目、社会福利事业建设等一系列公益项目。三是设立冠名基金项目。鼓励倡导和动员有经济实力、有慈善爱心的企(事)业单位、民营企业、个私业主和社会慈善人士，采取“留本捐息”等办法建立慈善冠名基金。四是拓展定向捐赠项目，建立经常性款物接收和救助困难群众的“绿色通道”。在拓展募捐渠道的同时，努力提高救助的精准性和时效性，让困难群众在第一时间真真切切地感受到社会的关爱和温暖。

三、进一步健全慈善组织，加强自身队伍建设

慈善工作者队伍建设是慈善事业兴旺发达的基础，我们将继续加强队伍建设，提高从业人员的思想政治素质和业务工作能力。在巩固各镇街慈善分会的基础上，我们还打算设立部分单位、企业的慈善分会，指导帮助村(社区)建立慈善帮扶基金。形成以区慈善总会为龙头，镇街企业慈善分会为骨干，村(社区)慈善工作站为依托的分级慈善组织网络。同时，积极开展慈善志愿者队伍建设，广泛普及志愿服务理念，大力发展志愿服务组织，引导更多的人参与志愿服务，在全社会织就一张团结互助的志愿服务网络。此外，我们要一如既往地加强慈善组织内部管理，以《慈善法》为遵循，真正做到“以法管慈、以法促慈，以法兴慈”，努力打造阳光慈善。

慈善事业是一项既平凡又崇高的事业。慈善总会虽属社会民间组织，但对于历史赋予的使命和责任,我们要敢于担当、主动担当。我们坚信,在区委、区政府的正确领导下,在社会各界的支持帮助下,我区慈善事业必将再上新台阶,让我们同心协力,携手慈善,为开创慈善事业的美好明天,为打造“三个柯桥”作出新的更大的贡献。

在绍兴市柯桥区慈善总会第一届会员代表大会上的讲话

会长 马芳妹

(2017年4月1日)

在市、区两级党委、政府以及市慈善总会的关心重视下,柯桥区慈善总会顺利完成了换届工作。会议推选我担任新一届理事会的会长,我深感使命光荣,责任重大。去年党代会换届前,领导征求我关于担任慈善总会会长的意见。我曾经有犹豫,也有心动。犹豫的是,这根爱心接力棒能否接得好。心动的是,这是一项爱的传递和善的接力,有生之年做点行善积德的事也是荣幸。孟子说过,恻隐之心,人皆有之。慈善活动本质上讲是一种善的修为。慈善是给予,是善心,更要行动。在这里,我承诺,我努力与各位同仁一道,紧紧围绕总会宗旨,严格履行总会章程,用心发展慈善事业,真心谱写大爱乐章,全心打造“善行柯桥”,为那些需要关心关爱的群体,倾情贡献我们的爱心和力量!

柯桥区慈善总会上一届理事会成立于2011年5月。六年间,区慈善总会始终围绕中心工作,依靠各级党委政府和社会各界的关心支持,积极地、创造性地开展工作,全区慈善事业持续快速发展。六年募集善款20862.37万元,救助支出23293.53万元(其中有2431.16万元是往年结存的),救助困难群体1095725人次。募集善款之多,救助力度之大,受助人数之广,均列全市前茅。六年间,镇街慈善组织由慈善协会调整为慈善分会,村居慈善工作站逐步建立,各种类型的帮扶基金日益增多,全区慈善组织网络得以完善,慈善资源得到整合。六年间,区慈善总会健全财务制度,规范慈善资金的使用和管理,确保慈善救助及时、公平、公正、公开,慈善公信度有了进一步提升。慈善文化得到广泛传播，全社会慈善意识明显增强，扶贫济困、乐善好施蔚然成风，慈善氛围进一步浓厚。区慈善总会先后荣获第二届浙江慈善优秀机构奖、浙江“农信杯”万村慈善帮扶基金工程竞赛活动组织奖，确是实至名归。

借此机会，请允许我代表新当选的理事会全体成员，向一直以来关心支持我区慈善事业发展的各位领导，向热心慈善事业的企业家等社会各界人士，向全区慈善工作者，表示衷心的感谢和崇高的敬意！我们尤其要感谢以赵六四、张茂荣等为代表的一批老领导、老同志，你们舍弃天伦之乐的宝贵时光，为慈善事业奔走呼吁、亲力亲为、默默奉献，为柯桥慈善事业的发展作出了重要的贡献，打下了坚实的基础。你们为弱者行善，为社会造福，全区人民将永远铭记！

作为新一届理事会，我们将以本次大会为新的起点，与慈善总会全体同志一起，在区委、区政府的正确领导下，在区人大、区政协的关心重视下，在社会各界的大力支持下，在前三届理事会打下的良好基础上，认真履职，勤勉工作，致力打造三个慈善：

一是有效慈善。有效慈善包括有效率的慈善和有效果的慈善。以前社会的关注点往往是“谁在捐，捐多少”，而从慈善的有效性来看，现在社会更关注“捐给谁，怎么捐，捐的结果怎么样”。爱心无轻重，慈善无大小。慈善不应该是某一群人、某一个阶层的专利，更应该是全社会共同参与的一种生活方式。下一步，我们将严格按照《慈善法》的规定，不断拓宽募捐领域，创新募捐形式，提高募捐效率，提升慈善实效。

首先，我们不仅要巩固已开发的慈善资源，加强与会员之间的联系合作，还要开拓潜在的慈善资源，吸引更多捐赠者参与慈善，大力营造乐善好施、扶贫济困的慈善氛围。

其次，我们要进一步开发慈善项目，实施精准救助，把每一分钱都及时有效地用到弱势群体最需要的善事上，努力做到用到实处，用到急处，用到难处。

最后，我们要开发和利用各种公益资源，大力增进社会福祉。《慈善法》首次提出“大慈善”的概念，明确慈善不仅包括传统意义上的扶贫济困、救助灾难，还包括促进教育、科学、文化、卫生、体育等事业的发展；防治污染和其他公害，保护和改善生态环境等公益活动。这是一次慈善理念的升华,将慈善事业和社会发展有机结合起来。这既为社会公益事业的发展开创了广阔的发展空间,也激发了社会大众将善行善举与社区发展、生活提升结合起来,使社会事业成为社会大众自身积极参与的事业。

二是阳光慈善。阳光慈善是指慈善不仅要有透明度,而且要有辐射度。

对内,阳光是最好的防腐剂。我们既要强化组织建设,加强思想教育,提高人员素质,引导慈善工作人员真正热爱并投身慈善事业,做到廉洁自律,勤勉工作,热情服务,树立良好形象;又要加强规范化管理,健全完善规范运作、公开透明的财务管理、项目管理和信息披露制度,自觉接受社会监督,不断提高社会公信力。

对外,我们要充分发挥会员、各分会和其他慈善组织的作用,扩大会员和志愿者的社会覆盖面,增强慈善的凝聚力、辐射力和影响力。杨澜有个很形象的比喻,现在的慈善公益事业,有各种各样需要帮助的人群、形形色色提供服务的组织,就像热带雨林有乔木、灌木、藤条、花、草一样,这些物种的繁茂程度,受阳光、土壤与雨水这些支持性因素影响,也就是慈善公益大环境的影响。作为区域性慈善总会,我们希望能充分发挥桥梁作用,与企业、其他慈善组织、政府等社会各界一起共建良好的生态系统。首先,是要大家更愿意在慈善公益上投入,或者投入自己的资金支持,或者投入自己的资源支持和经营理念模式等等。其次,作为慈善组织,还要学习怎么找准定位,怎么选择项目,怎么做到精准帮扶。最后,作为政府,也要思考怎么支持慈善公益机构可持续、可推广,把好事做好。

三是智慧慈善。大家一定记得去年深圳发生的罗尔事件吧(2016 年 9 月,罗尔的女儿罗一笑被确诊患有白血病;11 月,罗尔与女儿的故事——一篇《罗一笑,你给我站住》走红网络;11 月 30 日,深圳市民政局发布通报称高度关注,并成立调查组调查相关情况;12 月 1 日,罗尔及刘侠风发布联合声明,称因“罗一笑事件”传播远超预期,带来不好的社会影响,作为当事人深表歉意;12 月 24 日,罗一笑去世)。这一事件引发了社会各界的热议和对慈善共识规则的探讨。

罗尔事件值得我们注意的有两点:一是对于求助者来说,事先要有充分的思想准备，人们都非常关注社会公共资金的使用；二是对于捐助者来说，捐助前要慎重考虑，不要轻易把钱捐给个人。因此，《慈善法》有两个引导：第一个是引导慈善活动通过慈善组织来做；第二个是引导慈善组织要把更多精力用在扶贫济困、雪中送炭上。作为区慈善总会，我们会带头按《慈善法》办事，致力打造智慧慈善，具体包括科技慈善和慈善理性。

一方面，信息技术、移动互联网正在改变慈善，改变社会。我们将尝试通过信息技术的力量来改变慈善组织、企业、政府和公众相互交流沟通的方式，来提高慈善的透明度、参与度、灵活性、实效性，来推动慈善领域的创新与发展。比如，发展智慧慈善伙伴、发起智慧慈善培训行动、倡导科技捐赠、搭建区域慈善信息服务平台等，实现慈善智慧式管理和运行。

另一方面，我们要倡导慈善理性，倡导公众可以用平等的理念对待捐赠人和受助人，可以尊重差异良性沟通，可以用建设性的思维共谋出路，可以用科学规范的方式运作慈善机构。我们将以《慈善法》为引领，通过设计一些活动载体，如举办慈善论坛、慈善义拍、慈善义演、慈善公益映像节、慈善项目创意大赛，打造慈善公益服务体验空间等，培育公众的慈善理性，孕育丰富多元的慈善文化，激发社会各界的参与热情，引导更多的力量将慈善之心变为慈行善举。

前不久，3 月 24 日，著名慈善家比尔·盖茨在北京大学的主题演讲中，寄语有志于推动人类社会发展、从事慈善公益事业的人们："如果这就是你想要从事的事业，此时此地便是最佳。"柯桥区的慈善工作需要你，需要我，需要我们大家共同参与。

在这里，我呼吁，我坚信，未来的柯桥，将由精英慈善走向大众慈善，"互联网 + 慈善"持续推动社会创新，慈善募捐、慈善活动、慈善组织管理更加透明规范；未来的柯桥，老有所依，幼有所教，贫有所助，难有所帮，鳏寡孤独废疾者皆有所养；未来的柯桥，"日行一善、善行一生"的良性氛围就在校园、在企业，在乡村、在社区，在你我身边！让我们携起手来，同心同力，创业创新，共建共享，一起打造"知善、行善、扬善、乐善"的"善行柯桥"！

参与区域社会治理　共筑新时代大慈善格局

——在全省慈善会系统年终工作交流会上的发言

绍兴市柯桥区慈善总会

（2020年11月6日）

绍兴市柯桥区慈善总会（原绍兴县慈善总会）成立于1996年3月，是中华慈善总会、浙江省慈善联合总会首批团体会员。自2017年换届以来，本会以党的十九大精神为引领，牢牢把握习近平新时代中国特色社会主义思想这一主线和灵魂，在各级党委政府的正确领导下，在省市慈善组织的精心指导下，在社会各界的信任支持下，充分发挥区域龙头枢纽型组织的引领作用，协同区民政局构建纵横交汇、点面结合的多元化慈善公益格局，调动纺城企业、布商、市民的积极性，在打造“阳光慈善”的同时，激活慈善公益兜底保障民生、助力社会治理的能动性，推动全区慈善事业高质量发展。2017年至今，本会募款总额1.98亿元，成立44支大额企业冠名或专项慈善基金，支出各类善款1.65亿元，救助约108.73万人次。

根据2019年底发布的浙江城市慈善发展指数报告，2017—2018年柯桥区慈善发展指数位列全省县（市、区）级第2位，其中人均慈善捐赠额高达328.35元，远超全国人均慈善捐赠额103.14元，居全省各县（市、区）首位；本会推报的项目、企业、个人共荣获第六届“浙江慈善奖”4项大奖；本会积极参与构筑新时代大慈善格局的做法在《浙江政务信息》刊发；参与疫情防控工作的做法在《浙江民政信息》刊发，并入选全省“战疫典型”优秀案例。此外，本会被评为2019年度“绍兴市最有影响力慈善公益组织”，会长马芳妹荣膺2018年度“绍兴市发展贡献奖”。

一、基金化运作，募款也募人

把慈善行为纳入法制化轨道，增强自身公信力，力求每一笔慈善捐助，每一支慈善基金，都做到有章可循、有据可考、有迹可查、有果可观。

一是依法行善。本会依法取得慈善组织认定和公募资格证书，成为《慈善法》颁布以来全市首家取得两证的区（县、市）级慈善总会。对内，加强自身公信力建设。修订完善规章制度，确保各项慈善活动在法律规定的范围内进行。打造“阳光慈善”，对资金募集、项目实施、资金使用和管理等信息进行公开，主动接受社会监督，结合年检、审计、公示等方式，进一步增加慈善透明度，提高慈善认同度与参与度。对外，有序开放公募权，引导开展义卖活动的爱心娘子军公益中心、“纺城之家”小天使志愿者等社会组织设立小额冠名慈善基金，依法开展公开募捐。如爱心娘子军“爱在后备厢”项目，被评为首届浙江志愿服务项目大赛铜奖，累计公开招募 289 辆爱心私家车，发动社会公众积极参与广场义卖、义拍及志愿服务，所筹善款约 35 万元，已结对贫困生 110 人、孤儿 17 人。

二是以法兴善。改变以往慈善资金募集靠党委政府发文动员、慈善资金使用由慈善总会统筹的情况，依法引导捐赠主体设立慈善基金，通过制定基金管理办法、倡导共同参与、实行专款专用、方便追踪反馈等方式，实现捐赠意愿与慈善效果的结合，不少企业主动追加捐赠，受到普遍欢迎。44 支大额慈善基金范围覆盖 16 个镇街，其中 1000 万元—3000 万元（不含）的基金 5 支、3000 万元及以上的基金 3 支，内容涉及传统“六助”、扶贫攻坚、疫情防控、道德表彰、慈善组织孵化培育等领域。在这些慈善基金的带动下，更多捐赠者参与进来，共同营造了乐善好施、扶贫济困、人人公益的慈善氛围。

三是培育力量。结合各基金设立，引导成立企事业、医护、学校、文艺、基层志愿者队伍，吸纳他们成为提供线索、走访核实、救助反馈和宣传示范的重要力量。如区心连心艺术团，在“文艺下乡”走进各村居文化礼堂时，不忘开展慈善宣传；为了让受助人得到及时救助，本会在全市率先开展“每个网格员都是慈善志愿者”行动，试点的稽东镇发动 342 名网格员积极参与慈善工作，为基层社会治理注入慈善力量。

二、大局观思维，有位当有为

积极关注社会稳定、经济发展等重要领域，联合政府部门、群团组织、行业协会等多方力量，创新慈善工作，本会成立的多支慈善基金系全省或全市首创，及时响应群众关切、彰显社会正能量。

一是聚焦公共事件，强化应急救援。面对突如其来的新冠肺炎疫情，经元垄、天圣、华天三家爱心企业资助，在全省慈善会系统率先设立3000万元的“重大疫情防控爱心基金”，专项用于防疫抗疫，且未雨绸缪，为类似突发公共卫生事件提供应急资金池。该基金除奖励慰问一线医务人员外，还为特殊群体开展防疫保障及关爱，如在全省率先实现养老机构核酸检测全覆盖；为困难对象送去2.8万只防疫口罩；基金向医院捐赠的大型医用设备，附带了医院为困难群众、医护和疾控人员减免检查费用的约定，将爱心传递下去。此外，政府机构改革后，本会成立全省首个“应急·救援”慈善公益基金，定向用于褒扬嘉奖、安抚体恤、济助关爱应急人员（包括应急部门工作人员、消防队员、其他社会应急救援队伍人员或其父母、配偶、子女等）。

二是聚焦中心工作，主动服务大局。助力东西部扶贫，近三年会同区民政局牵头发动社会各界共向对口地区捐赠款物逾3000万元，发动爱心企业捐赠1641万元助力嵊州市、江山市消薄项目。助推实体经济发展，与区政协、总工会等发起成立300万元的“职业教育·未来工匠”慈善基金，发展职业教育，培养未来工匠。助力乡村振兴，与瑞丰银行发起成立100万元的“榧香·瑞丰”助农基金，资助青年农创联盟等三农项目。助力精神文明建设，与区文明办发起成立200万元的“好人基金”，用于各级身边好人、道德模范、最美志愿者等的礼遇关爱和慰问帮扶。助力政府民生实事工程，会同区民政局开展“爱心黄手环”行动，向失智老人发放“元垄助您回家”爱心手环7000只。

三是聚焦平台搭建，倡导多元参与。会同区民政局参与打造区－镇街－社区三级平台，辐射式构建区域慈善公益网络。区级层面，充分发挥自身龙头枢纽型慈善组织的引领支持作用，协助区民政局依法规范慈善活动，开展慈善公益组织孵化培育工作；镇街层面，依托慈善分会、社会组织服务中心、居家养老服务中心、慈善爱心书舍等平台，培育公益组织、实施公益项目；社区层面，探索建设集物资交流、政企互助、捐赠救助、困难帮扶、志愿服务等功能于一体的基层慈善综合服务平台——爱心驿站。目前，我区已搭建各类慈善平台60余个。此外，与区红十字会联合成立200万元的“生命接力”慈善博爱基金，关爱“三献”人士，引领社会风尚；充分依托政协平台，在成立区政协慈爱基金、柯桥侨爱基金的同时，合力开展“助困百千”行动，以“政协组织进百村、政协委员访千户”为主要形式，常态化开展个性化助困帮扶。2018—2019年已发放救助款物合计148万余元，惠及1369户困难家庭。

三、内生性发展，有为方有味

消除恶，不仅打击恶，更要扩大善；消除贫，不是打击富，而是扩大爱。作为一座藏富于民的城市，柯桥的慈善文化根植于江南水乡丰富的文化底蕴，根植于现代文明的浸润熏陶。柯桥慈善事业的发展，必须从传统扶贫济困的模式中创新升级，注重内生性发展，进一步营造“人人心怀慈善、人人参与慈善”的浓厚氛围。

一是路径探索：输血—造血。一方面，围绕“助医、助老、助学、助困、助残、助孤”等六助，汇聚慈善力量，兜牢民生底线，体现城市温度。如针对因病致贫返贫，发起成立3000万元的“康乐·大病关爱”救助基金，迄今已支出1489万元，救助逾32万人次，另有“华宇·贤德”等30余支基金开展急难救助；针对外来务工家庭，为患病儿童设立200万元的“亲亲宝贝”慈善基金，目前已救助21例新生儿；为鼓励贫困学子，实施“慈蕴书香”困难大学生助学项目，并在柯桥中学设立200万元的“申洲·柯中”励志基金等多支助学基金。另一方面，注重精神层面的激励，打造“慈善＋文化”新地标，体现城市高度。成立2000万元的“益梦·书舍”爱心基金，支持柯桥山区乡村爱心书舍建设，为乡村慈善公益事业、文化旅游事业发展注入新的活力。稽东镇“榧香书舍”作为该基金资助建成的第一家乡村爱心书舍，具有示范标杆意义，通过打造一个集图书借阅、学习交流、文旅体验、聚会沙龙、公益组织孵化于一体的多功能空间，既为柯桥山区群众营造“与书为伴、放飞梦想、追逐远方”的精神家园，又是乡村文化窗口、文化旅游驿站、慈善公益基地。此外，区慈善总会还捐赠近250万元，用于支持四川金川县青少年图书馆建设。

二是渠道拓宽：精英—大众。探索“互联网+慈善”模式，倡导“指尖捐赠”带动全民参与，开通门户网站和“慈善柯桥”微信公众号，畅通网上捐赠与求助通道，传播爱心不分大小，捐赠不论多少的慈善理念。今年2月初向社会公众发出疫情募捐倡议后，社会各界热情高涨，本会收到的4839.27万善款和135.56万件物资中，既有区印染工业协会发动83家企业捐款超过1000万元的大手笔，又有各民主党派、中共党员、社会组织、宗教人士、退伍老兵、银行律所、老师学生等无数普通市民的爱心汇聚。这些市民中甚至有特殊教育学校学生3800元、肢残人士5220元的捐赠，涌动着受助又助人，回报社会的正能量。

三是宣传多元：有形—无形。有形宣传包括：举办大型义演、拍摄微电影、编撰慈善书籍，与各类媒体加强合作等。同时，重视身体力行、潜移默化的无形宣传。关爱他人的人，也应该得到关爱。以前捐款的企业家和慈善工作者身患大病时，上门探望，送去关爱；爱心企业家的亲属去世时，吊唁慰问；冠名基金的爱心企业家生日时，都会送去定制鲜花和短信祝福……这些浓情厚谊不断良性循环，营造了向善有爱的良好氛围。例如，“重大疫情防控爱心基金”对我区援鄂医疗队予以每人5万元的“最美逆行者”奖励，绍兴第二医院5名队员用爱心传递爱心，向湖北省青少年发展基金会捐赠5万元，用于关爱因为疫情导致家庭困难的青少年。

会长马芳妹常说，“让捐钱的人心甘情愿，让受助的人心怀感恩，让身边的人心生温暖”，我们称之为“三心”工作法。带着这样的朴素初心，柯桥区慈善总会将继续砥砺前行，致力于为创新区域社会治理、构筑新时代大慈善格局贡献更大的慈善力量。

二、世界红十字会绍兴县分会报告书附启

世界红十字会绍兴县分会第一次报告书附启

窃本分会于民国25年(1936)6月成立,蒙当地人士暨各省、市、县总分会诸代表莅临指导,同人等惨淡经营,筹办救济事宜,甫经一载。民国26年(1937)“八一三”突沪战发生,沪上难胞纷纷来绍过境,且绍地亦受轰炸之惊恐(曹娥飞机场、西郭门外),同人等目击心伤,亟筹救济。初设难民收容所于城区开元寺,办理给养资遣,特约美商福康医院为本分会临时伤病医院。嗣因嘉湖沦为战区,沪杭线各县难胞及本籍回绍者为数甚多。开元寺收容所因事迁出,改在府山后本分会间壁葛公祠及仓圣寺为第一收容所,哨泾镇车家浦为第二收容所。又因杭州难民收容所解散,巨数难胞遣送来绍,其时非常时期,难民救济委员会绍兴县支会甫经成立,收容所正在筹备,当由本分会收容所收容。自杭州沦陷,本分会与支会各收容所招待难胞日有数百人之多,办理给养资遣尤感困难。以后救济支会亦委托本分会独处招待,而来者络绎不绝,去冬两收容所已告人满。迭向四明红十字会筹商,遣送到甬转沪。幸承沪红十字会鉴于本分会办理救济之棘手,于本年一月初,由李、盛两会长会同四明陈会长来绍视察,商议结果本分会所缺乏之款银物品允由沪会设法接济,一面由同人等将办理情形函电向沪同乡呼吁,先后由同乡李馥荪先生及沪红十字会所设浙江难民救济会拨助款银及物品,俾得勉力支持本分会所需食米在冬季购储。预算敷用奈时间延长,人多食众,所备不敷,于仲春派员往南昌托裕民银行

陈行长代购，设法运绍接济。自本分会设收容所以来，计共到绍难民一万二千五百余人，计县支会收容所两处、本分会收容所两处，除设法资遣及自动出所者外，在所留养者常在一千七八百人。至本分会救济队员，初由四明全浙各会联合办事处派到上虞分会队员五人及工役，均有薪给且不敷分布。嗣即由本分会会员自愿出资置备服装等费，担任义务救济队员。自萧山县被轰炸及于本县各地，无不出发救护。现伤兵伤民及病者来本分会请求治疗日见其多，除特约福康医院外，借蠡城凌霄社为疗养所，在本会内设治疗室，由单会员担任西医，陈会员担任中医，所需药品甚巨，虽承沪甬红十字会拨助，而出资购办者尚多。本分会自去秋至今，瞬将一载，对于难胞伤兵伤民衣食卫生医药治疗，及其他各救济诸事宜，无不预筹赶办。目下时届夏令，施医施药之举，亦急不容缓。查本年城区各施医局未闻继续兴起。同人等再四商议，关于药品药资，亟应筹募，俾贫病者得以救治。昔人云，救人一命，胜造七级浮图。是不得不望诸大善士之慨助也。再本分会自去秋迄今，办理救济事业，蒙大慈善家捐助款银物品，业经开列芳名，以扬仁德。又蒙轮船各公司、各航线到达码头概为搭运难胞，并不收费，且招呼异常周到。电话公司亦蒙免去装费月费。汽车公司亦有尽义务之处。福康医院但收药本房饭等费，因为时已有十阅月之久，伤病人数众多，且重伤重病者居其多数。蒙院中主事暨中外医师、看护诸员役，多尽义务，尤为感谢。同人等识浅力薄，幸承各界善士辅导指示，俾免陨越。此后尚祈鼎力赞助，本分会同人当共尽绵力，冀补已往之过失，而更期为诸公造福也。谨启。

世界红十字会绍兴县分会第二次报告书附启

窃本分会自上年“八一三”沪战发生后办理救济事宜，迄今已十有七月，经过情形曾于本年五月底止第一次报告书中已略陈之。自六月起至十二月底止，为第二次报告，在此七阅月中，虽不若前十个月之棘手，而困难情形实不稍减。在夏秋之际，本县城乡皆发生病疫，本分会承沪上红十字会及道德总会驻绍办事处，助以各种时令药品,并本分会自行购置,施送城乡各地。而本分会两收容所难胞幸早预防,并无传染。唯该难胞俱系忧患余生,因受不良环境,多半带病入所,不能不先为治疗,所费药资金较巨。且萧山县沿江一带及诸暨县属受伤之人,或因伤重该县医院不能治疗,或治而未愈,来本分会求治者日多,当为分别察验。轻则由本分会西医治疗室治疗,重则转送特约福康医院代治,因此所费亦多。又食米一项,上春往南昌直接购办,价尚低廉。夏间因间接托购赣米,以致辗转需时,价亦昂贵。此同人等筹虑未周,实引为抱愧者也。至于收容难胞,自开始至今未尝间断。各地难民由浙赣路来者至今不绝,且多系鸠形鹄面,一经入所必须予以衣食医药。目下天气已寒,幸承各地慈善家早有助到棉衣,不致临时失措,并将募存棉衣,施送城乡赤贫之户,俾无衣者得以御寒。又查本年绍地秋收歉薄,深恐腊尾春头,穷黎饥啼号寒,求援尤切。同人等力竭心长,拟预筹施给赈米以济困乏。惟本分会关于收容难胞、治疗伤病,以及救济贫困各项善举,时虑汲深绠短,后顾更难。惟有作将伯之呼,仰恳诸大善士慨解仁囊,多多施助。圣贤已溺已饥,菩萨救苦救难。同人等馨香祝之。再本分会在上春,正拟筹设施诊所,适上海道德总会派王会员月楼来绍,设立驻绍办事处,施诊施药,规模宏大。当时由沪红十字会介绍到本分会,即为派员襄助筹备,聘请城乡诸大名医,并借用本分会施诊所屋宇。自六月开办起,应诊者中西内外科俱全,求医者日近千人,救活人数不可胜计,至十月间停止。查最后一日,求医病人尚有四百号以上。本分会有鉴于斯,继续办理施诊,并酌量施药,以符初衷。至于各项费用左支右绌,筹垫已多,将有不能支持之势矣。

中华民国二十七年十二月同人谨启

世界红十字会绍兴县分会第三次报告书附启

窃本分会办理救济事宜迄今瞬已两载,报告书至二十七年十二月底止。兹自二十八年一月起至六月末止,收支账目及经过情形,再为刊发第三次报告书。此六个月中,最关重要者,如一二两月份萧山沿江与本县柯桥阮社等处迭遭轰炸,及五六两月本县城区四次被炸。本分会救济队无不出发救护伤人，轻则由本分会随时治疗，重则概送特约福康医院医治，出挂号金一角，房饭金每人每日五角，医药费概由该院施送，可谓仁心仁术者矣。又前年杭州避难来绍之难胞，本散居绍萧各地，为时既久生活殆尽。至旧历年关，饥寒交迫，来投本分会收容所，俱系带病入所，情殊可悯，本分会不得不勉力救济者也。又鉴于贫苦小贩无力营生，特附设因利局，于一月份起，业经半载，赖以生活者几近千户。施诊所并归治疗室，改组治疗所，由本分会职员何纪林担任医务。何君精于中西医术，颇知尽责。第二收容所设在车家浦陈宅房屋，组织小型手工厂，使难胞各有所业，如纺纱、打绳、编麦草扇、织布草鞋等各手工。各难童附入该村私立陈氏小学，授以教育，不使游惰。以上诸端是本分会应尽之责，同人等何敢告劳。只因时日延长，灾祸难量，虽勉力支持，深恐难以善其后也。唯望诸大善士益加赐教，则幸甚矣。

中华民国二十八年六月同人谨识

世界红十字会绍兴县分会第四次报告书附启

溯自本分会成立适逢“八一三”沪战突起，继续蔓延，杭绍一江相隔，本籍客籍难胞蜂拥而来。本分会行慈之职责，设立收容所，兼办县救济支会难民招待所，及代儿童保育支会办理难童出发诸事宜。近又代县振济会办理过境难民给养。当战事初起时，本分会即训练救济队员，救护被炸或炮弹受伤之人，远如诸暨、萧山境内及沿江一带，近则本县城乡各地，不避艰险，无不出发施救。凡受伤较重者则送特约美籍福康医院住院医治，轻伤与收容所难胞及本地贫病者，由本分会附设治疗所治疗，不取分文。设立因利局，免利出贷贫苦之家，作小本经营俾谋生活。余如施送各种药品、衣米、棺木，及施种牛痘并注射防疫针等，莫不应时办理。近来正在县境之内放舟搜拾暴露尸骸，从事掩埋，其义冢、山地由肇锡堂已成之局全部捐助，以期泽及枯骨，从此得以大量埋葬。三载以来同人等聊尽绵薄，何敢告劳。蒙军政当局予以赞助，诸大善士宏愿乐助银物，各轮船公司输送难胞免费多多，福康医院、电灯公司对医费、电费每乐予慨助，电话公司亦曾免费减费。同人等谨代灾难同胞九叩首而感谢者也。本分会办理救济事业之收支，已三次刊发报告书，今为第四次之报告，自廿八年七月起至十二月止，六个月收支分列于上，诸希慈鉴并乞随时赞助加以指导，是所至幸。

中华民国二十八年十二月同人谨识

三、慈善机构规章制度选辑

绍兴市柯桥区慈善总会章程

（2017 年 4 月 1 日绍兴市柯桥区慈善总会第一届会员代表大会通过）

第一章　总则

第一条　绍兴市柯桥区慈善总会（英文译文：Shaoxing Keqiao Charity Federation，缩写 SKCF）是由热心慈善事业的海内外各界社会人士、法人及其它社会组织自愿参加的地方性非营利公益社会团体，依法登记注册，具有独立法人资格。会址：绍兴市钱王祠前 15 号。

第二条　本会宗旨：遵守宪法、法律、法规和国家政策，发扬人道主义精神，引领社会道德风尚，动员和组织社会各界力量，开展慈善活动，扶助弱势群体，促进慈善事业发展及社会文明进步。

第三条　本会业务主管单位和登记管理机关为绍兴市柯桥区民政局，接受区民政局的业务指导和监督管理，同时接受上级慈善总会的业务指导。

第二章　活动范围与原则

第四条　本会主要活动范围

（一）慈善募捐。筹募和管理符合本会宗旨的各类慈善基金；接受海内外自然人、法人及其他组织的捐赠；接收区民政局委托的其他资助；组织各类形式的募捐活动。

（二）扶贫济困。开展助学、助医、助困、助残、助老、助孤等各种慈善救助活动；实施慈善公益项目，资助和兴办社会公益事业，为弱势群体提供物质帮助和精神抚慰。

（三）赈灾救助。接收、分配、调拨海内外通过本会捐赠的赈灾款物，协助或受政府委托开展赈灾救助工作；抚慰救灾勇士。

（四）公益发展。开发和利用各种慈善公益资源，促进教育、科学、文化、体育、卫生、环保等事业发展。

（五）慈善服务。基于慈善目的，招募志愿者或委托有服务专长的其他组织提供志愿无偿服务以及其他非营利服务。

（六）交流合作。加强同海内外慈善机构的交流与合作，为在我区兴办慈善事业的自然人、法人及其他组织提供帮助和服务；参与区内外的慈善援助活动。

（七）宣传互动。开展慈善宣传，培育慈善意识，传播慈善文化；反映各界人士的意见、建议和要求，为政府制订有关政策提供咨询性意见。

（八）指导激励。对本会团体会员进行业务指导，促进全区慈善事业发展；总结推广慈善工作经验，评选表彰先进集体和个人。

（九）承办政府委托的慈善服务工作。

第五条　本会开展慈善活动，遵循合法、自愿、诚信、公开、公平、公正、非营利原则。

第三章　会员

第六条　本会会员包括团体会员和个人会员。

第七条　申请加入本会的会员，必须具备下列条件：

（一）拥护本会章程；

（二）热心慈善事业，对慈善事业作出一定贡献；

（三）愿意履行会员义务，自愿申请加入本会。

第八条　会员入会程序：

（一）提交入会申请表；

（二）经常务理事会讨论通过。

第九条　会员享有下列权利：

（一）本会的选举权、被选举权和表决权；

（二）参加本会的活动；

（三）取得本会服务的优先权；

（四）对本会工作的批评建议权和监督权；

（五）入会自愿，退会自由。

第十条　会员履行下列义务：

（一）遵守本会章程，执行本会决议；

（二）维护本会合法权益；

（三）完成本会分配的工作；

（四）向本会反映情况，提供有关资料。

第十一条　会员退会应书面通知本会。

第十二条　会员如有严重违反本章程的行为，经常务理事会批准，予以除名。

第四章　组织机构和负责人

第十三条　本会的最高决策机构是会员代表大会。其职权是：

（一）制定和修改章程；

（二）选举和罢免理事；

（三）审议理事会的工作报告和财务会计报告；

（四）决定终止事宜；

（五）决定其他重大事宜。

第十四条　会员代表大会每届任期五年。因特殊情况需要提前或延期召开，须经理事会研究决定，报业务主管单位审查并经登记管理机关批准同意。延期最长不超过一年。会员代表大会须有三分之二以上的会员代表出席方能召开，其决议须经到会人员半数以上通过方能生效。

第十五条　理事会是会员代表大会的执行机构，在会员代表大会闭会期间领导本会开展日常工作，对会员代表大会负责。

第十六条　理事会的职权是：

（一）执行会员代表大会的决议；

（二）选举和罢免会长、副会长、秘书长；

（三）筹备召开会员代表大会；

（四）向会员代表大会报告工作和财务情况；

（五）决定会员的吸收和除名；

（六）决定设立办事机构、分支机构、派出机构和实体机构；

（七）领导本会各机构开展工作；

（八）决定本会各机构负责人的聘任；

（九）制定内部管理制度；

（十）决定其他重大事项。

第十七条　理事会须有三分之二以上理事出席方能召开，其决议须经到会理事三分之二以上通过方能生效。

第十八条　理事会每年召开一次，情况特殊时，也可采取通讯形式召开。

第十九条　本会设立常务理事会。常务理事会由理事会选举产生，在理事会闭会期间行使第十六条第一、三、五、六、七、八、九项的职权，对理事会负责。

第二十条　常务理事会须有三分之二以上常务理事出席方能召开，其决议须经到会常务理事三分之二以上通过方能生效。

第二十一条　常务理事会每半年召开一次会议，情况特殊的，也可以采取通讯形式召开。

第二十二条　本会设监事若干名，其中监事长1名。监事由会员代表大会在会员中选举产生。理事、理事的近亲属和财务人员不得兼任监事。监事列席理事会和常务理事会，监事长列席会长会议。监事任期与会员代表大会任期相同。监事会议由监事长召集。监事的职权是：

（一）检查本会财务和会计资料；

（二）对秘书长以上的负责人担任本会职务中遵守法律、法规或者本会章程的行为进行监督；

（三）每年向社会公众公布监事年度监督检查报告；

（四）提议召开临时理事会。

第二十三条　常务理事会闭会期间，重要工作由会长会议决定。会长会议由会长、副会长、秘书长组成，实行会长负责制。会长会议的职权：

（一）贯彻执行常务理事会决议；

（二）制定本会工作制度、年度工作计划和财务预算方案；

（三）讨论决定各机构主要负责人和增补理事人选；

（四）审议决定总会日常重要事项。

第二十四条　本会的会长、副会长、秘书长必须具备下列条件：

（一）坚持党的路线、方针、政策，政治素质好；

（二）在本会业务领域内有一定影响；

（三）身体健康，能坚持正常工作的；

（四）具有完全民事行为能力；

（五）没有因故意犯罪被判处刑罚，自刑罚执行完毕之日起未逾五年的情形；

（六）没有在被吊销登记证书或者被取缔的组织担任负责人，自该组织被吊销登记证书或者被取缔之日起未逾五年的情形；

（七）无法律、行政法规规定的其他禁止情形。

第二十五条　本会会长、副会长、秘书长任期五年。会长、副会长、秘书长连续任期不得超过两届。特殊情况的,由会员代表大会三分之二以上会员表决通过,报业务主管单位审查并经登记管理机关批准同意后,方可任职。

第二十六条　本会会长行使下列职权:

(一)召集和主持理事会、常务理事会、会长会议;

(二)检查理事会、常务理事会决议及监事建议的落实情况;

(三)代表本会签署有关重要文件;

(四)决定其他重大事项。

副会长协助会长工作。

第二十七条　本会秘书长为法定代表人,不兼任其他团体的法定代表人。

第二十八条　本会设立分支机构。分支机构是本会组成部分,不具有独立法人资格,其会(站)长、副会(站)长、秘书长由单位推荐,报本会批准。

第二十九条　本会设立秘书处。秘书处是本会办事机构,由秘书长主持。秘书处设立若干工作部门。秘书长在会长、常务副会长、专(兼)职副会长领导下工作,行使下列职权:

(一)主持办事机构的日常工作;

(二)协调各分支机构、派出机构、职能部门及实体机构开展工作;

(三)负责会员代表大会、理事会、常务理事会、会长会议的会务工作和其他重大活动的组织工作;

(四)联系监事、监事长;

(五)完成会长交办的其他事务。

第三十条　理事、常务理事、副会长和监事、监事长因工作需要调离原工作岗位的,或离退休的,其职务自行免去。

第三十一条　本会的理事、主要捐赠人以及管理人员,不得利用其关联关系损害慈善组织、受益人的利益和社会公共利益。

本会的理事、主要捐赠人以及管理人员与慈善组织发生交易行为的，不得参与本会有关该交易行为的决策，有关交易情况应当向社会公开。

第五章 财产管理、使用原则

第三十二条 本会财产来源：

（一）慈善募捐；

（二）政府和有关部门资助；

（三）在核准的活动范围内开展活动或服务的收入；

（四）增值和利息收益；

（五）其它合法财产。

第三十三条 本会财产根据章程和捐赠协议的规定全部用于慈善目的。支出范围：

（一）符合本会宗旨的各项慈善救助支出；

（二）发展社会慈善公益事业的项目支出；

（三）必要的活动、人员和办公经费等管理成本支出；

（四）其它必要的合理支出。

第三十四条 本会财产，任何自然人、法人和其他组织不得侵占、私分和挪用。财产管理：

（一）执行国家相关法律、法规等有关规定，制定本会财产使用管理办法；

（二）为实现财产保值、增值进行投资的，遵循合法、安全、有效的原则，投资取得的收益全部用于慈善目的；

（三）完善财务管理制度，配备具有从业资格的财会人员，保证会计资料合法、真实、准确、完整；

（四）完善项目管理制度，对项目实施情况进行跟踪监督；

（五）接受多方监督，接受年度审计和专项审计，并向社会公布；

(六)依法履行信息公开义务。

第三十五条　本会专职工作人员的工资和保险、福利待遇,参照国家有关规定执行。

第六章　章程的修改程序

第三十六条　对本会章程的修改,须有十名以上会员代表联名提议,经理事会研究同意后提请会员代表大会审议。

第三十七条　本会章程的修改,须在会员代表大会通过后十五日内,上报业务主管单位审查同意,并报登记管理机关核准后生效。

第七章　终止程序及终止后的财产处理

第三十八条　本会完成宗旨或出现《中华人民共和国慈善法》第十七条所列任一终止情形的,由常务理事会提出终止动议。经会员代表大会通过,并报业务主管单位审查同意。

第三十九条　本会应当在终止情形出现之日起三十日内在业务主管单位及有关单位指导下成立清算组进行清算,并向社会公告。清算期间,不开展清算以外的活动。

第四十条　清算后的剩余财产,在业务主管单位和登记管理机关的监督下,按照国家有关规定,用于发展与本会宗旨相关的事业。转给宗旨相同或者相近的慈善组织,并向社会公告。

第四十一条　清算结束后,本会经登记管理机关办理注销登记,并由区民政局向社会公告。

第八章　附则

第四十二条　本章程经 2017 年 4 月 1 日会员代表大会表决通过。

第四十三条　本章程的解释权属本会的常务理事会。

第四十四条　本章程自登记管理机关核准之日起生效。

绍兴市柯桥区人民教育基金会章程

第一章　总则

第一条　本基金会的名称是绍兴市柯桥区人民教育基金会。

第二条　本基金会属于公募基金会。本基金会面向公众募捐的地域范围是:浙江省境内。

第三条　本基金会的宗旨:人民教育人民办,办好教育为人民。

本基金会遵守宪法、法律、法规和国家政策,践行社会主义核心价值观,遵守社会道德风尚,努力促进绍兴市柯桥区教育事业发展。

第四条　本基金会的原始基金数额为人民币420万元,来源于企事业单位、社会各界捐赠。

第五条　本基金会坚决拥护中国共产党的领导,执行党的路线、方针和政策,走中国特色社会组织发展之路,依照《中国共产党章程》有关规定建立党的组织,承担保证政治方向、团结凝聚群众、推动事业发展、建设先进文化、服务人才成长、加强自身建设等职责。

本基金会的登记管理机关是浙江省民政厅,业务主管单位是浙江省教育厅。党建领导机关是中共绍兴市柯桥区教育体育局工作委员会。本基金会接受登记管理机关、党建领导机关、有关业务管理部门的业务指导和监督管理。

第六条　本基金会的住所:绍兴市柯桥区教育体育局内。

第二章　业务范围

第七条　本基金会公益活动的业务范围:

(一)表彰奖励对教育有较大贡献的先进集体与个人;

(二)资助特困和贫困师生,资助学校改善办学条件,发展特殊教育事业。

第三章　组织机构、负责人

第八条　本基金会由5名理事组成理事会。

本基金会理事每届任期为5年,任期届满,连选可以连任。

第九条　理事的资格:

(一)承认基金会章程;

(二)热心服务社会公益事业;

(三)具有完全民事行为能力。

第十条　理事的产生和罢免:

(一)第一届理事由业务主管单位、主要捐赠人、发起人分别提名并共同协商确定。

(二)理事会换届改选时,由业务主管单位、理事会、基金会党组织、主要捐赠人共同提名候选人并组织换届领导小组,组织全部候选人共同选举产生新一届理事。

(三)罢免、增补理事应当经理事会表决通过,报业务主管单位审查同意。

(四)理事的选举和罢免结果报登记管理机关备案。

(五)具有近亲属关系的不得同时在理事会任职。

第十一条　理事的权利和义务:

权利:

(一)参加理事会议,并享有选举权和被选举权;

(二)对理事会的决议、决定行使表决权;

(三)依法自主决定是否担任理事职务。

义务:

(一)执行理事会通过的决议、决定;

（二）维护本基金会的合法权益；

（三）完成与其职务相应的工作任务。

第十二条　本基金会的决策机构是理事会。理事会行使下列职权：

（一）制定、修改章程；

（二）选举、罢免理事长、副理事长、秘书长；

（三）决定重大业务活动计划，包括资金的募集、管理和使用计划；

（四）年度收支预算及决算审定；

（五）制定内部管理制度；

（六）决定设立办事机构、分支机构、代表机构；

（七）决定由秘书长提名的副秘书长和各机构主要负责人的聘任；

（八）听取、审议秘书长的工作报告，检查秘书长的工作；

（九）决定基金会的分立、合并或终止；

（十）决定其他重大事项。

第十三条　理事会每年召开 2 次会议。理事会会议由理事长负责召集和主持。有 1/3 理事提议，必须召开理事会会议。如理事长不能召集，提议理事可推选召集人。

召开理事会会议，理事长或召集人需提前 5 日通知全体理事、监事。

理事会会议须有 2/3 以上理事出席方能召开；理事会决议须经出席理事过半数通过方为有效。

第十四条　下列重要事项的决议，须经出席理事表决，2/3 以上通过方为有效：

（一）章程的修改；

（二）选举或者罢免理事长、副理事长、秘书长；

（三）章程规定的重大募捐、投资活动；

（四）基金会的分立、合并。

第十五条　理事会会议应当制作会议记录。形成决议的，应当当场制作会议纪要，并由出席理事审阅、签名。理事会决议违反法律、法规或章程规定，致使基金会遭受损失的,参与决议的理事应当承担责任。但经证明在表决时反对并记载于会议记录的,该理事可免除责任。

第十六条　本基金会设监事 1 名。监事任期与理事任期相同,期满可以连任。

第十七条　理事、理事的近亲属和基金会财会人员不得任监事。

第十八条　监事的产生和罢免:

(一)监事由主要捐赠人、业务主管单位分别选派;

(二)登记管理机关根据工作需要选派;

(三)监事的变更依照其产生程序。

第十九条　监事的权利和义务:

监事依照章程规定的程序检查基金会财务和会计资料,监督理事会遵守法律和章程的情况。

监事列席理事会会议,有权向理事会提出质询和建议,并应当向登记管理机关、业务主管单位以及税务、会计主管部门反映情况。

监事应当遵守有关法律法规和基金会章程,忠实履行职责。

第二十条　在本基金会领取报酬的理事不得超过理事总人数的 1/3。监事和未在基金会担任专职工作的理事不得从基金会获取报酬。

第二十一条　本基金会理事遇有个人利益与基金会利益关联时,不得参与相关事宜的决策;基金会理事、监事及其近亲属不得与基金会有任何交易行为。

第二十二条　理事会设理事长、副理事长和秘书长,从理事中选举产生。

本基金会理事长、副理事长、秘书长必须符合以下条件:

(一)在本基金会业务领域内有较大影响;

(二)理事长、副理事长、秘书长最高任职年龄不超过 70 周岁,秘书长为专职;

(三)身体健康,能坚持正常工作;

(四)具有完全民事行为能力。

第二十三条　有下列情形之一的人员,不能担任本基金会的理事长、副理事长、秘书长：

（一）属于现职国家工作人员的；

（二）因犯罪被判处管制、拘役或者有期徒刑，刑期执行完毕之日起未逾5年的；

（三）因犯罪被判处剥夺政治权利正在执行期间或者曾经被判处剥夺政治权利的；

（四）曾在因违法被撤销登记的基金会担任理事长、副理事长或者秘书长，且对该基金会的违法行为负有个人责任，自该基金会被撤销之日起未逾5年的。

第二十四条　本基金会的理事长、副理事长、秘书长每届任期5年，连任不超过两届。因特殊情况需超届连任的，须经理事会特殊程序表决通过，报业务主管单位或党建领导机关审查并经登记管理机关批准同意后，方可任职。

第二十五条　本基金会理事长为基金会法定代表人。本基金会法定代表人不兼任其他组织的法定代表人。

第二十六条　本基金会法定代表人应当由中国内地居民担任。

第二十七条 本基金会法定代表人在任期间，基金会发生违反《基金会管理条例》和本章程的行为，法定代表人应当承担相关责任。因法定代表人失职，导致基金会发生违法行为或基金会财产损失的，法定代表人应当承担个人责任。

第二十八条　本基金会理事长行使下列职权：

（一）召集和主持理事会会议；

（二）检查理事会决议的落实情况；

（三）代表基金会签署重要文件。

第二十九条　本基金会副理事长、秘书长在理事长领导下开展工作，秘书长行使下列职权：

主持开展日常工作，组织实施理事会决议；组织实施基金会年度公益活动计划；拟订资金的筹集、管理和使用计划；拟订基金会的内部管理规章制度，报理事会审批；协调各机构开展工作；提议聘任或解聘副秘书长以及财务负责人，由理事会决定；提议聘任或解聘各机构主要负责人,由理事会决定;决定各机构专职工作人员聘用;章程和理事会赋予的其他职权。

第四章　财产的管理和使用

第三十条　本基金会为公募基金会,本基金会的收入来源于:

(一)组织募捐的收入;

(二)接受自然人、法人或其他组织的自愿捐赠;

(三)接受尊师从教的社会各界的捐赠;

(四)接受海内外人士为改善办学条件,提高教师待遇的各类资助和捐赠;

(五)投资收益;

(六)其他合法收入。

第三十一条　本基金会组织募捐、接受捐赠,应当遵守法律法规,符合章程规定的宗旨和公益活动的业务范围。

第三十二条　本基金会组织募捐时,应当向社会公布募得资金后拟开展的公益活动和资金的详细使用计划。重大募捐活动应当报业务主管单位和登记管理机关备案。

第三十三条　本基金会组织募捐,不得以任何形式进行摊派及变相摊派。

第三十四条　本基金会的财产及其他收入受法律保护,任何单位、个人不得侵占、私分、挪用。

第三十五条　本基金会根据章程规定的宗旨和公益活动的业务范围使用财产;捐赠协议明确了具体使用方式的捐赠,根据捐赠协议的约定使用。

第三十六条　接受捐赠的物资无法用于符合本基金会宗旨的用途时,基金会可以依法拍卖或者变卖,所得收入用于捐赠目的。

第三十七条　本基金会财产主要用于:

(一)实施教育均衡发展所必须的校舍和设施的改善;

（二）对山区和薄弱学校的建设补助和贫困学生的必要救助和民工子弟学校办学的补助；

（三）对成绩卓著的学生和教师实行奖励；

（四）开展正常业务活动的支出和工作人员的工资福利；

（五）其他必要的合法开支。

第三十八条　本基金会的重大募捐、投资活动是指：

（一）接受社会各界的捐资助学；

（二）独资或合资设立经济实体；

（三）法律法规许可的其他经济活动。

第三十九条　本基金会按照合法、安全、有效的原则实现基金的保值、增值。

第四十条　本基金会每年用于从事章程规定的公益事业支出，不得低于上一年总收入的70%。

第四十一条　本基金会工作人员工资福利和行政办公支出不超过当年总支出的10%。

第四十二条　本基金会开展公益资助项目，应当向社会公开所开展的公益资助项目种类以及申请、评审程序。

第四十三条　捐赠人有权向本基金会查询捐赠财产的使用、管理情况，并提出意见和建议。对于捐赠人的查询，基金会应当及时如实答复。

第四十四条　本基金会违反捐赠协议使用捐赠财产的，捐赠人有权要求基金会遵守捐赠协议或者向人民法院申请撤销捐赠行为、解除捐赠协议。

第四十五条　本基金会可以与受助人签订协议，约定资助方式、资助数额以及资金用途和使用方式。

第四十六条　本基金会有权对资助的使用情况进行监督。受助人未按协议约定使用资助或者有其他违反协议情形的，本基金会有权解除资助协议。

第四十七条　本基金会应当执行国家统一的会计制度，依法进行会计核算、建立健全内部会计监督制度，保证会计资料合法、真实、准确、完整。

第四十八条　本基金会接受税务、会计主管部门依法实施的税务监督和会计监督。

第四十九条　本基金会配备具有专业资格的会计人员。会计不得兼出纳。会计人员调动工作或离职时，必须与接管人员办清交接手续。

第五十条　本基金会每年1月1日至12月31日为业务及会计年度，每年3月31日前，理事会对下列事项进行审定：

（一）上年度业务报告及经费收支决算；

（二）本年度业务计划及经费收支预算；

（三）财产清册。

本基金会进行年检、换届、更换法定代表人以及清算，应当进行财务审计。

第五十一条　本基金会按照《基金会管理条例》规定接受登记管理机关组织的年度检查。

第五十二条　本基金会通过登记管理机关的年度检查后，将年度工作报告在登记管理机关指定的媒体上公布，接受社会公众的查询、监督。

第五十三条　本基金会应当合理设计慈善项目，符合本会宗旨和章程的有关规定。优化实施流程，降低运行成本，提高慈善财产使用效益。

本基金会建立健全慈善项目的决策、执行、监督机制，对慈善项目的立项、审查、执行、控制、评估、反馈等环节建立科学、规范、有效的要求，设立项目管理机构，配备专职人员，行使项目管理职责。

本基金会按照公开、公平、公正的原则，确定慈善受益人。本会管理人员的利害关系人不得作为受益人。

本基金会开展重大慈善项目，应当由理事会表决通过，且同意的人数不得低于到会理事人数的2/3。

本基金会的重大慈善项目包括：

(一)年度慈善项目计划;

(二)超过 500 万元的慈善项目。

项目资金的使用要严格遵守国家财务会计制度的规定,按照捐赠协议专款专用。

慈善项目资金的管理使用要自觉接受财政部门、审计机关、业务主管单位、登记管理机关和社会公众的监督,认真履行信息公开义务,接受社会监督。

本基金会要加强慈善项目档案管理,保存慈善项目的完整信息,做好慈善项目的建档归档工作。

第五章　终止和剩余财产处理

第五十四条　本基金会有以下情形之一,应当终止:

(一)完成章程规定的宗旨的;

(二)无法按照章程规定的宗旨继续从事公益活动的;

(三)基金会发生分立、合并的。

第五十五条　本基金会终止,应在理事会表决通过后 15 日内,报业务主管单位审查同意。经业务主管单位审查同意后 15 日内,向登记管理机关申请注销登记。

第五十六条　本基金会办理注销登记前,应当在登记管理机关、业务主管单位的指导下成立清算组织,完成清算工作。

第五十七条　本基金会应当自清算结束之日起 15 日内向登记管理机关办理注销登记;在清算期间不开展清算以外的活动。

第五十八条　本基金会注销后的剩余财产,应当在业务主管单位和登记管理机关的监督下,通过以下方式用于公益目的:由绍兴市柯桥区教育体育局接收后用于发展教育事业。无法按照上述方式处理的,应当按照章程的规定转给宗旨相同或者相似的慈善组织,章程未规定的,由民政部门转给相同或者相近的慈善组织,并向社会公告。

第六章　章程修改

第五十九条　本章程的修改，须经理事会表决通过后15日内，报业务主管单位、党建领导机关审查同意。经业务主管单位、党建领导机关审查同意后，报登记管理机关核准。

第七章　党组织建设

第六十条　本基金会按照党章规定，经上级党组织批准设立党组织。如暂不能单独建立党组织，支持通过联合建立党组织、选派党建工作联络员等方式，在本组织开展党的工作。

第六十一条　本基金会党组织负责人，一般由本基金会秘书长以上负责人中的中共正式党员担任，如需要由其他同志担任的，报党建领导机关审核同意。

第六十二条　探索建立开放式党组织和党小组，对党员有3名以上，但能接转组织关系的党员不足3名的，建立功能型、拓展型党组织。

第六十三条　本基金会换届选举时，应先征求本基金会党组织意见；本基金会变更、撤并或注销，党组织应及时向上级党组织报告，并做好党员组织关系转移等相关工作。

第六十四条　本基金会为党组织开展活动、做好工作提供必要的场地、人员和经费支持，将党建工作经费纳入管理费用列支，支持党组织建设活动阵地。

第六十五条　本基金会支持领导班子与党组织领导班子“双向进入、交叉任职”，党组织负责人参加或列席管理层有关会议、党组织开展有关活动邀请非党员的社会组织负责人参加。

第六十六条　本基金会支持党组织对本会重要事项决策、重要业务活动、大额经费开支、接受大额捐赠、开展涉外活动等提出意见。

第八章 附则

第六十七条 本章程经 2018 年 6 月 8 日理事会表决通过。

第六十八条 本章程的解释权属于理事会。

第六十九条 本章程自登记管理机关核准之日起生效。

绍兴市柯桥区见义勇为基金会章程

第一章 总则

第一条 本基金会的名称是绍兴市柯桥区见义勇为基金会。

第二条 本基金会属于非公募基金会。

第三条 本基金会的宗旨:推动依法治国进程,促进社会主义精神文明建设和公民道德建设。弘扬见义勇为精神,匡扶社会正义,维护社会治安,扶持良好社会风气,为社会主义现代化建设尽心出力。

第四条 本基金会的原始基金数额为人民币 500 万元,来源于绍兴市柯桥区财政局 300 万元、绍兴市柯桥区见义勇为协会 200 万元。

第五条 本基金会的登记管理机关是绍兴市柯桥区民政局,业务主管单位是绍兴市公安局柯桥区分局。

第六条 本基金会的住所:绍兴市柯桥区鉴湖路 129 号(区公安局内)。

第二章 业务范围

第七条 本基金会公益活动的业务范围。

(一)表彰、奖励本区范围内人员、本区人员在市外、区外人员在本区,在法定职责之外,为保护国家、集体利益和他人的人身、财产安全,不顾个人安危,同违法犯罪行为作斗争或在抢险救灾、救死扶伤斗争中作出突出贡献的见义勇为人员(集体);

（二）表彰、奖励在上诉斗争中见义勇为的党政机关工作人员；

（三）表彰、奖励在上述斗争中见义勇为的非职务行为的公安政法干警、武警官兵；

（四）表彰、奖励积极向公安机关检举、揭发犯罪行为，提供重要线索和罪证，为案件的侦破和犯罪嫌疑人的抓获有重大贡献的人员；

（五）对牺牲的见义勇为人员遗属和见义勇为人员进行生活困难补助和慰问；

（六）对见义勇为人员进行医疗补助和慰问；

（七）宣传见义勇为先进典型事迹；

（八）表彰、奖励宣传见义勇为工作出色的人员；

（九）表彰、奖励搞见义勇为工作出色的人员；

（十）符合本会宗旨的其他重大活动。

第三章　组织机构、负责人

第八条　本基金会由 7 名理事组成理事会。

本基金会理事每届任期 5 年，任期届满，连选可以连任。

第九条　理事的资格：

（一）具备完全民事行为能力；

（二）热心基金会所从事的公益事业；

（三）具有与理事工作相适应的工作阅历和工作经验；

（四）能够尽职尽责，保障捐赠财产的使用符合捐赠人的意愿和基金会的公益目的，保障基金会财产的使用符合捐赠人的意愿和基金会的公益目的，保障基金会财产的安全及保值增值；

（五）廉洁奉公，办事公道。

第十条　理事的产生和罢免：

（一）第一届理事由业务主管单位、主要捐赠人、发起人分别提名并共同协商确定；

（二）理事会换届改选时，由业务主管单位、理事会、主要捐赠人共同提名候选人并组织换届领导小组，组织全部候选人共同选举产生新一届理事；

（三）罢免、增补理事应当经理事会表决通过，报业务主管单位审查同意；

（四）理事的选举和罢免结果报登记管理机关备案；

（五）具有近亲属关系的不得同时在理事会任职。

第十一条　理事的权利和义务：

（一）选举权、被选举权和表决权；

（二）知情权、建议权和监督权；

（三）参与本会的活动；

（四）理事任期届满，连选可以连任；

（五）理事应模范执行基金会《章程》；

（六）理事应对基金会负责，及时反应公众对基金会的意见和建议；

（七）理事应带头贯彻理事会决定的事项，维护本会的合法权益。

第十二条　本基金会的决策机构是理事会。理事会行使下列职权：

（一）制定、修改章程；

（二）选举、罢免理事长、副理事长、秘书长；

（三）决定重大业务活动计划，包括资金的募集、管理和使用计划；

（四）年度收支预算及决算审定；

（五）制定内部管理制度；

（六）决定设立办事机构、分支机构、代表机构；

（七）决定由秘书长提名的副秘书长和各机构主要负责人的聘任；

（八）听取、审议秘书长的工作报告，检查秘书长的工作；

（九）决定基金会的分立、合并或终止；

（十）决定其他重大事项。

第十三条　理事会每年召开 2 次会议。理事会会议由理事长负责召集和主持。

有 1/3 理事提议，必须召开理事会会议。如理事长不能召集，提议理事可推选召集人。

召开理事会会议，理事长或召集人需提前 5 日通知全体理事、监事。

第十四条　理事会会议须有 2/3 以上理事出席方能召开；理事会决议须经出席理事过半数通过方为有效。

下列重要事项的决议，须经出席理事表决，2/3 以上通过方为有效：

（一）章程的修改；

（二）选举或者罢免理事长、副理事长、秘书长；

（三）章程规定的重大募捐、投资活动；

（四）基金会的分立、合并。

第十五条　理事会会议应当制作会议记录。形成决议的，应当当场制作会议纪要，并由出席理事审阅、签名。理事会决议违反法律、法规或章程规定，致使基金会遭受损失的，参与决议的理事应当承担责任。但经证明在表决时反对并记载于会议记录的，该理事可免除责任。

第十六条　本基金会设监事 1 名。监事任期与理事任期相同，期满可以连任。

第十七条　理事、理事的近亲属和基金会财务人员不得任监事。

第十八条　监事的产生和罢免：

（一）监事由主要捐赠人、业务主管单位分别选派；

（二）登记管理机关根据工作需要选派；

（三）监事的变更依照其产生程序。

第十九条　监事的权利和义务：

（一）监事依照章程规定的程序检查基金会财务和会议资料，监督理事会遵守法律和章程的情况；

（二）监事列席理事会会议，有权向理事会提出质询和建议，并应当向登记管理机关、业务主管单位以及税务、会计主管部门反映情况；

（三）监事应当遵守有关法律法规和基金会章程，忠实履行职责。

第二十条　在本基金会领取报酬的理事不得超过理事会总人数的1/3。监事和未在基金会担任专职工作的理事不得从基金会获取报酬。

第二十一条　本基金会理事遇有个人利益与基金会利益关联时，不得参与相关事宜的决策；基金会理事、监事及其近亲属不得与基金会有任何交易行为。

第二十二条　理事会设理事长、副理事长和秘书长，从理事中选举产生。

第二十三条　本基金会理事长、副理事长、秘书长必须符合以下条件：

（一）在本基金会业务领域内有较大影响；

（二）理事长、副理事长、秘书长最高任职年龄不超过70周岁，秘书长为专职；

（三）身体健康，能坚持正常工作；

（四）具有完全民事行为能力。

第二十四条　有下列情形之一的人员，不能担任本基金会的理事长、副理事长、秘书长：

（一）属于现职国家工作人员的；

（二）因犯罪被判处管制、拘役或者有期徒刑，刑期执行完毕之日起未逾5年的；

（三）因犯罪被判处剥夺政治权利正在执行期间或者曾经被判处剥夺政治权利的；

（四）曾在因违法被撤销登记的基金会担任理事长、副理事长或者秘书长，且对该基金会的违法行为负有个人责任，自该基金会被撤销之日起未逾5年的。

第二十五条　本基金会的理事长、副理事长、秘书长每届任期5年，连任不超过两届。因特殊情况需超届连任的，须经理事会特殊程序表决通过，报业务主管单位审查并经登记管理机关批准同意后，方可任职。

第二十六条　本基金会理事长为基金会法定代表人。本基金会法定代表人不兼任其他组织的法定代表人。

本基金会法定代表人应当由中国内地居民担任。

本基金会法定代表人在任期间，基金会发生违反《基金会管理条例》和本章程的行为,法定代表人应当承担相关责任。因法定代表人失职,导致基金会发生违法行为或基金会财产损失的,法定代表人应当承担个人责任。

第二十七条　本基金会理事长行使下列职权:

(一)召集和主持理事会会议;

(二)检查理事会决议的落实情况;

(三)代表基金会签署重要文件。

本基金会副理事长、秘书长在理事长领导下开展工作,秘书长行使下列职权:

(一)主持开展日常工作,组织实施理事会决议;

(二)组织实施基金会年度公益活动计划;

(三)拟订资金的筹集、管理和使用计划;

(四)拟订基金会的内部管理规章制度,报理事会审批;

(五)协调各机构开展工作;

(六)提议聘任或解聘副秘书长以及财务负责人,由理事会决定;

(七)提议聘任或解聘各机构主要负责人,由理事会决定;

(八)决定各机构专职工作人员聘用;

(九)受理事长委托,代表基金会签署文件;

(十)章程和理事会赋予的其他职权。

第四章　财产的管理和使用

第二十八条　本基金会为非公募基金会,本基金会的收入来源于:

(一)绍兴市柯桥区财政局拨款;

(二)自然人、法人或其他组织自愿捐赠;

(三)原始基金的银行利息增值收益;

(四)其他合法收入。

第二十九条　本基金会接受捐赠,应当遵守法律法规,符合章程规定的宗旨和公益活动的业务范围。

第三十条 本基金会的财产及其他收入受法律保护,任何单位、个人不得侵占、私分、挪用。

第三十一条 本基金会根据章程规定的宗旨和公益活动的业务范围使用财产;捐赠协议明确了具体使用方式的捐赠,根据捐赠协议的约定使用。

接受捐赠的物资无法用于符合本基金会宗旨的用途时,基金会可以依法拍卖或者变卖,所得收入用于捐赠目的。

第三十二条 本基金会财产主要用于:

(一)见义勇为人员的表彰奖励;

(二)见义勇为伤残人员的医疗、康复补助;

(三)见义勇为牺牲人员遗属及伤残人员生活困难补助、慰问;

(四)见义勇为人员典型事迹宣传;

(五)存入银行进行基金保值增值;

(六)支付聘用专职工作人员的工资、福利,以及有关理事的报酬;

(七)日常办公经费开支;

(八)宣传见义勇为工作先进和见义勇为工作先进的奖金;

(九)符合本会宗旨的其他活动的开支。

第三十三条 本基金会按照合法、安全、有效的原则实现基金的保值、增值。

第三十四条 本基金会每年用于从事章程规定的公益事业支出,不得低于上一年基金余额的8%。

本基金会工作人员工资福利和行政办公支出不超过当年总支出的10%。

第三十五条 本基金会开展公益资助项目,应当向社会公开所开展的公益资助项目种类以及申请、评审程序。

第三十六条 捐赠人有权向本基金会查询捐赠财产的使用、管理情况,并提出意见和建议。对于捐赠人的查询,基金会应当及时如实答复。

本基金会违反捐赠协议使用捐赠财产的，捐赠人有权要求基金会遵守捐赠协议或者向人民法院申请撤销捐赠行为、解除捐赠协议。

第三十七条　本基金会可以与受助人签订协议，约定资助方式、资助数额以及资金用途和使用方式。

本基金会有权对资助的使用情况进行监督。受助人未按协议约定使用资助或者有其他违反协议情形的，本基金会有权解除资助协议。

第三十八条　本基金会应当执行国家统一的会计制度，依法进行会计核算、建立健全内部会计监督制度，保证会计资料合法、真实、准确、完整。

本基金会接受税务、会计主管部门依法实施的税务监督和会计监督。

第三十九条　本基金会配备具有专业资格的会计人员。会计不得兼出纳。会计人员调动工作或离职时，必须与接管人员办清交接手续。

第四十条　本基金会每年 1 月 1 日至 12 月 31 日为业务及会计年度，每年 3 月 31 日前，理事会对下列事项进行审定：

（一）上年度业务报告及经费收支决算；

（二）本年度业务计划经费收支预算；

（三）财产清册（当年度捐赠者名册及有关资料）。

第四十一条　本基金会进行年检、换届、更换法定代表人以及清算，应当进行财务审计。

第四十二条　本基金会按照《基金会管理条列》规定接受登记管理机关组织的年度检查。

第四十三条　本基金会通过登记管理机关的年度检查后，将年度工作报告在登记管理机关指定的媒体上公布，接受社会公众的查询、监督。

第五章　终止和剩余财产处理

第四十四条　本基金会有以下情形之一，应当终止：

（一）完成章程规定的宗旨的；

（二）无法按照章程规定的宗旨继续从事公益活动的；

（三）基金会发生分立、合并的。

第四十五条　本基金会终止，应在理事会表决通过后 15 日内，报业务主管单位审查同意。经业务主管单位审查同意后 15 日内，向登记管理机关申请注销登记。

第四十六条　本基金会办理注销登记前，应当在登记管理机关、业务主管单位的指导下成立清算组织，完成清算工作。

本基金会应当自清算结束之日起 15 日内向登记管理机关办理注销登记；在清算期间不开展清算以外的活动。

第四十七条　本基金会注销后的剩余财产，应当在业务主管单位和登记管理机关的监督下，通过以下方式用于公益目的：

（一）捐赠给社会公益组织或者公益性社会团体；

（二）捐赠给慈善机构；

（三）捐赠给希望工程。

无法按照上述方式处理的，由登记管理机关组织捐赠给与本基金会性质、宗旨相同的社会公益组织，并向社会公告。

第六章　章程修改

第四十八条　本章程的修改，须经理事会表决通过后 15 日内，报业务主管单位审查同意。经业务主管单位审查同意后，报登记管理机关核准。

第七章　附则

第四十九条　本章程经 2016 年 6 月 6 日理事会表决通过。

第五十条　本章程的解释权属于理事会。

第五十一条　本章程自登记管理机关核准之日起生效。

绍兴市柯桥区中厦慈善基金会章程

第一章　总则

第一条　本基金会名称为:绍兴市柯桥区中厦慈善基金会。

第二条　本基金会属于非公募基金会。

第三条　本基金会宗旨:济困解难,扬崇仁关爱;尽奉献公益,促文明进步。

第四条　本基金会的原始基金数额为人民币贰佰万元,来源于中厦建设集团有限公司捌拾万元、绍兴中厦房地产开发有限公司陆拾万元、绍兴锦绣园房地产开发有限公司陆拾万元捐赠。

第五条　本基金的登记管理机关、业务主管单位是浙江省民政厅。

第六条　本基金会的住所:浙江省绍兴市柯桥区平水镇环镇东路 77 号,中厦建设集团有限公司办公楼内。

第二章　业务范围

第七条　本基金会公益活动的业务范围是:

(一)济困助学。为孤儿及特困儿童、青少年提供学习和生活费用资助。

(二)安老帮残。向老、弱、病、残等社会弱势群体提供物质帮助。

(三)崇义解困。对急公好义且见义勇为而受伤、致残、牺牲者,给予大力帮助。

(四)赈灾扶贫。配合政府开展救灾赈济工作。

第三章　组织机构、负责人

第八条　本基金会由七名理事组成理事会。

本基金会理事每届任期为 5 年,任期届满,连选可以连任。

第九条　本基金会理事的任职资格:

（一）承认本基金会章程；

（二）热心慈善公益事业；

（三）具有完全民事行为能力。

第十条　理事的产生和罢免：

（一）第一届理事由业务主管单位、基金捐赠人分别提名并共同协商确定。

（二）理事会换届改选，由业务主管单位、理事会、基金捐赠人共同提名候选人并组织换届领导小组，组织全部候选人共同选举产生新一届理事会。理事会中，相互有近亲属关系的不超过1/3。

（三）罢免、增补理事应当经理事会表决通过，报业务主管单位审查同意。

（四）理事会进行选举和理事罢免、增补的结果，报登记管理机关备案。

第十一条　理事的权利和义务：

（一）理事的权利包括：⑴参加理事会议并享有选举权和被选举权；⑵对理事会的决议、决定行使表决权；⑶依法自主决定是否担任理事职务。

（二）理事的义务包括：⑴执行理事会通过的决议、决定；⑵维护本基金会的合法权益；⑶完成与其职务相应的工作任务。

第十二条　本基金会的决策机构是理事会。

本基金会理事会行使下列职权：

（一）制定、修改章程；

（二）选举、罢免理事长、秘书长；

（三）决定重大业务活动计划，包括资金的募集、管理和使用计划；

（四）年度收支预算及决算审定；

（五）制定内部管理制度；

（六）决定设立办事机构、分支机构、代表机构；

（七）决定由秘书长提名的副秘书长和各机构主要负责人的聘任；

（八）听取、审议秘书长的工作报告，检查秘书长的工作；

（九）决定基金会的分立、合并或终止；

（十）决定其他重大事项。

第十三条　理事会通常每年召开 2 次以上会议。理事会会议由理事长负责召集和主持。遇有 1/3 及以上理事提议，必须召开理事会议。如理事长不能召集，提议理事可推选召集人。召开理事会会议，理事长或召集人应提前 5 日通知全体理事、监事。

第十四条　理事会会议应有 2/3 以上理事出席方能召开，理事会决议应获出席理事过半数通过方为有效。

下列重要事项的决议，须经出席会议理事表决，2/3 以上通过方为有效：

（一）章程的修改；

（二）选举或者罢免理事长、秘书长；

（三）章程规定的重大募捐、投资活动；

（四）基金会的分立、合并。

第十五条　理事会会议均制作会议记录，形成决议的，将当场制作会议纪要，并由出席理事审阅、签名。理事会决议违反法律、法规或章程规定，致使基金会遭受损失的，参与决议的理事应承担责任。但经证明在表决时持反对意见并记载于会议记录的，该理事可免除责任。

第十六条　本基金会设监事 1 人，不设监事会，监事任期与理事任期一致，期满可以连任。凡理事、理事的近亲属和基金会财务人员不得担任监事。

第十七条　监事的产生和罢免：

（一）由基金捐赠人担任或指派，并决定其罢免；

（二）由业务主管单位、登记管理机关根据工作需要选派，并决定其任免；

（三）监事的变更依照其产生程序。

第十八条　监事的权利和义务：

监事依照章程规定的程序检查基金会财务和会计资料，监督理事会遵守法律和章程的情况。监事列席理事会会议，有权向理事会提出质询和建议，并应当向登记机关、业务主管单位以及税务、会计主管部门反映情况。监事应当遵守有关法律法规和基金会章程，忠实履行职责。

第十九条 在本基金会领取报酬的理事不得超过理事总人数的1/3；监事和未在基金会担任专职工作的理事不得从基金会获取报酬；本基金会理事遇有个人利益与基金会利益关联时，不参与相关事宜的决策；基金会理事、监事及近亲属不得与基金会发生任何交易行为。

第二十条 理事会设理事长和秘书长，从理事中选举。

第二十一条 本基金会理事长、秘书长应符合以下条件：

（一）在本基金会业务领域内有较好声誉；

（二）最高任职年龄不超过70周岁，秘书长为专职；

（三）身体健康，能坚持正常工作；

（四）具有完全民事行为能力。

第二十二条 有下列情形之一的人员，不担任本基金会的理事长、秘书长：

（一）属于现职国家工作人员的；

（二）因犯罪被判处剥夺政治权利正在执行期间或者曾经被判处剥夺政治权利的；

（三）因犯罪被判处管制、拘役或者有期徒刑，刑期执行完毕起未逾5年的；

（四）曾在因违法被撤销登记的基金会担任理事长、副理事长、秘书长，且对该基金会的违法行为负有个人责任，自该基金会被撤消之日起未逾5年的。

第二十三条 本基金会的理事长、秘书长每届任期5年，连任不超过两届。因特殊情况需超届连任的，须经理事会特殊程序表决通过，报业务主管单位审查并经登记管理机关批准同意后，方可任职。

第二十四条 本基金会理事长为基金会法定代表人，本基金会法定代表人不兼任其他组织的法定代表人。本基金会法定代表人应当由中国内地居民担任。本基金会法定代表人在任期间，基金会如发生违反《基金会管理条例》和本章程的行为，法定代表人承担相关责任。因法定代表人失职，导致基金会发生违法行为或基金会财产损失的，由法定代表人承担个人责任。

第二十五条　本基金会理事长行使下列职权：

（一）召集和主持理事会会议；

（二）检查理事会决议的落实情况；

（三）组织实施基金会年度公益活动计划；

（四）代表基金会签署重要文件；

（五）章程和理事会赋予的其他职权。

第二十六条　基金会秘书长在理事长领导下开展工作，秘书长行使下列职责：

（一）主持日常工作，组织实施理事会决议；

（二）拟订基金会公益活动计划和资金的筹集、管理、使用计划；

（三）拟订基金会内部管理规章制度，报理事会审批；

（四）提议聘任或解聘副秘书长以及财务负责人，由理事会决定；

（五）提议聘任或解聘各机构主要负责人，由理事会决定；

（六）决定各机构专职工作人员的聘用；

（七）协调各机构开展工作；

（八）章程和理事会赋予的其他职权。

第四章　财产的管理和使用

第二十七条　本基金会设立后，收入主要来源于：

（一）绍兴县中厦慈善基金会；

（二）本基金会发起设立单位的捐赠；

（三）自然人、法人或其他组织的自愿捐赠；

（四）基金运作产生的收益；

（五）其他合法收入。

第二十八条 本基金会的财产及其他收入受法律保护，任何单位、个人不得侵占、私分、挪用。

第二十九条 本基金会根据章程规定的宗旨和公益活动的业务范围使用财产，捐赠协议明确了具体使用方式的捐赠，根据捐赠协议的约定使用。

接受捐赠的物资无法用于符合本基金会宗旨的用途时，基金会可以依法拍卖或者变卖，所得收入用于捐赠目的。

第三十条 本基金会财产主要用于：

（一）开展正常业务活动的支出；

（二）办公费用；

（三）工作人员的工资福利；

（四）其他必要的合法开支。

第三十一条 本基金会的重大投资活动是指：

（一）独资或合资设立经济实体；

（二）购买债券、股票等有价证券；

（三）有偿出借给非金融机构的法人、自然人或其他组织；

（四）法律法规许可的其他经济活动。

第三十二条 本基金按照合法、安全、有效的原则实现基金的保值、增值。

第三十三条 本基金会每年用于从事章程规定的公益事业支出，不低于上一年基金余额的 8%，工作人员工资福利和办公费用支出不超出当年总支出的 10%。

第三十四条 本基金会开展公益资助项目，应当向社会公开所开展的公益资助项目种类以及申请，评审程序。

第三十五条 捐赠人有权向本基金会查询捐赠财产的使用、管理情况，并提出意见和建议。对于捐赠人的查询，基金会应当及时如实答复。

本基金会违反捐赠协议使用捐赠财产的，捐赠人有权要求基金会遵守捐赠协议或者向人民法院申请撤消捐赠行为、解除捐赠协议。

第三十六条　本基金会可以与受助人签定协议，约定资助方式、资助数额以及资金用途和使用方式。

本基金会有权对资助的使用情况进行监督，受助人未按议约定使用资助或者其他违反协议情形的，本基金会有权解除资助协议。

第三十七条　本基金会执行国家统一的会计制度，依法进行会计核算，建立健全内部会计监督制度，保证会计资料合法、真实、准确、完整。

本基金会接受税务、会计主管部门依法实施的税务监督和会计监督。

第三十八条　本基金会配备具有专业资格的会计人员。会计不得兼任出纳。会计人员调动工作或离职时，必须与接管人员办清交接手续。

第三十九条　本基金会以每年 1 月 1 日至 12 月 31 日为业务及会计年度，每年 3 月 31 日前，理事会对下列事项做出审定：

（一）上年度业务报告及经费收支决算；

（二）本年度业务计划及经费收支预算；

（三）财产清册（当年度捐赠者名册及有关资料）。

第四十条　本基金会进行年检、换届、更换法定代表人以及清算，应当进行财务审计。

第四十一条　本基金会按照《基金会管理条例》规定接受登记管理机关组织的年度检查。

第四十二条　本基金会通过登记管理机关的年度检查后，将年度工作报告在登记管理机关指定的媒体上公布，接受社会公众的查询、监督。

第五章　终止和剩余财产处理

第四十三条　本基金会如有以下情形的，将予以终止。

（一）完成章程规定的宗旨；

（二）无法按照章程规定的宗旨继续从事公益活动；

（三）基金会发生分立、合并；

（四）业务主管单位、登记管理机关认为应当终止活动；

（五）其他需要注销登记的情形。

第四十四条　本基金会终止，应在理事会表决通过后 15 日内，报业务主管单位审查同意。经业务主管单位同意 15 天内，向登记机关申请注销登记。

第四十五条　本基金会办理注销登记前，应当在登记管理机关、业务主管单位的指导下成立清算组织，完成清算工作。

本基金会应当自清算之日起 15 日内向登记管理机关办理登记。在清算期间不开展清算以外的活动。

第四十六条　本基金会注销后的剩余财产，应当在业务主管单位和登记管理机关的监督下，通过以下方式用于公益目的：

（一）由绍兴市柯桥区平水镇慈善协会接受后用于慈善公益事业；

（二）由绍兴市柯桥区慈善总会接受后用于慈善公益事业。

无法按照上述方式处理的，由登记管理机关组织捐赠给本基金会性质宗旨相同的社会公益组织，并向社会公告。

第六章　章程修改

第四十七条　本章程的修改，须经理事会表决通过后 15 日内，报业务主管单位审查同意。经业务主管单位审查同意后，报登记管理机关核准。

第七章　附则

第四十八条　本章程经 2015 年 3 月 25 日理事会表决通过。

第四十九条　本章程的解释权属于理事会。

第五十条　本章程自登记管理机关核准之日起生效。

绍兴市柯桥区红十字会定向捐赠管理使用办法

（2016 年 4 月 14 日）

第一章　总则

第一条　为进一步规范我区红十字会接受和实施定向捐赠，依照《中华人民共和国红十字会法》《中华人民共和国公益事业捐赠法》等相关法律法规，根据《中国红十字会章程》规定和红十字事业发展的需要，特制定本办法。

第二条　区红十字会根据核心职能工作，积极争取社会各界人士的自愿定向捐赠。

第三条　定向捐赠是指社会爱心企事业单位或个人以自己的意愿通过向红十字会捐资，定向用于“三救三献”等符合红十字宗旨的项目专用资金。

第四条　定向捐赠遵循自愿、合法、无偿的原则。

第二章　定向捐赠的要求

第五条　定向捐赠的资金应当是合法的、有处分权的资金。

第六条　定向捐赠的项目，必须符合《中华人民共和国红十字会法》《中华人民共和国公益事业捐赠法》和《中国红十字会章程》的相关规定。

第七条　定向捐赠的资金必须在规定项目专款专用，任何单位和个人不得以任何理由挪用、借用或移作它用。

第三章　定向捐赠的接受

第八条　接受的定向捐赠资金，以尊重捐赠人的意愿为原则，必须用于符合红十字会宗旨的救助项目。区红十字会接受定向捐赠工作按下列程序进行：

（一）双方就捐赠金额、捐赠用途、捐赠对象、实施周期等方面的问题进行前期沟通，达成捐赠共识；

（二）双方共同商议确定捐赠协议的相关内容，并签署定向捐赠协议；

（三）办理捐赠资金的交接；

（四）红十字会向捐赠方出具公益事业捐赠统一票据；

（五）红十字会将受赠资金登记入账。

第四章　定向捐赠资金的管理和使用

第九条　红十字会尊重捐赠人的意愿，严格履行定向捐赠协议的内容，及时将捐赠资金使用于捐赠方约定用途和捐赠对象，不得擅自改变捐赠资金的用途。如确需改变用途的，应当征得捐赠人的书面同意。

第十条　定向捐助资金的实施，经三方（捐赠方、受赠方、本会）协商确定，并签订三方协议。区红十字会执委会主任签批后由相关业务科室操作运行。

相关业务科室在得到定向捐赠项目实施会长签批件后的 7 日内，启动该定向捐赠项目，并及时向捐赠人反馈项目启动相关信息。

第十一条　定向捐助项目启动后，受助方必须认真执行本规定和协议，成立项目实施领导小组，专人负责，专款专用，讲究项目实施质量，接受资助方、红十字会和社会监督。在捐赠项目的实施中，受赠对象要定期向区红十字会报告项目执行情况，区红十字会负责将定向捐赠资金的使用情况向捐赠方通报。项目完成后通过审计验收，向资助方、区红十字基金监管领导小组和社会公布。

第十二条　定向捐赠项目实施结束后，如还有剩余的捐赠资金，在征得捐赠人书面同意后，可将该剩余资金转用于红十字会其他人道救助工作。

第十三条　依照国际红十字运动惯例以及《中国红十字会募捐和接受捐赠工作管理办法》的相关规定，区红十字会用于项目管理的经费不得高于接受捐款的 6.5%，并在定向捐赠协议中体现。

项目管理费是指在项目实施过程中的必要支出，包括项目聘用人员的工资或志愿者补助费、办公用品与设备费、资料费、通讯费、差旅费、宣传费等费用。

第五章 附则

第十四条 截留、挪用、侵占或者贪污定向捐赠资金的;滥用职权、玩忽职守、徇私舞弊,致使捐赠资金造成重大损失,构成犯罪的,依法移送司法机关追究刑事责任。依法追回的捐赠资金,应当用于原捐赠项目的使用。

第十五条 本办法解释权属绍兴市柯桥区红十字会。

浙江省明慈慈善基金会章程

第一章 总则

第一条 本基金会的名称是浙江省明慈慈善基金会。

第二条 本基金会属于非公募基金会。

第三条 本基金会的宗旨:爱国爱家,宏扬中华慈善文化,为贫困弱势群体提供各类关怀和救助,促进社会和谐。

第四条 本基金会的原始基金数额为人民币 500 万元,来源于徐浩祥、王仁美出资。

第五条 本基金会的登记管理机关是浙江省民政厅,业务主管单位是浙江省民政厅。

第六条 本基金会的住所绍兴市柯桥区银座国际商务中心 8 幢 401 室。

第二章 业务范围

第七条 本基金会公益活动的业务范围:

(一)开设免费的素食餐厅;

(二)设立义工组织,参加社会各类公益活动;

（三）为贫困弱势群体提供各类关怀和救助。

第三章 组织机构、负责人

第八条 本基金会由五名理事组成理事会。

本基金会理事每届任期为三年，任期届满，连选可以连任。

第九条 理事的资格：

（一）年满 18 周岁以上；

（二）热爱关心公益事业。

第十条 理事的产生和罢免：

（一）第一届理事由业务主管单位、主要捐赠人、发起人分别提名并共同协商确定；

（二）理事会换届改选时，由业务主管单位、理事会、主要捐赠人共同提名候选人并组织换届领导小组，组织全部候选人共同选举产生新一届理事；

（三）罢免、增补理事应当经理事会表决通过，报业务主管单位审查同意；

（四）理事的选举和罢免结果报登记管理机关备案。

第十一条 理事的权利和义务：

（一）参与制订、修改章程；

（二）参与决定重大业务活动计划，包括资金的募集，管理使用计划；

（三）参与年度收支预算及决算审定。

第十二条 本基金会的决策机构是理事会。理事会行使下列职权：

（一）制定、修改章程；

（二）选举、罢免理事长、副理事长、秘书长；

（三）决定重大业务活动计划，包括资金的募集、管理和使用计划；

（四）年度收支预算及决算审定；

（五）制定内部管理制度；

（六）决定设立办事机构、分支机构、代表机构；

（七）决定由秘书长提名的副秘书长和各机构主要负责人的聘任；

（八）听取、审议秘书长的工作报告，检查秘书长的工作；

（九）决定基金会的分立、合并或终止；

（十）决定其他重大事项。

第十三条　理事会每年召开2次会议。理事会会议由理事长负责召集和主持。

有1/3理事提议，必须召开理事会会议。如理事长不能召集，提议理事可推选召集人。

召开理事会会议，理事长或召集人需提前5日通知全体理事、监事。

第十四条　理事会会议须有2/3以上理事出席方能召开；理事会决议须经出席理事过半数通过方为有效。

下列重要事项的决议，须经出席理事表决，2/3以上通过方为有效：

（一）章程的修改；

（二）选举或者罢免理事长、副理事长、秘书长；

（三）章程规定的重大募捐、投资活动；

（四）基金会的分立、合并。

第十五条　理事会会议应当制作会议记录。形成决议的，应当当场制作会议纪要，并由出席理事审阅、签名。理事会决议违反法律、法规或章程规定，致使基金会遭受损失的，参与决议的理事应当承担责任。但经证明在表决时反对并记载于会议记录的，该理事可免除责任。

第十六条　本基金会设监事1名。监事任期与理事任期相同，期满可以连任。

第十七条　理事、理事的近亲属和基金会财会人员不得任监事。

第十八条　监事的产生和罢免：

（一）监事由主要捐赠人、业务主管单位分别选派；

（二）登记管理机关根据工作需要选派；

（三）监事的变更依照其产生程序。

第十九条 监事的权利和义务：

监事依照章程规定的程序检查基金会财务和会计资料，监督理事会遵守法律和章程的情况。

监事列席理事会会议，有权向理事会提出质询和建议，并应当向登记管理机关、业务主管单位以及税务、会计主管部门反映情况。

监事应当遵守有关法律法规和基金会章程，忠实履行职责。

第二十条 在本基金会领取报酬的理事不得超过理事总人数的1/3。监事和未在基金会担任专职工作的理事不得从基金会获取报酬。

第二十一条 本基金会理事遇有个人利益与基金会利益关联时，不得参与相关事宜的决策；基金会理事、监事及其近亲属不得与基金会有任何交易行为。

第二十二条 理事会设理事长、副理事长和秘书长，从理事中选举产生。

第二十三条 本基金会理事长、副理事长、秘书长必须符合以下条件：

（一）在本基金会业务领域内有较大影响；

（二）理事长、副理事长、秘书长最高任职年龄不超过70周岁，秘书长为专职；

（三）身体健康，能坚持正常工作；

（四）具有完全民事行为能力。

第二十四条 有下列情形之一的人员，不能担任本基金会的理事长、副理事长、秘书长：

（一）属于现职国家工作人员的；

（二）因犯罪被判处管制、拘役或者有期徒刑，刑期执行完毕之日起未逾5年的；

（三）因犯罪被判处剥夺政治权利正在执行期间或者曾经被判处剥夺政治权利的；

（四）曾在因违法被撤销登记的基金会担任理事长、副理事长或者秘书长，且对该基金会的违法行为负有个人责任，自该基金会被撤销之日起未逾5年的。

第二十五条　担任本基金会理事长、副理事长或者秘书长的香港居民、澳门居民、台湾居民以及外国人，每年在中国内地居留时间不得少于3个月。

第二十六条　本基金会的理事长、副理事长、秘书长每届任期三年，连任不超过两届。因特殊情况需超届连任的，须经理事会特殊程序表决通过，报业务主管单位审查并经登记管理机关批准同意后，方可任职。

第二十七条　本基金会理事长为基金会法定代表人。本基金会法定代表人不兼任其他组织的法定代表人。

本基金会法定代表人应当由中国内地居民担任。

本基金会法定代表人在任期间，基金会发生违反《基金会管理条例》和本章程的行为，法定代表人应当承担相关责任。因法定代表人失职，导致基金会发生违法行为或基金会财产损失的，法定代表人应当承担个人责任。

第二十八条　本基金会理事长行使下列职权：

（一）召集和主持理事会会议；

（二）检查理事会决议的落实情况；

（三）代表基金会签署重要文件；

（四）组织实施基金会年度公益活动计划；

（五）提议聘任或解聘副秘书长及财务负责人，由理事会决定；

（六）提议聘任或解聘各机构主要负责人，由理事会决定。

本基金会副理事长、秘书长在理事长领导下开展工作，秘书长行使下列职权：

（一）拟订资金的筹集，管理和使用计划；

（二）拟订基金会的内部管理规章制度报理事会审批；

（三）协调各机构开展工作；

（四）决定各机构专职工作人员聘用；

（五）章程和理事会赋予的其他职权。

第四章 财产的管理和使用

第二十九条 本基金会为非公募基金会,本基金会的收入来源于:

(一)徐浩祥、王仁美夫妇捐赠;

(二)基金会投资收益;

(三)自然人、法人或其他组织自愿捐赠;

(四)其他合法收入等。

第三十条 本基金会接受捐赠,应当遵守法律法规,符合章程规定的宗旨和公益活动的业务范围。

第三十一条 本基金会组织募捐时,应当向社会公布募得资金后拟开展的公益活动和资金的详细使用计划。重大募捐活动应当报业务主管单位和登记管理机关备案。

本基金会组织募捐,不得以任何形式进行摊派及变相摊派。

第三十二条 本基金会的财产及其他收入受法律保护,任何单位、个人不得侵占、私分、挪用。

第三十三条 本基金会根据章程规定的宗旨和公益活动的业务范围使用财产;捐赠协议明确了具体使用方式的捐赠,根据捐赠协议的约定使用。

接受捐赠的物资无法用于符合本基金会宗旨的用途时,基金会可以依法拍卖或者变卖,所得收入用于捐赠目的。

第三十四条 本基金会财产主要用于:

(一)开设免费的素食餐厅;

(二)开展各类公益活动。

第三十五条 本基金会的重大募捐、投资活动是指:

(一)独资或合资设立经济实体;

(二)法律、法规许可的其他经济活动。

第三十六条　本基金会按照合法、安全、有效的原则实现基金的保值、增值。

第三十七条　本基金会每年用于从事章程规定的公益事业支出，不得低于上一年总收入的70%。

本基金会每年用于从事章程规定的公益事业支出，不得低于上一年基金余额的8%。

本基金会工作人员工资福利和行政办公支出不超过当年总支出的10%。

第三十八条　本基金会开展公益资助项目，应当向社会公开所开展的公益资助项目种类以及申请、评审程序。

第三十九条　捐赠人有权向本基金会查询捐赠财产的使用、管理情况，并提出意见和建议。对于捐赠人的查询，基金会应当及时如实答复。

本基金会违反捐赠协议使用捐赠财产的，捐赠人有权要求基金会遵守捐赠协议或者向人民法院申请撤销捐赠行为、解除捐赠协议。

第四十条　本基金会可以与受助人签订协议，约定资助方式、资助数额以及资金用途和使用方式。

本基金会有权对资助的使用情况进行监督。受助人未按协议约定使用资助或者有其他违反协议情形的，本基金会有权解除资助协议。

第四十一条　本基金会应当执行国家统一的会计制度，依法进行会计核算、建立健全内部会计监督制度，保证会计资料合法、真实、准确、完整。

本基金会接受税务、会计主管部门依法实施的税务监督和会计监督。

第四十二条　本基金会配备具有专业资格的会计人员。会计不得兼出纳。会计人员调动工作或离职时，必须与接管人员办清交接手续。

第四十三条　本基金会每年1月1日至12月31日为业务及会计年度，每年3月31日前，理事会对下列事项进行审定：

（一）上年度业务报告及经费收支决算；

（二）本年度业务计划及经费收支预算。

第四十四条　本基金会进行年检、换届、更换法定代表人以及清算，应当进行财务审计。

第四十五条　本基金会按照《基金会管理条例》规定接受登记管理机关组织的年度检查。

第四十六条　本基金会通过登记管理机关的年度检查后，将年度工作报告在登记管理机关指定的媒体上公布，接受社会公众的查询、监督。

第五章　终止和剩余财产处理

第四十七条　本基金会有以下情形之一，应当终止：

（一）完成章程规定的宗旨的；

（二）无法按照章程规定的宗旨继续从事公益活动的；

（三）基金会发生分立、合并的。

第四十八条　本基金会终止，应在理事会表决通过后 15 日内，报业务主管单位审查同意。经业务主管单位审查同意后 15 内，向登记管理机关申请注销登记。

第四十九条　本基金会办理注销登记前，应当在登记管理机关、业务主管单位的指导下成立清算组织，完成清算工作。

本基金会应当自清算结束之日起 15 日内向登记管理机关办理注销登记；在清算期间不开展清算以外的活动。

第五十条　本基金会注销后的剩余财产，应当在业务主管单位和登记管理机关的监督下，通过以下方式用于公益目的：

（一）捐赠给社会公益组织或者公益性社会团体；

（二）捐赠给慈善机构。

无法按照上述方式处理的，由登记管理机关组织捐赠给与本基金会性质、宗旨相同的社会公益组织，并向社会公告。

第六章　章程修改

第五十一条　本章程的修改，须经理事会表决通过后 15 日内，报业务主管单位审查同意。经业务主管单位审查同意后，报登记管理机关核准。

第七章　附则

第五十二条　本章程经 2016 年 7 月 22 日理事会表决通过。

第五十三条　本章程的解释权属于理事会。

第五十四条　本章程自登记管理机关核准之日起生效。

绍兴市永利帮乐慈善基金会章程

第一章　总则

第一条　本基金会的名称是绍兴市永利帮乐慈善基金会。

第二条　本基金会属于非公募基金会。

第三条　本基金会遵守宪法、法律、法规和国家政策，践行社会主义核心价值观，遵守社会道德风尚，为社会主义慈善事业的发展做出积极贡献。

本基金会的宗旨：发展永攀高峰，慈善利国利民。

第四条　本基金会的原始基金数额为人民币 200 万元，来源于永利集团及其子公司（永利地产集团有限公司、浙江永和建材有限公司）的定向捐赠。

第五条　本基金会坚持中国共产党的全面领导，根据中国共产党章程的规定建立中国共产党的组织，开展党的活动，为党组织的活动提供必要条件。

本基金会的登记管理机关是绍兴市民政局，党建领导机关是绍兴市民政局，业务主管单位是绍兴市民政局。本基金会接受业务主管单位和登记管理机关的业务指导和监督管理。

第六条　本基金会的住所永利大厦A座2401室。

第二章　业务范围

第七条　本基金会公益活动的业务范围：

（一）扶贫济困，帮助困难家庭；

（二）助残救孤，资助弱势群体；

（三）助学，资助贫困学生；

（四）扶老，扶助贫困老人群体；

（五）恤病助医，关爱贫困人群就医问题；

（六）救灾，救助自然灾害、事故灾害及突发事件造成的伤害。

第三章　组织机构、负责人

第八条　本基金会由5名理事组成理事会。

本基金会理事每届任期为5年，任期届满，连选可以连任。

第九条　理事的资格：

（一）中华人民共和国公民；

（二）具有完全民事行为能力；

（三）热心公益慈善事业；

（四）认同本基金会的理念及章程。

第十条　理事的产生和罢免：

（一）第一届理事由业务主管单位、主要捐赠人、发起人分别提名并共同协商确定。

（二）理事会换届改选时，由业务主管单位、理事会、基金会党组织、主要捐赠人共同提名候选人并组织换届领导小组，组织全部候选人共同选举产生新一届理事。

（三）罢免、增补理事应当经理事会表决通过，报业务主管单位审查同意。

（四）理事的选举和罢免结果报登记管理机关备案。

（五）具有近亲属关系的不得同时在理事会任职。

第十一条　理事的权利和义务：

（一）提出符合本基金会宗旨与业务范围的议案；

（二）选举权、被选举权和表决权；

（三）知情权、建议权和监督权；

（四）出席理事会会议，就章程规定的事项和程序发表意见并行使表决权；

（五）对提交理事会会议表决的文件、材料或数据等提出质询，并要求相关部门或人员做出说明；

（六）向理事长提出召开临时会议或特别会议的建议。

第十二条　本基金会的决策机构是理事会。理事会行使下列职权：

（一）制定、修改章程；

（二）选举、罢免理事长、副理事长、秘书长；

（三）决定重大业务活动计划，包括资金的募集、管理和使用计划；

（四）年度收支预算及决算审定；

（五）制定内部管理制度；

（六）决定设立办事机构、分支机构、代表机构；

（七）决定由秘书长提名的副秘书长和各机构主要负责人的聘任；

（八）听取、审议秘书长的工作报告，检查秘书长的工作；

（九）决定基金会的分立、合并或终止；

（十）决定其他重大事项。

第十三条　理事会每年召开2次会议。理事会会议由理事长负责召集和主持。有1/3理事提议，必须召开理事会会议。如理事长不能召集，提议理事可推选召集人。召开理事会会议，理事长或召集人需提前5日通知全体理事、监事。

理事会会议须有2/3以上理事出席方能召开；理事会决议须经出席理事过半数

通过方为有效。

第十四条　下列重要事项的决议，须经出席理事表决，2/3 以上通过方为有效：

（一）章程的修改；

（二）选举或者罢免理事长、副理事长、秘书长；

（三）章程规定的重大募捐、投资活动；

（四）基金会的分立、合并。

第十五条　理事会会议应当制作会议记录。形成决议的，应当场制作会议纪要，并由出席理事审阅、签名。理事会决议违反法律、法规或章程规定，致使基金会遭受损失的，参与决议的理事应当承担责任。但经证明在表决时反对并记载于会议记录的，该理事可免除责任。

第十六条　本基金会设监事 1 名。监事任期与理事任期相同，期满可以连任。

第十七条　理事、理事的近亲属和基金会财会人员不得任监事。

第十八条　监事的产生和罢免：

（一）监事由主要捐赠人、业务主管单位分别选派；

（二）登记管理机关根据工作需要选派；

（三）监事的变更依照其产生程序。

第十九条　监事的权利和义务：

监事依照章程规定的程序检查基金会财务和会计资料，监督理事会遵守法律和章程的情况。

监事列席理事会会议，有权向理事会提出质询和建议，并应当向登记管理机关、业务主管单位以及税务、会计主管部门反映情况。监事应当遵守有关法律法规和基金会章程，忠实履行职责。

第二十条　在本基金会领取报酬的理事不得超过理事总人数的 1/3。监事和未在基金会担任专职工作的理事不得从基金会获取报酬。

第二十一条　本基金会理事遇有个人利益与基金会利益关联时，不得参与相关事宜的决策;基金会理事、监事及其近亲属不得与基金会有任何交易行为。

第二十二条　理事会设理事长、副理事长和秘书长,从理事中选举产生。

第二十三条　本基金会理事长、副理事长、秘书长必须符合以下条件:

(一)在本基金会业务领域内有较大影响;

(二)理事长、副理事长、秘书长最高任职年龄不超过70周岁,秘书长为专职;

(三)身体健康,能坚持正常工作;

(四)具有完全民事行为能力。

第二十四条　有下列情形之一的人员,不能担任本基金会的理事长、副理事长、秘书长:

(一)属于现职国家工作人员的;

(二)因犯罪被判处管制、拘役或者有期徒刑,刑期执行完毕之日起未逾5年的;

(三)因犯罪被判处剥夺政治权利正在执行期间或者曾经被判处剥夺政治权利的;

(四)曾在因违法被撤销登记的基金会担任理事长、副理事长或者秘书长,且对该基金会的违法行为负有个人责任,自该基金会被撤销之日起未逾5年的。

第二十五条　本基金会的理事长、副理事长、秘书长每届任期5年,连任不超过两届。因特殊情况需超届连任的,须经理事会特殊程序表决通过,报业务主管单位审查并经登记管理机关批准同意后,方可任职。

第二十六条　本基金会理事长为基金会法定代表人。本基金会法定代表人不兼任其他组织的法定代表人。

本基金会法定代表人应当由中国内地居民担任。

本基金会法定代表人在任期间,基金会发生违反《基金会管理条例》和本章程的行为,法定代表人应当承担相关责任。因法定代表人失职,导致基金会发生违法行为或基金会财产损失的,法定代表人应当承担个人责任。

第二十七条　本基金会理事长行使下列职权:

（一）召集和主持理事会会议；

（二）检查理事会决议的落实情况；

（三）代表基金会签署重要文件；

（四）拟订资金的筹集、管理和使用计划；

（五）组织实施基金会年度公益活动计划；

（六）拟订基金会的内部管理规章制度，报理事会审批。

本基金会副理事长、秘书长在理事长领导下开展工作，秘书长行使下列职权：

（一）主持开展日常工作，组织实施理事会决议；

（二）协调各机构开展工作；

（三）提议聘任或解聘副秘书长以及财务负责人，由理事会决定；

（四）提议聘任或解聘各机构主要负责人，由理事会决定；

（五）决定各机构专职工作人员聘用；

（六）章程和理事会赋予的其他职权。

第四章　财产的管理和使用

第二十八条　本基金会为非公募基金会，本基金会的收入来源于：

（一）自然人、法人或其他组织自愿捐赠；

（二）投资收益；

（三）其他合法收入。

第二十九条　本基金接受捐赠，应当遵守法律、法规，符合章程规定的宗旨和公益活动的业务范围。

第三十条　本基金会的财产及其他收入受法律保护，任何单位、个人不得侵占、私分、挪用。

本基金会投入人对投入基金会的财产不保留或享有财产权利。

第三十一条　本基金会根据章程规定的宗旨和公益活动的业务范围使用财产；

捐赠协议明确了具体使用方式的捐赠,根据捐赠协议的约定使用。

接受捐赠的物资无法用于符合本基金会宗旨的用途时,基金会可以依法拍卖或变卖,所得收入用于捐赠目的。

第三十二条　本基金会财产主要用于:

(一)章程范围内的慈善公益活动;

(二)符合法律法规和章程规定的行政费用、员工工资等。

第三十三条　本基金会重大投资活动是指:

(一)年度投资计划;

(二)50 万元以上的投资活动。

第三十四条　本基金会按照合法、安全、有效的原则实现基金的保值、增值。

第三十五条　本基金会每年用于从事章程规定的公益事业支出,不得低于上一年基金余额的 8%。本基金会工作人员工资福利和行政办公支出不超过当年总支出的 1.0%。

第三十六条　本基金会开展公益资助项目,应当向社会公开所开展的公益资助项目种类以及申请、评审程序。

第三十七条　捐赠人有权向本基金会查询捐赠财产的使用、管理情况,并提出意见和建议。对于捐赠人的查询,基金会应当及时如实答复。

本基金会违反捐赠协议使用捐赠财产的,捐赠人有权要求基金会遵守捐赠协议或者向人民法院申请撤销捐赠行为、解除捐赠协议。

第三十八条　本基金会可以与受助人签订协议,约定资助方式、资助数额以及资金用途使用方式。本基金会有权对资助的使用情况进行监督。受助人未按协议约定使用资助或者有其他违反协议情形的,本基金会有权解除资助协议。

第三十九条　本基金会应当执行国家统一的会计制度,依法进行会计核算,建立健全内部会计监督制度,保证会计资料合法、真实、准确、完整。

本基金会接受税务、会计主管部门依法实施的税务监督和会计监督。

第四十条　本基金会配备具有专业资格的会计人员。会计不得兼出纳。会计人员调动工作或离职时,必须与接管人员办理交接手续。

第四十一条　本基金会每年1月1日至12月31日为业务及会计年度,每年3月31日前,理事会对下列事项进行审定:

(一)上年度业务报告及经费收支决算;

(二)本年度业务计划及经费收支预算;

(三)财产清册,当年度捐赠者名册及有关资料。

第四十二条　本基金会进行年检、换届、更换法定代表人以及清算,应当进行财务审计。

第四十三条　本基金会按照《基金会管理条例》规定接受登记管理机关组织的年度检查。

第四十四条　本基金会通过登记管理机关的年度检查后,将年度工作报告在登记管理机关指定的媒体上公布,接受社会公众的查询、监督。

第四十五条　本基金会应当合理设计慈善项目,符合本会宗旨和章程的有关规定。优化实施流程,降低运行成本,提高慈善财产使用效益。

本基金会建立健全慈善项目的决策、执行、监督机制,对慈善项目的立项、审查、执行、控制、评估、反馈等环节建立科学、规范、有效的要求,设立项目管理机构,配备专职人员,行使项目管理职责。

本基金会按照公开、公平、公正的原则,确定慈善受益人。本会管理人员的利害关系人不得作为受益人。

本基金会开展重大慈善项目,应当由理事会表决通过,且同意的人数不得低于到会理事人数的2/3。

本基金会的重大慈善项目包括:

(一)年度慈善项目计划;

(二)超过50万元的慈善项目。

本基金会开展重大慈善项目之前,应当及时向业务主管单位报备。

项目资金的使用要严格遵守国家财务会计制度的规定,按照捐赠协议专款专用。

慈善项目资金的管理使用要自觉接受财政部门、审计机关、业务主管单位、登记管理机关和社会公众的监督,认真履行信息公开义务,接受社会监督。

本基金会要加强慈善项目档案管理,保存慈善项目的完整信息,做好慈善项目的建档归档工作。

第五章　终止和剩余财产处理

第四十六条　本基金会有以下情形之一,应当终止:

(一)完成章程规定的宗旨的;

(二)无法按照章程规定的宗旨继续从事公益活动的;

(三)基金会发生分立、合并的。

第四十七条　本基金会终止,应在理事会表决通过后 15 日内,报业务主管单位审查同意。经业务主管单位审查同意后 15 日内,向登记管理机关申请注销登记。

第四十八条　本基金会办理注销登记前,应当在登记管理机关、业务主管单位的指导下成立消算组织,完成消算工作。

本基金会应当自清算结束之日起 15 日内向登记管理机关办理注销登记;在清算期间不开展清算以外的活动。

第四十九条　本基金会注销后的剩余财产,应当在业务主管单位和登记管理机关的监督下,通过以下方式用于公益目的:

(一)完成本基金会已开展但尚未完成的项目;

(二)按照国家有关规定,用于与本基金会宗旨相关的事业。

无法按照上述方式处理的,应当按照章程的规定转给宗旨相同或者相似的慈善组织,章程未规定的,由民政部门转给相同或者相近的慈善组织,并向社会公告。

第六章　章程修改

第五十条　本章程的修改，须经理事会表决通过后15日内，报业务主管单位审查同意。经业务主管单位同意后，报登记管理机关核准。

第七章　党组织建设

第五十一条　本基金会按照党章规定，经上级党组织批准设立党组织。如暂不能单独建立党组织，支持通过联合建立党组织、选派党建工作联络员等方式，在本组织开展党的工作。

第五十二条　本基金会党组织负责人，一般由本基金会秘书长以上负责人中的中共正式党员担任，如需要由其他同志担任的，报党建领导机关审核同意。

第五十三条　探索建立开放式党组织和党小组，对党员有3名以上，但能接转组织关系的党员不足3名的，建立功能型、拓展型党组织。

第五十四条　本基金会换届选举时，应先征求本基金会党组织意见；本基金会变更、撤销，党组织应及时向上级党组织报告，并做好党员组织关系转移等相关工作。

第五十五条　本基金会为党组织开展活动、做好工作提供必要的场地、人员和经费支持将党建工作经费纳入管理费用列支，支持党组织建设活动阵地。

第五十六条　本基金会支持领导班子与党组织领导班子“双向进入、交叉任职"，党组织负责人参加或列席管理层有关会议、党组织开展有关活动邀请非党员的社会组织负责人参加。

第五十七条　本基金会支持党组织对本会重要事项决策、重要业务活动、大额经费开支、接受大额捐赠、开展涉外活动等提出意见。

第八章　附则

第五十八条　本章程经2020年3月10日理事会表决通过。

第五十九条　本章程的解释权属于理事会。

第六十条　本章程自登记管理机关核准之日起生效。

浙江潘栋民公益基金会章程

第一章　总则

第一条　本基金会的名称是浙江潘栋民公益基金会。

第二条　本基金会属于非公募基金会。

第三条　本基金会遵守宪法、法律、法规和国家政策，践行社会主义核心价值观，遵守社会道德风尚。本基金会的宗旨：倡导人人公益，让美好发声。

第四条　本基金会的原始基金数额为人民币壹仟万元，来源于浙江金昌房地产集团有限公司及下属单位。

第五条　本基金会坚持中国共产党的全面领导，根据中国共产党章程的规定，建立中国共产党的组织，开展党的活动，为党组织的活动提供必要条件。

本基金会的登记管理机关是浙江省民政厅，党建工作机构是绍兴市柯桥区柯桥街道党工委。本基金会接受登记管理机关、党建工作机构和有关业务管理部门的业务指导和监督管理。

第六条　本基金会的住所：浙江省绍兴市柯桥区裕民路1068号绍兴国贸中心（北区）13幢3604室。

第二章　业务范围

第七条　本基金会公益活动的业务范围：

（一）助学，资助贫难学生；

（二）扶老，扶助贫难老人群体；

（三）扶贫济困，助残救孤，开展精准扶贫、资助弱势群体；

（四）赈灾救灾，救助自然灾害、事故灾害及突发事件造成的伤害。

第三章 组织机构、负责人

第八条 本基金会由5-15名理事组成理事会。本基金会理事每届任期为3年，任期届满，连选可以连任。

第九条 理事的资格：

（一）具有人道主义精神和社会责任感；

（二）具有一定社会影响力并热心公益事业；

（三）具有完全民事行为能力；

（四）熟悉基金会管理相关法律法规，有一定资金运作和基金会管理能力；

（五）基金会主要捐赠人或者主要捐赠方的法人代表；

（六）无法律规定不得担任理事职务的情况。

第十条 理事的产生和罢免：

（一）第一届理事由业务主管单位、主要捐赠人、发起人分别提名并共同协商确定；

（二）理事会换届改选时，由业务主管单位、理事会、基金会党组织、主要捐赠人共同提名候选人并组织换届领导小组，组织全部候选人共同选举产生新一届理事；

（三）罢免、增补理事应当经理事会表决通过，报党建工作机构审查同意；

（四）理事的选举和罢免结果报登记管理机关备案；

（五）具有近亲属关系的不得同时在理事会任职。

第十一条 理事的权利和义务：

（一）有选举权和被选举权；

（二）有提出建议的权利；

（三）有监督和检查基金募集和使用情况的权利；

（四）有要求召开理事会会议的权利；

（五）有向本基金会收集和反映情况，提供有关资料的义务；

（六）有执行理事会决议的义务；

（七）完成本基金会交办的任务；

（八）有维护基金会的合法权益，促进基金会发展的义务；

（九）主动争取各级政府和主管部门的专项拨款和资助。

第十二条　本基金会的决策机构是理事会。理事会行使下列职权：

（一）制定、修改章程；

（二）选举、罢免理事长、副理事长、秘书长；

（三）决定重大业务活动计划，包括资金的募集、管理和使用计划；

（四）年度收支预算及决算审定；

（五）制定内部管理制度；

（六）决定设立办事机构、分支机构、代表机构；

（七）决定由秘书长提名的副秘书长和各机构主要负责人的聘任；

（八）听取、审议秘书长的工作报告，检查秘书长的工作；

（九）决定基金会的分立、合并或终止；

（十）决定其他重大事项。

第十三条　理事会每年召开至少 2 次会议。理事会会议由理事长负责召集和主持。有 1/3 理事提议，必须召开理事会会议。如理事长不能召集，提议理事可推选召集人。召开理事会会议，理事长或召集人需提前 5 日通知全体理事、监事。

第十四条　理事会会议须有 2/3 以上理事出席方能召开，理事会决议须经出席理事过半数通过方为有效。下列重要事项的决议，须经出席理事表决，2/3 以上通过方为有效：

（一）章程的修改；

（二）选举或者罢免理事长、副理事长、秘书长；

（三）章程规定的重大投资活动；

（四）基金会的分立、合并。

第十五条 理事会会议应当制作会议记录。形成决议的，应当当场制作会议纪要，由出席理事审阅、签名。理事会决议违反法律、法规或章程规定，致使基金会遭受损失的，参与决议的理事应当承担责任。但经证明在表决时反对并记载于会议记录的，该理事可免除责任。

第十六条 本基金会设监事 1 名。监事任期与理事任期相同，期满可以连任。

第十七条 理事、理事的近亲属和基金会财会人员不得任监事。

第十八条 监事的产生和罢免：

（一）监事由主要捐赠人、党建领导机关分别选派；

（二）登记管理机关根据工作需要选派；

（三）监事的变更依照其产生程序。

第十九条 监事的权利和义务：

监事依照章程规定的程序检查基金会财务和会计资料，监督理事会遵守法律和章程的情况。

监事列席理事会会议，有权向理事会提出质询和建议，并应当向登记管理机关、党建工作机构以及税务、会计主管部门反映情况。

监事应当遵守有关法律法规和基金会章程，忠实履行职责。

第二十条 在本基金会领取报酬的理事不得超过理事总人数的 1/3。监事和未在基金会担任专职工作的理事不得从基金会获取报酬。

第二十一条 本基金会理事遇有个人利益与基金会利益关联时，不得参与相关事宜的决策；基金会理事、监事及其近亲属不得与基金会有任何交易行为。

第二十二条 理事会设理事长、副理事长和秘书长，从理事中选举产生。

第二十三条 本基金会理事长、副理事长、秘书长必须符合以下条件：

（一）在本基金会业务领域内有较大影响；

（二）理事长、副理事长、秘书长最高任职年龄不超过70周岁，秘书长为专职；

（三）身体健康，能坚持正常工作；

（四）具有完全民事行为能力。

第二十四条　有下列情形之一的人员，不能担任本基金会的理事长、副理事长、秘书长：

（一）属于现职国家工作人员的；

（二）因犯罪被判处管制、拘役或者有期徒刑，刑期执行完毕之日起未逾5年的；

（三）因犯罪被判处剥夺政治权利正在执行期间或者曾经被判处剥夺政治权利的；

（四）曾在因违法被撤销登记的基金会担任理事长、副理事长或者秘书长，且对该基金会的违法行为负有个人责任，自该基金会被撤销之日起未逾5年的。

第二十五条　担任本基金会理事长、副理事长或者秘书长的香港居民、澳门居民、台湾居民以及外国人，每年在中国内地居留时间不得少于3个月。

第二十六条　本基金会的理事长、副理事长、秘书长每届任期3年，连任不超过两届。因特殊情况需超届连任的，须经理事会特殊程序表决通过，报党建工作机构审查并经登记管理机关批准同意后，方可任职。

第二十七条　本基金会理事长为基金会法定代表人。本基金会法定代表人不兼任其他组织的法定代表人。

本基金会法定代表人应当由中国内地居民担任。

本基金会法定代表人在任期间，基金会发生违反《基金会管理条例》和本章程的行为，法定代表人应当承担相关责任。因法定代表人失职，导致基金会发生违法行为或基金会财产损失的，法定代表人应当承担个人责任。

第二十八条　本基金会理事长行使下列职权：

（一）召集和主持理事会会议；

（二）检查理事会决议的落实情况；

（三）代表基金会签署重要文件；

（四）提议聘任或解聘秘书长和财务负责人，由理事会决定；

（五）提议聘任或解聘各机构主要负责人，由理事会决定；

（六）本章程和理事会赋予的其他职权。

本基金会副理事长、秘书长在理事长领导下开展工作，秘书长行使下列职权：

（一）主持开展日常工作，组织实施理事会决议；

（二）组织实施基金会年度公益活动计划；

（三）拟订基金的筹集、管理和使用计划；

（四）拟订基金会的内部管理规章制度，报理事会审批；

（五）协调各机构开展工作；

（六）决定各机构专职工作人员聘用；

（七）章程和理事会赋予的其他职权。

第四章 财产的管理和使用

第二十九条 本基金会为非公募基金会，本基金会的收入来源于：

（一）金昌集团及下属业务单位的捐赠；

（二）基金会投资收益；

（三）自然人、法人或其他组织自愿捐赠；

（四）其他合法收入等。

第三十条 本基金会的财产及其他收入受法律保护，任何单位、个人不得侵占、私分、挪用。本基金会投入人对投入基金会的财产不保留或者享有任何财产权利。基金会财产及孳息不得用于分配。

第三十一条 本基金会根据章程规定的宗旨和公益活动的业务范围使用财产；捐赠协议明确了具体使用方式的捐赠，根据捐赠协议的约定使用。

接受捐赠的物资无法用于符合本基金会宗旨的用途时，基金会可以依法拍卖或者变卖，所得收入用于捐赠目的。

第三十二条　本基金会财产主要用于：

（一）本章程范围内的慈善公益活动；

（二）合法、安全、有效的投资活动。

第三十三条　本基金的重大募捐、投资活动是指：

（一）指定人群募捐，包括理事成员、发起人 / 单位；

（二）单笔金额伍佰万元以上的投资活动。

第三十四条　本基金会按照合法、安全、有效的原则实现基金的保值、增值。

第三十五条　本基金会每年用于从事章程规定的公益事业支出，不得低于上一年基金余额的 8%。

本基金会工作人员工资福利和行政办公支出不超过当年总支出的 10%。

第三十六条　本基金会开展公益资助项目，应当向社会公开所开展的公益资助项目种类以及申请、评审程序。

第三十七条　捐赠人有权向本基金会查询捐赠财产的使用、管理情况，并提出意见和建议。对于捐赠人的查询，基金会应当及时如实答复。

本基金会违反捐赠协议使用捐赠财产的，捐赠人有权要求基金会遵守捐赠协议或者向人民法院申请撤销捐赠行为、解除捐赠协议。

第三十八条 本基金会可以与受助人签订协议，约定资助方式、资助数额以及资金用途和使用方式。

本基金会有权对资助的使用情况进行监督。受助人未按协议约定使用资助或者有其他违反协议情形的，本基金会有权解除资助协议。

第三十九条　本基金会应当执行国家统一的会计制度，依法进行会计核算、建立健全内部会计监督制度，保证会计资料合法、真实、准确、完整。

本基金会接受税务、会计主管部门依法实施的税务监督和会计监督。

第四十条　本基金会配备具有专业资格的会计人员。会计不得兼出纳。会计人员调动工作或离职时，必须与接管人员办清交接手续。

第四十一条　本基金会每年 1 月 1 日至 12 月 31 日为业务及会计年度，每年 3 月 31 日前，理事会对下列事项进行审定：

（一）上年度业务报告及经费收支决算；

（二）本年度业务计划及经费收支预算；

（三）财产清册（当年度捐赠者名册及有关资料）。

第四十二条　本基金会进行年检、换届、更换法定代表人以及清算，应当进行财务审计。

第四十三条　本基金会按照《基金会管理条例》规定接受登记管理机关组织的年度检查。

第四十四条　本基金会通过登记管理机关的年度检查后，将年度工作报告在登记管理机关指定的媒体上公布，接受社会公众的查询、监督。

第四十五条　本基金会应当合理设计慈善项目，符合本会宗旨和章程的有关规定。优化实施流程，降低运行成本，提高慈善财产使用效益。

本基金会建立健全慈善项目的决策、执行、监督机制，对慈善项目的立项、审查、执行、控制、评估、反馈等环节建立科学、规范、有效的要求，设立项目管理机构，配备专职人员，行使项目管理职责。

本基金会按照公开、公平、公正的原则，确定慈善受益人。本会管理人员的利害关系人不得作为受益人。

本基金会开展重大慈善项目，应当由理事会表决通过，且同意的人数不得低于到会理事人数的 2/3。

本基金会的重大慈善项目包括：

（一）年度慈善项目计划；

（二）超过伍佰万元的慈善项目。

本基金会开展重大慈善项目之前，应当及时向党建工作机构报备。

项目资金的使用要严格遵守国家财务会计制度的规定，按照捐赠协议专款专用。慈善项目资金的管理使用要自觉接受财政部门、审计机关、党建工作机构、登记管理机关和社会公众的监督，认真履行信息公开义务，接受社会监督。

本基金会要加强慈善项目档案管理，保存慈善项目的完整信息，做好慈善项目的建档归档工作。

第五章　终止和剩余财产处理

第四十六条　本基金会有以下情形之一，应当终止：

（一）完成章程规定的宗旨的；

（二）无法按照章程规定的宗旨继续从事公益活动的；

（三）基金会发生分立、合并的；

（四）国家法律、法规规定的其他情形。

第四十七条　本基金会终止，应在理事会表决通过后 15 日内，报党建工作机构审查同意。经党建工作机构审查同意后 15 日内，向登记管理机关申请注销登记。

第四十八条　本基金会办理注销登记前，应当在登记管理机关、党建工作机构的指导下成立清算组织，完成清算工作。

本基金会应当自清算结束之日起 15 日内向登记管理机关办理注销登记。在清算期间不开展清算以外的活动。

第四十九条　本基金会注销后的剩余财产，应当在报党建工作机构审查同意和登记管理机关的监督下，通过以下方式用于公益目的：

（一）完成本基金会已开展但尚未完成的项目；

（二）捐助由超过基金会捐赠资金、财产总数 50% 的捐赠人指定的同类慈善公益组织。

无法按照上述方式处理的，应当按照章程的规定转给宗旨相同或者相似的慈善组织，章程未规定的，由民政部门转给相同或者相近的慈善组织，并向社会公告。

第六章 章程修改

第五十条 本章程的修改,须经理事会表决通过后 15 日内,报业务主管单位和党建工作机构审查同意。经业务主管单位和党建工作机构同意后,报登记管理机关核准。

第七章 党组织建设

第五十一条 本基金会按照党章规定,经上级党组织批准设立党组织。如暂不能单独建立党组织,支持通过联合建立党组织、选派党建工作联络员等方式,在本组织开展党的工作。

第五十二条 本基金会党组织负责人,一般由本基金会秘书长以上负责人中的中共正式党员担任,如需要由其他同志担任的,报党建领导机关审核同意。

第五十三条 探索建立开放式党组织和党小组,对党员有 3 名以上,但能接转组织关系的党员不足 3 名的,建立功能型、拓展型党组织。

第五十四条 本基金会换届选举时,应先征求本基金会党组织意见;本基金会变更、撤并或注销,党组织应及时向上级党组织报告,并做好党员组织关系转移等相关工作。

第五十五条 本基金会为党组织开展活动、做好工作提供必要的场地、人员和经费支持,将党建工作经费纳入管理费用列支,支持党组织建设活动阵地。

第五十六条 本基金会支持领导班子与党组织领导班子“双向进入、交叉任职”,党组织负责人参加或列席管理层有关会议、党组织开展有关活动邀请非党员的社会组织负责人参加。

第五十七条 本基金会支持党组织对本会重要事项决策、重要业务活动、大额经费开支、接收大额捐赠、开展涉外活动等提出意见。

第八章　附　则

第五十八条　本章程经 2020 年 12 月 7 日理事会表决修订通过。

第五十九条　本章程的解释权属于理事会。

第六十条　本章程自登记管理机关核准之日起生效。

四、主要征引文献名目

《嘉泰会稽志》(《绍兴丛书 · 地方志丛编》第一册,绍兴丛书编辑委员会编,中华书局2006年版)

《宝庆会稽续志》(《绍兴丛书 · 地方志丛编》第一册,绍兴丛书编辑委员会编,中华书局2006年版)

《〔万历〕绍兴府志》(《绍兴丛书·地方志丛编》第一册,绍兴丛书编辑委员会编,中华书局2006年版)

《〔康熙〕绍兴府志》(《绍兴丛书 · 地方志丛编》第二至第四册,绍兴丛书编辑委员会编,中华书局2006年版)

《〔乾隆〕绍兴府志卷一至卷四十》(《绍兴丛书 · 地方志丛编》第五册,绍兴丛书编辑委员会编,中华书局2006年版)

《〔乾隆〕绍兴府志卷四十一至卷八十》(《绍兴丛书 · 地方志丛编》第六册,绍兴丛书编辑委员会编,中华书局2006年版)

《〔乾隆〕绍兴府志校记》(《绍兴丛书 · 地方志丛编》第六册,绍兴丛书编辑委员会编,中华书局2006年版)

《绍兴府修志资料》(《绍兴丛书·地方志丛编》第七册,绍兴丛书编辑委员会编,中华书局2006年版)

《〔万历〕会稽县志》(《绍兴丛书·地方志丛编》第七册,绍兴丛书编辑委员会编,

中华书局 2006 年版）

《会稽县志》清康熙十三年刻本(《绍兴丛书 · 地方志丛编》第七册，绍兴丛书编辑委员会编，中华书局 2006 年版）

《会稽县志》清康熙二十二年刻本(《绍兴丛书 · 地方志丛编》第七册，绍兴丛书编辑委员会编，中华书局 2006 年版）

《〔道光〕会稽县志稿》(《绍兴丛书 · 地方志丛编》第七册，绍兴丛书编辑委员会编，中华书局 2006 年版）

《〔嘉靖〕山阴县志》(《绍兴丛书·地方志丛编》第八册，绍兴丛书编辑委员会编，中华书局 2006 年版）

《〔康熙〕山阴县志》(《绍兴丛书·地方志丛编》第八册，绍兴丛书编辑委员会编，中华书局 2006 年版）

《〔嘉庆〕山阴县志》(《绍兴丛书·地方志丛编》第八册，绍兴丛书编辑委员会编，中华书局 2006 年版）

《山阴县志校记》(《绍兴丛书 · 地方志丛编》第八册，绍兴丛书编辑委员会编，中华书局 2006 年版）

《绍兴县志采访稿》(《绍兴丛书·地方志丛编》第九册，绍兴丛书编辑委员会编，中华书局 2006 年版）

《绍兴县志资料》(《绍兴丛书 · 地方志丛编》第十册，绍兴丛书编辑委员会编，中华书局 2006 年版）

《螭阳志》(《绍兴丛书 · 地方志丛编》第十册，绍兴丛书编辑委员会编，中华书局 2006 年版）

《绍兴地志述略》(《绍兴丛书 · 地方志丛编》第十册，绍兴丛书编辑委员会编，中华书局 2006 年版）

《绍兴市志》(绍兴市地方志编纂委员会编，浙江人民出版社 1996 年版）

《绍兴县志》(绍兴县地方志编纂委员会编，中华书局 1999 年版）

《民国绍兴县志资料》(绍兴县志资料编委会编,广陵书社 2011 年版)

《福康往事》(葛孟华、周东华主编,天津人民出版社 2020 年版)

《绍兴华侨捐赠三十年》(绍兴市外事与侨务办公室编,2008 年版)

《绍兴第二医院院史》(绍兴第二医院院史编纂委员会编)

《政协第十一届柯桥区委员会履职实录》(政协柯桥区委员会办公室编,2017 年版)

《柯桥区(绍兴县)年鉴(2000—2019)》(柯桥区史志办编,方志出版社)

《绍兴县水利志》(绍兴县水利志编纂委员会编,中华书局 2012 年版)

《民政 30 年(绍兴县卷)》(赵志根主编,中国社会出版社 2008 年版)

《中国共产党绍兴县组织史资料(1994.1—2000.12)》(中共绍兴县委组织部编,中华书局 2003 年版)

《中国共产党绍兴县组织史资料(2001.1—2005.12)》(中共绍兴县委组织部编,中共党史出版社 2007 年版)

《中国共产党绍兴县组织史资料(2006.1—2013.11)》(中共绍兴县委组织部编)

后　记

2017年4月1日，柯桥区慈善总会举行第一届会员代表大会，选举产生第一届理事会，马芳妹当选第一届理事会会长。为传承文明，展现柯桥区慈善事业的发展历史，总结过去，更好地开拓新时期的慈善事业，她一履新职，就提议编纂《柯桥区慈善志》（以下简称《慈善志》），随即落实相关准备工作。

盛世修志是中国千百年相承的文化传统。就当下而言，纂修慈善志书是中国特色社会主义文化建设的重要内容，也是一项功在当代、利在千秋的文化工程。2018年1月，柯桥区慈善总会成立《慈善志》编纂委员会，落实编纂人员，编纂工作正式启动。当时全省乃至全国综合性慈善专志屈指可数，可资借鉴的慈善志书甚少，我们也只得勉为其难。在编纂过程中，我们注重原始资料的挖掘和真实性，力求使志书编纂得全面、翔实、准确。本志记事下限原定至2019年底，后因故延至2020年底。2020年10月，《慈善志》初稿基本完成，适逢《浙江慈善志》问世，我们遂按其体例框架，对全书重新作了较大的修改调整。《慈善志》共分8章，从慈善机构、慈善捐赠、慈善救助、慈善赈灾、慈善服务、慈善文化、慈善人物、爱心企业等方面，客观真实地勾画了柯桥区慈善事业发展的轨迹。同时不吝笔墨，尽可能对一些慈善人物和慈善项目作较多的叙述和铺陈，或附文记录，以期达到教化之目的。

作为绍兴市第一部地方综合性慈善志书，《慈善志》编纂历时三载有余，曾数易其稿。值此付梓之际,我们感谢区慈善总会会长马芳妹、驻会副会长吴汉华的关心指导,感谢市侨联、区政协、区民政局、区关工委、区侨联、区史志研究室、绍兴第二医院等部门(单位)的鼎力支持,感谢区慈善总会全体同仁的同心协力。

编纂《慈善志》,我们虽尽心尽力,孜孜矻矻,但终因学识能力有限,加之志书时间跨度大,文献资料少,书中难免有疏漏、谬误之处,敬请领导、专家和读者批评指正。

编者

2021 年 11 月